# LA VRAIE RELIGION
## SELON PASCAL

RECHERCHE DE L'ORDONNANCE PUREMENT LOGIQUE DE SES PENSÉES
RELATIVES A LA RELIGION

Suivie d'une analyse du *Discours sur les Passions de l'Amour*

PAR

**SULLY PRUDHOMME**

de l'Académie française

PARIS
FÉLIX ALCAN, ÉDITEUR
ANCIENNE LIBRAIRIE GERMER BAILLIÈRE ET Cᵢₑ
108, BOULEVARD SAINT-GERMAIN, 108

1905

Tous droits réservés.

*A Monsieur Charles Pijourdier*
*Témoignage d'affectueuse gratitude*
[signature]

LA
# VRAIE RELIGION
SELON PASCAL

# ŒUVRES DE SULLY PRUDHOMME

## LIBRAIRIE FÉLIX ALCAN

**Le problème des causes finales** (en collaboration avec M. Ch. Richet). 2ᵉ édit. 1 vol. in-16. . . . . . . . . . . . . . . . . . . . 2 fr. 50

## LIBRAIRIE A. LEMERRE

**Poésies** (1865-1866). — *Stances et poèmes.* 1 vol. avec un portrait. . 6 fr.

**Poésies** (1866-1872). — *Les Épreuves.* — *Les Écuries d'Augias.* — *Croquis italiens.* — *Les Solitudes.* — *Impressions de la Guerre.* 1 vol. . . 6 fr.

**Poésies** (1872-1878). — *Les vaines Tendresses.* — *La France.* — *La révolte des Fleurs.* — *Poésies diverses.* — *Les Destins.* — *Le Zénith.* 1 vol. 6 fr.

**Poésies** (1878-1879). — Lucrèce : *De la nature des Choses.* 1ᵉʳ livre. — *La Justice.* 1 vol. . . . . . . . . . . . . . . . . . . . . 6 fr.

**Poésies** (1879-1888). — *Le Prisme.* — *Le Bonheur.* 1 vol. . . . . . 6 fr.

**L'expression dans les Beaux-Arts.** 1 vol. in-8. . . . . . . . . . 7 fr. 50

**Que sais-je?** 1 vol. in-18. . . . . . . . . . . . . . . . . 3 fr. 50

**Testament poétique et trois études sociologiques.** 1 vol. in-8. . . 7 fr. 50

987-04. — Coulommiers. Imp. Paul BRODARD. — 2-05.

# AVANT-PROPOS

Ce qu'on est convenu d'appeler les *Pensées de Pascal*, ce sont des notes hâtives traitant de sujets divers, et aussi des morceaux composés, les uns amenés progressivement, comme par étapes, à une rédaction qui semble avoir dû être définitive, les autres achevés d'emblée, la plupart courts, mais quelques-uns pouvant fournir plusieurs pages.

Le présent essai d'une ordonnance logique des *Pensées* ne concerne que celles dont l'objet est religieux. Le lecteur ne s'attendra donc pas à y trouver une édition nouvelle du fameux recueil. Il n'y trouvera même pas tous les fragments relatifs à la religion, car il en est qui, visant le même objet, ne diffèrent que par la rédaction et font, à notre point de vue, double emploi. Il n'y trouvera pas non plus les rares *Pensées* dont le sens est demeuré obscur ou seulement douteux pour les interprètes les plus sagaces. Enfin les *Pensées* utilisées ne sont pas toutes entièrement citées, car, pour constituer nos chapitres dans l'ordre voulu, nous avons dû parfois suivre à la piste une même idée de l'auteur parmi plusieurs documents distincts ne traitant pas tous expressément de la même matière, et composer ainsi avec des emprunts partiels faits à des sources différentes une sorte de marqueterie. Nous croyons impossible à un éditeur des *Pensées* de les disposer dans un ordre rigoureusement logique où elles offrissent une suite homogène, un développement continu et régulier, sans en élaguer certaines, sans associer des portions détachées de plusieurs, sans abandonner celles qui ne sont que les ébauches des plus achevées, les essais préparatoires de celles dont la teneur et la forme apparaissent comme fixées. Ces dernières seules importent à un pareil travail ; seules elles contiennent et expriment dans son intégrité le résultat définitif de la méditation. Nous n'avons donc nullement prétendu rivaliser avec les critiques érudits dont nous avons consulté les savantes éditions. Nous n'avons rien entrepris qui tendît à les supplanter ; au contraire, nous leur devons tout. Quand nous avons commencé ce travail (continué après une interruption d'une dizaine d'années) l'édition d'Ernest Havet était la plus complète et la plus accréditée ; nous lui avons emprunté toutes nos citations (sauf quelques-unes fournies par celle d'Auguste Molinier)[1]. Les autres n'ont apporté aucun changement essentiel aux *Pensées* dont nous nous sommes servi. Nous avons tiré le plus grand profit des commentaires qui accompagnent ces diverses éditions. Notre étude était avancée lorsque nous avons pris connaissance du *Texte critique des Pensées de Pascal disposées suivant l'ordre du cahier autographe* par M. G. Michaud, professeur à l'Université de Fribourg ; cet ouvrage, précédé d'une lumineuse introduction, nous a fourni un précieux contrôle. C'est en 1902 seulement que

---

1. Après chaque citation nous indiquerons entre parenthèses le tome et la page de la grande édition d'Ernest Havet (chez Ch. Delagrave) d'où elle aura été tirée, sans mentionner son nom. Quand nous citerons une Pensée tirée de l'édition d'Auguste Molinier (chez Alphonse Lemerre), nous indiquerons son nom.

nous a été communiquée l'édition de l'abbé A. Guthlin, ancien vicaire général et chanoine d'Orléans ; il y a joint un essai sur l'Apologétique de Pascal d'autant plus intéressant pour nous que nous n'avions lu jusque-là aucune critique des *Pensées* par un théologien catholique. Au point de vue de l'orthodoxie rien ne pouvait nous être plus utile à consulter que son livre (publié en 1896 après sa mort), dans lequel sont d'ailleurs cités et visés nos articles de la *Revue des Deux Mondes* sur Pascal.

Le démembrement que nous avons fait parfois des *Pensées* pour rapprocher des phrases tirées de plusieurs d'entre elles est une opération délicate. Nous ne nous en sommes pas dissimulé le péril ; Pascal lui-même nous l'avait signalé : *Les mots diversement rangés font un divers sens, et les sens diversement rangés font différents effets* (II, 177). Aussi, quand nous nous sommes permis de rapprocher deux phrases empruntées à deux *Pensées* distinctes, avons-nous toujours veillé à ce que ces phrases ne fussent pas altérées dans leurs sens respectifs par leur séparation du contexte, non plus que par leur mutuelle influence l'une sur l'autre ; nous nous sommes appliqué à mettre en évidence leur légitime rapport et leur lien logique.

Dans le choix de nos citations nous nous sommes imposé la règle suivante : examiner toutes les *Pensées* touchant le même objet, et retenir de préférence celles qui le réfléchissent avec le plus de force et de clarté, celles qui nous ont paru nécessaires et suffisantes pour le mettre pleinement en lumière et en valeur. Nous supposons d'ailleurs que le lecteur connaît déjà le recueil des *Pensées*, ce qui nous a permis quelquefois (très rarement) de résumer en traits généraux des *Pensées* développées qu'il ne nous semblait pas indispensable de citer intégralement. La mémoire du lecteur et un renvoi à la page citée de l'édition Havet nous ont paru, dans ce cas, contrôler suffisamment la fidélité de notre interprétation. Ce livre, en effet, n'a pas pour but de l'initier à l'œuvre de Pascal; il est une tentative pour en instaurer la structure purement logique. Ajoutons que les mêmes *Pensées* y sont citées parfois en divers chapitres, quand cette répétition a paru nécessaire. Le lecteur voudra bien nous pardonner d'autres redites que nous aurions évitées si l'ouvrage eût été écrit tout d'un trait; les supprimer après coup nous a semblé moins profitable à la forme de l'ensemble que nuisible à la clarté des chapitres à retoucher.

Il nous reste du grand penseur, sur des sujets très divers, outre les Provinciales, plusieurs écrits différents : traités, lettres, opuscules, morceaux, notes, dont une partie constitue ce qu'est aujourd'hui le recueil d'Ernest Havet intitulé *Pensées de Pascal*. Quand on ne retient de tous ces écrits que les matériaux exploitables à titre d'arguments dans une démonstration logique de la vérité du christianisme, quand, par suite, on élimine du groupe des *Pensées*, même exclusivement religieuses, celles qui sont seulement édifiantes sans être probantes, et enfin de ce reliquat celles qui, pour le sens, ne font qu'en reproduire d'autres, le demeurant, ce sur quoi nous avons travaillé, représente un nombre de fragments moindre qu'on ne serait tenté de le croire, mais suffisant pour construire un édifice de preuves cohérent et imposant.

Bien que l'auteur de cet essai n'ait pas persévéré dans ses premières croyances, dans ses premiers actes de foi irréfléchis, son ouvrage pourra être lu sans aucune prévention par les chrétiens demeurés fidèles à leurs églises respectives. Notre unique mobile, en effet, a été le plaisir intellectuel de faire concorder le plus et le mieux possible toutes les idées, tous les sentiments de

Pascal propres à démontrer la vérité de la religion chrétienne. La sincérité de ce mobile est amplement garantie par le pénible effort d'une pareille entreprise, qui serait même très profitable à ces chrétiens, si nous y avions entièrement réussi, mais nous ne nous en flattons pas. Nous n'avons pu dissimuler certains paralogismes, qui nous ont paru inhérents au dogme même, et que Pascal était obligé d'admettre à moins de renoncer à sa foi. En recherchant le lien logique de ses Pensées religieuses nous devions fatalement rencontrer la question controversée du conflit entre le dogme catholique et la raison. Nous ne l'avons pas éludée, car si ce conflit existe, il ne saurait être en aucune âme plus poignant, plus aigu qu'en la sienne.

Nous sentons tout ce qui nous a manqué pour satisfaire aux exigences d'une étude aussi ambitieuse. Elle était difficile et Pascal semble l'avoir condamnée d'avance en considérant les mathématiques comme seules susceptibles d'être logiquement exposées :

*... J'aurais bien pris ce discours d'ordre comme celui-ci : Pour montrer la vanité de toutes sortes de conditions, montrer la vanité des vies communes, et puis la vanité des vies philosophiques (pyrrhoniennes, stoïques) ; mais l'ordre ne serait pas gardé. Je sais un peu ce que c'est, et combien peu de gens l'entendent. Nulle science humaine ne le peut garder. Saint Thomas ne l'a pas gardé. La mathématique le garde, mais elle est inutile en sa profondeur* (II, 174).

Nous osons ne pas souscrire à cette condamnation. De ce qu'une doctrine morale répugne à être exposée sous la forme déductive affectée aux démonstrations mathématiques il ne s'ensuit pas qu'il n'y ait aucun lien logique possible à dégager entre les notions qui en sont la matière. Pascal, en écrivant cette *Pensée*, était dominé sans doute par sa manière la plus naturelle, la plus habituelle de raisonner. Au surplus il fait lui-même très large, on peut dire léonine, la part de la raison dans l'enseignement de la religion, comme en témoigne la *Pensée* suivante : *Les hommes ont mépris pour la religion, ils en ont haine, et peur qu'elle soit vraie. Pour guérir cela, il faut commencer par montrer que la religion n'est point contraire à la raison; vénérable, en donner respect; la rendre ensuite aimable, faire souhaiter aux bons qu'elle fût vraie; et puis, montrer qu'elle est vraie.*

*Vénérable, parce qu'elle a bien connu l'homme; aimable, parce qu'elle promet le vrai bien* (II, 100 et 101).

Plus encore que nous ne craindrions le désaveu de Pascal, s'il pouvait nous lire, nous redoutons le dédain des théologiens; ils ont le droit de nous demander de quoi nous nous mêlons. Nous serions heureux que notre téméraire tentative suggérât à l'un d'eux ou à quelque écrivain mieux informé et plus compétent que nous l'idée de la reprendre et de la mener à meilleure fin.

# LA VRAIE RELIGION
## SELON PASCAL

## INTRODUCTION

Nous risquerions une entreprise dénuée d'intérêt comme de raison d'être si, dans le fond de son âme, Pascal eût été sceptique. Ce serait une duperie, en ce cas, de tenter une organisation logique des preuves apportées sans conviction à la vérité du Christianisme par l'auteur des *Pensées*. Nous ne nous intéressons qu'au témoignage non suspect de sa croyance. Il nous est donc indispensable d'examiner avec attention et de déterminer autant que possible quel était réellement son statut religieux.

### LE PYRRHONISME, LE DOGMATISME ET LA FOI DANS PASCAL [1].

Après tant d'importantes recherches d'auteurs considérables sur ses intimes sentiments, n'est-il pas bien téméraire, tout au moins bien superflu, d'agiter encore ce problème psychologique? Assurément, si ces belles études avaient clos le débat, nous aurions été trop heureux d'en accepter les conclusions. Mais elles sont loin d'avoir abouti à des résultats concordants. En somme, après en avoir pris

---

[1]. Les pages qui suivent ont été publiées dans le numéro du 15 octobre 1890 de la *Revue des Deux Mondes*.

connaissance, nous ne savions qui croire ni à quoi nous en tenir; et nous ne pouvions pas nous résigner à une indécision passive. Il ne pouvait nous suffire d'assister à la discussion des documents restaurés et complétés qui témoignent aujourd'hui de sa pensée. Nous étions irrésistiblement tenté d'y chercher pour notre propre compte, avec l'audace d'une curiosité passionnée, quelque manifestation décisive de son véritable état intellectuel au point de vue de la certitude et de la croyance, la révélation de son essence morale, dont l'unité se dissimule sous le désordre de ces témoignages fragmentaires. Notre curiosité principale n'était pas celle des historiens ou des critiques qui se sont donné pour tâche de recueillir et de fixer avec exactitude tout ce qu'on peut savoir de sa vie, et se satisfont en rétablissant le texte authentique de ses écrits, plusieurs fois altéré, et en l'élucidant par un savant commentaire, avant tout soucieux de le livrer dans son intégrité au jugement du lecteur. Nous avons mis à profit, avec une respectueuse et vive reconnaissance, ces travaux de haute érudition; mais nous étions aussi incapable d'y borner nos regards que d'y contribuer. Ce qu'il nous importait surtout de reconnaître, c'était la relation proche ou lointaine des idées de Pascal avec les idées modernes et celles que nous avions pu nous former nous-même sur les questions capitales remuées si puissamment par lui.

## I

Chacun s'est aperçu plus d'une fois dans sa vie qu'il s'était trompé, bien qu'il eût cru voir très clairement la vérité. Ainsi l'évidence peut être illusoire; la certitude qu'elle détermine n'assure donc pas la possession de la vérité. A supposer même que l'homme ne se fût jamais surpris dans l'erreur, la sincérité de son jugement n'en garantirait pas la véracité : il se pourrait que son illusion eût été permanente. Il faut donc douter de tout. Il y a plus :

étant générale, cette conclusion se retourne contre elle-même, car, si tout est douteux, elle est nécessairement suspecte comme le reste. Il faut donc douter même qu'il faille douter. *Il met toutes choses dans un doute universel si général*, dit Pascal en parlant de Montaigne dans son entretien avec M. de Sacy, *que ce doute s'emporte soi-même, c'est-à-dire s'il doute, et doutant même de cette dernière supposition, son incertitude roule sur elle-même dans un cercle perpétuel et sans repos...* (I, cxxv). Nous touchons là au fond contradictoire, tout entier mouvant, du pyrrhonisme.

Cette spéculation est sophistique; le doute absolu est impossible en fait, et, de plus, il blesse la logique. Il ne peut exister, car la raison, par essence, ne peut se défendre absolument d'affirmer; en se l'interdisant, elle a foi, tout au moins, dans l'argument même qu'elle fait valoir pour ne rien affirmer. Ne fût-ce qu'en le pesant elle fonctionne; or fonctionner, c'est se fier à son propre exercice. Le pyrrhonisme, n'accordant d'autorité à aucune proposition, refuse par là toute autorité à ce qu'il propose lui-même. Il abdique ainsi tout droit à influer sur l'état intellectuel; et effectivement, malgré le motif que la raison se donne de douter de tout, elle n'y réussit pas; elle n'adhère pas à sa propre conclusion sceptique. N'est-ce pas ce qui lui arrive en face d'une proposition évidente par soi, telle qu'un axiome de géométrie, par exemple? Elle a beau se dire alors qu'elle risque de se tromper, en réalité elle n'en croit rien, elle se déclare pyrrhonienne sans cesser néanmoins d'affirmer, c'est-à-dire sans pouvoir l'être comme elle le prétend. En outre, avons-nous dit, le scepticisme absolu blesse la logique. De ce que l'homme, en effet, se reconnaît sujet à l'erreur et à l'illusion en nombre de cas il ne résulte pas nécessairement qu'il y soit exposé dans tous; que tous ses jugements soient au même degré faillibles et illusoires; qu'il n'en puisse exister aucun d'assuré contre le doute. Descartes établit, au contraire, qu'il en existe au moins un : « Je suis », car douter c'est penser et, pour penser, encore faut-il être, ou plutôt : penser et exister c'est tout un. La formule de Descartes n'est pas une conclusion, sa force invincible consiste en ce qu'elle est une constatation immédiate. Le scepticisme implique nécessairement cette affirmation radicale qui le réfute.

Le vrai sceptique n'est pas celui qui fait valoir les meilleures raisons de douter de tout, mais celui qui doute effectivement de tout. Ce parfait pyrrhonien a-t-il jamais existé? Pascal le nie : *Que fera donc l'homme en cet état? Doutera-t-il de tout? Doutera-t-il s'il veille, si on le pince, si on le brûle? Doutera-t-il s'il est? On n'en peut venir là* (I, 114).

Remarquons que Pascal invoque ici, sans le désigner, l'argument cartésien contre le doute absolu. *Et je mets en fait,* poursuit-il, *qu'il n'y a jamais eu de pyrrhonien effectif parfait. La nature soutient la raison impuissante, et l'empêche d'extravaguer à ce point* (I, 114). La raison ne reçoit pas cet appui du dehors; c'est dans son essence même qu'elle trouve de quoi échapper au doute absolu; elle n'est nullement *impuissante* à s'y soustraire, comme nous avons essayé de le montrer. Mais Pascal lui refuse cette vertu propre; il se plaît à la tourner contre elle-même. *La nature confond les pyrrhoniens et la raison confond les dogmatiques...* (I, 114). Et il ajoute : *Vous ne pouvez fuir une de ces sectes ni subsister dans aucune...* (I, 114). Ainsi d'une part il a reconnu que l'homme n'en peut venir à douter effectivement de tout, et d'autre part il oblige la raison à s'interdire toute affirmation. Quel parti prendre? On ne peut pourtant pas tout ensemble affirmer quelque chose et n'affirmer rien; un pareil état d'esprit n'est pas, à proprement parler, sceptique, il est contradictoire. Le parti à prendre est bien simple : *Humiliez-vous, raison impuissante; taisez-vous, nature imbécile... Écoutez Dieu* (I, 114). Ni le pyrrhonisme, ni le dogmatisme rationnel ne sont donc le vrai pour Pascal; il les renvoie dos à dos et donne la parole à la foi. Remarquons bien que son dédain pour le dogmatisme de la raison n'est pas du tout le pyrrhonisme, qu'il répudie formellement d'ailleurs; car il est aussi loin que possible de douter de tout, puisqu'il croit inébranlablement aux vérités révélées par Dieu même, qui sont les seules importantes à ses yeux. Tout est douteux, mais hors de la foi catholique; toute assertion, en tant qu'elle n'est pas du domaine de la foi, est objet de doute; il le dit expressément. Il abîme la raison humaine dans le doute avec une sorte de complaisance maligne, quand chez lui le chrétien a besoin de la désemparer pour la réduire à invoquer la révélation. Mais il n'a rien du tempérament d'un sceptique alors même qu'il humilie le plus résolument la raison. Il dogmatise, au contraire, volontiers; ses sentences respirent une assurance impérieuse. Sa manière d'affirmer n'est pas modeste; elle n'est pas froide comme celle de Descartes. Tandis que celui-ci a l'air, quand il formule un jugement, d'installer d'aplomb une pierre de taille, il semble, lui, enfoncer un pieu à coups de maillet. Tous deux sont d'ailleurs également confiants dans leur vigueur intellectuelle et dans leurs conquêtes scientifiques. C'est que l'un et l'autre sont des penseurs, sinon de la même variété, du moins de la même espèce, des savants en un mot. La nature les avait admirablement doués pour la recherche des lois physiques et des propriétés mathématiques. Mais ils n'étaient pas nés dans une société sans traditions. Le legs séculaire du mystérieux effroi et de la noble inquiétude qui engendrèrent les croyances religieuses, le legs de la curiosité impatiente qui engendra les systèmes philosophiques, vinrent de bonne heure grandir et compliquer les problèmes affrontés par leur génie. Les soucis traditionnels de la pensée humaine s'infiltrent insensiblement, par le milieu social, dans toutes les âmes de chaque génération, les circonviennent sous forme religieuse ou philosophique dès l'enfance par l'éducation, et les ont envahies bien avant qu'elles aient pris possession d'elles-mêmes et qu'elles aient pu réagir par leur propre tempérament moral contre cette invasion. Elles peuvent être d'ailleurs plus ou moins disposées à la subir. Chez aucun individu le savant ne constitue tout l'homme. La faculté maîtresse, l'aptitude prépondérante coexiste avec d'autres aptitudes, avec des propensions parfois même contraires. Elle peut coexister avec celles-ci sans les rencontrer; sinon, jamais, en tant que savants, Descartes et Pascal n'eussent réussi ni même songé à fonder, l'un, l'édifice des connaissances sur l'aperception interne, l'autre, une apologie chrétienne sur le mépris de la raison. Les exigences de la méthode scientifique, instinctive en eux, eussent arrêté net soit la velléité téméraire de devancer les conclusions dernières de la science par des solutions philosophiques, soit la tendance irréfléchie à satisfaire, prématurément encore, la curiosité, en déléguant au cœur par un acte de foi le pouvoir de connaître. Mais il s'en faut de beaucoup que, dans un même cerveau, la logique propre au géomètre ou au physicien rencontre et exclue la dialectique propre au constructeur de systèmes philosophiques, ou même l'intuition mystique du croyant. L'histoire et l'observation témoignent, au contraire, que le cerveau de nombreux savants, des plus illustres, semble divisé en départements distincts et sans communication entre eux, affectés à des procédés intellectuels très divers et même incompatibles, de sorte que toute leur curiosité, tant universelle que particulière, cherche et trouve à se satisfaire par l'emploi alterné de ces procédés indépendants et opposés. Un savant à la fois physicien, géomètre et astronome, comme Newton, par exemple, qui s'agenouille et, quittant pour une heure l'algèbre et le télescope, affirme d'emblée l'existence d'un créateur immatériel de la matière, d'une cause non pas immanente en celle-ci, mais indépendante et providentielle des mouvements sidéraux, sans déterminer d'ailleurs la relation qui rattache une essence impondérable à la pesanteur, ce savant abandonne la mécanique pour la religion. Il demande à un procédé intellectuel étranger à l'astronomie des résultats astronomiques, la donnée première et la solution dernière du problème colossal dont la mécanique n'a pu encore et ne pourra sans doute jamais poser que des équations partielles. Aussi l'astronomie n'en est-elle pas plus avancée; ce n'est pas, en réalité, le physicien et le géomètre qu'il satisfait en lui, c'est le chrétien Nous n'avons pas l'outrecuidance de l'en blâmer, nous voulons simplement constater l'étrange, mais réelle coexistence, dans le même penseur, des aptitudes et des préoccupations morales les plus opposées, et noter surtout leur complète indépendance respective, qui seule leur permet de coexister sans conflit. Mais cette indépendance même reste à expliquer. L'unité morale de la personne qui pense ne devrait-elle pas suffire à les mettre en communication et en hostilité? Comment l'esprit scientifique, si attentif aux définitions, si prudent quand il induit, si rigoureux quand il déduit, si scrupuleux quand il observe, si sobre d'hypothèses, si fier devant l'autorité des anciens, consent-il à abdiquer tous ses droits, à n'exiger des doctrines transcendantes ni évidence dans ce qui n'est pas défini ou démontré, ni prémisses indiscutables, ni possibilité de vérification dans les lois admises, ni critique défiante et sagace appliquée aux témoignages écrits, ni réserve enfin dans le respect qui leur est accordé, dès qu'il ne s'agit plus de l'espace, de la durée et des corps, mais du monde spirituel et moral, des objets les plus hauts et les plus importants de la pensée humaine? S'avouerait-il incompétent hors du monde matériel? Non, certes; l'esprit scientifique, c'est, à proprement parler, l'intelligence tout entière s'imposant la seule méthode qui ne l'expose pas à s'égarer et lui permette d'assurer le progrès à ses conquêtes. Tout ce qui se manifeste à la sensibilité, soit physique, soit morale, constitue, à proprement parler, un phénomène et comme tel doit pouvoir être classé parmi les matériaux de la science; il n'est pas certain que la science arrive à s'assimiler tout ce qu'elle enregistre, mais il n'est pas certain non plus qu'elle n'en puisse jamais découvrir la loi. Toute doctrine qui répudie la méthode scientifique ou s'y dérobe devient, quelque noble qu'elle soit d'ailleurs, suspecte à la raison et elle n'évite pas l'alternative ou de lutter contre celle-ci avec désavantage ou de refuser le combat en affectant le mépris pour son adversaire. Pascal a choisi ce dernier parti en professant le scepticisme pour se retrancher dans la foi aveugle. Cette foi, il la puise dans son cœur. C'est que la sensibilité morale est précisément le facteur que ne nous avait pas fourni l'analyse de l'état intellectuel complexe et contradictoire du savant philosophe ou croyant, et qui nous est cependant indispensable pour expliquer la coexistence paisible en lui des disciplines les plus opposées. C'est une passion, en effet : à savoir la curiosité impatiente, qui fait taire les revendications de l'esprit scientifique pour pouvoir donner libre cours à la spéculation dont le savant philosophe espère obtenir la synthèse immédiate, mais prématurée, des connaissances acquises en un système définitif et complet. C'est une passion encore : à savoir le besoin de justice et de consolation, d'espoir et d'assistance, d'idéal réalisé dans un être parfait, qui endort la vigilance de l'esprit scientifique ou parvient même à le séduire, pour permettre au savant croyant de prier et d'adorer un Dieu infiniment aimable, infiniment bon, tout-puissant pour le bien, vengeur des opprimés et dispensateur de félicités éternelles en récompense des efforts de la vertu. L'âme, malgré elle, aspire, et ses élans vers la vérité lui font oublier les âpres sentiers qui seuls y conduisent, mais combien lentement! Si le cœur préfère d'autres joies à celle de connaître, il n'aiguillonne plus la curiosité; si, au contraire, il préfère la joie de connaître à toutes les autres, il exaspère la curiosité, il précipite l'esprit passionnément sans boussole dans l'inconnu au-devant de la vérité; et il risque alors de la côtoyer ou de la dépasser. Ainsi l'intelligence peut être desservie par la sensibilité morale de deux façons contraires également fâcheuses : l'apathie ou l'excès de zèle, la désertion ou la violence. Heureux le savant qui n'aime que la vérité, et qui l'aime assez pour n'en pas compromettre la découverte par son amour même!

Pascal ne semble pas avoir eu d'autre passion dominante; Mme Périer, sa sœur, l'affirme : *On peut dire que toujours et en toutes choses la vérité a été le seul objet de son esprit, puisque jamais rien ne l'a pu satisfaire que sa connaissance* (I, LXIV); mais, chez lui, l'ingérence du sentiment dans les choses de la pensée a peut-être été plus intempérante, plus fougueuse, et, par suite, plus dangereuse que chez tous les autres savants croyants ou philosophes. La foi procède du cœur; et c'est par la foi que, au nom de la vérité, il a été poussé au mépris de la raison humaine, à une méconnaissance effrayante de sa propre mission, de son propre génie organisé pour la science; c'est la foi qui l'a poussé au pyrrhonisme en l'armant contre cette raison, sans laquelle il n'eût rien été.

## II

Pascal a sacrifié la raison au cœur dans sa polémique religieuse; devons-nous conclure qu'il a attribué au cœur, en matière de connaissance, une autorité entièrement usurpée? Ou ne se pourrait-il pas qu'il eût seulement exagéré le rôle du sentiment dans la connaissance; qu'il eût abusé de quelque indication juste, mais vague, du cœur pour en faire bénéficier le dogme chrétien en prêtant à cette indication un objet précis et bien déterminé; qu'il eût, en un mot, transformé un pressentiment très obscur en une révélation dogmatique? Il n'est pas vraisemblable qu'une intelligence aussi complète et aussi forte qu'était la sienne ait été tout à fait dupe. On doit présumer que, s'il a adopté la tradition chrétienne dans la pleine maturité de son génie, après l'avoir passivement admise durant ses premières années, c'est qu'il y avait rencontré, outre l'intime satisfaction du plus impérieux penchant affectif de son cœur, de quoi répondre à quelque fonction intellectuelle du cœur même. Il croit, nous le savons, que toute révélation de la vérité n'est pas un fruit de la raison. *Le cœur a ses raisons*, dit-il, *que la raison ne connaît pas* (II, 88). Cette parole célèbre, si elle est vraie, a une telle portée qu'il est impossible de la condamner avant de l'avoir examinée avec la plus scrupuleuse attention. Il ne s'agit pas de chercher si les indications du cœur sont des notions susceptibles d'affecter tous les caractères scientifiques : soit l'évidence par elles-mêmes, soit la démonstration par raisonnement déductif, soit la preuve expérimentale ; car on ne verrait pas alors en quoi les révélations du cœur différeraient des découvertes de l'entendement ; celui-ci opère toujours sur quelque donnée sensible, d'ordre physique ou moral. Mais il s'agit de savoir si un sentiment peut être, à quelque degré, dépositaire d'une notion, sinon précise, du moins objective, quoique indéterminée.

On dit les *sentiments* du cœur et aussi les *mouvements* du cœur. Le mot *émotions* signifie ces deux choses réunies. Le mot *cœur*, dans son acception morale, désigne donc ordinairement cette double aptitude de l'âme à sentir et à se déterminer par le sentiment seul. Pascal y attache quelque chose de plus ; il prête au cœur la faculté d'affirmer, aptitude supplémentaire fort importante à ses yeux, puisqu'elle lui permet de croire en se passant de la raison. Dans ce que nous allons dire, nous ne demanderons pas à celle-ci d'abdiquer, mais seulement d'admettre le témoignage du cœur au même titre que celui des sens, lorsque ce témoignage lui semblera aussi irrécusable, et de l'accepter, au moins, comme simple document dont l'esprit scientifique doit tenir compte sans pouvoir encore l'employer dans l'étage actuel de son édifice.

Tandis que la sensation, effet immédiat de l'impression de l'objet sur les nerfs, peut exister en nous indépendamment de toute idée et précède même la pensée pour lui fournir ses matériaux, le sentiment suppose toujours une idée, un jugement, si rudimentaire soit-il, porté sur sa cause. C'est là le point de contact du cœur avec l'esprit. Considérons le sentiment esthétique. Il implique la pensée, comme tous les autres, au moins à l'état de rêve. Le récit d'un trait d'héroïsme, d'un beau sacrifice, la vue d'un beau corps, d'un beau paysage, réels ou figurés, l'audition d'une belle symphonie, nous émeuvent; elles nous font *rêver*, ce qui est penser vaguement. Or cette pensée vague n'a-t-elle qu'un objet purement imaginaire, composé d'éléments tirés du réservoir de nos souvenirs, comme serait l'idée d'un cheval ailé, par exemple? Ou bien a-t-elle quelque objet réel, bien que inaccessible et indistinct?

La réponse à cette question est de la plus haute importance, car il pourrait résulter que l'esthétique ne fût pas toute subjective, et que la faculté d'admirer, révélatrice de quelque inconnu, participât des fonctions intellectuelles. La science n'est pas encore en état de résoudre ce problème; nous en sommes réduits aux conjectures; mais les solutions approximatives ne sont pas à dédaigner quand elles reposent sur des données que chacun peut trouver dans sa propre conscience et quand on n'en surfait pas l'exactitude. Nous sommes d'ailleurs tenus de ne rien négliger qui puisse expliquer l'acquiescement d'un génie tel que celui de Pascal aux doctrines mystiques, et il faut convenir qu'il y a dans cet acquiescement quelque présomption favorable au principe, sinon à la formule de ces doctrines.

Nous savons que les perceptions de tout genre, visuelles, auditives, olfactives, etc., sont expressives, c'est-à-dire qu'elles ont quelque chose de commun avec les affections morales, avec les sentiments (le langage tout entier en témoigne), et qu'elles les éveillent en nous par leurs qualités agréables ou désagréables. Le plus souvent les sentiments qu'elles font naître en nous sont nettement définis et désignés par des noms : joie, tristesse, mélancolie, amour, tendresse, colère, etc. Mais les perceptions sensibles, celles de l'architecture et de la musique surtout, affectent parfois des qualités telles que les sentiments qui y correspondent n'ont plus de noms et prennent un caractère transcendant, supérieur à celui des passions définies, et déterminent une rêverie en quelque sorte ultraterrestre. Cela est un fait d'observation, mais qui, à vrai dire, ne peut être constaté que par les artistes (exécutants ou non) sur eux-mêmes.

Remarquons que, dans la vie ordinaire, nous n'éprouvons tel ou tel sentiment qu'après avoir jugé que tel ou tel fait nous est favorable ou défavorable (à nous ou à autrui). Au contraire, en présence d'une belle forme, plastique ou musicale, nous commençons par éprouver le sentiment suscité par l'agréable qui l'exprime, sentiment *sui generis*, qui n'est proprement ni la joie ni la peine sans mélange, et spontanément un rêve en nous s'y adapte; c'est-à-dire que le jugement se forme après coup, un jugement sans précision qui cherche à motiver ce que nous sentons. En un mot, l'*aspiration* attribue au sentiment une cause lointaine et indéfinissable. Or l'aspiration n'est pas arbitraire; l'idée vague qu'elle implique n'est pas du tout un composé artificiel d'éléments puisés dans le milieu où nous vivons. Bien au contraire, ce qui nous émeut alors, c'est précisément ce que nous sentons d'étranger et de préférable à toute essence terrestre dans l'objet indéterminé et toutefois infiniment attrayant de notre aspiration. Cet *idéal*, tel qu'on l'appelle aujourd'hui, loin de nous apparaître comme une vaine fiction de notre esprit, nous subjugue, au contraire, et nous *ravit*, et il y a de la passivité dans le ravissement : nous y subissons une action secrète exercée sur nous par quelque chose qui n'appartient pas à notre milieu immédiat, terrestre, et qui, ne tombant distinctement sous aucun de nos sens, ne saurait être d'aucune manière imaginé par nous; de là son caractère vague et indéfinissable. Nous sentons seulement que l'objet de l'aspiration esthétique n'est pas un fait (en termes philosophiques : un accident, un contingent); c'est quelque chose de stable, révélant un bonheur, actuellement irréalisable, impossessible, mais proposé de très loin à la possession; ce n'est que par une extase contemplative qu'on communique avec cet objet du vœu suprême. Ce n'en est pas moins une communication, si incomplète qu'elle soit, car l'idéal est *exprimé* en nous par la perception du beau plastique et musical : il a donc quelque chose de commun avec notre essence, avec le plus intime de notre être. Le sentiment que nous en avons serait donc objectif. Celui qu'éveille au plus profond de notre âme une belle action est, avec plus de probabilité encore, objectif. Dans ce cas, en effet, le jugement précède l'admiration. La victoire de la volonté réfléchie sur l'appétit sourd et sur l'instinct aveugle nous *transporte*, c'est-à-dire qu'elle nous porte, non plus au moyen d'un symbole, mais directement, aux derniers confins du monde terrestre et d'un monde où l'homme dépouillerait l'animalité égoïste et brutale pour ne garder de sa nature mixte que les caractères purement humains, ceux qui le différencient de la bête. L'héroïsme, l'oubli de soi-même pour la cause du bien, élève l'homme jusqu'à la limite supérieure de la vie terrestre condamnée, en deçà, au conflit des appétits individuels. A ce point de vue, le désintéressement revêt une beauté révélatrice encore de l'*au-delà*, car il est tout à fait irréductible à une origine animale, et c'est seulement par exception, chez la plus rare élite de l'humanité, qu'il touche à l'abnégation complète et fait naître l'admiration en devenant beau.

Ainsi le sentiment du Beau dans la nature, les arts et la morale aurait un objet situé hors de nos prises, mais dont nous aurions l'intuition dans notre conscience, et c'est là le fondement des actes spontanés de foi religieuse. On peut définir la foi : l'intuition et l'affirmation, sur le seul témoignage du cœur, de ce qu'on nomme *la divinité*, c'est-à-dire du postulat indispensable pour expliquer et justifier ce que nous voyons de l'Univers. Et c'est le Beau, imprimé dans les formes et manifesté aussi par les actions, qui en est le révélateur, qui est le texte sacré, la sainte écriture par excellence. Au fond, le sentiment du Beau est l'intuition instinctive du divin, la plus incontestable révélation religieuse. Il y a de la piété dans l'admiration; elle est grave, silencieuse. Le statuaire, devant un modèle féminin, dès qu'il a saisi l'ébauchoir, sent l'admiration chasser le désir. Dans la physionomie du modèle, l'expression esthétique efface même alors à ses yeux l'expression passionnelle de tous les sentiments nommés; il ne voit plus que le beau plastique, symbole du divin.

Mais, dira-t-on, si l'objet de l'aspiration esthétique n'a rien de terrestre, comment, nous qui sommes terrestres, pouvons-nous avoir la moindre communication avec cet objet transcendant? L'objection, qui aurait pu nous arrêter tout d'abord, n'est que spécieuse. L'homme, en sa qualité de dernière et suprême production de la terre, est à la limite extrême qui sépare ce globe de la sphère supérieure, quelle qu'elle soit (à moins d'admettre, contre toute vraisemblance, que la série des êtres, évidemment ascensionnelle sur la terre, se termine à notre petit monde). Or une limite appartient à la fois aux deux choses qu'elle borne l'une par l'autre dans un milieu continu comme est l'espace, qui permet à toutes ses parties de communiquer, et où le monde spirituel lui-même a des attaches manifestes. Il y a donc nécessairement quelque point commun entre l'essence humaine, limite de la nature terrestre et de ce qui la dépasse, de ce que nous appelons le surnaturel, le divin, et celui-ci. Certainement, ce point ne contient pas tout le divin (de là vient que nous n'y pouvons qu'aspirer), mais il suffit à la communication de l'homme avec l'idéal. Il existe un pont, jeté par le Beau, entre la terre et le ciel, ou, plus exactement : entre l'essence la plus complexe et la plus digne qui soit liée à la terre, et le monde des essences encore supérieures qui s'échelonnent dans la population de l'infini. Sans nous heurter à cette objection radicale, nous pouvons donc admettre que l'esthétique a une valeur objective et nous avons reconnu qu'elle est dépositaire de la religion spontanée. Celle-ci, en germe au fond des âmes capables de sentir la majesté de la face humaine, la noblesse du sacrifice, l'épouvante sublime de l'infini, n'a par elle-même aucune formule précise, mais elle fournit à toutes les religions supérieures les plus diverses la matière que chacune d'elles élabore selon le génie particulier des races pour instituer ses dogmes propres, son *Credo* spécial. C'est cette commune origine esthétique de tous les cultes qui explique l'intime connexité qu'ils ont eue avec les arts chez tous les peuples.

La religion spontanée n'est pas ce qu'on appelle ordinairement la religion naturelle; il importe de bien distinguer la première de la seconde. Celle-ci naît de la réflexion appliquée aux concepts métaphysiques de l'absolu, du nécessaire, du parfait, de la cause première, etc.; celle-là ne suppose aucun effort intellectuel, elle est le simple sentiment religieux, prédisposition innée de l'âme. Sur cette prédisposition vient se greffer toute religion traditionnelle.

Cherchons donc quelle a pu être, dans les croyances de Pascal, la part de la religion spontanée telle que nous venons de la définir. On n'hésitera guère, tout d'abord, à admettre qu'elle fut héréditaire en lui. Elle implique une tendance à croire à des interventions surnaturelles dans la vie quotidienne, et confine aisément à la superstition. Or on reconnaît infailliblement cette tendance chez son père, en dépit de ses remarquables aptitudes aux sciences positives. L'anecdote prudemment omise par Mme Périer dans son récit de la vie de son frère, mais racontée par sa fille Marguerite, où l'on voit Étienne Pascal accepter comme redoutable un sort jeté par une sorcière sur le jeune Blaise et conjurer ce sort par des pratiques absurdes et odieuses, cette anecdote atteste en lui la foi ou du moins une vague croyance au merveilleux. Nous ne savons malheureusement rien des penchants de la mère de Pascal en ce qui touche la religion, mais le document précédent suffit à nous édifier sur l'origine du sentiment religieux en lui. On ne saurait nier qu'il ne tînt de son père le principe de son génie scientifique, et dès lors on serait mal venu à contester qu'il ait hérité de son père aussi le principe de ce sentiment. Quoi qu'il en soit, examinons maintenant ce que la religion spontanée est devenue chez lui. Comme chez tous les hommes, depuis la formation des sociétés, le germe de l'inquiétude et de l'aspiration religieuses a reçu tout de suite d'une éducation traditionnelle le sens de son développement; ce germe n'a même pas eu le temps de prendre conscience de soi : ... *Mon père*, dit Mme Périer, *ayant lui-même un très grand respect pour la religion, le lui avait inspiré dès l'enfance, lui donnant pour maxime que tout ce qui est l'objet de la foi ne le saurait être de la raison, et beaucoup moins y être soumis.* — Elle ajoute : *Il était comme un enfant; et cette simplicité a régné en lui toute sa vie...* (I, LXIX).

Il n'est pas aisé, dans ces conditions, de découvrir à l'état pur, dans Pascal, les traces de la religion spontanée. Pendant toute son enfance et son adolescence, elles ne se décèlent que par son extrême docilité à accueillir et observer ce précepte paternel. Même en faisant la part très large au respect que lui inspirait la supériorité intellectuelle de son père, à l'ascendant de celui-ci sur son esprit, on est frappé de la prompte et complète satisfaction donnée à sa plus essentielle curiosité par le dogme chrétien sans l'aveu mûri de sa raison. Comme, d'ailleurs, l'indifférence n'est pour rien dans cette docilité, on est en droit de l'attribuer à une pente naturelle de son âme vers la religion: Si sa raison ne sent aucun sacrifice à faire, si elle n'a point à se résigner, c'est qu'elle s'en remet librement à la foi sur le principe transcendant de l'univers; et si sa foi n'eût point rencontré chez autrui l'hérésie ou l'incrédulité, il est probable qu'elle fût demeurée inconsciente en lui comme tout autre penchant inné que rien ne contrarie. Mais nous devons à la contradiction des impies et des hérétiques, à sa lutte avec eux, les quelques témoignages qu'il nous a expressément donnés de son pur sentiment religieux. *On a beau dire, il faut avouer que la religion chrétienne a quelque chose d'étonnant. C'est parce que vous y êtes né, dira-t-on. Tant s'en faut : je me raidis contre, par cette raison-là même, de peur que cette prévention ne me suborne. Mais, quoique j'y sois né, je ne laisse pas de le trouver ainsi* (II, 88). Par ces paroles, il remonte de l'enseignement traditionnel à la révélation spontanée; car, en se plaçant hors du terrain de la tradition pour juger le christianisme, il le juge avec son sentiment religieux et il l'admire parce que celui-ci y trouve une entière satisfaction. — *Il n'y aurait pas tant de fausses religions s'il n'y en avait une véritable* (II, 76). Il développe cette pensée dans des considérations qui n'empruntent rien à la doctrine chrétienne. Ailleurs, lorsqu'il signale, dans une page célèbre, l'étrange concomitance de la grandeur et de la bassesse dans la nature présente de l'homme, il ne commente pas un texte sacré, il observe directement la condition humaine, et il demande au dogme la solution du problème que sa conscience se pose; il lui demande de justifier la nature et de l'expliquer pour satisfaire le plus impérieux besoin de son âme, le besoin d'universelle perfection, qui est religieux : *La nature est telle qu'elle marque partout un Dieu perdu, et dans l'homme, et hors de l'homme, et une nature corrompue...* (I, 186). — ... *Car n'est-il pas plus clair que le jour que nous sentons en nous-mêmes des caractères ineffaçables d'excellence? Et n'est-il pas aussi véritable que nous éprouvons à toute heure les effets de notre déplorable condition?* (I, 187.) Enfin, tout le principe de la révélation spontanée est contenu dans le fragment fameux : *Le cœur a ses raisons que la raison ne connaît pas. Je dis que le cœur aime l'Être universel naturellement et soi-même naturellement, selon qu'il s'y adonne; et il se durcit contre l'un ou l'autre, à son choix. Vous avez rejeté l'un et conservé l'autre; est-ce par raison que vous aimez? C'est le cœur qui sent et non la raison. Voilà ce que c'est que la foi : Dieu sensible au cœur, non à la raison.* (II, 88). Cette définition de la foi concorde avec celle que nous avons proposée plus haut, à cela près qu'elle précise et personnifie le divin et qu'elle en attribue au cœur non seulement le témoignage mais encore l'affirmation (comme le fait d'ailleurs Pascal pour tous les postulats géométriques ou autres); elle implique l'essentiel, à savoir une révélation du divin par le cœur, non par la tradition. Ce n'est pas la religion chrétienne qui a déposé dans le cœur de Pascal cette foi-là; le christianisme en a seulement bénéficié quand, avant tout examen qui pût déterminer son choix entre les divers cultes, son père lui a, dès l'enfance, inculqué la préférence pour le dogme chrétien. Rien n'a jamais fait plus honneur à cette religion que d'avoir subi victorieusement l'épreuve, nous ne dirons pas de la raison, mais du cœur de l'un des plus dignes représentants du genre humain sur la terre ; elle peut se flatter d'avoir assouvi l'aspiration la plus insatiable et la plus haute. Malheureusement pour son autorité, elle n'a pas conquis le génie tout entier de Pascal ; elle ne s'en est pas assujetti la fonction capitale, la critique rationnelle, qui s'est détournée sur la physique et la géométrie. Si le chrétien eût employé à discuter les sources des Livres Saints la même sagacité puissante que le physicien apportait dans l'examen des conditions de l'équilibre des liqueurs, la même rigoureuse exactitude, la même pénétration qui permirent au géomètre d'instituer la théorie de la cycloïde sans le secours de l'algèbre, le dogme eût difficilement résisté à l'analyse implacable du savant ; mais le cœur n'en eût pas moins gardé ses droits dans le domaine de l'esthétique, c'est-à-dire du Beau révélant le divin tel que nous l'avons défini.

### III

Les écrits de Pascal ne fournissent pas un témoignage précis et complet de son sens esthétique. Il n'y manifeste nulle part son admiration pour aucune production particulière de la nature ou des beaux-arts. Son aperçu étrange sur la peinture est général, applicable à tous les arts représentatifs : *Quelle vanité que la peinture, qui attire l'admiration par la ressemblance des choses dont on n'admire point les originaux!* (I, 105.) On en pourrait inférer qu'il ignorait les conditions et l'objet de ces arts. Dans son *Discours sur les passions de l'amour*, on trouve une théorie, toute platonicienne, du beau dans l'univers, et spécialement de la beauté corporelle. Mais ce n'est qu'une théorie ; l'observation du sens esthétique en autrui peut avoir suffi à la lui suggérer. Ce sont des vues abstraites qui ne supposent pas nécessairement l'émotion esthétique chez celui qui les a émises. On peut admettre sans témérité qu'il était médiocrement apte à jouir des beaux-arts. Il n'était artiste qu'en langage, mais il l'était à un degré extraordinaire. Mme Périer décrit très bien son éloquence : *Il avait une éloquence naturelle qui lui donnait une facilité merveilleuse à dire ce qu'il voulait; mais il avait ajouté à cela des règles dont on ne s'était pas encore avisé, et dont il se servait si avantageusement qu'il était maître de son style; en sorte que non seulement il disait ce qu'il voulait, mais il le disait en la manière qu'il voulait, et son discours faisait l'effet qu'il s'était proposé* (I, LXXIII). Elle relève encore en lui ce qui fait vraiment l'artiste : l'originalité. *Et cette manière d'écrire naturelle, naïve et forte en même temps, lui était si propre et si particulière, qu'aussitôt qu'on vit paraître les* LETTRES AU PROVINCIAL, *on vit bien qu'elles étaient de lui, quelque soin qu'il ait toujours pris de le cacher, même à ses proches* (I, LXXIII). Il possédait le sens le plus droit de la beauté littéraire, qui consiste dans la parfaite adaptation du signe verbal à l'idée, et du mouvement de la phrase au mouvement de l'âme. *L'éloquence est une peinture de la pensée, et ainsi ceux qui, après avoir peint, ajoutent encore, font un tableau au lieu d'un portrait* (II, 123), dit-il lui-même. Et ailleurs : *Quand on voit le style naturel, on est tout étonné et ravi, car on s'attendait de voir un auteur, et on trouve un homme... Ceux-là honorent bien la nature, qui lui apprennent qu'elle peut parler de tout, et même de théologie* (I, 105). La beauté littéraire est en quelque sorte mathématique par la justesse du mot, et elle est musicale par la cadence de la phrase. En tant que musicale, elle est, au premier chef, expressive. Mais comme ce qu'elle exprime est la pensée même et l'émotion de l'écrivain, elle n'est révélatrice du divin qu'autant que l'une et l'autre y confinent par l'aspiration; autrement dit, elle ne l'est qu'autant que la poésie est en jeu. Or Pascal éprouve en face des infinis, et dans la considération de la grandeur et de la misère humaines, un trouble éminemment poétique, le plus poétique possible; son style reflète ce trouble, et en cela il est poète. Mais, par une étrange inconscience, il méconnaît tout à fait la portée du sentiment poétique. Il ne voit pas que c'est l'indéfinissable, le divin, qui fournit à la poésie sa matière propre. *Comme on dit beauté poétique, on devrait aussi dire beauté géométrique et beauté médicinale. Cependant on ne le dit point : et la raison en est qu'on sait bien quel est l'objet de la géométrie, et qu'il consiste en preuves, et quel est l'objet de la médecine, et qu'il consiste en la guérison; mais on ne sait pas en quoi consiste l'agrément, qui est l'objet de la poésie. On ne sait ce que c'est que ce modèle naturel qu'il faut imiter; et, à faute de cette connaissance, on a inventé de certains termes bizarres : siècle d'or, merveille de nos jours, fatal, etc., et on appelle ce jargon beauté poétique...* (I, 104). On voudrait bien pouvoir dire qu'il vise seulement ici la fausse poésie. Hélas! non : il condamne la vraie avec la fausse, par cela seul qu'il raille, dans la poésie, l'indétermination de son objet, par suite l'aspiration, qui en est l'essence même. Il ne s'aperçoit pas qu'une pareille critique dépasse de beaucoup son but; qu'elle n'atteint pas seulement la poésie littéraire, mais aussi le principe même du beau, la poésie plastique et musicale, ajoutons le sentiment religieux. Si, en effet, *siècle d'or, merveille de nos jours, fatal...* (I, 104), sont un jargon (ce que nous reconnaissons d'ailleurs), n'est-il pas à craindre que la tentative de conciliation entre le libre arbitre et la grâce, même au sens janséniste du mot, n'en ait engendré un plus aisé encore à ridiculiser? L'Homme-Dieu n'est-il pas une *merveille*? Le vocabulaire de tout idéal ne saurait être qu'un jargon, si l'on appelle ainsi un composé de termes sans exactes définitions. Le couple de mots *ligne droite*, aux yeux de Pascal, en devrait être un, comme aussi celui d'*Homme-Dieu*. Mais il sent ce que c'est que la rectitude d'une ligne, il sent ce que signifie la divinité d'un rédempteur; le jargon devient pour lui le langage du cœur, il devient le Verbe!

Ne nous attardons pas à chercher dans l'écrivain, dans le grand artiste en langage, la tendance esthétique de

Pascal vers le divin. Ce serait puéril. L'admiration qu'éveille chez ses lecteurs la beauté de son style, il ne l'éprouvait que très secondairement et en faisant violence à son humilité chrétienne. Il était touché de ce qu'il voulait dire plus que du signe verbal qu'il y attachait. Il savait gré, sans doute, à ce signe d'exprimer exactement sa pensée, mais la pensée seule le passionnait. Bien loin qu'il fût porté vers le divin par la conscience du beau littéraire, le chrétien, si éloquent dans les épreuves de la maladie, oubliait la forme de son oraison pour son oraison même et pour le Dieu qui l'entendait.

Le champ de l'esthétique est vaste; il faut chercher autre part, ailleurs que dans son génie littéraire, ailleurs surtout que dans le goût des arts révélateurs du beau par les formes sensibles, les indices de son penchant vers le divin : ce n'est point à un Michel-Ange ni à un Beethoven que nous avons affaire. Il s'agit d'un géomètre physicien, doublé d'un philosophe essentiellement moraliste; s'il n'eût rencontré, en venant au monde, aucune religion instituée, le sentiment de la dignité eût été spontanément religieux en lui. Il proclame et salue la beauté morale de l'essence humaine : *L'homme n'est qu'un roseau, le plus faible de la nature, mais c'est un roseau pensant. Il ne faut pas que l'univers entier s'arme pour l'écraser. Une vapeur, une goutte d'eau, suffit pour le tuer. Mais quand l'univers l'écraserait, l'homme serait encore plus noble que ce qui le tue, parce qu'il sait qu'il meurt, et l'avantage que l'univers a sur lui, l'univers n'en sait rien. Toute notre dignité consiste donc en la pensée. C'est de là qu'il faut nous relever, et non de l'espace et de la durée, que nous ne saurions remplir. Travaillons donc à bien penser : voilà le principe de la morale* (I, 10). Paroles mémorables qui lui vaudraient, à elles seules, la gratitude du genre humain. Il ajoute :
*... Par l'espace, l'univers me comprend et m'engloutit comme un point; par la pensée, je le comprends* (I, 11).

Mais son cœur frissonne aussitôt de cette téméraire étreinte de l'étendue sans bornes par sa pensée. L'infinité de l'espace le met en communication avec l'Infini divin, celui dont le mutisme ne peut durer sans lui faire sentir un effroyable abandon, peut-être une menace... *Le silence éternel de ces espaces infinis m'effraie* (II, 153). Terreur sublime, dont le cri est la profession de foi religieuse de Pascal, sa profession de foi spontanée.

## IV

L'impression de l'infinité sur l'âme de Pascal a deux stades. En tant que géomètre, il est doué pour analyser la nature des deux infinis et, par suite, pour mettre en lumière ce qu'il y a de profondément intéressant pour la raison dans chacun d'eux et dans leur rapport entre eux. *Voilà l'admirable rapport que la nature a mis entre ces choses*, dit-il dans le premier des deux fragments où il traite DE L'ESPRIT GÉOMÉTRIQUE, *et les deux merveilleuses infinités qu'elle a proposées aux hommes, non pas à concevoir, mais à admirer...* (II, 295). Puis, quand il passe de la considération abstraite et tout intérieure de l'infini mathématique à la contemplation de l'espace concret, de l'infini réel, cette réalité l'épouvante ; il y sent vivre, en quelque sorte, le silence ; dès lors, le merveilleux se transforme en sublime. La terreur succède à l'enthousiasme ; l'admiration du savant satisfait devient l'anxiété de l'homme sondant l'abîme où il est suspendu. Dans les deux cas, le sentiment est esthétique, comme le merveilleux et le sublime qui l'éveillent. Remarquons que l'indétermination même de la mesure (l'in-fini) en est le principe de part et d'autre. Cette mesure échappe à l'étreinte de la pensée et la déborde. Mais tandis que, dans le premier cas, la grandeur géométrique est seule en jeu et qu'elle n'est objective que par l'origine empirique du concept, dans le second, l'immensité s'anime et prend une qualité morale. Son silence se révèle comme un inquiétant mutisme, et le concept n'a pas seulement, aux yeux du penseur, pour objet l'espace réel : il est accompagné d'une image sensible et, comme tel, il exprime ; le cœur intervient et sent ce que, par lui-même, ne suppose pas le concept, à savoir un objet moral et indéterminé, par cela même redoutable, le divin. La perception de l'espace infini agit sur l'âme de Pascal comme une perception musicale, une symphonie de Beethoven sur l'âme d'un artiste. Que l'espace infini existe par lui-même ou par une nécessité supérieure à sa propre essence, il est de toute manière imposant, car il est divin par sa nature ou par son principe; le cœur de Pascal sent cela, et ce sentiment est religieux par une révélation indépendante de la foi chrétienne, d'un caractère tout esthétique, sublime. L'émotion religieuse retentit et se répercute dans le cerveau du savant d'une façon intéressante à noter : *Qui se considère de la sorte s'effraiera de soi-même, et, se considérant soutenu entre ces deux abîmes de l'infini et du néant, il tremblera à la vue de ces merveilles, et je crois que, sa curiosité se changeant en admiration, il sera plus disposé à les contempler en silence qu'à les rechercher avec présomption* (I, 3).

La conclusion du premier fragment de son traité *De l'Esprit géométrique* est importante : *Mais ceux qui verront clairement ces vérités* (géométriques) *pourront admirer la grandeur et la puissance de la nature* (il ne s'agit ici que de la nature) *dans cette double infinité qui nous environne de toutes parts et apprendre, par cette considération merveilleuse, à se connaître eux-mêmes, en se regardant placés entre une infinité et un néant d'étendue, entre une infinité et un néant de nombre, entre une infinité et un néant de mouvement, entre une infinité et un néant de temps. Sur quoi on peut apprendre à s'estimer à son juste prix et former des réflexions qui valent mieux que tout le reste de la géométrie même* (II, 296).

Pascal, dans ce passage, n'envisageant que les infinis physiques, ne prouve qu'une chose en y comparant l'homme, c'est que la taille de celui-ci, la durée et l'activité de son corps, ne sont, en réalité, ni grandes ni petites, mais simplement de la quantité. Remarquons en passant qu'en pareille matière le langage trompe : la *grandeur*, synonyme de la *quantité géométrique*, n'a pas la même signification que *grand*, synonyme de *beaucoup*, qui a pour contraire *petit*, tandis que la *grandeur*, dans le sens de la *quantité*, n'a pas de contraire. Il en résulte cette logomachie qu'une valeur petite est une grandeur qui n'est pas grande. Les mots *grand* et *petit* n'ont, au fond, qu'un sens esthétique, mis en évidence quand on l'applique aux infinis ; au lieu de dire l'*infiniment grand* et l'*infiniment petit*, on devrait dire la quantité infiniment accrue et infiniment décrue, ou, comme l'entendent les mathématiciens, la quantité indéfiniment croissante et la quantité indéfiniment décroissante ; indéterminément progressive d'une part, indéterminément régressive de l'autre. L'infiniment grand humilie l'homme physique ; mais, en revanche, l'infiniment petit le relève d'autant. Si donc la valeur de l'homme ne s'estimait qu'à celle de ses attributs physiques, il n'y aurait même pas lieu d'en parler : elle ne serait ni grande ni petite en elle-même ; elle ne ferait que surpasser ou n'atteindre pas tel ou tel terme arbitraire de comparaison : elle ne serait que de la quantité finie, dépourvue, comme telle, de tout sens esthétique, de toute portée morale. Dans ces conditions, apprendre, comme le dit Pascal, à s'estimer à son juste prix par la considération des infinis physiques, cela revient, pour l'homme, à placer sa valeur ailleurs que dans ses attributs physiques. Pascal, du reste, bien qu'il ne sente pas cette conséquence dans le morceau fameux où il humilie l'homme par l'infiniment grand, le reconnaît expressément dans un autre endroit. *L'homme est un roseau pensant* (I, 10). C'est dans sa pensée que réside sa dignité ; sa condition matérielle y est indifférente. *Ce n'est point de l'espace que je dois chercher ma dignité, etc.* (I, 11). Il ne s'ensuit pas que le volume des corps soit sans aucune relation avec leur complexité organique, laquelle se trouve liée à leur degré de dignité dans la série des êtres vivants. La complexité organique décroît évidemment quand le volume du corps dépasse un certain degré de petitesse. Mais au-dessus de cette limite, l'une n'est plus bornée par l'autre ; la valeur cérébrale d'une espèce n'est nullement proportionnelle à la taille de ses individus.

Il existe un lien secret, d'un autre ordre, qui rattache la dignité humaine aux infinis physiques, et qu'on découvre en scrutant les méditations si pénétrantes de Pascal sur les deux infinités. Ce lien se manifeste dans l'émotion esthétique que ces infinis font naître, dans le divin qu'ils impliquent ou supposent. *Que l'homme contemple donc la nature entière dans sa haute et pleine majesté...* (I, 1). Le divin devient alors, sinon la commune mesure entre eux et l'essence humaine, du moins un lien. Il est leur fond commun, car il y a du divin dans l'homme. Pascal l'affirme comme il le sent : *Deux choses instruisent l'homme de toute sa nature : l'instinct et l'expérience* (I, 12). Or, l'homme a l'instinct de son investiture supérieure : *Nous avons une idée si grande de l'âme de l'homme que nous ne pouvons souffrir d'en être méprisés et de n'être pas dans l'estime d'une âme; et toute la félicité des hommes consiste dans cette estime* (I, 10). — *Il (l'homme) estime si grande la raison de l'homme que, quelque avantage qu'il ait sur la terre, s'il n'est placé avantageusement aussi dans la raison de l'homme, il n'est pas content. C'est la plus belle place du monde...* (I, 10).

Mais s'il y a dans l'homme du divin, révélé au fond de sa conscience par le sentiment du beau moral, de la dignité, dont le principe est à la fois indéterminé et indéniable, vague et impérieux, il s'en faut cependant que tout y soit divin, qu'il se sente parfait, réalisant un idéal. Aussi sa valeur morale flotte-t-elle entre le parfait et le pire, comme sa valeur physique entre l'infiniment grand et l'infiniment petit : *L'homme n'est ni ange, ni bête...* (I, 100). — *Il ne faut pas que l'homme croie qu'il est égal aux bêtes, ni aux anges, ni qu'il ignore l'un et l'autre, mais qu'il sache l'un et l'autre* (I, 11). — De même pour la valeur intellectuelle : *Notre intelligence tient, dans l'ordre des choses intelligibles, le même rang que notre corps dans l'étendue de la nature...* (I, 5). — *Ce que nous avons d'être nous dérobe la connais-*

*sance des premiers principes, qui naissent du néant, et le peu que nous avons d'être nous cache la vue de l'infini* (I, 5). De même pour les sens. *Nous n'apercevons rien d'extrême. Trop de bruit nous assourdit... Nous ne sentons ni l'extrême chaud ni l'extrême froid* (I, 5). Ces assimilations de la catégorie de la qualité à celle de la quantité ne sont pas en tout exactes ; car si elles l'étaient, on ne pourrait pas plus dire de l'homme qu'il est bon ou mauvais en soi qu'on ne peut dire qu'il est en soi grand ou petit physiquement ; son moral serait aussi indifférent à sa dignité que son physique. Mais il existe, au point de vue de l'estimation, une différence foncière entre ces deux catégories. Dans celle de la quantité, une valeur quelconque finie n'est ni grande ni petite par elle-même ; la série est homogène de l'infiniment petit à l'infiniment grand, elle ne se partage pas en grandes valeurs finies et en petites valeurs finies. Dans la catégorie de la qualité, au contraire, la série du pire au parfait est discontinue et n'est pas homogène : elle se partage en valeurs bonnes et en valeurs mauvaises, et dans chaque portion une valeur quelconque garde sa qualité de bonne ou de mauvaise, qu'elle soit plus ou moins l'un ou l'autre, de même qu'une valeur quantitative quelconque reste quantitative, qu'elle soit plus ou moins élevée.

Dans le superbe morceau d'où nous avons tiré les citations précédentes, Pascal présente seulement le côté pessimiste de sa pensée touchant la dignité humaine. Il faut en rapprocher l'autre côté, tout optimiste, que nous avons examiné le premier. Ainsi complétée, il la résume avec une énergie singulière dans les paroles suivantes : *Quelle chimère est-ce donc que l'homme ? quelle nouveauté, quel monstre, quel chaos, quel sujet de contradiction, quel prodige ! Juge de toutes choses, imbécile ver de terre, dépositaire du vrai, cloaque d'incertitude et d'erreur, gloire et rebut de l'univers* (I, 114). — *... S'il se vante, je l'abaisse ; s'il s'abaisse, je le vante, et le contredis toujours, jusqu'à ce qu'il comprenne qu'il est un monstre incompréhensible* (I, 121).

## V

Ce monstre est exactement celui que nous découvre la lecture des historiens, des observateurs moralistes, dont le plus curieux souci est de relever les contradictions du cœur humain; des poètes et des artistes, dont les aspirations se combattent sans cesse. Notre expérience propre nous fait surprendre, en nous-même comme en autrui, des instincts et des élans terriblement opposés. Nous ne pouvons concilier ces contraires avec l'unité de la personne morale. Le monstre est incompréhensible. Cependant, il existe et il faut l'expliquer. Jusque-là, Pascal n'a pas eu besoin de recourir au dogme chrétien, car la révélation par l'histoire, la vie et la conscience, des étranges alliages de la nature humaine, de son importance infime d'une part, colossale de l'autre, au milieu des deux infinités contraires qui se la disputent, cette révélation n'est pas essentiellement chrétienne. Quiconque déchoit de son idéal par ses actes, tout en y aspirant par ses vœux, quiconque frissonne devant la profondeur muette et peuplée de l'espace sans bornes, est initié par la seule émotion esthétique aux angoisses de Pascal et les ressent au même titre que lui, sinon dans la même mesure. Ce qu'il éprouve avec une intensité doublée par sa puissance d'analyse, d'autres, par la seule intuition naturelle, l'éprouvent aussi, moins vivement, sans doute, mais leur émotion n'en est pas moins de même origine et de même qualité. Il ne s'agit encore, en effet, que de la révélation spontanée. Tout en reniant cette révélation avec horreur, parce qu'elle fait, sinon opposition, tout au moins concurrence à l'autre, à la révélation chrétienne, Pascal ne laisse pas d'en subir inconsciemment les suggestions. Il a beau dire : ... *Sans l'Écriture, qui n'a que Jésus-Christ pour objet, nous ne connaissons rien et ne voyons qu'obscurité et confusion dans la nature de Dieu et dans la propre nature...* (I, 63). — ... *Jésus-Christ hors duquel toute communication avec Dieu est ôtée* (II, 61), et à propos du déisme, idéal rationnel dont le souci dérive de la révélation spontanée : ... *Et par là ils tombent dans l'athéisme ou dans le déisme, qui sont deux choses que la religion chrétienne abhorre presque également* (II, 62), — néanmoins, par une contradiction inconsciente, il reconnaît en termes exprès dans le cœur humain des germes de révélation antérieurs aux actes de foi chrétienne, germes qu'il attribue à un ressouvenir latent de la condition première perdue par le péché originel, mais dont la fermentation s'explique aussi bien et plus simplement par le sentiment esthétique, par l'aspiration, tels que nous les avons définis. — *Malgré la vue de toutes nos misères, qui nous touchent, qui nous tiennent à la gorge, nous avons un instinct que nous ne pouvons réprimer, qui nous élève* (I, 25). Et ailleurs : *Qui ne hait en soi son amour-propre et cet instinct qui le porte à se faire Dieu est bien aveuglé* (II, 111). Ce dernier instinct ressemble si fort au précédent que Pascal est téméraire de le haïr. Enfin cette secrète *inquiétude* de l'homme trouve l'expression de son objet dans la nature, qui reflète quelque chose de Dieu. *La nature a des perfections pour montrer qu'elle est l'image de Dieu, et des défauts pour montrer qu'elle n'en est que l'image* (II, 119). La page sur le *divertissement* est une analyse de cette inquiétude. *Ils* (les hommes) *ont un instinct secret qui les porte à chercher le divertissement et l'occupation au dehors, qui vient du ressentiment de leurs misères continuelles ; et ils ont un autre instinct secret qui reste de la grandeur de notre première nature, qui leur fait connaître que le bonheur n'est, en effet, que dans le repos, et non pas dans le tumulte ; et de ces deux instincts contraires, il se forme en eux un projet confus, qui se cache à leur vue dans le fond de leur âme, qui les porte à tendre au repos par l'agitation et à se figurer toujours que la satisfaction qu'ils n'ont point leur arrivera si, en surmontant quelques difficultés qu'ils envisagent, ils peuvent s'ouvrir par là la porte au repos* (I, 50). Cette tendance au repos par la satisfaction, c'est l'aspiration qui pousse à agir. Pascal ne parle pas de l'aspiration qui sollicite à contempler, et qui est propre aux beaux-arts; mais tacitement il en constate le germe en signalant la tendance à recouvrer la grandeur perdue, l'idéal. Que cet idéal de félicité soit réellement une grandeur perdue, comme il le croit d'après le témoignage de la Bible, ou un type à réaliser dans l'échelle ascendante de la vie, comme le peut suggérer l'audition d'une symphonie de Beethoven ou la contemplation du Parthénon, c'est autre chose, — et nous n'avons nul besoin de choisir entre ces deux hypothèses pour retenir ce qui importe à notre recherche présente. De quelque façon que Pascal ait interprété la révélation spontanée, en dépit de sa foi acquise, en dépit même de sa répugnance à ne point tout devoir à la grâce, il doit, bon gré mal gré, à cette révélation le divin malaise d'âme, la prédisposition morale qui est le plus essentiel fondement de sa foi chrétienne. La révélation chrétienne s'est assimilé la révélation spontanée et l'a formulée de manière à suffire à ce grand cœur; elle l'a d'ailleurs payée d'ingratitude : elle l'a reniée. Est-il vraisemblable que le pyrrhonisme ait eu raison, dans Pascal, d'une foi si profondément établie? N'était-elle pas indéracinable? Nous pensons que Pascal n'a jamais cessé d'être croyant, même à son insu, dans ses crises d'irrésolution, comme un homme qui se noie se débat dans l'eau qu'il ne peut fuir. L'examen de sa vie, à ce point de vue, confirmera plus loin les indications de la psychologie.

## VI

Pascal, par ascétisme, sinon par nature, semble indifférent, dans ses *Pensées*, aux manifestations du beau. S'il y était plus sensible ou moins hostile, il montrerait sans doute avec plus de clarté la part du cœur dans la révélation du divin. Il se borne à l'affirmer, et, comme le divin pour lui, c'est le Dieu du christianisme, il ne faut pas s'étonner que la foi dans l'Évangile supplée dans son âme le sentiment du beau, qui est aussi une profession de foi religieuse. Malheureusement sa croyance jalouse, ennemie de la raison, au lieu d'en être le sublime auxiliaire comme le sens esthétique, s'est appliquée à la ruiner. Mais voyons jusqu'à quel point son génie a été complice de sa foi. Examinons de près son prétendu scepticisme et cherchons quelle prise effective le doute a eue sur son cerveau. Nous remarquons d'abord que, aussitôt sorti de son oratoire, dès qu'il redevient géomètre et physicien, il revendique la véracité pour les propositions initiales des sciences exactes où il excelle, — il les reconnaît et les déclare indubitables, éminemment certaines. Cartésien alors sans le vouloir, il en trouve l'inébranlable assise dans la conscience même, à la commune racine du sentir et du connaître, à cette profondeur intime où ces deux fonctions psychiques ne se sont pas encore différenciées; où ne s'est pas encore opérée entre elles la division, encore inutile, du travail moral; où l'idée s'identifie, dans l'acte de conscience, à l'affection sensible, et l'affirmation au concept même du fait ou du rapport affirmé, sans avoir à s'y enchaîner de loin par les anneaux du raisonnement. Dans ce domaine privilégié de l'intuition l'on ne saurait dire si l'on pense ou si l'on sent; l'un ne se distingue pas de l'autre. Aussi Pascal ne craint-il pas d'appliquer le mot *cœur* à l'intelligence intuitive. *Le cœur connaît la vérité* (I, 119). — *Le cœur sent qu'il y a trois dimensions dans l'espace* (I, 119). Pris dans cette acception hardie, c'est le cœur qui affirme toutes les propositions fondamentales, les axiomes de la géométrie au même titre que les principes de l'éthique; le concept intuitif de la ligne droite relève du cœur aussi bien que celui de l'obligation morale. De là vient que l'évidence de ces concepts ne peut pas plus être illusoire que les affections sensibles, le plaisir ou la douleur, la joie ou la peine, le bleu ou le noir, le doux ou l'amer. On doit bien à la mémoire de Pascal d'admettre que, même s'il fût né avant l'ère chrétienne, il n'eût pas manqué de ce qu'on nomme le sens moral, qu'il eût trouvé au fond de sa conscience l'aveu des droits d'autrui limitant les siens. On serait donc tenté de s'étonner qu'il soit si jaloux des privilèges de l'intuition quand il s'agit des sciences positives, et qu'il en fasse si bon marché, qu'il les méconnaisse à plaisir, quand il s'agit de la morale et de la politique instituées par la raison. Mais cette inconséquence n'est que trop aisée à expliquer. La géométrie, la mécanique et la physique n'ont rien à attendre de la religion catholique; leur fondement est ailleurs, de sorte que, si le pyrrhonisme les atteignait, ces sciences seraient irrémédiablement infirmées : condamnation trop cruelle pour le génie de Pascal, fier malgré lui de ses découvertes et, quoi qu'en dise sa sœur, de l'admiration qu'elles lui conquièrent. Il n'en est pas de même de l'éthique. A ses yeux les fondements rationnels de la morale et de la politique peuvent être ébranlés et ruinés sans le moindre inconvénient et même avec avantage. La religion catholique est là pour en recueillir les débris, pour les restaurer en leur communiquant la solidité qu'elle emprunte à ses propres fondements tout divins. Le pyrrhonisme n'est qu'un bienfaisant démolisseur, car l'édifice est rebâti désormais inébranlable par le Christ et les apôtres; le mortier païen ne vaut pas le sang des martyrs pour en cimenter les pierres. Le temple de Pallas Athéné ne s'est effondré que pour se relever éternel et plus haut dans les cathédrales de l'Église apostolique et romaine où la charité achève la justice en l'attendrissant. Singulier scepticisme, assurément bien inconnu des anciens, que ce sacrifice partiel des titres de la pensée humaine en retour d'une révélation divine, livrant au cœur les plus importantes vérités! Ce qu'il y a d'héroïquement désespéré dans le doute absolu de Pyrrhon fait place dans Pascal à une réserve intéressée sur un point, et à un échange léonin quant au reste. Il se sert du pyrrhonisme uniquement pour le besoin de la cause chrétienne, comme d'une arme dont le tranchant, inoffensif pour lui-même, ne menace que ses adversaires. En réalité, il ne met en suspicion ni la raison déductive, car il est géomètre; ni la raison inductive, car il est physicien; ni la raison intuitive en tant qu'elle fournit leurs principes à ces sciences organisées dont le progrès est assuré. Il ne s'en prend qu'aux disciplines encore chaotiques, non encore dignes du nom de sciences, dont la matière est la plus complexe et la méthode indéterminée, c'est-à-dire à celles qui composent l'éthique. Il abuse de ce qu'elles sont en formation pour y relever des jugements contradictoires, ou flottants et pour contester à la raison humaine sa compétence et son aptitude parce que, avant de saisir son objet, elle le retourne et le tâte; comme si, même dans les sciences positives, le siège méthodique de la vérité n'avait pas été précédé de mille assauts désordonnés. Son scepticisme réel se réduit donc, en fin de compte, à une querelle d'Allemand faite par la foi à la raison, et se borne à constater que dans les sciences morales, condamnées par leur nature même à n'être systématisées que les dernières, la raison se contredit, s'embarrasse et se fourvoie encore. Pour ce motif à peine spécieux il suspecte, en tant seulement qu'elle s'applique à ces sciences, la légitimité de ses titres.

Hâtons-nous d'ajouter que la bonne foi de Pascal n'est point ici en cause. Il est également sincère, soit qu'il épouse le scepticisme entier de Montaigne pour rabattre l'orgueil de la raison qui prétend se suffire, soit, au contraire, qu'il proclame avec partialité, en faveur des seules sciences qu'il pratique, son absolue confiance dans les propositions évidentes et les données premières indéfinissables. Hors du domaine des sciences positives, l'unité de doctrine, loin d'être un gage de bonne foi, est toujours à quelque degré artificielle; les contradictions latentes en sont de meilleurs garants. Aussi bien, chez Pascal, l'esprit scientifique et l'esprit chrétien ne se considèrent point comme solidaires. Ils le sont néanmoins, bon gré mal gré, à leur insu. Sans doute, le premier n'apporte pas au second l'appui de sa sévère critique (ce pourrait être un mauvais service), il ne discute ni le dogme ni les sources sacrées, mais il prête à ces données l'infaillible rigueur de sa logique dans les conséquences qu'il en tire, sa profondeur d'analyse dans l'examen d'une donnée quelconque une fois admise, et sa puissance de synthèse dans le rapprochement des rapports les plus lointains qu'il y découvre. L'esprit chrétien bénéficie de la dialectique serrée de l'esprit scientifique, sans se croire obligé, d'ailleurs, à lui rien fournir en retour; il en serait, à vrai dire, bien embarrassé.

Le scepticisme de Pascal, en ce qui touche les fondements rationnels de la connaissance, est donc purement verbal et n'entame en rien ses convictions réelles de savant. Et, lors même qu'il fût parvenu à sacrifier l'usage de la raison comme il en reniait l'utilité, il n'en eût pas davantage été pyrrhonien; la foi lui fût demeurée. Or, la foi est, à ses yeux, l'inexpugnable forteresse de la connaissance; il s'y cantonne avec une entière sécurité.

## VII

Ainsi Pascal n'a jamais été, à proprement parler, pyrrhonien, c'est-à-dire dans une incertitude absolue de ce qui existe, née d'une défiance absolue de tous les témoignages que l'homme en peut avoir. Nous savons que, loin de là, son doute s'est attaqué uniquement au témoignage des sens et de la raison, qui sont les armes de l'incrédulité religieuse, mais nullement à celui du cœur, qui est le siège de la foi. Comme d'ailleurs il n'a cessé d'expérimenter, d'induire, et de déduire avec pleine assurance pour son propre compte, on en peut conclure qu'il n'a réellement mis en suspicion la véracité d'aucune des sources de connaissance dont l'homme dispose. Nous avons relevé dans ses *Pensées* des traces de religion spontanée qui nous autorisent à admettre en lui une prédisposition innée à accepter d'abord sans examen, puis à n'examiner qu'avec un préjugé favorable, un dogme défini, celui qui formulerait le mieux pour lui sa religion spontanée, c'est-à-dire ses aspirations vers l'idéal inaccessible de son cœur et de son intelligence. Or l'idéal de son intelligence, ce qui explique à la fois l'origine, le développement et la fin de l'univers, il le reconnaît tout d'abord inaccessible. *S'il y a un Dieu, il est infiniment incompréhensible...* (I, 149). *Nous sommes incapables de connaître ni ce qu'il est, ni s'il est* (I, 149). Il faut admirer la franchise de cette déclaration ou plutôt la profondeur de pensée qui la lui impose. Ainsi, pour lui, la preuve de l'existence même de Dieu n'est pas confiée à la faculté de comprendre, mais à celle de sentir, à l'intuition du cœur, en un mot à un acte de foi. C'est dans cette conviction de Pascal qu'il faut chercher la moralité de son fameux pari proposé aux incrédules pour les amener à la pratique de la religion catholique. Nous n'examinerons point ici ce pari, parce que nous en avons fait l'objet d'une analyse spéciale. L'Évangile n'exige pas du croyant autre chose qu'un acte de foi, et il répond parfaitement à l'idée que Pascal se faisait des limites de l'intelligence humaine. Quant à l'idéal de son cœur, c'est encore l'Évangile, le dogme chrétien qui le lui fournit en lui offrant une solution du problème moral le plus rebelle à la raison en même temps que le plus intolérable au cœur, à savoir l'existence du mal en dépit de la toute-puissance de Dieu qui est le Bien même. Il est remarquable que la question du libre arbitre et de la nécessité, qui est le fond de ce problème, regardée en face et tranchée avec tant d'audace par son contemporain Spinoza, semble avoir été par lui peu approfondie, presque éludée. On ne trouve dans ses *Pensées*, dépositaires des plus secrètes angoisses de sa conscience, rien qui trahisse un trouble sérieux à ce sujet, une gêne anxieuse dans la conciliation de la grâce et de la responsabilité. Il raille les jésuites avec une assurance qui étonne, car, s'il est facile de réduire leur doctrine à l'absurde, il ne le serait pas moins de relever les inconséquences de celle qu'il défend au nom des jansénistes. Il aime mieux adopter celle-ci que la discuter. Ce n'est pas sa raison qui y défère, mais elle n'y résiste pas non plus, elle ne fait que d'insuffisantes réserves. *Il n'est pas bon*, dit-il dans ses Pensées, *d'être trop libre. Il n'est pas bon d'avoir toutes les nécessités* (II, 165). Ce juste milieu convient à la prudence plus qu'à la rigueur de son esprit, et n'est, au fond, pas plus rationnel que la doctrine des jésuites ni que celle des jansénistes, tout en s'éloignant de l'une et de l'autre également. C'est qu'il ne saurait y avoir de compromis entre le libre arbitre et la nécessité. Pascal ne veut pas en convenir avec lui-même; le dogme du péché originel, celui de la chute, celui de la rédemption, et tous ceux qui en découlent lui sont trop chers; ils s'accordent trop bien avec la conscience invincible que l'homme a de sa volonté libre et responsable; ils expliquent trop bien le sentiment obscur qu'il a de sa dignité initiale et de sa déchéance, de sa grandeur et de sa misère tout ensemble. La foi est précisément là pour suppléer à l'impuissance de la raison, pour en mater et en endormir les révoltes; sa fonction même consiste à faire accepter l'incompréhensible, le divin. Pascal géomètre, physicien, ne reconnaît pas à la nature le droit d'imposer silence à la raison; Pascal chrétien s'incline devant les défis que porte à celle-ci la divinité, qui passe la nature. *Il n'y a rien de si conforme à la raison que ce désaveu de la raison* (I, 194). C'est elle-même, en effet, qui déclare Dieu incompréhensible. La foi n'infirme pas non plus l'autorité des sens : *La foi dit bien ce que les sens ne disent pas, mais non pas le contraire de ce qu'ils voient, elle est au-dessus, et non pas contre* (I, 194). Sans cela le fondement des sciences expérimentales serait ruiné, ce qui répugne instinctivement au savant malgré le peu de cas qu'en fait le chrétien. Pascal les déclare volontiers vaines, mais les reconnaître fausses, jamais! Il dit excellemment : *Deux excès : exclure la raison, n'admettre que la raison* (I, 194). Voilà bien sa pensée *de derrière la tête* (II, 124), qui n'est ni sceptique ni incrédule, mais parfaitement pondérée, distinguant ce qui est intelligible de ce qui ne l'est pas, assignant leur matière aux opérations de l'entendement, et la leur aux actes de foi, intuitions de la vérité par le cœur. Tout ce qui est tenu pour vrai, bien qu'échappant à la démonstration, est matière de foi et relève, à ce titre, de la fonction mentale du cœur :

les postulats de la géométrie aussi bien que les décrets de la conscience morale, aussi bien que les attributs de Dieu et son existence même. Tout le reste est matière de science et relève de l'entendement pur, borné dans ses prises et dans sa portée. *Connaissons donc notre portée; nous sommes quelque chose et ne sommes pas tout. Ce que nous avons d'être nous dérobe la connaissance des premiers principes, qui naissent du néant, et le peu que nous avons d'être nous cache la vue de l'infini... Bornés en tout genre, cet état qui tient le milieu entre deux extrêmes se trouve en toutes nos impuissances* (I, 5).

## VIII

Cette division capitale du champ de la connaissance humaine en deux parts, l'une religieuse, l'autre scientifique, Pascal l'avait reçue de son père avec une soumission facilitée par le respect filial et par un penchant natif à la piété. Sa mère n'avait guère pu que lui faire balbutier le mot Dieu, car elle mourut quand il n'avait que trois ans, mais son père la suppléa dans la première éducation religieuse, si aisément acceptée et si pénétrante. Aussitôt que l'éveil étonnamment précoce de la raison de l'enfant eût pu menacer les assises de sa croyance, le père en a prévenu le danger; il l'a tout de suite averti que le savoir a deux formules différentes, deux provinces distinctes, séparées par une muraille infranchissable : le dogme catholique et la notion rationnelle. Dès lors la curiosité de l'enfant, endormie et refrénée du côté des principes transcendants, dont il n'était guère soucieux encore, s'est portée tout entière du côté de la création. Pourvu qu'on ne l'empêchât pas d'observer la nature, de chercher pourquoi et comment son assiette résonnait sous son couteau, il n'avait aucun motif de se refuser à faire sa prière. Il a subi la puissance incalculable de l'habitude qui lui joignait les mains à table pendant le bénédicité, le matin et le soir au pied de son lit.

Cependant, son génie s'affirmait et se développait; son père lui permit de lire Euclide (c'était plus sage que de le lui laisser tout entier deviner) et bientôt, émerveillé de ses progrès, le fit assister aux réunions hebdomadaires de ses savants amis. Il est bien possible et même probable qu'à dater de cette double initiation, l'Évangile fut lu d'un regard moins arrêté, les sermons furent écoutés d'une oreille moins attentive. C'était moins du refroidissement peut-être que de la distraction.... *Comme il trouvait dans cette science* (la géométrie) *la vérité qu'il avait si ardemment cherchée, il en était si satisfait qu'il y mettait son esprit tout entier...* (Mme Périer. I, LXVII). On admettra sans peine aussi que les inquiétudes et les vagues rêveries de l'adolescence aient pu contribuer à quelque négligence des pieuses pratiques. Toujours est-il que, vers l'âge de vingt-quatre ans, il y eut dans l'âme du jeune homme un regain, sinon un retour, de ferveur religieuse : *Il avait été jusqu'alors*, dit Mme Périer, *préservé, par une protection de Dieu particulière, de tous les vices de la jeunesse, et ce qui est encore plus étrange à un esprit de cette trempe et de ce caractère, il ne s'était jamais porté au libertinage pour ce qui regarde la religion, ayant toujours borné sa curiosité aux choses naturelles* (I, LX). Notons qu'à la même époque, à vingt-trois ans, il était si occupé de celles-ci qu'il confirmait l'expérience de Torricelli par ses propres expériences; c'est la date de sa fameuse expérience du vide sur le Puy-de-Dôme. On est donc autorisé à penser que la passion religieuse était encore assoupie et latente en lui. Mais elle y couvait, n'attendant qu'un signe et une direction pour l'entraîner, lorsqu'il rencontra les deux gentilshommes, MM. de la Bouteillerie et Deslandes, au chevet du lit de son père, qui s'était démis une cuisse en tombant sur la glace. Ce furent ces pieux personnages qui lui mirent entre les mains l'ouvrage de Jansénius (Mme Périer, Vie de sa sœur Jacqueline). Dès lors, il appartint virtuellement à Port-Royal. L'explosion de sa piété fut si violente que *dès ce temps-là il renonça à toutes les autres connaissances pour s'appliquer uniquement à l'unique chose que Jésus-Christ appelle nécessaire* (Mme Périer. I, LXVIII). Son intolérance, qui était la puissance même de sa logique appliquée à la conduite du croyant, se déclare aussitôt : sa sœur nous l'apprend dans le récit d'une anecdote très caractéristique. Mais elle a bien soin d'assurer, et nous la croyons sans peine, que Pascal et ses amis n'avaient *eu en cela aucun dessein de lui nuire* (il s'agit d'un jeune hérétique) *ni d'autre vue que de le détromper par lui-même, et l'empêcher de séduire les jeunes gens qui n'eussent pas été capables de discerner le vrai d'avec le faux dans des questions si subtiles* (Mme Périer. I, LXX). Tout de suite aussi le prosélytisme s'enflamme en lui ; le voilà qui convertit son père à la pratique de la foi, sa sœur Jacqueline au renoncement du monde ; toute la maison y passe. Il est déjà fort malade : sa santé, altérée dès l'âge de dix-huit ans, est décidément compromise ; il éprouve des maux de tête très violents. C'est à cette époque qu'il composa la *Prière pour demander à Dieu le bon usage des maladies*, où respire, non pas seulement la résignation la plus entière, mais bien davantage un appel ardent à la douleur, à la destruction de ses forces. *Si j'ai eu le cœur plein de l'affection du monde pendant qu'il a eu quelque vigueur, anéantissez cette vigueur pour mon salut...* (II, 224).

Existe-t-il une corrélation telle entre son état cérébral et son exaltation religieuse qu'il faille considérer celle-ci comme morbide? Nous ne le croyons pas ; il nous paraît bien délicat de décider si l'exercice immodéré d'une intelligence saine a déterminé les maux de tête ou si une lésion cérébrale préalable a déterminé, au contraire, la surexcitation mentale ; et, même en admettant cette dernière interprétation, pourrait-on fixer avec assurance la limite qui sépare la surexcitation mentale de la maladie mentale? Une méditation continument cohérente, comme était la sienne, exclut tout soupçon d'insanité ; quant aux inconséquences qui naissent, dans sa pensée, de sa double qualité de savant et de croyant, elles s'expliquent parfaitement par l'antagonisme latent, qui se déclarera plus tard, entre son génie scientifique et sa religion spontanée. Sa première conversion n'a été qu'une surprise, l'explosion et le triomphe soudain d'une tendance jusqu'alors balancée, primée par une tendance opposée qui tout à coup, refoulée à son tour, cédait la place avant même d'avoir eu à combattre. Mais celle-ci n'était pas vaincue. Le premier penchant qui, probablement héréditaire, constituait chez lui, comme chez un grand nombre d'hommes, la religion spontanée, devait bientôt entrer en conflit dans son âme, plus que dans toute autre, avec une tendance intellectuelle absolument contraire. L'humanité, en effet, a fourni peu de cerveaux comparables au sien pour le besoin de clarté et de certitude, pour l'aptitude à l'analyse qui prépare la lumière et à la démonstration qui la dirige et la concentre. Il était, par suite, inévitable que la rencontre fût orageuse et la lutte tragique entre son instinct de vénération devant l'abîme où s'enfonce et se voile l'éternel principe du monde phénoménal, et sa soif d'évidence, sa curiosité de savant qui le poussait à tout éclaircir sans limiter d'avance la carrière et l'audace de sa pensée, à affronter l'inconnu sans égard à la majesté du mystère. Il lui avait été bien plus facile de renoncer tout d'abord à examiner l'objet de son aveugle foi, qu'il ne lui fut ensuite aisé d'en interdire le regard à son intelligence après le lui avoir laissé tâter dans les ténèbres. *Il y a des gens qui n'ont pas le pouvoir de s'empêcher de songer et qui songent d'autant plus qu'on l'aura défendu* (II, 153). Pensait-il à lui-même en écrivant cela? En tout cas, cette observation semble bien lui être applicable. Peut-être s'est-il efforcé tout d'abord de maintenir la barrière qui séparait sa foi de sa raison, son *credo* de ses méthodes scientifiques. Mais comment y eût-il réussi? L'invasion de la critique dans la croyance était fatale. Ce n'est pas du premier coup que le croyant obtint l'abdication du penseur. Écoutez le douloureux gémissement du vaincu qui ne se rend pas encore : ... *Mais voyant trop pour nier et trop peu pour m'assurer, je suis dans un état à plaindre et où j'ai souhaité cent fois que, si un Dieu la soutient* (la nature), *elle le marquât sans équivoque, et que, si les marques qu'elle en donne sont trompeuses, elle les supprimât tout à fait, qu'elle dît tout ou rien, afin que je visse quel parti je dois suivre; au lieu qu'en l'état où je suis, ignorant ce que je suis et ce que je dois faire, je ne connais ni ma condition ni mon devoir; mon cœur tend tout entier à connaître où est le vrai bien pour le suivre, rien ne me serait trop cher pour l'éternité* (I, 197). A quelle époque cette crise succéda-t-elle dans l'âme de Pascal à la fougueuse ferveur qui, vers sa vingt-quatrième année, y avait signalé l'irruption de la foi zélée, agressive même, supplantant tout à coup la foi sommeillante? Il n'est guère possible de le préciser.

La transformation des états moraux s'opère le plus souvent sans secousses, insensiblement, soit par l'action sourde et constante d'un nouveau genre de vie, soit par le retour furtif de l'habitude ancienne violemment abandonnée, ce qui est, sans doute, la manière dont s'est refroidie l'ardeur de sa première conversion. Mais rien ne nous permet de supposer que ce refroidissement soit jamais allé jusqu'à l'indifférence. L'inquiétude intellectuelle, un moment paralysée, se réveillait peu à peu et ne tarda pas à troubler la sécurité de la foi victorieuse. Celle-ci tint bon, et, si l'équilibre s'établit entre elle et la raison, ce ne fut pas le repos, pas même une paix armée, mais, tout au contraire, le travail interne d'une lutte égale, le corps-à-corps de deux athlètes. Rien ne diffère davantage du scepticisme que cette angoisse fiévreuse et militante où le doute, loin d'être un oreiller, est un aiguillon. A vrai dire, il n'y avait pas doute dans l'âme de Pascal, mais combat. Il ne s'agissait pas pour lui de décider si Dieu existe, le cœur le lui affirmait; ni si les livres sacrés sont véridiques, l'idée ne lui est même pas venue d'employer sa puissante critique à en discuter l'authenticité. Il ne se demandait pas davantage si l'instrument de sa torture, la raison, est solide ou vacillant. Ah! que Montaigne devait lui paraître heureux de pouvoir ne s'y pas confier! Tout en méprisant le scepticisme indolent de ce sybarite de la pensée, il se complaisait à en compter les oscillations, comme s'il y eût rêvé pour son tourment héroïque un berceau défendu. Il n'avait pas encore, durant cette douloureuse agonie, sommé sa raison de rendre les armes à sa foi et de s'avouer impuissante et traîtresse. Il cessait de la dédaigner comme il l'avait fait au début de cette conversion juvénile; il l'exerçait de nouveau, avec assurance, aux spéculations les plus hautes, dans les heures de répit que lui accordait sa misérable santé, parfois même pour oublier son mal. Il lui restitua enfin la prédominance dans sa vie morale, mais la foi, au lieu de s'endormir en lui, de retomber dans sa première quiétude, ne se résigna point à une tiédeur qui n'était pas pour elle une défaite; elle veilla toujours comme un instinct, comme la soif, que le bruit, l'application peut faire oublier ou combattre, mais sans nullement l'éteindre. Cette soif de Dieu allait bientôt crier au milieu des agitations du monde et des travaux de la science. Nous approchons du moment décisif où une étincelle mettra le feu à la mine, où le chrétien aura reconquis tous ses droits sur le penseur. Nous sommes en 1654 : *Il s'ouvrit à moi*, écrivait Jacqueline à Mme Périer, *d'une manière qui me fit pitié en avouant qu'au milieu de ses occupations qui étaient grandes, et parmi toutes les choses qui pouvaient contribuer à lui faire aimer le monde et auxquelles on avait raison de le croire fort attaché, il était de telle sorte sollicité à quitter tout cela et par une aversion extrême qu'il avait des folies et des amusements du monde, et par le reproche continuel que lui faisait sa conscience, qu'il se trouvait détaché de toutes choses à un point où il ne l'avait jamais été...* (II, 319).

## IX

C'est dans sa trente et unième année, à l'âge où Descartes estime que la maturité de l'esprit est complète et où il avait pris pleine confiance dans sa raison, que Pascal, au contraire, abdiquant la souveraineté de la sienne, opère sa conversion définitive. Cette conversion, ne l'oublions pas, n'est point un retour à la foi, car, à vrai dire, il ne l'avait pas perdue, il la possédait à l'état latent, inconscient, non encore contrôlée par un examen approfondi de la religion catholique, mais telle que son père la lui avait imposée et insinuée dès sa première enfance avec le concours de ses dispositions innées. Il est possible, et même fort probable, que la fréquentation de la haute société, où il brillait alors par sa réputation et par ses aptitudes éminentes et où il rencontrait des esprits libertins, avait troublé la sécurité première de ses croyances. Mais il avait conservé intact l'essentiel de son *credo*, la foi dans l'existence d'un Dieu unique, dans l'immortalité de l'âme, dans la révélation, dans la mission rédemptrice du Christ, dans l'authenticité des Livres Saints, fondement de ces dogmes capitaux. Sa conversion ne fut qu'un retour à l'exercice de la piété, retour fatalement déterminé par le fond mystique de son âme, mais sans doute précipité par la commotion cérébrale qu'il ressentit au pont de Neuilly, dans l'accident de carrosse dont le curé de Chambourcy nous a transmis la relation. Il est permis de regarder comme une suite de cet accident l'hallucination dont l'abbé Boileau, dans une de ses lettres, raconte que Pascal, vers cette époque, était affligé : il croyait toujours voir un abîme à son côté gauche. Quoi qu'il en soit, ces troubles morbides, tout accidentels, n'avaient nullement altéré ses facultés intellectuelles quand il subit, pendant la nuit du 23 novembre 1654, la crise décisive de son renouvellement religieux. Ce n'est pas un fou, certes, mais un chrétien en pleine possession de son esprit qui entra dans cette communication extraordinaire avec l'objet de son culte, car, deux ans après, ce même homme écrivait les *Provinciales*, dont la composition est aussi solide que le style en est merveilleux. Les phases de cette crise morale sont marquées sommairement comme par des signes mnémoniques, entièrement intelligibles à celui-là seul qui les a traversées, dans l'écrit qu'on trouva dans son habit après sa mort, et que publia pour la première fois Condorcet. Il ressort de ces brèves indications que, cette nuit-là, Pascal a directement *senti* (I, cvi) l'existence de Dieu, *du Dieu d'Abraham, d'Isaac et de Jacob* (I, cvi), par une ardente et irrésistible invasion de la foi dans son âme; que cette intuition de la vérité souveraine lui a procuré une absolue *certitude* (I, cvi) et *une paix* (I, cvi), délicieuse; que *le Dieu de Jésus-Christ* (I, cvi) s'est, par une intime révélation, déclaré son Dieu; que l'adoration de ce Dieu, désormais exclusive, a définitivement supplanté dans son cœur le souci *du monde et de tout* (I, cvi), et que ce Dieu *ne se trouve que par les voies enseignées dans l'Évangile* (I, cvi). Dès lors il a pris conscience de *la grandeur de l'âme humaine* (I, cvii), à qui Dieu se communique. Il en éprouve un attendrissement ineffable : *Joie, joie, joie, pleurs de joie* (I, cvii). Mais il tremble soudain que Dieu ne le quitte comme il l'a déjà fait : *Que je n'en sois pas séparé éternellement!* (I, cvii.) — *Il ne se conserve que par les voies enseignées dans l'Évangile* (I, cvii). Il voit clairement que la vie éternelle consiste dans la connaissance du seul vrai Dieu et de Jésus-Christ. L'Évangile l'y conduira sous la tutelle de l'Église. Il abdique toute sa volonté entre les mains de son directeur. Il renonce entièrement aux attaches terrestres, et cette *renonciation totale* est *douce* (I, cvii); il en savoure profondément la douceur dans une *soumission totale à Jésus-Christ et à son directeur* (I, cvii). Les épreuves de la vie passagère s'effacent à ses yeux devant l'éternité bienheureuse qu'elles promettent. *Éternellement en joie pour un jour d'exercice sur la terre* (I, cvii).

On devine, sans l'oser traduire, ce colloque sublime entre une grande âme, d'une aspiration sans bornes, et l'objet suprême de ses désirs qui répond à ses appels par un verbe ignoré de l'oreille, mais parfaitement distinct pour le cœur. L'accent de cet entretien extatique a sans doute différé peu de celui qui anime, dans la seconde partie du morceau intitulé le *Mystère de Jésus*, le pénétrant dialogue dont les dernières paroles : *Seigneur, je vous donne tout* (II, 208), sont d'un abandon si simple et si passionné. La critique de ce phénomène mental ne saurait être, selon nous, trop circonspecte ni trop respectueuse. Il est loisible au physiologiste d'y voir un détraquement accidentel des fonctions du cerveau, mais il n'est pas moins permis au psychologue d'y reconnaître, au contraire, le rétablissement normal d'une paix intérieure troublée pendant huit ans par un conflit de penchants et d'aptitudes opposés, le triomphe définitif d'une tendance religieuse, innée et prédominante, sur une curiosité scientifique armée de génie, le dénoûment régulier d'un drame moral dont une des plus nobles consciences humaines a fourni le théâtre et les péripéties.

## X

En dernière analyse, tout ce qu'il y a d'énigmatique, au premier abord, dans la vie morale de Pascal, telle que ses écrits la révèlent, nous semble s'expliquer naturellement par ce qu'on sait touchant l'origine, la singulière énergie, et l'antagonisme de ses penchants et de ses aptitudes innés, par les différents milieux qui les ont favorisés, enfin par l'influence de son état maladif sur sa pensée. Pascal est né avec un fonds de religion spontanée et de mysticisme héréditaire et sans doute accumulé, car sa ferveur religieuse passait de beaucoup la piété de son père, enclin, quoique savant, à croire au surnaturel ; sa mère était sans doute pieuse aussi. Il est né, d'autre part, avec des facultés intellectuelles tout opposées à son penchant religieux, avec un génie scientifique également héréditaire et supérieur à celui de son père. Il était doué d'une sensibilité à la fois délicate et fière, vive et concentrée, qui, dans le domaine de la religion comme dans celui de la science, a régi son activité. Les moteurs passionnels de celle-ci furent, en outre, surexcités par une maladie obscure qui, procédant du cerveau, intéressait à coup sûr le système nerveux, et qui le tourmentait depuis l'âge de dix-huit ans. Il devint mélancolique sans perdre de sa fougue. La logique de son esprit n'en fut point altérée, car il fit des découvertes admirables en mathématiques pendant toute sa carrière jusqu'au moment où son mal atteignit la racine même de sa volonté, sa puissance de réflexion. Mais dans l'ordre des spéculations religieuses, où la raison a moins de part que la foi, où la passion s'associe aisément à la croyance, son zèle ne fit, en s'assombrissant, qu'exalter sa méditation. Tandis qu'en lui le penseur savant avait atteint à l'apogée de sa force, le penseur chrétien sentait se décupler la sienne, si bien qu'un jour l'équilibre instable où les aptitudes du premier tenaient en échec et balançaient le penchant mystique du second se rompit au profit de celui-ci.

La vie morale de Pascal se divise en cinq périodes nettement distinctes, dont chacune a rencontré pour se développer des conditions particulièrement propices. Pendant sa première enfance jusqu'au moment où l'attrait de la géométrie s'accentua chez lui au point de devenir irrésistible, il trouva dans son père, qui fut son seul maître, toute la complaisance désirable pour satisfaire sa curiosité générale et exercer son intelligence par d'ingénieuses leçons de choses et une saine culture littéraire : c'est uniquement pour ne lui susciter aucune distraction à l'étude des langues qu'il lui dissimula d'abord l'existence des mathématiques et lui en refusa l'initiation. Il donna d'ailleurs complète satisfaction à son tempérament mystique en lui enseignant le dogme et la pratique du catholicisme. Vers sa douzième année, sa curiosité de la physique, mais surtout des mathématiques, se déclare impérieuse, et l'on se rappelle dans quelles circonstances Étienne Pascal lui mit les *Éléments* d'Euclide entre les mains. Mais aussitôt (s'il ne l'avait déjà fait), il sauvegarda en lui le dépôt sacré de l'enseignement religieux, en séparant celui-ci par une barrière infranchissable de la sphère des sciences positives. Jusqu'à l'âge de vingt-trois ans, le jeune Blaise prit l'habitude de respecter cette démarcation, et se livra exclusivement et en toute liberté à sa passion pour la physique et les mathématiques. Il est permis de supposer que cette longue habitude marqua d'un pli profond, peut-être ineffaçable, sa façon d'envisager l'inconnu; il le scinda en deux parts telles que chacune d'elles ressortissait à une fonction mentale toute spéciale, ayant sa compétence propre, l'une vouée à la connaissance du Créateur, l'autre affectée à celle de la création. Ainsi l'authenticité des Livres Saints a pu, dans son esprit, récuser la critique scientifique, et la nature s'accommoder du miracle. La révélation et la science ont pu être, à ses yeux, deux sources de vérité dont les flots ont deux lits distincts, qu'il est impossible et d'ailleurs inutile de mettre en communication. C'est dans cette période que sa santé, atteinte déjà par l'excès du travail, s'altéra décidément. A partir de sa vingt-troisième année une période nouvelle commence pour sa vie morale. Il semble d'abord que le mysticisme y fasse une irruption triomphante, mais nous avons vu que bientôt le commerce plus étendu et plus constant avec le monde a dissous peu à peu le rigorisme de sa piété. La solidité de sa foi a pu même être ébranlée par le contact d'une société de jeunes gens libertins d'esprit et de mœurs où l'avait poussé le besoin de diversion à ses travaux qui l'énervaient. C'est la période de la lutte aiguë entre son tempérament de mystique et son tempérament de savant. Le premier, favorisé par une maladie qui lui refusait les joies du cœur sur la terre, devait fatalement l'emporter sur le second. Il appartint désormais sans partage à l'ascétisme janséniste; son entraînement vers la religion ne rencontra plus de contrepoids. Mais sa piété, quelles qu'en aient pu être les oscillations dans son âme, n'y a pas un moment cessé de tendre à la stabilité sous la loi d'un indéracinable instinct. Le pyrrhonisme proprement dit, pas plus que l'indifférence, ne nous semble avoir pu supplanter en lui, un seul instant, dans le cours entier de sa vie morale, la foi du chrétien ni la certitude du savant.

Nous ne saurions donc voir dans Pascal le martyr du

doute que nous présente une légende fort accréditée. Bien que la poésie y puisse perdre, il nous apparaît simplement comme un génie scientifique de la plus haute volée, engagé dans une âme religieuse au suprême degré, tant par nature que par éducation, dont le mysticisme fut exaspéré, dans le milieu le plus propre à le nourrir, par les suites cérébrales d'une longue et cruelle maladie.

# PREMIÈRE PARTIE

## PREUVES PSYCHOLOGIQUES ET HISTORIQUES DU CHRISTIANISME

# LIVRE I

## PREUVES PSYCHOLOGIQUES DU CHRISTIANISME

## CHAPITRE PREMIER

ISOLEMENT DE L'HOMME DANS L'ABIME INFINI. — SON ASPIRATION INVINCIBLE, FONCIÈRE AU BONHEUR. — DÉFINITION ET CONDITION DU VRAI BIEN.

Il nous importe de préciser l'objet de notre entreprise. Un corps de doctrine est dit simplement *logique* si les jugements dont il est composé s'enchaînent par des raisonnements d'une justesse irréprochable, que d'ailleurs soient vraies ou fausses les données initiales (concrètes ou abstraites), point de départ des déductions et des inductions. Un corps de doctrine est dit *rationnel* quand tout son ensemble, y compris ses données initiales, est incontestable. Cette distinction établie, notre objet est avant tout de dégager le lien logique des *Pensées* religieuses de Pascal et subsidiairement d'en apprécier la valeur rationnelle. Cette valeur, nous le verrons, est relative; elle est limitée par l'abîme qui sépare l'intelligence humaine de l'essence et de l'œuvre divines et que Pascal a sondé lui-même.

Nous allons donc constituer l'ordre purement logique des dites *Pensées*. Or le début qui s'impose à cette constitution est évidemment le premier regard que l'homme porte autour de lui sur l'univers où il se voit isolé. N'est-ce pas là le début le plus naturel? C'est, en effet, pour se rassurer qu'il interroge les religions. S'il n'éprouvait aucune alarme au sujet de sa destinée, s'il ne se sentait en rien menacé, il n'aurait aucun motif de sortir de sa quiétude et de s'adresser au christianisme. Que la terreur éprouvée par Pascal lui-même soit normale ou excessive, ou même morbide, en tout cas, il la ressent, et dès lors le branle est donné à sa méditation et communiqué, dans un ordre logique, à ses pensées.

*En voyant l'aveuglement et la misère de l'homme, en regardant tout l'univers muet, et l'homme sans lumière, abandonné à lui-même, et comme égaré dans ce recoin de l'univers, sans savoir qui l'y a mis, ce qu'il y est venu faire, ce qu'il deviendra en mourant, incapable de toute connaissance, j'entre en effroi comme un homme qu'on aurait porté endormi dans une île déserte et effroyable, et qui s'éveillerait sans connaître où il est, et sans moyen d'en sortir. Et sur cela j'admire comment on n'entre point en désespoir d'un si misérable état* (I, 175).

*Car, enfin, qu'est-ce que l'homme dans la nature? Un néant à l'égard de l'infini, un tout à l'égard du néant, un milieu entre rien et tout Infiniment éloigné de comprendre les extrêmes, la fin des choses et leur principe sont pour lui invinciblement cachés dans un secret impénétrable; également incapable de voir le néant d'où il est tiré, et l'infini où il est englouti* (I, 3).

*Qu'on s'imagine un nombre d'hommes dans les chaînes, et tous condamnés à la mort, dont les uns étant chaque jour égorgés à la vue des autres, ceux qui restent voient leur propre condition dans celle de leurs semblables, et, se regardant les uns les autres avec douleur et sans espérance, attendent leur tour : c'est l'image de la condition des hommes* (I, 54).

Telle en serait l'image, en effet, si Pascal n'omettait un point capital, à savoir qu'il entre dans leur condition normale de n'en pas sentir l'horreur et que lui seul peut-être il en est réellement frappé d'épouvante.

On est tenté de se demander s'il est opportun de leur en donner conscience, si c'est leur rendre service. Mais la question est sans intérêt, parce qu'il est tout à fait impossible de leur communiquer ce sentiment, ou du moins de l'imprimer durablement en eux. Pascal l'éprouve au contraire avec une netteté et une profondeur saisissantes; il est évident que toute l'éloquence des paroles citées plus haut est faite de sa réelle terreur, est arrachée à ses entrailles :

*Le silence éternel de ces espaces infinis m'effraie* (II, 153).

Ce cri, personne peut-être ne l'avait poussé avant lui. Le tremblement devant l'infini est anormal chez l'homme, la nature le lui a épargné. La surface de la terre est proportionnée à sa taille, il s'y sent largement et solidement soutenu; la ligne extrême de l'horizon est lointaine, mais toujours présente, et un beau pavillon d'azur ou de velours noir semé de points d'or voile à merveille le gouffre infini où la planète est abîmée. A proprement parler, elle n'est pas du tout abîmée dans un gouffre; elle ne peut tomber que sur ce qui l'attire et ce n'est pas le vide, c'est un astre fécondant qui l'attire; et fût-elle seule dans l'espace, elle n'en serait que mieux assise, elle n'aurait plus même à redouter son rapprochement progressif du soleil. Ainsi, d'une part, l'ignorance procure à l'homme l'illusion que la terre est stable et le ciel limité; d'autre part, la science, en même temps qu'elle lui révèle l'infinité de l'espace, lui ôte tout motif de s'y croire précipité et perdu; il n'y descend pas plus qu'il n'y monte, et le lieu qu'il y occupe en est aussi bien le centre que tout autre point. Pascal même le lui dit : *C'est une sphère infinie dont le centre est partout, la circonférence nulle part* (I, 1), et il lui enseigne, en outre, qu'il n'est ni grand ni petit, mais simplement milieu entre l'infinité de grandeur et celle de petitesse, entre rien et tout, *car qui n'admirera que notre corps, qui tantôt n'était pas perceptible dans l'univers, imperceptible lui-même dans le sein du tout, soit à présent un colosse, un monde, ou plutôt un tout, à l'égard du néant où l'on ne peut arriver?* (I, 3.)

Enseignement plutôt propre à le désintéresser de sa taille qu'à l'en chagriner. Il faut au commun des hommes un extrême effort d'attention pour concevoir ces deux infinités, et l'impossibilité absolue où ils sont tous de les imaginer les affranchit d'en être émus comme ils pourraient l'être. Quant au spectacle de la mort et à la nécesssité de mourir, l'homme en est terrifié dans le moment même où l'un lui rappelle l'autre, mais c'est un éclair de frayeur; la nature semble lui interdire de s'y arrêter et, l'habitude aidant, il s'y fait étonnamment. Dans un cachot dont les murs reculent à mesure qu'on avance et où chacun des condamnés à mort éprouve l'inavouable, mais réel réconfort d'en voir exécuter avant lui un nombre indéterminé d'autres qu'il ne connaît pas, l'attente de son tour devient tolérable au plus pusillanime; le va-et-vient, la succession des prisonniers et la décoration de la prison suffisent amplement à distraire les survivants, surtout les derniers arrivés. Ajoutons que les mortels embrassent la vie trop étroitement, s'y oublient trop pour songer à tout ce qui en menace la durée. Et à quel titre les blâmerait-on d'attacher de l'importance à leurs occupations, puisqu'elles leur sont imposées ou inspirées par des besoins ou des aptitudes qui constituent leur essence même, et puisque, d'ailleurs, il est entendu que rien de fini n'est ni grand ni petit? Pascal, néanmoins, s'en indigne; il le constate et n'y peut croire : *Il faut qu'il y ait un étrange renversement dans la nature de l'homme pour faire gloire d'être dans cet état, dans lequel il semble incroyable qu'une seule personne puisse être. Cependant l'expérience m'en fait voir en si grand nombre, que cela serait surprenant, si nous ne savions que la plupart de ceux qui s'en mêlent se contrefont et ne sont pas tels en effet* (I, 141).

Hélas ! non, rien n'est plus conforme à la nature de l'homme... *et comment se peut-il faire que ce raisonnement se passe dans un homme raisonnable?*

*Je ne sais qui m'a mis au monde, ni ce que c'est que le monde, ni que moi-même. Je suis dans une ignorance ter-*

*rible de toutes choses. Je ne sais ce que c'est que mon corps, que mes sens, que mon âme et cette partie même de moi qui pense ce que je dis, qui fait réflexion sur tout et sur elle-même, et ne se connaît non plus que le reste. Je vois ces effroyables espaces de l'univers qui m'enferment, et je me trouve attaché à un coin de cette vaste étendue, sans que je sache pourquoi je suis plutôt placé en ce lieu qu'en un autre, ni pourquoi ce peu de temps qui m'est donné à vivre m'est assigné à ce point plutôt qu'en un autre de toute l'éternité qui m'a précédé et de toute celle qui me suit. Je ne vois que des infinités de toutes parts, qui m'enferment comme un atome, et comme une ombre qui ne dure qu'un instant sans retour. Tout ce que je connais est que je dois bientôt mourir; mais ce que j'ignore le plus est cette mort même que je ne saurais éviter.*

*Comme je ne sais d'où je viens, aussi je ne sais où je vais; et je sais seulement qu'en sortant de ce monde je tombe pour jamais ou dans le néant, ou dans les mains d'un Dieu irrité, sans savoir à laquelle de ces deux conditions je dois être éternellement en partage. Voilà mon état, plein de faiblesse et d'incertitude. Et de tout cela je conclus que je dois donc passer tous les jours de ma vie sans songer à chercher ce qui doit m'arriver. Peut-être que je pourrais trouver quelque éclaircissement dans mes doutes; mais je n'en veux pas prendre la peine, ni faire un pas pour le chercher* (I, 139).

Ce célèbre monologue ne s'élève guère que dans l'âme de Pascal. Il a le loisir de le composer; la multitude court à ses affaires qui sont pressantes, car il s'agit de labourer, de bâtir, de fabriquer, d'acheter et de vendre pour subsister. N'est-elle pas plus à plaindre qu'à blâmer? N'est-il pas bien sévère en lui reprochant ses plaisirs si cher payés : *je leur demande s'ils sont mieux instruits que moi, ils me disent que non : et sur cela, ces misérables égarés, ayant regardé autour d'eux, et ayant vu quelques objets plaisants, s'y sont donnés et s'y sont attachés* (I, 175). Franchement, nous ne saurions voir là ni une sottise ni un crime; car enfin ils mesurent modestement leurs vœux à leur médiocrité, ce qui est sage. Pascal mesure les siens à l'exceptionnelle exigence de ses hautes facultés; la soif d'une âme en exprime la capacité. Il se sent, lui, assez grand pour avoir affaire à l'infini dans la nature, mais pourtant pas assez pour n'en rien redouter. Il n'égale pas l'infini, mais il l'interroge par une aspiration qui l'égale, et le silence de cet abîme est un refus menaçant pour lui, pour lui seul et peut-être une minime élite. Quels sont les hommes que ce mal étrange tourmente? On les aurait vite comptés.

Cette indifférence des hommes à leur terrible condition scandalise Pascal, mais, au fond, elle lui est infiniment précieuse à constater, car il y signalera un indice inestimable d'un trouble initial de l'équilibre moral chez l'homme, trouble qui est une suite et par là une preuve du péché originel. *C'est un enchantement incompréhensible, et un assoupissement surnaturel, qui marque une force toute-puissante qui le cause* (I, 141).

L'explication toute naturelle que nous donnons aujourd'hui de cette indifférence ne pouvait venir à son esprit, il était prédisposé par sa foi à l'écarter, à l'éconduire, à se la dissimuler.

En somme l'insouciance naturelle des hommes devant l'énigme, pourtant si redoutable, de leur destinée ultra-terrestre est de même espèce que l'attitude surprenante de la plupart des vieillards qui côtoient la tombe. On voit des nonagénaires sereins et même souriants sous la menace instante, mais constamment oubliée, de la mort. Personne ne songe à leur en faire un reproche; au contraire on se fait complice de leur oubli. La nature n'a pas donné aux bêtes la prévision de la mort et elle en a imposé la connaissance aux hommes, mais, par contre, elle en émousse chez eux l'effroi. Or, la nature ici, pour Pascal, c'est l'ordre établi par Dieu même. Ne pouvait-il pas l'admirer au lieu de s'en indigner? Mais à tout prendre, bien que naturelle, en tant qu'elle est instinctive, la sécurité des hommes sur leur planète énigmatique, n'en est pas moins sans fondement rationnel et pourrait être fallacieuse. Même au point de vue purement physique, les hécatombes faites à l'improviste par certains tremblements de terre justifieraient chez eux l'inquiétude; ils rebâtissent pourtant leurs demeures au pied des volcans. On ne saurait donc nier que, si Pascal juge trop sévèrement leur indifférence en leur en imputant la responsabilité, cette indifférence est illogique, sinon monstrueuse.

Quoi qu'il en soit, lui, pour sûr, il souffre du tourment que ne ressent pas le vulgaire et il y cherche un apaisement. Au fond c'est toute sa félicité qui est en jeu, car ce qu'il craint, c'est précisément ce qui l'attire : *l'homme, qui n'est produit que pour l'infinité* (II, 270). Pascal en juge par lui-même. L'infini seul peut remplir son cœur, et tout vivant veut être heureux. Le désintéressement absolu est une chimère, il implique contradiction; il s'agit seulement de s'intéresser au bien, de subordonner en soi les intérêts de la brute à ceux de l'homme; le plus noble sacrifice n'est jamais que la part faite au meilleur de soi, une préférence supérieure. *Il y a cela de commun entre la vie ordinaire des hommes et celle des saints, qu'ils aspirent tous à la félicité; et ils ne diffèrent qu'en l'objet où ils la placent* (II, 93).

L'homme ne peut pas ne pas proposer pour terme à ses actes ce qu'il estime (à tort ou à raison) être son bien. Ce qu'il appelle le désintéressement consiste, en dernière analyse, à intercaler le bien d'autrui dans le cercle de son activité dont il est l'origine et la fin. Pascal le reconnaît, mais il ne nie pas pour cela la possibilité de l'acte méritoire; en réalité il élude plutôt qu'il ne résout ce problème inquiétant. Pour s'en convaincre il faut scruter le fragment de sa sixième lettre à Mlle de Roannez, joint aux Pensées. On y lit, à propos des sacrifices que coûte la conversion : *Ce ne sont ni les austérités du corps, ni les agitations de l'esprit, mais les bons mouvements du cœur qui méritent, et qui soutiennent les peines du corps et de l'esprit* (II, 336).

*Mais ces peines-là ne sont pas sans plaisirs, et ne sont jamais surmontées que par le plaisir. Car, de même que ceux qui quittent Dieu pour retourner au monde ne le font que parce qu'ils trouvent plus de douceur dans les plaisirs de la terre que dans ceux de l'union avec Dieu, et que ce charme victorieux les entraîne, et, les faisant repentir de leur premier choix, les rend des pénitents du diable, selon la parole de Tertullien, de même on ne quitterait jamais les plaisirs du monde pour embrasser la croix de Jésus-Christ, si on ne trouvait plus de douceur dans le mépris, dans la pauvreté, dans le dénûment et dans le rebut des hommes, que dans les délices du péché* (II, 337).

*Tous les hommes recherchent d'être heureux; cela est sans exception. Quelques différents moyens qu'ils y emploient, ils tendent tous à ce but. Ce qui fait que les uns vont à la guerre et que les autres n'y vont pas, est ce même désir qui est dans tous les deux, accompagné de différentes vues. La volonté ne fait jamais la moindre démarche que vers cet objet. C'est le motif de toutes les actions de tous les hommes, jusqu'à ceux qui vont se pendre* (I, 116).

Ce dernier trait va jusqu'au fond de la question; sans doute, il vaut mieux mourir pour autrui que pour soi, mais c'est encore pour soi, pour se satisfaire, qu'on s'y résout.

En somme, ce que désire Pascal, de toutes les forces de son âme, c'est le souverain bien, le véritable bien : *Mon cœur tend tout entier à connaître où est le vrai bien, pour le suivre. Rien ne me serait trop cher pour l'éternité...* (I, 197); et il le définit : *Il faut qu'il ait ces deux qualités : l'une, qu'il dure autant qu'elle, et qu'il ne puisse lui être ôté que de son consentement, et l'autre, qu'il n'y ait rien de plus aimable* (II, 317).

Voilà ce qu'il importe avant tout de découvrir. Comment y procéder?

## CHAPITRE II

POUR CONNAITRE SON VRAI BIEN L'HOMME A BESOIN DE SE CONNAITRE. — ANALYSE DES APTITUDES DE L'AME. — LA PENSÉE. — LES SENS. — LA SENSIBILITÉ MORALE. — L'IMAGINATION. — LA VOLONTÉ. — L'HABITUDE. — LE LIBRE ARBITRE. — LA CONSCIENCE MORALE. — INFIRMITÉ DES APTITUDES DE L'AME; DISPROPORTION ENTRE LA PORTÉE DE CHACUNE ET SON OBJET; CHACUNE EST SOURCE D'ERREUR. — INCONSTANCE, ENNUI, INQUIÉTUDE. — DIVERTISSEMENT. — AMOUR-PROPRE ET VANITÉ. — GRANDEUR ET PETITESSE DE L'HOMME. — PROBLÈME DES CONTRARIÉTÉS DE SA NATURE.

Le souverain bien pour l'homme est évidemment ce qui lui promet la satisfaction la plus complète et la mieux assurée. Il semble tout d'abord que ce lui soit assez facile à déterminer, qu'il n'ait pour cela qu'à interroger ses sens et son cœur. Il s'aperçoit bientôt que la réponse n'est ni aussi simple ni aussi précise qu'il l'avait présumé, car il ne s'agit de rien de moins pour lui que d'approfondir sa propre nature, celle des choses qui peuvent y convenir et celle de la possession même. Pascal, sur ces trois points, applique à une investigation minutieuse toute sa puissante sagacité.

Les désirs, les vœux, les aspirations de l'homme expriment son être; ses choix lui sont dictés, ses jouissances mesurées par le rapport de son être à son milieu. Or le premier regard qu'il a porté autour de lui a déjà déconcerté ce qu'il y a en lui de plus essentiel, sa pensée.

## LA PENSÉE.

*Toute notre dignité consiste donc en la pensée* (I, 11).

L'infini qui la sollicite la repousse en même temps pour ne laisser au cœur que le frisson d'un isolement effroyable. En outre, *notre intelligence tient dans l'ordre des choses intelligibles le même rang que notre corps dans l'étendue de la nature* (I, 5).

... *Trop de vérité nous étonne* (I, 5).

*Les premiers principes ont trop d'évidence pour nous* (I, 5).

... *Les choses extrêmes sont pour nous comme si elles n'étaient point, et nous ne sommes point à leur égard : elles nous échappent, ou nous à elles* (I, 5).

*Infiniment éloigné de comprendre les extrêmes, la fin des choses et leur principe sont pour lui invinciblement cachés dans un secret impénétrable ; également incapable de voir le néant d'où il est tiré, et l'infini où il est englouti* (I, 3).

*Ce que nous avons d'être, nous dérobe la connaissance des premiers principes, qui naissent du néant, et le peu que nous avons d'être nous cache la vue de l'infini* (I, 5).

*Manque d'avoir contemplé ces infinis, les hommes se sont portés témérairement à la recherche de la nature, comme s'ils avaient quelque proportion avec elle* (I, 3).

Cette recherche de la nature réserve donc à l'intelligence une déception d'autant plus profonde que la curiosité aura été plus ardente ; il y faudrait donc renoncer pour être heureux.

Non seulement le champ de la connaissance est borné, mais l'esprit n'y peut avancer que par tâtonnements successifs, par corrections progressives de son point de vue. L'inégalité dans ce progrès engendre la diversité des opinions sur un même objet. Ces opinions varient uniquement parce que « la lumière » a des degrés croissants dans les différents esprits, ou dans le même. *Ainsi se vont les opi-*

*nions succédant du pour au contre, selon qu'on a de lumière* (I, 60).

Il y a ainsi *renversement continuel du pour au contre* (I, 60).

On peut même avoir une opinion vraie sur des « effets » sans la fonder sur leur vraie « raison ». *La vérité est bien dans leurs opinions* (celles du peuple), *mais non pas au point où ils se figurent. Par exemple, il est vrai qu'il faut honorer les gentilshommes, mais non pas parce que la naissance est un avantage effectif*, etc. (I, 60).

*Il est donc vrai de dire que tout le monde est dans l'illusion* (I, 60).

Pascal découvre encore d'autres causes radicales à notre faiblesse intellectuelle : *Comment se pourrait-il qu'une partie connût le tout ?* (I, 6.)

Les parties de l'Univers dépendent toutes les unes des autres ; l'homme ne peut donc pas même en connaître intégralement une seule à moins d'embrasser les relations mutelles de toutes entre elles. Il ne peut donc pas se connaître à fond lui-même. De plus, qu'il soit *composé de deux natures opposées et de divers genre, d'âme et de corps* (I, 7), ou seulement matière (tout inconcevable que cela est puisqu'il raisonne), dans un cas comme dans l'autre il est impuissant à connaître les choses. En effet : elles sont *simples en elles-mêmes* (I, 7); *or si nous sommes simplement matériels, nous ne pouvons rien du tout connaître, et si nous sommes composés d'esprit et de matière, nous ne pouvons connaître parfaitement les choses simples, spirituelles ou corporelles* (I, 7).

Il signale là l'origine de la confusion des idées de ces choses par la plupart des philosophes ; *au lieu de recevoir les idées de ces choses pures, nous les teignons de nos qualités, et empreignons [de] notre être composé toutes les choses simples que nous contemplons* (I, 8).

Enfin nous avons beau prêter à toutes choses notre double nature, *instinct et raison, marques de deux natures* (II, 152), cela ne nous les fait pas davantage comprendre, car nous ne concevons *ce que c'est que corps, et encore moins ce que c'est qu'esprit* (I, 8), dont nous sommes pourtant composés nous-mêmes, encore moins concevons-nous leur union. *L'homme est à lui-même le plus prodigieux objet de la nature* (I, 8).

Il convient d'ajouter à l'infirmité essentielle de notre intelligence l'aggravation qu'y apportent les causes d'erreur adventices. Il semble que toutes nos autres facultés conspirent à fausser l'exercice de celle-là. On verra la part qu'attribue Pascal à chacune d'elles dans cette pernicieuse influence. Nos moyens de renseignement sont trompeurs ou grossiers : *La justice et la vérité sont deux pointes si subtiles, que nos instruments sont trop mousses pour y toucher exactement. S'ils y arrivent, ils en écachent la pointe et appuient tout autour plus sur le faux que sur le vrai* (I, 35).

Même, à tout prendre, y a-t-il pour l'homme quelque chose de consistant, de réel, offert à sa connaissance? Peut-il, en effet, discerner la veille du rêve? L'instabilité et l'incohérence sont-elles des caractères exclusivement propres au second? En voyage, par exemple, il arrive que la « continuité », qui est le caractère présumé de la veille, se rompe par la nouveauté, on dit : *Il me semble que je rêve* (I, 42); et Pascal ajoute : *car la vie est un songe un peu moins inconstant* (I, 42).

Que devient alors l'objet même de l'intelligence? Où est le fondement de la félicité, pour peu qu'elle repose sur ce problématique objet, sur la satisfaction de le connaître?

### LES SENS.

Si nous passons de ce qu'il y a de plus humain, en nous, la pensée, à nos facultés moins hautes, nous y trouverons le même principe d'infirmité et de déception. *Bornés en tout genre, cet état qui tient le milieu entre deux extrêmes se trouve en toutes nos impuissances.*

*Nos sens n'aperçoivent rien d'extrême. Trop de bruit*

*nous assourdit ; trop de lumière éblouit ; trop de distance et trop de proximité empêche la vue; trop de consonnances déplaisent dans la musique ;*

*Nous ne sentons ni l'extrême chaud, ni l'extrême froid. Les qualités excessives nous sont ennemies, et non pas sensibles : nous ne les sentons plus, nous les souffrons* (I, 5).

Voilà pour la sensibilité physique.

### LA SENSIBILITÉ MORALE.

Quant à l'autre, la sensibilité morale : ... *trop de bienfaits irritent : nous voulons avoir de quoi surpayer la dette* (I, 5).

Ainsi la plus noble forme de l'amour, la reconnaissance recèle une limite; ce qui l'oblige au delà l'importune, en corrompt la douceur et l'essence même. Les bornes et l'inconstance des autres sortes d'affection, de l'amour proprement dit surtout, sont le thème favori des moralistes observateurs. Ce qui, dans cette passion, a frappé Pascal, c'est le témoignage qu'elle donne de *la vanité de l'homme* (I, 83), par la disproportion entre ses causes et ses effets : *La cause en est un je ne sais quoi* (Corneille) ; *et les effets en sont effroyables* (I, 83). — *Le nez de Cléopâtre : s'il eût été plus court, toute la face de la terre aurait changé* (I, 84).

Les hommes sont-ils même, si l'on y regarde de près, capables de s'entr'aimer réellement, pour eux-mêmes ? Car qu'aime-t-on dans autrui ? *Un homme qui se met à la fenêtre pour voir les passants, si je passe par là, puis-je dire qu'il s'est mis là pour me voir ? Non ; car il ne pense pas à moi en particulier. Mais celui qui aime une personne à cause de sa beauté, l'aime t-il ? Non ; car la petite vérole, qui tuera la beauté sans tuer la personne, fera qu'il ne l'aimera plus. Et si l'on m'aime pour mon jugement, pour ma mémoire, m'aime-t-on, moi ? Non ; car je puis perdre ces qualités sans me perdre moi-même. Où est donc ce moi, s'il n'est ni dans le corps ni dans l'âme ? Et comment aimer le corps ou l'âme, sinon pour ces qualités qui ne sont point ce qui fait le moi, puisqu'elles sont périssables ? Car aimerait-on la substance de l'âme d'une personne abstraitement, et quelques qualités qui y fussent ? Cela ne se peut, et serait injuste. On n'aime donc jamais personne, mais seulement des qualités* (I, 65).

Et Pascal en tire cette conclusion ironique :

*Qu'on ne se moque donc plus de ceux qui se font honorer pour des charges et des offices, car on n'aime personne que pour des qualités empruntées* (I, 66).

La sensibilité morale est, en outre, singulièrement favorable à la division des esprits : *Tout notre raisonnement se réduit à céder au sentiment. Mais la fantaisie est semblable et contraire au sentiment, de sorte qu'on ne peut distinguer entre ces contraires. L'un dit que mon sentiment est fantaisie, l'autre que sa fantaisie est sentiment. Il faudrait avoir une règle. La raison s'offre, mais elle est ployable à tous sens ; et ainsi il n'y en a point* (I, 98).

Le sentiment s'introduit dans les opinions par voie de prescription ou par surprise et dans les deux cas les fausse également : *Les impressions anciennes ne sont pas seules capables de nous abuser : les charmes de la nouveauté ont le même pouvoir. De là viennent toutes les disputes des hommes, qui se reprochent ou de suivre leurs fausses impressions de l'enfance, ou de courir témérairement après les nouvelles. Qui tient le juste milieu ? Qu'il paraisse, et qu'il le prouve. Il n'y a principe, quelque naturel qu'il puisse être, même depuis l'enfance, qu'on ne fasse passer pour une fausse impression, soit de l'instruction, soit des sens* (I, 34).

Le jugement peut être faussé par d'autres causes encore :

*Nous avons un autre principe d'erreur, les maladies. Elles nous gâtent le jugement et le sens. Et si les grandes l'altèrent sensiblement, je ne doute point que les petites n'y fassent impression à leur proportion.*

*Notre propre intérêt est encore un merveilleux instrument pour nous crever les yeux agréablement. Il n'est pas permis au plus équitable homme du monde d'être juge en sa cause : j'en sais qui, pour ne pas tomber dans cet amour-*

*propre, ont été les plus injustes du monde à contre-biais. Le moyen sûr de perdre une affaire toute juste était de la leur faire recommander par leurs proches parents* (I, 35).

### L'IMAGINATION.

Mais voici la *maîtresse d'erreur et de fausseté* (I, 31).

La *faculté imaginante*, l'imagination active, qui a tant d'influence en amour, est dans tout le reste également dangereuse. *C'est cette partie décevante dans l'homme, cette maîtresse d'erreur et de fausseté et d'autant plus fourbe qu'elle ne l'est pas toujours ; car elle serait règle infaillible de vérité, si elle l'était infaillible du mensonge. Mais étant le plus souvent fausse, elle ne donne aucune marque de sa qualité, marquant du même caractère le vrai et le faux* (I, 31).

*L'imagination grossit les petits objets jusqu'à en remplir notre âme, par une estimation fantastique ; et, par une insolence téméraire, elle amoindrit les grands jusques à sa mesure, comme en parlant de Dieu* (I, 41).

Dans une longue analyse Pascal en détaille tous les délits : ... *elle fait croire, douter, nier la raison, elle suspend les sens, elle les fait sentir* (I, 31).

Elle inspire la suffisance par cette appréciation chimérique appliquée au moi. Si elle donne le bonheur, c'est aux fous. *Elle ne peut rendre sages les fous ; mais elle les rend heureux, à l'envi de la raison, qui ne peut rendre ses amis que misérables, l'une les couvrant de gloire, l'autre de honte* (I, 31).

C'est elle qui confère tout prestige. *Qui dispense la réputation ? qui donne le respect et la vénération aux personnes, aux ouvrages, aux lois, aux grands, sinon cette faculté imaginante ? Combien toutes les richesses de la terre insuffisantes sans son consentement !* (I, 32.)

Elle fait perdre son sérieux au plus grave auditoire pour peu que l'orateur ait de *bizarrerie* dans sa personne, *quelque grandes vérités qu'il annonce* (I, 32).

Elle peut susciter, chez *le plus grand philosophe du monde* (I, 32), un effroi sans fondement que sa raison désavoue. *Le ton de voix impose aux plus sages, et change un discours et un poème de force* (I, 33).

*L'affection ou la haine changent la justice de face* (I, 33).

L'avocat *bien payé par avance* (I, 33) en est dupe, et le juge est dupe de l'avocat. *S'ils avaient la véritable justice, et si les médecins avaient le vrai art de guérir, ils n'auraient que faire de bonnets carrés* (I, 34).

*Je ne veux pas rapporter tous ses effets* (les effets de l'imagination); *je rapporterais presque toutes les actions des hommes, qui ne branlent presque que par ses secousses* (I, 33).

Il faut relire ces pages qu'un résumé énerve et décolore.

### LA VOLONTÉ. L'HABITUDE.

La volonté, à son tour, n'est pas d'un usage sûr, ni facile. En premier lieu elle constitue encore une nouvelle source d'erreurs, car *l'esprit, marchant d'une pièce avec la volonté, s'arrête à regarder* (dans ces choses) *la face qu'elle aime, et ainsi il en juge par ce qu'il en voit* (I, 41). Pascal, en disant que la volonté « aime », ne la sépare pas de ses mobiles. Cette confusion, commune alors, a laissé des traces dans le langage. On dit encore bonne ou mauvaise volonté. Pour les psychologues d'aujourd'hui vouloir se réduit à prendre l'initiative de l'acte après la délibération.

*L'esprit croit naturellement, et la volonté aime naturellement; de sorte que, faute de vrais objets, il faut qu'ils s'attachent aux faux* (I, 99).

Ajoutons que la coutume joue un rôle très important, le plus souvent prépondérant, dans l'adoption des principes qui dirigent l'opinion et la conduite. Or la coutume résulte, au fond, d'une obéissance passive, d'un sommeil de la volonté qui ne réagit pas contre la suggestion d'une idée par l'autorité ou d'une pratique par l'exemple. Pascal en a curieusement étudié la nature et les effets. *Tant est grande la force de la coutume, que de ceux que la nature n'a faits qu'hommes, on fait toutes les conditions des hommes : car des pays sont tous de maçons, d'autre tous de soldats*, etc. (I, 36).

Il est vrai que, si *elle contraint la nature* (I, 36), quelquefois la nature, dans l'homme, lui résiste par les instincts et *la surmonte* (I, 36). Il semble donc tout d'abord que Pascal distingue nettement les deux choses l'une de l'autre, mais, au contraire, il arrive à les confondre ; c'est qu'en effet un état d'âme n'est devenu et ne peut être dit habituel, coutumier, qu'autant qu'il s'est naturalisé chez l'individu, et ne se pourrait-il pas que, réciproquement, le naturel fût fait du coutumier ? *Qu'est-ce que nos principes naturels, sinon nos principes accoutumés ? Et dans les enfants, ceux qu'ils ont reçus de la coutume de leurs pères, comme la chasse dans les animaux ?*

*Une différente coutume en donnera d'autres principes naturels. Cela se voit par expérience ; et s'il y en a d'ineffaçables à la coutume, il y en a aussi de la coutume contre la nature, ineffaçables à la nature et à une seconde coutume. Cela dépend de la disposition.*

*Les pères craignent que l'amour naturel des enfants ne s'efface. Quelle est donc cette nature, sujette à être effacée ? La coutume est donc une seconde nature, qui détruit la première. Mais qu'est-ce que la nature ? pourquoi la coutume n'est-elle pas naturelle ? J'ai bien peur que cette nature ne soit elle-même qu'une première coutume, comme la coutume est une seconde nature* (I, 41).

Et il résume sa pensée ailleurs dans la formule suivante qui supprime toute distinction radicale entre ces deux termes : *La nature de l'homme est toute nature, omne animal. Il n'y a rien qu'on ne rende naturel ; il n'y a naturel qu'on ne fasse perdre* (II, 167).

C'est ce qu'il expliquera plus tard par les suites du péché originel : ... *La vraie nature étant perdue, tout devient sa nature ; comme, le véritable bien étant perdu, tout devient son véritable bien* (II, 167).

En tant qu'elle s'établit par une défaillance de la volonté dans l'examen des principes, la coutume accuse une faiblesse de la nature humaine; Pascal, avec une vigueur superbe, en a dénoncé les funestes effets dans le domaine scientifique, par exemple, où elle constitue une autorité tyrannique. Mais dans tout le reste, le chrétien en lui faisant taire le savant, il reconnaît à la coutume, en faveur de la soumission qu'elle suppose, une utilité parfois capitale. En politique, d'abord, comme pis-aller, pour l'équilibre des États : *L'art de fronder, bouleverser les États, est d'ébranler les coutumes établies, en sondant jusque dans leur source, pour marquer leur défaut d'autorité et de justice. Il faut, dit-on, recourir aux lois fondamentales et primitives de l'État, qu'une coutume injuste a abolies. C'est un jeu sûr pour tout perdre; rien ne sera juste à cette balance. Cependant le peuple prête aisément l'oreille à ces discours. Ils secouent le joug dès qu'ils le reconnaissent; et les grands en profitent à sa ruine, et à celle de ces curieux examinateurs du fondement des coutumes reçues et des lois fondamentales d'autrefois. (Mais, par un défaut contraire, les hommes croient quelquefois pouvoir faire avec justice tout ce qui n'est pas sans exemple.) C'est pourquoi le plus sage des législateurs disait que, pour le bien des hommes, il faut souvent les piper; et un autre, bon politique :* « *Quum veritatem, qua liberetur, ignoret, expedit quod fallatur. Il ne faut pas qu'il sente la vérité de l'usurpation; elle a été introduite autrefois sans raison, elle est devenue raisonnable; il faut la faire regarder comme authentique, éternelle, et en cacher le commencement si l'on ne veut qu'elle ne prenne bientôt fin* (I, 39).

S'il n'y a qu'un pis-aller de possible en politique, c'est que nous sommes incapables de justice.

*Il est faux que nous soyons dignes que les autres nous aiment; il est injuste que nous le voulions. Si nous naissions raisonnables, et indifférents, et connaissant nous et les autres, nous ne donnerions point cette inclination à notre volonté. Nous naissons pourtant avec elle; nous nais-*

*sons donc injustes : car tout tend à soi. Cela est contre tout ordre : il faut tendre au général; et la pente vers soi est le commencement de tout désordre, en guerre, en police, en économie, dans le corps particulier de l'homme. La volonté est donc dépravée.*

*Si les membres des communautés naturelles et civiles tendent au bien du corps, les communautés elles-mêmes doivent tendre à un autre corps plus général, dont elles sont membres. L'on doit donc tendre au général. Nous naissons donc injustes et dépravés* (II, 110).

Du reste, plus ou moins équitable, la société humaine ne nous sert qu'un temps : *Nous sommes plaisants de nous reposer dans la société de nos semblables. Misérables comme nous, impuissants comme nous, ils ne nous aideront pas; on mourra seul; il faut donc faire comme si on était seul; et alors, bâtirait-on des maisons superbes, etc.? On chercherait la vérité sans hésiter; et si on le refuse, on témoigne estimer plus l'estime des hommes que la recherche de la vérité* (I, 197).

*Le dernier acte est sanglant, quelque belle que soit la comédie en tout le reste. On jette enfin de la terre sur la tête, et en voilà pour jamais* (II, 112).

Pascal voit, en outre, dans l'habitude un très efficace procédé d'assimilation de vérités acquises; il songe aux dogmes chrétiens : *... nous sommes automate autant qu'esprit; et de là vient que l'instrument par lequel la persuasion se fait n'est pas la seule démonstration. Combien y a-t-il peu de choses démontrées! Les preuves ne convainquent que l'esprit. La coutume fait nos preuves les plus fortes et les plus crues; elle incline l'automate, qui entraîne l'esprit sans qu'il y pense* (I, 155).

*Il faut donc faire croire nos deux pièces : l'esprit, par les raisons, qu'il suffit d'avoir vues une fois en sa vie; et l'automate, par la coutume, et en ne lui permettant pas de s'incliner au contraire.* « *Inclina cor meum, Deus* » (I, 156).

Le trait final marque du caractère religieux cette pensée, qui n'en trouve pas moins son application dans tout autre ordre de connaissances. Pascal ira plus loin, il recommandera la puissance de l'habitude, non plus seulement pour s'assimiler la vérité, mais bien pour l'acquérir sans le concours de l'intelligence : *Suivez la manière par où ils ont commencé* (les convertis) : *c'est en faisant tout comme s'ils croyaient, en prenant de l'eau bénite, en faisant dire des messes, etc.; naturellement même cela vous fera croire et vous abêtira* (I, 152).

Mais, au point où nous en sommes, il n'a pas encore à nous tenir ce langage. Il n'en est encore qu'au dépouillement de nos facultés pour en relever toutes les faiblesses.

### LE LIBRE ARBITRE

L'exercice de la volonté dans le gouvernement de nous-même, au point de vue général de notre plus grand bien, est extrêmement scabreux. Comment fixer les limites, déterminer la mesure où elle fonctionne à notre avantage? *Il n'est pas bon d'être trop libre. Il n'est pas bon d'avoir toutes les nécessités* (II, 165).

Revêtue d'un pouvoir prévoyant et libre, l'âme humaine est par là même constituée à la fois pourvoyeuse et régente de ses appétits insatiables et de ses vagues aspirations ; elle court par là tous les risques et assume toutes les responsabilités du pouvoir. Obsédée, tiraillée par ses sujets rebelles, elle se sent obligée contre eux à plus de répression qu'elle n'a de force, induite par eux et pour eux à plus d'ambition qu'elle n'a de ressources. Ah ! combien il lui serait soulageant de remettre sa double charge à quelque suzerain qui l'en débarrassât, qui la libérât de sa liberté! Pascal a éprouvé déjà cette délivrance par l'abdication : *La volonté propre ne se satisfera jamais, quand elle aurait pouvoir de tout ce qu'elle veut; mais on est satisfait dès l'instant qu'on y renonce. Sans elle, on ne peut être malcontent ; par elle, on ne peut être content* (II, 103).

Désespérer ainsi de la volonté, n'est-ce pas déclarer l'homme incapable d'être lui-même l'artisan de son véritable bonheur?

## LA CONSCIENCE MORALE

Avant d'accepter cette condamnation, voyons si, au lieu de nous démettre de notre volonté, nous ne découvrirons pas en nous-même ce suzerain, dont elle relèverait et qui lui formulerait les règles de notre gouvernement intérieur. Il semble bien que la voix de notre conscience soit la promulgation de ces règles mêmes. La loi morale, conservatrice de notre dignité, n'est-elle pas la loi de notre félicité même, puisque être digne c'est se rendre homme le plus possible?

Nous ne trouvons, hélas! dans la conscience humaine aucun discernement assuré du bien et du mal. Le demanderons-nous au sens moral qui a dicté leurs lois aux nations? Le fondement moral des rapports sociaux, bien loin d'être le même chez toutes, diffère de l'une à l'autre : *Plaisante justice qu'une rivière borne! Vérité au deçà des Pyrénées, erreur au delà* (I, 38).

*.... l'un dit que l'essence de la justice est l'autorité du législateur; l'autre, la commodité du souverain; l'autre, la coutume présente, et c'est le plus sûr : rien, suivant la seule raison, n'est juste de soi; tout branle avec le temps. La coutume fait toute l'équité, par cette seule raison qu'elle est reçue* (I, 38).

Ainsi le plus sûr, selon Pascal, c'est encore ce qu'il a jugé tout à l'heure n'être qu'un pis-aller, suppléant et peut-être artisan des principes dits naturels. Si la justice était connue, on ne trouverait pas établie *cette maxime, la plus générale de toutes celles qui sont parmi les hommes, que chacun suive les mœurs de son pays; l'éclat de la véritable équité aurait assujetti tous les peuples* (I, 37).

Les hommes sans doute *confessent que la justice n'est pas dans ces coutumes, mais qu'elle réside dans les lois naturelles, connues en tout pays. Certainement ils la soutiendraient opiniâtrement, si la témérité du hasard qui a semé les lois humaines en avait rencontré au moins une qui fût universelle; mais la plaisanterie est telle, que le caprice des hommes s'est si bien diversifié, qu'il n'y en a point...*

*Le larcin, l'inceste, le meurtre des enfants et des pères, tout a eu sa place entre les actions vertueuses* (I, 38).

Ce qu'on nomme *vertu* n'est qu'un équilibre entre deux tendances vicieuses; du moins par nous-même ne pouvons-nous nous soutenir dans la vertu : *Nous ne nous soutenons pas dans la vertu par notre propre force; mais, par le contre-poids de deux vices opposés, nous demeurons debout, comme entre deux vents contraires : ôtez un de ces vices, nous tombons dans l'autre* (II, 152).

*Comme la mode fait l'agrément, aussi fait-elle la justice* (I, 74).

Admettons même que le doute n'existe pas sur la qualité morale de certains actes, de ceux qu'on appelle crimes, encore le bien demeure-t-il douteux dans les cas les plus importants : *Chaque chose est ici vraie en partie, fausse en partie* (I, 88).

*.... et ainsi rien n'est vrai, en l'entendant du pur vrai. On dira qu'il est vrai que l'homicide est mauvais; oui, car nous connaissons bien le mal et le faux. Mais que dira-t-on qui soit bon? La chasteté? Je dis que non, car le monde finirait. Le mariage? Non; la continence vaut mieux. De ne point tuer? Non, car les désordres seraient horribles, et les méchants tueraient tous les bons. De tuer? Non, car cela détruit la nature. Nous n'avons ni vrai ni bien qu'en partie, et mêlé de mal et de faux* (I, 88).

Il semblerait que le bien dût être reconnaissable à sa rareté même et à une trempe particulière des âmes qui le pratiquent; mais ces caractères sont trompeurs : *Le mal est aisé, il y en a une infinité; le bien presque unique. Mais un certain genre de mal est aussi difficile à trouver que ce qu'on appelle bien; et souvent on fait passer pour bien à cette marque ce mal particulier. Il faut même une grandeur extraordinaire d'âme pour y arriver, aussi bien qu'au bien* (I, 88).

Cette observation vise peut-être le génie des ambitieux

célèbres, conquérants ou despotes. Par une telle méprise le sens moral met le comble à la confusion et à l'incertitude de ses arrêts. Pourtant si quelque chose importe à la félicité de l'homme c'est à coup sûr l'aptitude à distinguer, dans sa conduite, ce qui le maintient au rang de son espèce ou tend même à l'élever au-dessus et ce qui l'en fait, au contraire, descendre, ce qui le rapproche des espèces inférieures.

L'instinct et l'appétit ne font guère en lui cette distinction. Il n'a obéi qu'à des mouvements irréfléchis dans toutes ses prises de possession : *Ce chien est à moi, disaient ces pauvres enfants; c'est là ma place au soleil. Voilà le commencement et l'image de l'usurpation de toute la terre* (I, 85).

*Toutes les occupations des hommes sont à avoir du bien; et ils ne sauraient avoir de titre pour montrer qu'ils le possèdent par justice, car ils n'ont que la fantaisie des hommes; ni force pour le posséder sûrement. Il en est de même de la science, car la maladie l'ôte. Nous sommes incapables et de vrai et de bien* (I, 41).

Il y a plus : quand même l'homme posséderait justement et sûrement ce qui est à sa portée, aucun des objets accessibles à ses prises ne satisfait en lui l'aptitude qui y correspond. Rien de ce qu'il a pu mettre en sa possession ne le contente. Il aspire toujours au delà, de sorte qu'il désire toujours autre chose que ce qu'il a et, ce qu'il désire demeurant indéterminé, il semble poursuivre indéfiniment une ombre fuyante. De là dans son cœur un malaise, une agitation perpétuelle : *La nature nous rendant toujours malheureux en tous états, nos désirs nous figurent un état heureux, parce qu'ils joignent à l'état où nous sommes les plaisirs de l'état où nous ne sommes pas; et quand nous arriverions à ces plaisirs, nous ne serions pas heureux pour cela, parce que nous aurions d'autres désirs conformes à ce nouvel état* (I, 54).

Cette explication très simple suffisait pour rendre compte de la mobilité des vœux de l'homme; mais Pascal a besoin d'y découvrir une cause mystique, et il pousse plus loin son analyse pour la dégager.

*Condition de l'homme : inconstance, ennui, inquiétude* (I, 83).

Par ces trois mots, il caractérise la disproportion continuelle entre nos vœux et notre milieu terrestre, et il en scrute avec soin les effets psychologiques. L'homme souffre d'une sorte de démangeaison morale qui le porte à se frotter à tout et à se lasser de tout. La possession n'est pour lui qu'une vaine tentative de tromper une secrète faim sans aliment, une indéfinissable misère, et l'occupation ne lui sert qu'à oublier sa condition misérable. On accable les hommes dès l'enfance *d'affaires, de l'apprentissage des langues et d'exercices, et on leur fait entendre qu'ils ne sauraient être heureux sans que leur santé, leur honneur, leur fortune et celles de leurs amis soient en bon état, et qu'une seule chose qui manque les rendrait malheureux* (I, 48).

Otez-leur tous ces soins, *ils se verraient, ils penseraient à ce qu'ils sont, d'où ils viennent, où ils vont* (I; 48).

..... *s'ils ont quelque temps de relâche, on leur conseille de l'employer à se divertir, à jouer, et à s'occuper toujours tout entiers* (I, 48).

..... *la royauté est le plus beau poste du monde, et cependant qu'on s'en imagine* [un roi] *accompagné de toutes les satisfactions qui peuvent le toucher; s'il est sans divertissement, et qu'on le laisse considérer et faire réflexion sur ce qu'il est, cette félicité languissante ne le soutiendra point; il tombera par nécessité dans les vues des maladies qui le menacent, des révoltes qui peuvent arriver, et enfin de la mort et des maladies qui sont inévitables; de sorte que, s'il est sans ce qu'on appelle divertissement, le voilà malheureux, et plus malheureux que le moindre de ses sujets qui joue et qui se divertit* (I, 49).

*Le roi est environné de gens qui ne pensent qu'à divertir le roi et à l'empêcher de penser à lui. Car il est malheureux, tout roi qu'il est, s'il y pense* (I, 50).

*Ce n'est pas qu'il y ait en effet du bonheur* (dans le jeu, la chasse, les grands emplois, etc.) ..... *ni qu'on s'imagine que la vraie béatitude soit d'avoir l'argent qu'on peut gagner au jeu, ou dans le lièvre qu'on court. On n'en voudrait pas s'il était offert. Ce qu'on recherche, c'est le tracas, qui nous détourne d'y penser* (à notre malheureuse condition (I, 49).

*..... de là vient que la prison est un supplice si horrible; de là vient que le plaisir de la solitude est une chose incompréhensible* (I, 49).

C'est d'ailleurs inconsciemment que les hommes se fuient eux-mêmes par mille distractions :

*..... ils ne savent pas que ce n'est que la chasse, et non pas la prise, qu'ils recherchent* (I, 50).

*Ils s'imaginent que, s'ils avaient obtenu cette charge, ils se reposeraient ensuite avec plaisir, et ne sentent pas la nature insatiable de leur cupidité. Ils croient chercher sincèrement le repos, et ne cherchent en effet que l'agitation* (I, 50).

*Ainsi s'écoule toute la vie. On cherche le repos en combattant quelques obstacles; et, si on les a surmontés, le repos devient insupportable. Car, ou l'on pense aux misères qu'on a, ou à celles qui nous menacent. Et quand on se verrait même assez à l'abri de toutes parts, l'ennui, de son autorité privée, ne laisserait pas de sortir au fond du cœur, où il a des racines naturelles, et de remplir l'esprit de son venin* (I, 51).

*Ainsi l'homme est si malheureux, qu'il s'ennuierait même sans aucune cause d'ennui, par l'état propre de sa complexion; et il est si vain, qu'étant plein de mille causes essentielles d'ennui, la moindre chose, comme un billard et une balle qu'il pousse, suffisent pour le divertir* (I, 51).

Pascal insiste sur la vanité de l'homme :

*Mais, direz-vous, quel objet a-t-il en tout cela? Celui de se vanter demain entre ses amis de ce qu'il a mieux joué qu'un autre* (I, 51).

Son but est donc double : d'une part il occupe son activité *afin qu'il se forme un sujet de passion* (I, 52) capable de l'arracher au sentiment de sa condition terrestre, et d'autre part il vise dans ses actes l'estime d'autrui : *La vanité est si ancrée dans le cœur de l'homme, qu'un soldat, un goujat, un cuisinier, un crocheteur se vante et veut avoir ses admirateurs* (I, 25).

*..... nous voulons vivre dans l'idée des autres d'une vie imaginaire, et nous nous efforçons pour cela de paraître. Nous travaillons incessamment à embellir et à conserver cet être imaginaire, et nous négligeons le véritable* (I, 24).

Nous en négligeons l'amendement, mais non pas le culte, car la recherche de la gloire procède de l'amour-propre : *La nature de l'amour-propre et de ce moi humain est de n'aimer que soi et de ne considérer que soi* (I, 26). Mais, comme l'homme se sent, malgré lui, fort différent de ce qu'il veut paraître pour être estimé, *il met tout son soin à couvrir ses défauts, et aux autres et à soi-même, et il ne peut souffrir qu'on les lui fasse voir, ni qu'on les voie* (I, 26).

*Le* MOI *est haïssable* (I, 76).

*..... parce qu'il est injuste, qu'il se fait centre du tout* (I, 76).

*..... chaque* MOI *est l'ennemi et voudrait être le tyran de tous les autres* (I, 76).

*..... vous, Miton, le couvrez, vous ne l'ôtez pas pour cela : vous êtes donc toujours haïssable* (I, 76).

*Chacun est un tout à soi-même ; car lui mort, le tout est mort pour soi. Et de là vient que chacun croit être tout à tous* (II, 153).

La vanité n'est pas seule préjudiciable à notre amendement : Pascal reproche au divertissement aussi *qui nous console de nos misères* d'être... *la plus grande de nos misères. Car c'est cela qui nous empêche principalement de songer à nous* (I, 54).

*Sans cela, nous serions dans l'ennui, et cet ennui nous pousserait à chercher un moyen plus solide d'en sortir* (I, 54).

En résumé : *Rien n'est si insupportable à l'homme que*

*d'être dans un plein repos, sans passions, sans affaire, sans divertissement, sans application. Il sent alors son néant, son abandon, son insuffisance, sa dépendance, son impuissance, son vide. Incontinent il sortira du fond de son âme l'ennui, la noirceur, la tristesse, le chagrin, le dépit, le désespoir* (II, 154).

Et par surcroît il est vaniteux.

De quelque côté qu'on l'envisage l'homme apparaît donc comme un être malheureux et mauvais.

*Que le cœur de l'homme est creux et plein d'ordure!* (I, 48.)

Toutefois, si méprisables que soient ses faiblesses, elles supportent chez lui quelque fonds de nature recommandable au contraire, comme un reste de noblesse perdue, très digne de remarque. Il n'est point, en effet, si essentiellement épris des biens terrestres qu'il ne s'en déprenne à mesure qu'il s'y livre; et pourquoi s'en dégoûte-t-il ainsi? Ne serait-il pas obsédé par le vague souvenir, par le regret latent de quelque autre félicité, seule digne de lui et qui lui aurait échappé? Sans doute il est vaniteux, mais la haute opinion qu'il cherche à donner de lui, ou plutôt de ce moi imaginaire qu'il substitue à son moi réel dans la pensée d'autrui, n'est-elle pas motivée, justifiée par des traces à demi effacées, qui demeurent en lui, de ce qu'il a pu être? *La plus grande bassesse de l'homme est la recherche de la gloire, mais c'est cela même qui est la plus grande marque de son excellence* (I, 10).

*... Il estime si grande la raison de l'homme, que, quelque avantage qu'il ait sur la terre, s'il n'est placé avantageusement aussi dans la raison de l'homme, il n'est pas content* (I, 10).

La société politique témoigne aussi de la grandeur de l'homme. Sans doute il faut reconnaître que : *Tous les hommes se haïssent naturellement l'un l'autre. On s'est servi comme on a pu de la concupiscence pour la faire servir au bien public. Mais ce n'est que feinte, et une fausse image de la charité; car, au fond, ce n'est que haine* (II, 121).

Il n'en faut pas moins reconnaître que c'est une marque de... *la grandeur de l'homme, d'avoir tiré de la concupiscence un si bel ordre* (II, 121).

*Grandeur de l'homme dans sa concupiscence même, d'en avoir su tirer un règlement admirable, et en avoir fait un tableau de la charité* (II, 121).

Sa nature est manifestement double : *Tant de contradictions se trouveraient-elles dans un sujet simple?* (I, 184.)

*Les hommes ont un instinct secret qui les porte à chercher le divertissement et l'occupation au dehors, qui vient du ressentiment de leurs misères continuelles; et ils ont un autre instint secret, qui reste de la grandeur de notre première nature, qui leur fait connaître que le bonheur n'est en effet que dans le repos, et non pas dans le tumulte; et de ces deux instincts contraires, il se forme en eux un projet confus, qui se cache à leur vue dans le fond de leur âme, qui les porte à tendre au repos par l'agitation, et à se figurer toujours que la satisfaction qu'ils n'ont point leur arrivera, si, en surmontant quelques difficultés qu'ils envisagent, ils peuvent s'ouvrir par là la porte au repos* (I, 50).

Ainsi le bonheur serait dans le repos, c'est-à-dire dans la constance d'une pleine satisfaction donnée à toutes les aptitudes qui définissent l'essence humaine. Combien l'homme en est éloigné! Toute sa misère consiste à n'y pouvoir atteindre ici-bas, mais, par contre, cela même qu'il en a plus ou moins conscience atteste un principe en lui d'indéniable grandeur. Au demeurant, si toutes ses ouvertures sur le monde extérieur conspirent à lui en fausser les aspects, s'il est sujet de mille façons à l'erreur, toujours est-il qu'il pense et par là sa dignité est sauve. Il pense, ce *roseau. Une vapeur, une goutte d'eau, suffit pour le tuer. Mais quand l'univers l'écraserait, l'homme serait encore plus noble que ce qui le tue, parce qu'il sait qu'il meurt, et l'avantage que l'univers a sur lui, l'univers n'en sait rien.*

*Toute notre dignité consiste donc en la pensée. C'est de là qu'il faut nous relever, et non de l'espace et de la durée, que nous ne saurions remplir. Travaillons donc à bien penser : voilà le principe de la morale* (I, 10-11).

Ce beau précepte confie la dignité de l'homme à la fonction même dont il la tient, à la caractéristique de son espèce.

*Par l'espace, l'univers me comprend et m'engloutit comme un point; par la pensée, je le comprends* (I, 11).

Cela ne signifie point ici : je l'explique, mais seulement j'en conçois l'immensité. Car il s'en faut bien que Pascal, tout en saluant la pensée humaine, en méconnaisse l'impuissance : *Toute la dignité de l'homme est en la pensée. Mais qu'est-ce que cette pensée? qu'elle est sotte!* (II, 110.) Et lors même qu'elle est raisonnable, le gouvernement de la conduite humaine lui est contesté : *L'homme n'agit point par la raison, qui fait son être* (II, 155).

Il ne l'a que trop humiliée précédemment, et, après avoir montré l'esprit flottant du pyrrhonisme au dogmatisme : *La nature confond les pyrrhoniens et la raison confond les dogmatiques* (I, 114). Pascal s'écrie : *Quelle Chimère est-ce donc que l'homme! quelle nouveauté, quel monstre, quel chaos, quel sujet de contradiction, quel prodige! Juge de toutes choses, imbécile ver de terre, dépositaire du vrai, cloaque d'incertitude et d'erreur, gloire et rebut de l'univers* (I, 114).

Il ne tarit pas sur ce thème de la grandeur et de la misère de l'homme; on se rappelle tous les morceaux si connus, pleins d'une sombre éloquence, où il le tourne et retourne. *C'est donc être misérable que de se connaître misérable; mais c'est être grand que de connaître qu'on est misérable. Toutes ces misères-là mêmes prouvent sa grandeur. Ce sont misères de grand seigneur, misères d'un roi dépossédé* (I, 9).

Sous les stigmates de la déchéance son front a gardé l'empreinte du diadème. On découvre en lui des *contrariétés*, qui trahissent ses deux conditions : *L'homme est naturellement crédule, incrédule, timide, téméraire* (I, 121).

*Description de l'homme. Dépendance, désir d'indépendance, besoin* (II, 167).

*Cette duplicité de l'homme est si visible, qu'il y en a qui ont pensé que nous avions deux âmes : un sujet simple leur paraissait incapable de telles et si soudaines variétés, d'une présomption démesurée à un horrible abattement de cœur* (I, 186).

Il conclut : *S'il se vante, je l'abaisse; s'il s'abaisse, je le vante; et le contredis toujours jusqu'à ce qu'il comprenne qu'il est un monstre incompréhensible* (I, 121).

En somme, voici ce que les méditations de Pascal sur la nature humaine l'amènent à constater : notre âme pense, sent, imagine, délibère, veut, qualifie moralement ses actions, et, pourvue de ces diverses aptitudes, tend avidement par elles au bonheur; mais grâce à quelque illogisme étrange dans sa condition, l'aile qu'elle possède pour y tendre est incapable d'y atteindre. Cette aile est en effet, selon l'aptitude exercée, ou trop courte et trop faible, ou artificielle, fabriquée de ressorts déréglés et de cire qui fond, livrée, dans tous les cas pour sa direction, soit aux caprices du hasard, soit aux tâtonnements périlleux de l'ignorance. Bref il semble que notre âme ait eu l'aile cassée, qu'elle s'en façonne vainement une postiche; son normal essor paraît brisé, son but voilé, sa route dans l'abîme brouillée, faussée, perdue. En même temps qu'elle se sent égarée et tombée, elle a vaguement conscience de la hauteur que mesure sa chute; elle a plané sans doute, car elle ne rampe qu'avec malaise et agitation sans pouvoir ni se détacher des choses d'en bas, ni s'y attacher longtemps. Elle est double dans sa nature et dans ses tendances.

# CHAPITRE III

QUESTION DE L'IMMORTALITÉ DE L'AME. — IMPORTANCE DE CETTE QUESTION. — MONSTRUOSITÉ DU REPOS DANS L'IGNORANCE DE LA DESTINÉE D'OUTRE-TOMBE. — RESSOURCES POUR EN SORTIR.

Après cette enquête approfondie sur l'essence de l'homme, Pascal en sort plus perplexe et plus terrifié dans son isolement au sein des abîmes de l'infini, car tout ce qu'il a découvert, c'est que l'homme, par le seul fait de son imperfection essentielle, est voué au malheur, et que l'ambiguïté énigmatique de sa nature implique une contradiction insoluble à la raison, quelque chose d'inexplicable et d'inquiétant qu'il serait plus imprudent que jamais de laisser à la mort la mission d'éclaircir. Est-elle, en effet, l'anéantissement? Si elle ne l'est pas, combien elle apparaît redoutable! Le doute à cet égard suffit d'ailleurs à rendre la paix de l'âme impossible.

*L'immortalité de l'âme est une chose qui nous importe si fort, qui nous touche si profondément, qu'il faut avoir perdu tout sentiment pour être dans l'indifférence de savoir ce qui en est* (I, 137). *Toute notre conduite en dépend.*

*Il ne faut pas avoir l'âme fort élevée pour comprendre qu'il n'y a point ici de satisfaction véritable et solide; que tous nos plaisirs ne sont que vanité; que nos maux sont infinis; et qu'enfin la mort, qui nous menace à chaque instant, doit infailliblement nous mettre dans peu d'années dans l'horrible nécessité d'être éternellement ou anéanti ou malheureux.*

*Il n'y a rien de plus réel que cela, ni de plus terrible*
(I, 138).

*... Que l'on juge donc là-dessus de ceux qui vivent sans songer à cette dernière fin de la vie, qui, se laissant conduire à leurs inclinations et à leurs plaisirs sans réflexion et sans inquiétude, et comme s'ils pouvaient anéantir l'éternité en en détournant leur pensée, ne pensent à se rendre heureux que dans cet instant seulement* (I, 143).

*Ce repos dans cette ignorance* (du sort qui les attend après la mort) *est une chose monstrueuse et dont il faut faire sentir l'extravagance et la stupidité à ceux qui y passent leur vie* (I, 143).

*C'est une chose monstrueuse de voir dans un même cœur et en même temps cette sensibilité pour les moindres choses* (la perte d'une charge, quelque offense imaginaire à son honneur) *et cette étrange insensibilité pour les plus grandes* (I, 140).

*C'est un enchantement incompréhensible, et un assoupissement surnaturel, qui marque une force toute-puissante qui le cause* (I, 141).

Pascal flagelle tour à tour et ceux qui font *gloire d'être dans cet état*, et ceux qui ne font que *feindre ces sentiments* (I, 142), et surtout les indifférents : *... il faut avoir toute la charité de la religion qu'ils méprisent, pour ne les pas mépriser jusqu'à les abandonner dans leur folie* (I, 142).

C'est à ceux-ci particulièrement que son ouvrage s'adresse : *il faut faire pour eux ce que nous voudrions qu'on fît pour nous si nous étions à leur place et les appeler à avoir pitié d'eux-mêmes, et à faire au moins quelques pas pour tenter s'ils ne trouveront pas de lumières. Qu'ils donnent à cette lecture quelques-unes de ces heures qu'ils emploient si inutilement ailleurs, quelque aversion qu'ils y apportent; peut-être rencontreront-ils quelque chose, ou pour le moins ils n'y perdront pas beaucoup. Mais pour ceux qui y apporteront une sincérité parfaite et un véritable désir de rencontrer la vérité, j'espère qu'ils auront satisfaction et qu'ils seront convaincus des preuves d'une religion si divine, que j'ai ramassées ici et dans lesquelles j'ai suivi à peu près cet ordre...* (I, 142-143.)

Malheureusement pour nous Pascal n'achève point cette phrase. Tout ce que nous pouvons inférer des pages dont nous avons extrait la citation précédente, c'est qu'elles formaient l'entrée en matière ou la préface de son ouvrage projeté, et qu'il se proposait d'y faire, non pas seulement l'apologie, mais bien la preuve du christianisme, dans la mesure, toutefois, où cette entreprise est humaine, c'est-à-dire en réservant les droits de la grâce qui n'accorde qu'à la bonne volonté le secours de la foi sans lequel toutes les ressources de la raison demeurent insuffisantes et stériles pour la conversion de l'incrédule. Mais revenons au point où l'a laissé l'ordre purement logique de ses *Pensées*.

On se demande tout d'abord si, après avoir ébranlé comme il l'a fait toute confiance dans l'instrument même de la connaissance, qui est si court et si facilement faussé, il est encore fondé à s'en servir; si la discussion des moyens de connaître ne l'ont pas conduit au pyrrhonisme absolu, par suite à la nécessité de suspendre toute recherche, toute critique rationnelle et de s'enfermer dans un mutisme désespéré. En ce cas ne devrait-il pas renoncer à convaincre les incrédules, à leur fournir les preuves qu'il leur a promises? A cette objection radicale nous pouvons répondre en son nom. Sans doute, mieux que personne il avait mesuré la portée de la pensée et en avait reconnu les bornes. Physicien il savait à quel point elle est sous la dépendance des sens, combien elle est à la fois leur débitrice et leur dupe; géomètre il l'avait sentie terrassée et confondue par les deux infinis; religieux il l'avait prise en flagrant délit d'impuissance à découvrir par elle-même ce qu'il importe par-dessus tout à l'homme de connaître, ce qu'il est, d'où il vient, où il va. Mais, d'autre part, si l'esprit humain était radicalement impropre à la connaissance, il serait tout à fait inutile, conséquence réfutée par les faits. Personne moins que Pascal ne pouvait nier toute valeur à la définition et au raisonnement, sinon dans toutes les spéculations, du moins dans les sciences abstraites, et dans celles qui relèvent de l'observation et de l'expérience jointes au raisonnement, dans les sciences naturelles. L'histoire de la pensée et la constatation quotidienne des services qu'elle rend à l'homme dans les rapports sociaux et pour sa seule conservation témoignent assez contre le pyrrhonisme.

En somme il résume et formule son opinion sur l'aptitude de l'esprit humain en ces termes :

*Nous avons une impuissance de prouver invincible à tout le dogmatisme ; nous avons une idée de la vérité invincible à tout le pyrrhonisme* (I, 120).

Prise à la lettre, cette pensée n'est exactement applicable qu'aux postulats de la géométrie. Mais entendue dans son esprit, elle a une portée plus générale; impuissance de prouver signifie ici : de tout prouver, car Pascal ne doutait pas qu'il n'eût démontré les propriétés de la cycloïde et la pesanteur de l'air, à la seule condition qu'on lui accordât les postulats de la géométrie et la fidélité de certains témoignages des sens.

C'est donc avec les ressources évidemment limitées, chétives et mal assurées de la raison, mais enfin avec tout ce peu de lumière qu'elle lui offre dans la nuit complète, c'est avec cet humble rayon emprunté à ses adversaires, qui n'admettent d'ailleurs pas d'autre flambeau, c'est avec cela qu'il se fait fort d'éclairer pour eux une voie vers son Dieu. Ils auraient mauvaise grâce à lui contester maintenant l'usage de ce lumignon; il ne tenait qu'à lui de laisser Pyrrhon l'éteindre d'un souffle, ou de leur laisser croire qu'il leur empruntait un soleil.

## CHAPITRE IV

EXAMEN DES DOCTRINES PHILOSOPHIQUES INTÉRESSANT LA QUESTION DU BONHEUR. — ELLES NE S'ACCORDENT PAS SUR LA DÉFINITION DU SOUVERAIN BIEN CAPABLE DE LE PROCURER. — ERREUR DES PHILOSOPHES EN CE QU'ILS ONT CRU CETTE QUESTION ET CELLE DE L'IMMORTALITÉ DE L'AME INDÉPENDANTES L'UNE DE L'AUTRE. — INSUFFISANCE DU CONCEPT RATIONNEL DE LA DIVINITÉ POUR RÉPONDRE A L'ASPIRATION DU CŒUR. — CRITIQUE DES PREUVES MÉTAPHYSIQUES ET DES PREUVES COSMIQUES DE LA DIVINITÉ. — INCOMPÉTENCE DE LA RAISON POUR CONNAITRE L'EXISTENCE DE LA DIVINITÉ OBJET DE RELIGION; LE CŒUR LA SENT UNE ET PERSONNELLE ET TEND VERS ELLE PAR L'AMOUR COMME VERS LE SEUL RECOURS DE L'HOMME ISOLÉ DANS L'INFINI. — LE SENTIMENT RELIGIEUX OU RELIGION SPONTANÉE. — LA RELIGION NATURELLE.

Existe-t-il donc quelque félicité possible pour cette race humaine que la seule analyse de sa condition fait présumer déchue? S'il lui reste en espérance soit à se créer, soit à reconquérir un genre de vie meilleur, préférable à tout autre pour elle, quel est-il? Voilà ce qu'il lui faut à tout prix découvrir. Comment y procéder? Pascal va-t-il négliger toutes les recherches antérieures de l'humanité, dont il a tant de témoignages à sa portée, pour affronter tout seul et à nouveau le problème du bonheur qui a été l'unique souci des générations depuis le premier homme? Ce serait une présomption ridicule, et il se priverait des chances de rencontrer aussitôt ce qu'il poursuit. Il consultera donc les monuments de la pensée humaine touchant la détermination du vrai bonheur. Mais le premier regard qu'il jette sur les résultats consignés dans ces monuments n'est pas engageant, car il constate *pour les philosophes 288 souverains biens* (II, 156), et cela, au temps de Varron qui en a fait le calcul, au rapport de saint Augustin. Il tient le fait de Montaigne (Havet, II, 156). Il convient d'ajouter à ce nombre celui des souverains biens proposés par d'autres depuis cette époque. Une si prodigieuse diversité d'opinions, dont pas une n'a fait fortune dans le crédit des peuples, est peu propre à inspirer tout d'abord confiance en l'autorité de la philosophie et prédispose mal à en attendre la lumière cherchée.

... *Tous leurs principes sont vrais, des pyrrhoniens, des stoïques, des athées, etc. Mais leurs conclusions sont fausses, parce que les principes opposés sont vrais aussi* (II, 155).

¶ *Mais peut eſtre que ce ſujeƈt paſſe la portée de la raiſon, examinons donc ſes inventions ſur les choſes de ſa force. S'il y a quelque choſe où ſon intereſt propre ayt deu la faire appliquer de ſon plus ſerieux, c'eſt à la recherche de ſon ſouverain bien. Voyons donc où ces ames fortes & clairvoyantes l'ont placé & ſi elles en ſont d'accord.*

*L'un dit que le ſouverain bien eſt en la vertu, l'autre le met en la volupté, l'un en la ſcience de la nature, l'autre en la vérité :* « *Felix qui potuit rerum cognoſcere cauſas* », *l'autre en l'ignorance totale, l'autre en l'indolence, d'autres à reſiſter aux apparences, l'autre à n'admirer rien,* « *nihil mirari prope res una quæ poſſit facere & ſervare beatum* », *& les vrays pyrroniens en leur ataraxie, doute & ſuſpenſion perpetuelle & d'autres plus ſages penſent trouver un peu mieux. Nous voilà bien payés.*
(Molinier, I, 173.)

*Le commun des hommes met le bien dans la fortune et dans les biens du dehors, ou au moins dans le divertissement. Les philosophes ont montré la vanité de tout cela, et l'ont mis où ils ont pu* (II, 155).

Ceux qui nous ont conseillé de ne le chercher qu'en nous-même, ont échoué :

*Nous sommes pleins de choses qui nous jettent au dehors. Notre instinct nous fait sentir qu'il faut chercher notre bonheur hors de nous. Nos passions nous poussent au dehors, quand même les objets ne s'offriraient pas pour les exciter. Les objets du dehors nous tentent d'eux-mêmes et nous appellent, quand même nous n'y pensons pas. Et ainsi les philosophes ont beau dire : Rentrez en vous-mêmes, vous y trouverez votre bien; on ne les croit pas, et ceux qui les croient sont les plus vides et les plus sots* (I, 118).

Les stoïciens particulièrement ont proposé à l'homme une règle de conduite impraticable :

*Ce que les Stoïques proposent est si difficile et si vain! Les Stoïques posent : Tous ceux qui ne sont point au haut degré de sagesse sont également vicieux, comme ceux qui sont à deux doigts dans l'eau...* (II, 178).

*... Ils concluent qu'on peut toujours ce qu'on peut quelquefois, et que, puisque le désir de la gloire fait bien faire à ceux qu'il possède quelque chose, les autres le pourront bien aussi. Ce sont des mouvements fiévreux, que la santé ne peut imiter* (I, 118).

Une connaissance de la plus haute importance pour l'homme au point de vue de son bonheur est celle de la nature de l'âme, car sa conduite ici-bas en vue des éventualités d'outre-tombe en dépend :

*Si faut il voir, ſi cette belle philoſophie n'a rien aquis de certain par un travail ſi long & ſi tendu, peut eſtre qu'au moins l'ame ſe connoiſtra ſoy meſme. Eſcoutons les regents du monde ſur ce ſujeƈt. Qu'ont-ils penſé de ſa ſubſtance?*

*Ont-ils eſté plus heureux à la loger ?*

*Qu'ont ils trouvé de ſon origine, de ſa durée & de ſon depart ?* (MOLINIER, I, 174.)

Toute l'éthique des philosophes est faussée dans ses fondements parce qu'ils ont voulu la rendre indépendante de ces questions :

*Il est indubitable que, que l'âme soit mortelle ou immortelle, cela doit mettre une différence entière dans la morale;*

*et cependant les philosophes ont conduit leur morale indépendamment de cela. Ils délibèrent de passer une heure* (II, 111).

Platon, toutefois, fait exception, il demande à l'immortalité de l'âme une assise à la morale. Aussi Pascal en prend-il note :

*Platon, pour disposer au christianisme* (II, 111).

La métaphysique des philosophes ne lui paraît pas avoir fait plus que leur éthique pour la détermination du bonheur.

L'objet de la métaphysique est pourtant le principe même d'où émane toute vie dans l'univers et qui dispose des conditions de toute existence; c'est donc à ce principe qu'il convient de demander, c'est de lui qu'on est en droit d'attendre la satisfaction de l'âme par le souverain bien. N'est-ce pas à la source éternelle de la sensibilité comme de l'intelligence qu'il appartient d'alimenter et d'assouvir l'une comme l'autre? Cette source a un nom : *la divinité*, l'inconnu représentant ce qui subsiste sous le flux incessant de ce qui passe.

Il y a, indépendamment de toute religion, un concept rationnel de la divinité, lequel relève de la métaphysique en ce que l'être de la cause initiale, n'étant conditionné par rien d'étranger à soi, existant par soi, représente l'absolu. Pascal lui-même n'a pas besoin d'être chrétien, ni d'aucune religion pour écrire :

*L'Être éternel est toujours, s'il est une fois* (II, 168).

*Je sens que je puis n'avoir point été : car le moi consiste dans ma pensée; donc moi qui pense n'aurais point été, si ma mère eût été tuée avant que j'eusse été animé. Donc je ne suis pas un être nécessaire. Je ne suis pas aussi éternel, ni infini; mais je vois bien qu'il y a dans la nature un être nécessaire, éternel et infini* (I, 13).

Or c'est là précisément la divinité métaphysique, l'absolu. D'où vient qu'il ne s'y est pas tenu et qu'il a dû recourir à la divinité révélée par une autre voie de connaissance? C'est que le renseignement fourni par la raison n'a pas suffi à rassurer le cœur qui attend de la divinité son souverain bien. Ce renseignement ne suffit même pas à satisfaire la raison à la recherche d'une explication du monde phénoménal et en particulier de la condition humaine. Si les métaphysiciens tombent d'accord sur le concept d'un être nécessaire, éternel et infini, ils se divisent et s'égarent dès qu'ils essaient de déterminer les rapports qu'il soutient avec le milieu où ils vivent, avec le monde physique et psychique. Les uns l'en conçoivent distinct, plus ou moins séparé, les autres l'y confondent. Aucun d'ailleurs n'arrive à tirer des seules données métaphysiques la fonction divine qui intéresserait spécialement la félicité humaine, à savoir une souveraine magistrature et une bienveillante surveillance à l'égard des vivants, cette sorte d'office paternel qu'on appelle la Providence et dont Pascal (non point dans le recueil de ses *Pensées*, mais dans sa lettre à M. et Mme Périer sur la mort de son père) définit éloquemment la vertu consolatrice. Nous ne rappellerons que les dernières lignes du passage.

*Nous bénirons la conduite de sa providence; et unissant notre volonté à celle de Dieu même nous voudrons avec lui, en lui, et pour lui, la chose qu'il a voulue en nous et pour nous de toute éternité* (II, 236).

Le concept de providence ne dérive pas de ceux de nécessité, d'éternité, d'infinité, lesquels, au fond, ne nous révèlent rien de l'être métaphysique, sinon qu'il n'est conditionné que par lui-même. Or savoir qu'un être existe nécessairement et que, par suite, son existence est éternelle et son essence illimitée, ce n'est rien connaître encore de ce qui constitue son essence même. Qu'est-ce qui est sans limite en elle? Voilà ce qui importe à notre bonheur, car ce peut être l'indifférence aussi bien que la bonté; la raison l'ignore. Il nous faut une divinité soucieuse de nos aspirations et disposée à nous en procurer l'objet.

Outre ces raisons de ne point se contenter des preuves métaphysiques de Dieu, il en est une qui décide Pascal à n'en pas même user.

*Les preuves de Dieu métaphysique, dit-il, sont si éloignées du raisonnement des hommes, et si impliquées, qu'elles frappent peu; et, quand cela servirait à quelques-uns, cela ne servirait que pendant l'instant qu'ils voient cette démonstration, mais une heure après ils craignent de s'être trompés* (I, 154.)

D'autre part il est préférable de les passer sous silence avant la conversion des incrédules, car il est dangereux de connaître Dieu sans médiateur,

« *Quod curiositate cognoverint superbia amiserunt* » (I, 154.)

*On peut donc bien connaître Dieu sans sa misère, et sa misère sans Dieu; mais on ne peut connaître Jésus-Christ sans connaître tout ensemble et Dieu et sa misère* (I, 154).

Mais si la raison, réduite à sa seule fonction métaphysique, conçoit la nécessité d'un Dieu sans aucune détermination de son essence, peut-être, avec le secours de l'expérience, en consultant le spectacle de la nature, nous fournira-t-elle de la divinité quelque notion plus précieuse au cœur, plus utile à notre recherche du souverain bien. Pascal répugne tout de suite à l'admettre :

*J'admire avec quelle hardiesse ces personnes* (ceux qui ont traité de la félicité de l'homme avec Dieu) *entreprennent de parler de Dieu, en adressant leurs discours aux impies. Leur premier chapitre est de prouver la divinité par les ouvrages de la nature.*

*Je ne m'étonnerais pas de leur entreprise s'ils adressaient leurs discours aux fidèles, car il est certain [que ceux] qui ont la foi vive dedans le cœur voient incontinent que tout ce qui est n'est autre chose que l'ouvrage du Dieu qu'ils adorent. Mais pour ceux en qui cette lumière s'est éteinte et dans lesquels on a dessein de la faire revivre, ces personnes destituées de foi et de grâce, qui, recherchant de toute leur lumière tout ce qu'ils voient dans la nature qui les peut mener à cette connaissance, ne trouvent qu'obscurité et ténèbres : dire à ceux-là qu'ils n'ont qu'à voir la moindre des choses qui les environnent, et qu'ils y verront Dieu à découvert, et leur donner, pour toute preuve de ce grand et important sujet, le cours de la lune et des planètes, et prétendre avoir achevé sa preuve avec un tel discours, c'est leur donner sujet de croire que les preuves de notre religion sont bien faibles, et je vois par raison et par expérience que rien n'est plus propre à leur en faire naître le mépris* (II, 60).

Pascal parle ici en physicien habitué à ne chercher dans les phénomènes que des rapports et à n'y découvrir que des lois, d'autant plus solidement démontrées que la démonstration exclut davantage les hypothèses transcendantes, les vues métaphysiques; lois partielles d'ailleurs, dont la synthèse échappe encore. Il nous livre plus loin le motif intime, déjà signalé, de sa répugnance :

*Tous ceux qui cherchent Dieu hors de Jésus-Christ, et qui s'arrêtent dans la nature, ou ils ne trouvent aucune lumière qui les satisfasse, ou ils arrivent à se former un moyen de connaître Dieu et de le servir sans médiateur : et par là ils tombent, ou dans l'athéisme, ou dans le déisme, qui sont deux choses que la religion chrétienne abhorre presque également* (II, 62)[1].

Les auteurs canoniques ont sans doute prévu ces périls, car :

*C'est une chose admirable que jamais auteur canonique ne s'est servi de la nature pour prouver Dieu. Tous tendent à le faire croire* (I, 155).

*Il fallait qu'ils fussent plus habiles que les plus habiles gens qui sont venus depuis, qui s'en sont tous servis. Cela est très considérable* (I, 155).

Pascal se croit tenu de les imiter. Ainsi, à ses yeux, la contemplation et l'étude du monde qui tombe sous les sens sont impropres à corroborer comme à suppléer le concept métaphysique de la divinité. On n'y puise qu'une

---

[1]. Cette citation et celles des suivantes où sont mentionnés le nom et les dogmes de la religion chrétienne avant que l'ordre logique y est abouti ne valent, bien entendu, que par ce qu'elles contiennent de relatif au chapitre où elles figurent.

notion encore indéterminée du vrai Dieu, bien qu'on y trouve un haut témoignage de sa toute-puissance, une marque de son infinité dans la création, comme il le fait remarquer à la fin du premier paragraphe de son célèbre discours sur les infinis :

*... Que l'homme contemple donc la nature entière dans sa haute et pleine majesté* (I, 1).

*Nous avons beau enfler nos conceptions au delà des espaces imaginables, nous n'enfantons que des atomes, au prix de la réalité des choses. C'est une sphère infinie dont le centre est partout, la circonférence nulle part. Enfin, c'est le plus grand caractère sensible de la toute-puissance de Dieu, que notre imagination se perde dans cette pensée* (I, 1).

Les caractères divins imprimés dans la nature risqueraient de la faire identifier avec la divinité même qu'elle représente par les infinis, si d'autre part ses défauts ne l'en distinguaient :

*La nature a des perfections, pour montrer qu'elle est l'image de Dieu; et des défauts, pour montrer qu'elle n'en est que l'image* (II, 119).

Bien qu'elles révèlent les infinis qui les défient, les sciences naturelles, par leur méthode même, exclusive de tout acte de foi religieux, inspirent une légitime défiance à Pascal chrétien.

Dans tous les cas ce n'est point aux sciences dont l'univers visible et tangible est l'unique objet qu'il faut demander le secret de la félicité et de la destinée humaine. Le champ de leur exercice propre, limité par la portée même des sens, qui leur fournissent leurs matériaux, est trop restreint, leur point de vue trop spécial, ou, par leur progrès même, trop variable. Ce secret, Dieu seul nous le peut révéler. L'objet de nos aspirations suprêmes, le seul qui puisse nous rassurer entre les deux abîmes de l'espace et du temps et remplir notre « gouffre » intérieur, n'est autre que le divin même par ce que nous sentons en lui d'infiniment préférable à toute autre chose et que ni la métaphysique, ni le spectacle de la nature, ni les sciences positives ne nous révèlent..

*Qu'est-ce donc que nous crie cette avidité et cette impuissance? sinon qu'il y a eu autrefois dans l'homme un véritable bonheur, dont il ne lui reste maintenant que la marque et la trace toute vide, et qu'il essaie inutilement de remplir de tout ce qui l'environne, recherchant des choses absentes le secours qu'il n'obtient pas des présentes, mais qui en sont toutes incapables, parce que le gouffre infini ne peut être rempli que par un objet infini et immuable, c'est-à-dire que par Dieu même.*

*Lui seul est son véritable bien* (II, 117).

*S'il y a un Dieu, il ne faut aimer que lui, et non les créatures passagères* (II, 110).

C'est seulement en complétant le double concept métaphysique et empirique de la divinité par ce que la religion véritable enseigne du contenu moral de l'essence divine, c'est en composant avec ces données d'origines différentes l'idée de l'être parfait au double point de vue ontologique et éthique que nous proposerons à notre âme un objet digne de ses vœux, en mesure de combler son vide.

On remarquera tout de suite que cette fusion de la divinité métaphysique et cosmique avec la divinité moralement anthropomorphique à laquelle s'adressent les vœux et les prières de l'homme implique contradiction, la nécessité de l'une répugnant à la libre sollicitude essentielle à l'autre. Cette difficulté n'intéresse que les religions supérieures dont la théologie tente la synthèse de ces deux divinités en une seule. Les dieux des religions inférieures sont uniquement anthropomorphiques. La divinité métaphysique, isolée de l'autre, n'est pas l'objet d'un culte religieux.

Mais Pascal n'a pas encore commencé l'examen des religions; il n'a pas encore à se demander laquelle est la vraie. Il voit seulement *qu'il y a dans la nature un être nécessaire, éternel et infini* (I, 13); mais que, s'il s'en tenait à cette information de la raison, il demeurerait incapable de se prononcer sur ce qui, dans cet être, importe le plus au bonheur de l'homme, sur l'unité et la personnalité qui en font proprement un Dieu. Il faut que cet être, présent dans la nature par son ubiquité, s'en distingue toutefois pour en pouvoir être considéré comme le créateur et le protecteur, pour que l'homme, en particulier, puisse avoir recours à lui dans sa détresse. Or, d'une part, la raison toute seule est impuissante à déduire du concept de l'être absolu ce concept d'un être personnel créant et protégeant un monde distinct de lui, et, d'autre part, elle est mise en demeure de le postuler pour expliquer la morale et même simplement la diversité et la variation, la contingence dans l'univers :

*Je m'effraye et m'étonne de me voir ici plutôt que là ; car il n'y a point de raison pourquoi ici plutôt que là, pourquoi à présent plutôt que lors. Qui m'y a mis ? par l'ordre et la conduite de qui ce lieu et ce temps a-t-il été destiné à moi ?*
« *Memoria hospitis unius diei prætereuntis* » (II, 152).

*Pourquoi ma connaissance est-elle bornée ? ma taille ? ma durée, à cent ans plutôt qu'à mille ? Quelle raison a eue la nature de me la donner telle, et de choisir ce nombre plutôt qu'un autre, dans l'infinité desquels il n'y a pas plus de raison de choisir l'un que l'autre, rien ne tentant plus que l'autre* (II, 153).

Remarquons en passant que Spinoza n'a nullement résolu le problème de concilier l'être nécessaire avec les modes divers et variables. Aussi Pascal renonce-t-il à consulter la raison sur l'existence du Dieu dont le cœur a besoin (c'est-à-dire du Dieu du christianisme).

*Incompréhensible que Dieu soit, et incompréhensible qu'il ne soit pas* (II, 126).

(Dans cette *Pensée* l'idée de la divinité en est l'idée non pas purement métaphysique, mais religieuse, comme l'indique la fin de cette même *Pensée* citée entièrement plus bas.) Généralement en ce qui touche aux questions transcendantes, les plus importantes de toutes, Pascal refuse à la raison en même temps le pouvoir d'affirmer et celui de nier comme s'il avait pressenti les antinomies de Kant :

*Incompréhensible que Dieu soit, et incompréhensible qu'il ne soit pas; que l'âme soit avec le corps, que nous n'ayons pas d'âme; que le monde soit créé, qu'il ne le soit pas, etc.; que le péché originel soit, et qu'il ne soit pas* (II, 126).

Nous ne trouvons dans le recueil des *Pensées* aucune preuve explicite de l'unité et de la personnalité divines, faite indépendamment de toute doctrine religieuse. Pascal déclare impossible cette démonstration par les seules voies rationnelles. Nous avons cité précédemment les motifs d'un autre ordre qui la lui faisaient aussi écarter. Il en agit de même à l'égard de toutes les questions transcendantes.

*Et c'est pourquoi je n'entreprendrai pas ici de prouver par des raisons naturelles ou l'existence de Dieu, ou la Trinité, ou l'immortalité de l'âme, ni aucune des choses de cette nature; non seulement parce que je ne me sentirais pas assez fort pour trouver dans la nature de quoi convaincre des athées endurcis; mais encore parce que cette connaissance, sans* Jésus-Christ, *est inutile et stérile* (I, 154-155).

Il se contente de dire :

¶ *C'eſt une choſe ſi viſible, qu'il faut aymer un ſeul Dieu qu'il ne faut point de miracles pour le prouver* (Molinier, II, 42).

Comme d'ailleurs il se refuse à le prouver par la raison qui s'y perd, l'on ne saurait douter qu'il n'invoque l'autorité du cœur, ce mot étant pris dans la double acception (affective et intellectuelle) qu'il lui a conférée. L'homme, dans son effroyable isolement, se *sent* dépendre de l'inconnu ; il en a tout à redouter ; mais d'autre part c'est de l'inconnu seul qu'il peut attendre quelque assistance. Or il y *sent* la cause de son être et dans celle-ci son unique recours. Il tend donc spontanément vers cet arbitre invisible de son sort, et son instinctif élan ne se divise pas, ne prend pas plusieurs directions. Cela même suffit à attester l'unité et la personnalité divines par un témoignage immédiat et intime. Quant à l'amour de Dieu, l'âme le puise à la même source, c'est-à-dire au cœur qui lui indique la divinité comme *principe et objet* de l'homme perdu dans l'infini.

Mais remarquons que, dans cette simple aspiration désespérée de l'âme, Dieu ne lui révèle rien encore de sa nature; son existence est certaine, sa présence demeure voilée, son secours problématique. L'homme est encore par rapport à Dieu comme un enfant dans la détresse, qui ne douterait pas qu'il n'eût un père, mais ne le connaîtrait pas et ignorerait les sentiments de ce père à son égard, bien qu'il se sentît tenu de l'aimer. Pascal ne désavouerait-il pas ce que nous introduisons de conjectural dans notre interprétation de sa pensée? Du moins pourrait-il reconnaître que, dans notre tentative de restituer à ses idées leur lien logique, nous l'empruntons à sa propre théorie de la connaissance.

Conclurons-nous de ce qui précède que Pascal admette une religion naturelle? Ce serait méconnaître l'aversion qu'il professe ouvertement à l'égard du déisme. Ce serait, en outre, supposer qu'il se contente d'une religion bien incomplète. En effet, l'instinctif appel que dans les solitudes infinies l'homme épouvanté adresse à la cause de tout personnifiée, cet appel sans réponse encore, n'éclaire en rien l'essence divine, non plus que la nature et la condition humaine. Le sentiment religieux, religion spontanée sans formule précise, est déjà né, mais aucune religion n'est encore définie.

# CHAPITRE V

LE SENTIMENT RELIGIEUX PREND NAISSANCE. — PASCAL EST AMENÉ A EXAMINER LES RELIGIONS. — PREMIÈRES CONDITIONS REQUISES POUR QU'UNE RELIGION SOIT LA VÉRITABLE.

Les philosophes, tant moralistes que métaphysiciens, n'ont proposé à Pascal rien qui lui parût admissible pour résoudre le problème soulevé par ses précédentes analyses psychologiques; ils ne semblent même pas avoir soupçonné l'existence de ce problème. Ce n'est donc pas de leurs doctrines qu'il en espère la solution. Son enquête, à vrai dire, n'a pas été entièrement stérile; le commerce avec leurs idées a pu lui faire prendre conscience, dans une certaine mesure, du plus haut principe dont dépend l'homme. Le cri d'angoisse poussé par celui-ci du fond de sa détresse dans l'espace infini n'a pas encore trouvé de réponse, mais ne s'est pourtant pas perdu dans le vide. Il existe une cause substantielle, primordiale de tout ce qu'il perçoit ou devine et de lui-même. L'instinctif élan qui le porte vers cette cause par effroi de l'isolement n'a pas rencontré le néant : avant que la métaphysique eût tenté d'en fournir à l'esprit le concept, le cœur y plaçait déjà son suprême espoir, et, prédisposé à une gratitude aussi profonde que sa terreur, donnait déjà pour objet à son amour une Providence inconnue.

Tel est le sentiment religieux à l'état naissant. L'homme ne définit pas encore, il ne fait que pressentir la divinité, et il n'en invoque et imagine que la nature analogue à la sienne, c'est-à-dire anthropomorphique, aux attributs psychiques, la seule qu'il sent pouvoir être en communication sympathique avec son âme; il n'en a pas encore conçu la nature métaphysique. La matière religieuse façonnée progressivement par les divers cultes, est cette première intuition vague de la divinité en tant qu'elle est accessible, favorable ou contraire aux supplications humaines. Ce sont les religions qui prétendent en définir l'essence, en instituer l'adoration, en canaliser, pour ainsi dire, les faveurs et en conjurer les ressentiments, et ce sont les plus élevées qui en ont synthétisé, identifié la nature anthropomorphique et la nature métaphysique.

Pascal est donc amené à les examiner pour tâcher d'y découvrir ce qu'il cherche.

Tout d'abord le même obstacle qu'il a rencontré en présence de toutes les doctrines instituées par la raison paraît se dresser devant lui, aussi décourageant : on ne compte, en effet, guère moins de religions diverses que de définitions philosophiques du souverain bien, même en écartant le fétichisme et les cultes inférieurs qui ne méritent pas la discussion. Laquelle choisir? *Je vois plusieurs religions contraires, et partant toutes fausses, excepté une. Chacune veut être crue par sa propre autorité, et menace les incrédules. Je ne les crois donc pas là-dessus; chacun peut dire cela* (I, 175).

La seule digne de foi sera évidemment celle qui révélera l'essence de Dieu par les lumières qu'elle répandra sur l'œuvre éminente de Dieu même, sur l'homme et sa destinée. Mais d'abord elle devra professer l'existence d'un seul Dieu : *Toute religion est fausse, qui, dans sa foi, n'adore pas un Dieu comme principe de toutes choses, et qui, dans sa morale, n'aime pas un seul Dieu comme objet de toutes choses* (II, 68).

*La vraie nature de l'homme, son vrai bien, et la vraie vertu, et la vraie religion, sont choses dont la connaissance est inséparable* (I, 170).

*Il faut, pour faire qu'une religion soit vraie, qu'elle ait connu notre nature. Elle doit avoir connu la grandeur et la petitesse, et la raison de l'une et de l'autre* (I, 170).

*... la véritable religion nous enseigne, et qu'il y a quelque grand principe de grandeur en l'homme, et qu'il y a un grand principe de misère. Il faut donc qu'elle nous rende raison de ces étonnantes contrariétés.*

*Il faut que, pour rendre l'homme heureux, elle lui montre qu'il y a un Dieu; qu'on est obligé de l'aimer; que notre vraie félicité est d'être en lui, et notre unique mal d'être séparé de lui; qu'elle reconnaisse que nous sommes pleins de ténèbres qui nous empêchent de le connaître et de l'aimer; et qu'ainsi nos devoirs nous obligeant d'aimer Dieu, et nos concupiscences nous en détournant, nous sommes pleins d'injustice. Il faut qu'elle nous rende raison de ces oppositions que nous avons à Dieu et à notre propre bien; il faut qu'elle nous enseigne les remèdes à ces impuissances, et les moyens d'obtenir ces remèdes* (I, 182).

*... Dieu étant ainsi caché, toute religion qui ne dit pas que Dieu est caché n'est pas véritable; et toute religion qui n'en rend pas la raison n'est pas instructive* (I, 171).

*La vraie religion doit avoir pour marque d'obliger à aimer son Dieu. Cela est bien juste. Et cependant aucune ne l'a ordonné; la nôtre l'a fait. Elle doit encore avoir connu la concupiscence et l'impuissance; la nôtre l'a fait. Elle doit y avoir apporté les remèdes* (I, 169).

Tel est le programme des conditions auxquelles la vraie religion doit satisfaire.

Mais ne se pourrait-il pas qu'une doctrine eût été artificiellement composée par des hommes importants précisément afin d'y satisfaire? Cette doctrine ne serait alors qu'une ingénieuse hypothèse. Or de ce qu'une telle hypothèse expliquât avec une certaine vraisemblance l'état moral et le sort terrestre de l'homme, lui assignât une destinée conforme à ses aspirations, et donnât pâture à son besoin d'un principe créateur, protecteur et justicier, il ne s'ensuivrait pas nécessairement que nulle autre hypothèse, plus vraisemblable encore, ne pût atteindre le même but; il ne s'ensuivrait pas qu'elle représentât la vérité.

Pour qu'une doctrine soit la vraie religion, il faut d'abord qu'elle soit une religion, c'est-à-dire qu'elle reconnaisse l'existence personnelle de la Divinité, qu'elle professe l'existence de l'unique Dieu, et porte, en quelque sorte, la signature de la divinité, qu'elle soit révélée à l'homme par Dieu lui-même.

Si, d'une part, elle n'enseignait rien qui ne fût conforme à l'expérience préalablement acquise par les sens, aux inductions et aux déductions de la raison, rien qui dérogeât aux rapports normaux des choses, c'est-à-dire aux rapports déterminés par les essences mêmes, à l'ordre de la nature en un mot, elle ne serait pas à proprement parler une religion, elle ne serait qu'un système philosophique de plus, sujet aux mêmes contestations que tous les autres, n'ayant pas plus d'autorité. Si, d'autre part, elle n'enseignait que des choses extraordinaires sans fournir aucun moyen de contrôler ses assertions, elle ne mériterait aucun crédit et pourrait passer pour une simple superstition ou une mystification. Elle doit donc produire en sa faveur des faits surnaturels, voulus expressément par Dieu pour se révéler aux hommes et en vue de son culte, et, en même temps, prouver une telle affirmation en produisant des témoignages irrécusables et indéniables que ces faits ont existé et existent.

## CHAPITRE VI

LE PREMIER CRITERIUM DE LA VÉRITÉ EN MATIÈRE RELIGIEUSE, A SAVOIR LA PROFESSION D'UN DIEU PERSONNEL UNIQUE, ÉLIMINE DU PREMIER COUP TOUTES LES RELIGIONS POLYTHÉISTES ET SERT A CONDAMNER LES INCRÉDULES. — PASCAL DISTINGUE PLUSIEURS TYPES D'INCRÉDULES SOUS LA COMMUNE DÉNOMINATION D'ATHÉES. — SON HORREUR POUR LE DÉISME. — ÉPICTÈTE ET MONTAIGNE. — AUCUNE DOCTRINE PHILOSOPHIQUE N'EXPLIQUE LES CONTRARIÉTÉS DE LA NATURE HUMAINE. — CES CONTRARIÉTÉS SONT DES SIGNES CERTAINS DE DÉCHÉANCE.

Une fois en possession du premier criterium de la vérité en matière religieuse, à savoir la profession d'un Dieu personnel unique, Pascal procède d'abord et très aisément à l'élimination d'une infinité de cultes inférieurs, de tous ceux qui ne remplissent pas cette condition. Il écarte donc du premier coup les religions polythéistes.

On demandera comment ces religions peuvent même exister, et surtout comment il peut y avoir des athées, puisque la notion ou, du moins, le sentiment de l'existence d'un seul Dieu est donné à l'homme par l'effroi de sa solitude dans l'infini et par l'instinct tout spontané de recourir à son Créateur. Rappelons et complétons nos précédentes citations sur ce point :

*Comment se peut-il faire que ce raisonnement se passe dans un homme raisonnable?*

*Je ne sais qui m'a mis au monde... Je vois ces effroyables espaces de l'univers qui m'enferment... sans que je sache*

*pourquoi je suis plutôt placé en ce lieu qu'en un autre...
Tout ce que je connais est que je dois bientôt mourir ; mais
ce que j'ignore le plus est cette mort même que je ne saurais
éviter* (I, 139).

Et néanmoins *je veux aller sans prévoyance et sans
crainte tenter un si grand évènement dans l'incertitude de
l'éternité de ma condition future* (I, 140).

*Il faut qu'il y ait un étrange renversement dans la nature
de l'homme pour faire gloire d'être dans cet état, dans
lequel il semble incroyable qu'une seule personne puisse
être* (I, 141).

La plupart y sont cependant sinon avec affectation d'insouciance, du moins avec indifférence. La vraie religion rendra compte de cette anomalie étonnante. Des hommes si déraisonnables *servent admirablement à montrer la corruption de la nature par des sentiments si dénaturés* (I, 140).

C'est elle aussi qui expliquera la froideur envers Dieu chez tant de gens qui pourtant le connaissent : *Qu'il y a loin de la connaissance de Dieu à l'aimer!* (II, 153.)

Les incrédules offrent le plus complet exemple de ce phénomène monstrueux d'indifférence au mystère de la condition et de la destinée humaines et par suite d'indifférence à l'égard de Dieu.

Tous les divers types d'incrédules sont rangés dans le recueil des *Pensées* sous le nom d'athées. L'athéisme et le déisme *sont deux choses que la religion chrétienne abhorre presque également* (II, 62), — *... l'athéisme, qui y est tout à fait contraire* (I, 176).

N'être pas chrétien et être athée, c'était tout un du temps de Pascal, comme le fait remarquer Havet dans une note (I, 167). Les indifférents et les pyrrhoniens sont athées en ce sens que la divinité ne préoccupe pas les premiers et ne saurait être affirmée selon les seconds. Mais ce ne sont point là les athées proprement dits, en hostilité déclarée, ouverte et formelle avec toute religion. Ceux-ci nient expressément l'existence de la divinité personnelle, anthropomorphique, la seule qui confère le caractère du Dieu objet de culte à l'être nécessaire, à la cause première en se l'assimilant. La cause métaphysique est cependant bien divinité, car on ne peut refuser ce nom au principe éternel, absolu et infini de l'univers, et, à ce point de vue, il n'existe pas un homme intelligent qui refuse à l'univers une cause, soit extérieure à la substance des choses dont l'ensemble le constitue, soit intérieure à la substance même de tout, laquelle est alors cause de soi, commune à tous les individus, unique, selon la conception de Spinoza, et s'identifie à la divinité métaphysique en annulant l'autre, la divinité moralement anthropomorphique essentielle à l'existence d'un culte religieux. C'est la négation de la seconde qui définit l'athéisme, au sens que les croyants prêtent à ce mot. On ne peut que rendre hommage à la rare impartialité de Pascal dans cette *Pensée* : *Athéisme, marque de force d'esprit, mais jusqu'à un certain degré seulement* (II, 127).

Havet signale qu'elle est empruntée à Montaigne (II, 148). Quoi qu'il en soit, Pascal l'adopte; on s'en étonne moins quand on se rappelle son aveu : *je ne me sentirais pas assez fort pour trouver dans la nature de quoi convaincre des athées endurcis* (I, 155).

Ce sont néanmoins les phénomènes naturels qui, par leur obscurité même, lui fourniront des armes contre leurs objections aux mystères chrétiens : *Qu'ont-ils à dire contre la résurrection, et contre l'enfantement de la Vierge? Qu'est-il plus difficile, de produire un homme ou un animal, ou de le reproduire? Et s'ils n'avaient jamais vu une espèce d'animaux, pourraient-ils deviner s'ils se produisent sans la compagnie les uns des autres?* (II, 96.)

On devine que, dans la querelle moderne sur la génération spontanée, si, en sa qualité d'expérimentateur scrupuleux, il eût donné raison à Pasteur, en sa qualité de chrétien il n'eût pas tout condamné dans la thèse de Pouchet, il lui eût concédé la génération spontanée, sinon pour le temps présent, du moins pour celui de la création du monde à la voix de Dieu.

*Athées. Quelle raison ont-ils de dire qu'on ne peut ressus-*

*citer? Que c'est plus difficile de naître, ou de ressusciter; que ce qui n'a jamais été soit, ou que ce qui a été soit encore? Est-il plus facile de venir en être que d'y revenir? La coutume nous rend l'un facile, le manque de coutume rend l'autre impossible; populaire façon de juger. Pourquoi une vierge ne peut-elle enfanter? une poule ne fait-elle pas des œufs sans coq? Qui les distingue par dehors d'avec les autres? et qui nous dit que la poule n'y peut former ce germe aussi bien que le coq?* (II, 97.)

Nous laissons aux physiologistes le soin de répondre, s'ils daignent. Ils décideront si ces arguments de Pascal lui donnent le droit de se montrer, comme il le fait, si difficile à l'égard des athées sur la valeur des preuves.

*Les athées doivent dire des choses parfaitement claires; or il n'est point parfaitement clair que l'âme soit matérielle* (II, 126).

Dans sa pensée, la raison de cette grande sévérité est, sans doute, que la responsabilité des athées est infinie, car, s'ils sont crus, leur doctrine mène au désespoir : *le désespoir des athées, qui connaissent leur misère sans Rédempteur* (I, 177).

Le polythéisme n'est pas une moindre monstruosité que l'athéisme. Née d'une tendance à personnifier et déifier indistinctement toutes les sources de la possession, tout ce qui est présumé capable d'assurer l'assouvissement d'un désir quelconque, cette sorte de religion qui institue autant de cultes qu'il y a de passions, et dont l'origine est tout autre que le frisson de l'âme devant l'infini, a été rendue possible par des raisons qu'il appartient au véritable monothéisme de fournir.

Les déistes sont particulièrement en horreur à Pascal. Alors même qu'ils croient Dieu *seul digne d'être aimé et admiré* (II, 114), ce n'est pas dans son culte qu'ils font consister leur perfection. Cette perfection lui semble *horrible* (II, 114), car elle consiste à détourner sur eux-mêmes, à intercepter au profit de leur orgueil l'amour que les hommes ne doivent qu'à Dieu : *Quoi! ils ont connu Dieu, et n'ont pas désiré uniquement que les hommes l'aimassent, mais que les hommes s'arrêtassent à eux; ils ont voulu être l'objet du bonheur volontaire des hommes* (II, 114), c'est-à-dire *leur faire trouver leur bonheur à les aimer* (II, 114).

Ce n'est assurément pas là le vrai bonheur! Comment auraient-ils pu le connaître? Ils ignoraient la vraie nature de l'homme, la simultanéité, le conflit de grandeur et de bassesse qui le lui rend irréalisable en ce monde et ne lui permet que de s'y préparer.

*La belle chose, de crier à un homme qui ne se connaît pas, qu'il aille de lui-même à Dieu! Et la belle chose de le dire à un homme qui se connaît* (II, 155). Celui-là n'a que faire du conseil, il y va de lui-même.

*Les philosophes ne prescrivaient point des sentiments proportionnés aux deux états. Ils inspiraient des mouvements de grandeur pure, et ce n'est pas l'état de l'homme. Ils inspiraient des mouvements de bassesse pure, et ce n'est pas l'état de l'homme* (I, 188). Et Pascal ajoute en songeant au christianisme : *Il faut des mouvements de bassesse, non de nature, mais de pénitence; non pour y demeurer, mais pour aller à la grandeur. Il faut des mouvements de grandeur, non de mérite, mais de grâce, et après avoir passé par la bassesse* (I, 188).

La raison, qui fait la dignité de l'homme, lui en conseille le respect, mais les passions réclament leur assouvissement. ... *Cette guerre intérieure de la raison contre les passions a fait que ceux qui ont voulu avoir la paix se sont partagés en deux sectes. Les uns ont voulu renoncer aux passions, et devenir dieux; les autres ont voulu renoncer à la raison et devenir bêtes brutes* (*Des Barreaux*). *Mais ils ne l'ont pu, ni les uns ni les autres, et la raison demeure toujours, qui accuse la bassesse et l'injustice des passions, et qui trouble le repos de ceux qui s'y abandonnent; et les passions sont toujours vivantes dans ceux qui y veulent renoncer* (I, 120).

En somme : *Les trois concupiscences ont fait trois sectes, et les philosophes n'ont fait autre chose que suivre une des trois concupiscences* (I, 118). Elles consistent dans celle de la chair, dans celle *des yeux*, et dans l'*orgueil de la vie* (II, 103), orgueil des philosophes *qui ont connu Dieu et non leur misère* (I, 154).

Néanmoins, outre Platon, deux moralistes ont trouvé grâce devant l'examen de Pascal. Il les admire du moins, mais il ne va pas jusqu'à s'aveugler sur les lacunes et les périls de leurs doctrines : ce sont Épictète et Montaigne. L'influence de Montaigne sur sa critique de la connaissance humaine a laissé des traces visibles dans plusieurs de ses *Pensées* où il lui fait des emprunts non dissimulés. C'est dans son entretien avec M. de Saci qu'il faut chercher son appréciation de la morale d'Epictète. Tout système de morale n'a, au fond, d'autre objet que d'indiquer à l'homme la véritable voie vers sa destinée par les vrais rapports de sa volonté avec sa condition. Epictète nous conseille de conformer notre volonté à celle de l'ordonnateur de l'univers.

*Épictète est un des philosophes du monde qui a mieux connu les devoirs de l'homme. Il veut, avant toutes choses, qu'il regarde Dieu comme son principal objet ; qu'il le suive volontairement en tout, comme ne faisant rien qu'avec une très grande sagesse : qu'ainsi cette disposition arrêtera toutes les plaintes et tous les murmures et préparera son esprit à souffrir paisiblement les événements les plus fâcheux....*

*... Vous ne devez pas, dit-il, désirer que ces choses qui se font, se fassent comme vous voulez ; mais vous devez vouloir qu'elles se fassent comme elles se font....*

*... Il veut qu'il soit humble...* (I, CXXIV).

La remarquable affinité de la morale d'Épictète avec celle du Christ et sa conception d'une sorte de Providence à laquelle il convient de s'en remettre du sort de l'humanité devaient toucher Pascal.

*J'ose dire qu'il méritait d'être adoré, s'il avait aussi bien connu son impuissance, puisqu'il fallait être Dieu pour apprendre l'un et l'autre aux hommes* (I, CXXV).

Mais Épictète n'a pas compris toute la profondeur de la déchéance humaine. Il a cru. et professé que : *il faut chercher la félicité par les choses qui sont en notre pouvoir, puisque Dieu nous les a données à cette fin* (I, cxxv); que l'esprit et la volonté sont indépendants, et suffisent à nous rendre parfaits, à nous faire *connaître Dieu, et l'aimer, lui obéir, lui plaire* (I, cxxv) (doctrine qui supprime la nécessité d'un médiateur). *Ces principes d'une superbe diabolique le conduisent à d'autres erreurs, comme : que l'âme est une portion de la substance divine* (I, cxxv).

Épictète a certainement plus de confiance dans la bonté de notre nature et dans l'efficacité de nos efforts pour remédier aux misères de notre condition que n'en saurait avoir Pascal après l'analyse minutieuse qu'il a faite des infirmités de toutes nos aptitudes, mais certainement aussi Pascal est prévenu par sa croyance de chrétien contre la doctrine du philosophe antique, si belle et secourable qu'elle puisse être. Quant à celle du sage moderne, de Montaigne, il n'en admet que le scepticisme comme arme de guerre contre les systèmes philosophiques et les hérésies. *C'est ainsi qu'il gourmande si fortement et si cruellement la raison dénuée de la foi, que, lui faisant douter si elle est raisonnable, et si les animaux le sont ou non, ou plus ou moins, il l'a fait descendre de l'excellence qu'elle s'est attribuée et la met par grâce en parallèle avec les bêtes, sans lui permettre de sortir de cet ordre jusqu'à ce qu'elle soit instruite par son Créateur même de son rang qu'elle ignore; la menaçant, si elle gronde, de la mettre au-dessous de toutes, ce qui est aussi facile que le contraire* (I, cxxix).

Rien ne devait lui paraître s'accorder mieux avec les résultats de sa sévère enquête. Malheureusement dans la philosophie de Montaigne l'abandon tout chrétien des titres de la raison a des conséquences toutes païennes pour l'exercice de la volonté.

Il conclut qu'on doit *prendre le vrai et le bien sur la pre-*

*mière apparence, sans les presser* (I, CXXXI), parce qu'ils n'offrent rien de solide.

..... *il agit comme les autres hommes ; et tout ce qu'ils font dans la sotte pensée qu'ils suivent le vrai bien, il le fait par un autre principe, qui est que, les vraisemblances étant pareillement d'un et d'autre côté, l'exemple et la commodité sont les contre-poids qui l'entraînent* (I, CXXXI). Voilà qui n'est pas pour plaire à la foi rigide de Pascal. Il s'en indigne.

*Il me semble*, ajoute-t-il, *que la source des erreurs de ces deux sectes est de n'avoir pas su que l'état de l'homme à présent diffère de celui de sa création* (I, CXXXIII).

Mais nous arrêtons là nos extraits de cet entretien ; nous n'en avons dû retenir que les idées se rencontrant au stade où nous sommes parvenu des preuves du christianisme tirées logiquement des *Pensées* et des morceaux qui s'y rattachent. Il convient de placer à la suite de la discussion précédente les *Pensées* suivantes :

*Il est dangereux de trop faire voir à l'homme combien il est égal aux bêtes, sans lui montrer sa grandeur, et il est encore dangereux de lui trop faire voir sa grandeur sans sa bassesse.*

*Il est encore plus dangereux de lui laisser ignorer l'un et l'autre. Mais il est très avantageux de lui représenter l'un et l'autre* (I, 11).

*Que l'homme maintenant s'estime son prix. Qu'il s'aime, car il y a en lui une nature capable de bien; mais qu'il n'aime pas pour cela les bassesses qui y sont. Qu'il se méprise, parce que cette capacité est vide; mais qu'il ne méprise pas pour cela cette capacité naturelle. Qu'il se haïsse, qu'il s'aime : il a en lui la capacité de connaître la vérité et d'être heureux; mais il n'a point de vérité, ou constante, ou satisfaisante* (I, 11).

*Je voudrais donc porter l'homme à désirer d'en trouver, à être prêt, et dégagé des passions, pour la suivre où il la trouvera, sachant combien sa connaissance s'est obscurcie par les passions; je voudrais bien qu'il haït en soi la con-*

*cupiscence qui le détermine d'elle-même, afin qu'elle ne l'aveuglât point pour faire son choix, et qu'elle ne l'arrêtât point quand il aura choisi* (I, 12).

*Je blâme également, et ceux qui prennent parti de louer l'homme, et ceux qui le prennent de le blâmer, et ceux qui le prennent de se divertir; et je ne puis approuver que ceux qui cherchent en gémissant* (I, 12).

*Les stoïques disent : Rentrez au dedans de vous-mêmes; c'est là où vous trouverez votre repos : et cela n'est pas vrai. Les autres disent : Sortez en dehors; recherchez le bonheur en vous divertissant : et cela n'est pas vrai; les maladies viennent. Le bonheur n'est ni hors de nous, ni dans nous; il est en Dieu, et hors et dans nous* (I, 12).

*La nature de l'homme se considère en deux manières : l'une selon sa fin, et alors il est grand et incomparable; l'autre selon la multitude, comme on juge de la nature du cheval et du chien, par la multitude d'y voir la course, et animum arcendi; et alors l'homme est abject et vil. Et voilà les deux voies qui en font juger diversement, et qui font tant disputer les philosophes. Car l'un nie la supposition de l'autre; l'un dit : Il n'est pas né à cette fin, car toutes ses actions y répugnent; l'autre dit : Il s'éloigne de sa fin quand il fait ces basses actions* (I, 12).

En résumé, même en tenant compte du parti pris de Pascal en faveur de la religion chrétienne on reconnaîtra qu'il est autorisé à ne se satisfaire d'aucun système philosophique, d'aucune tentative de la raison, abandonnée à elle-même, pour rendre intelligibles et acceptables à l'homme sa condition et sa destinée terrestres. L'une et l'autre, selon nos idées de finalité, sont évidemment irrationnelles, car tout individu porte écrite dans son essence une fin qu'il est inapte à réaliser, une fin contrariée par l'insuffisance de ses aptitudes mêmes, insuffisance qui ne prépare que des avortements à ses efforts vers l'idéal de chacune d'elles. Il se peut que l'humanité dans son ensemble progresse vers un état meilleur, mais la mort brise subitement la destinée inachevée de chacun de ses représentants; combien peu meurent heureux dans l'épanouissement de leur œuvre! Combien rare est l'euthanasie !

Pascal est-il téméraire d'inférer de cet illogisme latent rendu manifeste par son analyse dans la nature et le sort de l'homme, que notre espèce a connu des temps meilleurs, qu'elle est déchue d'un premier état où toutes les aptitudes individuelles étaient complètes, équilibrées et satisfaites?

*Nous souhaitons la vérité, et ne trouvons en nous qu'incertitude. Nous recherchons le bonheur, et ne trouvons que misère et mort. Nous sommes incapables de ne pas souhaiter la vérité et le bonheur, et sommes incapables ni de certitude ni de bonheur. Ce désir nous est laissé, tant pour nous punir, que pour nous faire sentir d'où nous sommes effondrés* (I, 120).

*L'homme ne sait à quel rang se mettre. Il est visiblement égaré, et tombé de son vrai lieu sans le pouvoir retrouver. Il le cherche partout avec inquiétude et sans succès dans les ténèbres impénétrables* (I, 121).

*Car enfin, si l'homme n'avait jamais été corrompu, il jouirait dans son innocence et de la vérité et de la félicité avec assurance. Et si l'homme n'avait jamais été que corrompu, il n'aurait aucune idée ni de la vérité ni de la béatitude. Mais, malheureux que nous sommes, et plus que s'il n'y avait point de grandeur dans notre condition, nous avons une idée du bonheur, et ne pouvons y arriver; nous sentons une image de la vérité, et ne possédons que le mensonge : incapables d'ignorer absolument et de savoir certainement, tant il est manifeste que nous avons été dans un degré de perfection dont nous sommes malheureusement déchus!* (I, 115.)

A mesure que cette idée d'une déchéance humaine deviendra de présomption dogme, Pascal la précisera et l'affirmera avec une certitude et une éloquence croissantes. Tout ce qu'on peut répondre c'est que nulle présomption ne saurait être plus malaisément conciliable avec les acquisitions et les tendances de la science actuelle, où domine l'hypothèse de l'évolution par la lutte pour l'existence; mais à l'époque où Pascal écrivait, ce point de vue n'était pas encore atteint; son induction ne proposait rien qui rompît en visière avec les idées accréditées, avec le sens commun, et la foi la lui soufflait à l'oreille.

# LIVRE II

## PREUVES HISTORIQUES DU CHRISTIANISME

### CHAPITRE PREMIER

PASCAL EXAMINE D'ABORD QUELLE RELIGION SE RECOMMANDE AVANT TOUTES LES AUTRES A LA CROYANCE PAR SES TÉMOIGNAGES AUTHENTIQUES D'ANCIENNETÉ ET DE PÉRENNITÉ. — C'EST LA RELIGION JUDÆO-CHRÉTIENNE. — IL FAUT EN OUTRE QUE CETTE RELIGION PROUVE SON ORIGINE DIVINE PAR QUELQUE CARACTÈRE SURNATUREL.

Il existe plusieurs religions monothéistes. L'étude de chacune d'elles afin de discerner celle dont la doctrine remplit toutes les autres conditions requises pour être la véritable serait fort longue. Il est expédient de procéder par voie d'élimination générale en tâchant de reconnaître tout de suite à un caractère extérieur laquelle a le plus de chance d'être la vraie.

Parmi toutes les formes du monothéisme, il en est une qui présente sur toutes les autres et sur tous les systèmes philosophiques un avantage décisif, celui de la plus longue durée et du plus général crédit. Si, à première vue, ce n'est pas encore une preuve certaine, c'est du moins, une forte présomption que cette forme est la vraie.

Ainsi, entre les religions monothéistes, déjà incomparablement moins nombreuses que les polythéistes, Pascal fait tout de suite un triage qui simplifie singulièrement sa recherche. Il examine d'abord laquelle produit des témoignages authentiques d'ancienneté et de pérennité, et par ces deux caractères justifie la préférence. Or la religion judæo-chrétienne présente à ses yeux ces garanties initiales. Les deux doctrines qu'elle représente, enchaînées l'une à l'autre, forment un même système religieux datant de la plus haute antiquité, et d'une durée continue jusqu'au temps présent. Le recueil des *Pensées* nous offre de cette garantie préjudicielle une mention sommaire en plusieurs fragments (II, 41, 56, 61 ; I, 199, 205 ; I, 173, 198, 205, etc.). La critique historique y fait défaut; on devait s'y attendre, vu l'époque où ils ont été écrits et l'absence particulière de cette préoccupation chez Pascal. Ces aperçus, souvent inexacts dans le détail des assertions, étaient beaucoup plus probants et imposants pour ses contemporains que pour ses lecteurs d'aujourd'hui mis en défiance par les profondes et minutieuses recherches de l'exégèse actuelle. Il nous suffit ici qu'on ne songeât pas à lui en contester la valeur et qu'il les ait présentés avec conviction.

*Mais en considérant ainsi cette inconstante et bizarre variété de mœurs et de créances dans les divers temps, je trouve en un coin du monde un peuple particulier, séparé de tous les autres peuples de la terre, le plus ancien de tous, et dont les histoires précèdent de plusieurs siècles les plus anciennes que nous ayons. Je trouve donc ce peuple grand et nombreux, sorti d'un seul homme, qui adore un seul Dieu, et qui se conduit par une loi qu'ils disent tenir de sa main. Ils soutiennent qu'ils sont les seuls du monde auquel Dieu a révélé ses mystères; que tous les hommes sont corrompus, et dans la disgrâce de Dieu; qu'ils sont tous abandonnés à leur sens et à leur propre esprit; et que de là viennent les étranges égarements et les changements continuels qui arrivent entre eux, et de religions, et de coutumes; au lieu qu'ils demeurent inébranlables dans leur conduite : mais que Dieu ne laissera pas éternellement les autres peuples dans ces ténèbres; qu'il viendra un libérateur pour tous; qu'ils sont au monde pour l'annoncer aux hommes; qu'ils sont formés exprès pour être les avant-*

*coureurs et les hérauts de ce grand avènement, et pour appeler tous les peuples à s'unir à eux dans l'attente de ce libérateur* (I, 198).

*La rencontre de ce peuple m'étonne, et me semble digne de l'attention. Je considère cette loi qu'ils se vantent de tenir de Dieu, et je la trouve admirable. C'est la première loi de toutes* (I, 199).

*Le livre qui contient cette loi, la première de toutes, est lui-même le plus ancien livre du monde, ceux d'Homère, d'Hésiode et les autres n'étant que six ou sept cents ans depuis* (I, 200).

*... Dans cette recherche, le peuple juif attire d'abord mon attention par quantité de choses admirables et singulières qui y paraissent.*

*Je vois d'abord que c'est un peuple tout composé de frères : et, au lieu que tous les autres sont formés de l'assemblage d'une infinité de familles, celui-ci, quoique si étrangement abondant, est tout sorti d'un seul homme; et, étant ainsi tous une même chair, et membres les uns des autres, composent un puissant état d'une seule famille. Cela est unique* (I, 199).

*Cette famille, ou ce peuple est le plus ancien qui soit en la connaissance des hommes; ce qui me semble lui attirer une vénération particulière, et principalement dans la recherche que nous faisons; puisque, si Dieu s'est de tout temps communiqué aux hommes, c'est à ceux-ci qu'il faut recourir pour en savoir la tradition* (I, 199).

Dans la suite de ce fragment et dans un autre aussi important qui commence par ces mots : *Cette religion, qui consiste à croire que l'homme est déchu d'un état de gloire et de communication avec Dieu en un état de tristesse, de pénitence et d'éloignement de Dieu, mais qu'après cette vie nous serons rétablis par un Messie qui devait venir, a toujours été sur la terre. Toutes choses ont passé, et celle-là a subsisté pour laquelle sont toutes choses* (I, 171). Pascal constate que dès le commencement du monde la foi dans le Messie s'est intégralement conservée dans une élite du peuple juif, à travers toutes les vicissitudes de l'histoire et tous les écarts religieux de ce peuple; que le Messie est venu et que, en dépit de tant de schismes et d'hérésies, au milieu de tant de révolutions de toutes sortes, qui ont suivi l'avènement de sa doctrine, l'Église, qu'il en a faite dépositaire, a subsisté sans interruption.

*La manière dont l'Église a subsisté est, que la vérité a été sans contestation; ou, si elle a été contestée, il y a eu le pape, et sinon, il y a eu l'Église* (II, 80).

*Il y a plaisir d'être dans un vaisseau battu de l'orage, lorsqu'on est assuré qu'il ne périra point. Les persécutions qui travaillent l'Église sont de cette nature* (II, 102).

*L'Histoire de l'Église doit être proprement appelée l'Histoire de la vérité* (II, 102).

Cette doctrine, consignée dans le livre de Moïse, offre des marques d'authenticité exceptionnellement probantes.

*Il y a bien de la différence entre un livre que fait un particulier, et qu'il jette dans le peuple, et un livre qui fait lui-même un peuple. On ne peut douter que le livre ne soit aussi ancien que le peuple.*

*Toute histoire qui n'est pas contemporaine est suspecte; ainsi les livres des Sibylles et de Trismégiste, et tant d'autres qui ont eu crédit au monde, sont faux, et se trouvent faux à la suite des temps. Il n'en est pas ainsi des auteurs contemporains* (1, 201).

Pascal cite, à l'appui de cette observation, les histoires composées par les Grecs, les Égyptiens, les Chinois, les récits d'Homère :... *la beauté de l'ouvrage fait durer la chose : tout le monde l'apprend et en parle : il la faut savoir; chacun la sait par cœur. Quatre cents ans après, les témoins des choses ne sont plus vivants; personne ne sait plus par sa connaissance si c'est une fable ou une histoire : on l'a seulement appris de ses ancêtres, cela peut passer pour vrai* (I, 202). Sans doute il y a dans l'Écriture des obscurités qui surprennent, mais on en verra plus loin la cause et l'utilité.

Voilà certes un ensemble de caractères historiques très

propres, s'ils sont incontestables et spéciaux au Judæo-Christianisme, à solliciter pour celui-ci la préférence de l'âme anxieuse dans le choix rationnel d'une religion.

Au demeurant, si grande que puisse être dans les *Pensées* précédentes la part de *méprises* et d'*illusions* (ces mots sont de Havet), la merveilleuse expansion et l'indéniable vitalité de cette religion n'en témoignent pas moins tout d'abord en sa faveur. Avant même tout examen approfondi Pascal déjà pourrait dire qu'il ne semble pas vraisemblable qu'une erreur ou une imposture eût pu persister et s'étendre à ce point au sein de l'espèce humaine, essentiellement et de plus en plus curieuse, par-dessus tout intéressée à la critique d'une discipline dont dépendent sa dignité et son bonheur. Pourtant, pourrait-on répliquer, si notre espèce est vouée à une très longue durée sur la terre, ne se peut-il pas que la conquête du vrai par elle soit normalement très lente? Et savons-nous, dès lors, si l'assiette du christianisme, pour large et solide qu'elle soit, représente l'établissement définitif ici-bas de la vérité, qui se serait ainsi révélée aux hommes tout d'une pièce, ou seulement une station prolongée dans le progrès irrégulier des connaissances et des mœurs? Il ne suffit donc pas à une religion de réussir pour prouver sa vérité; il faut encore que son succès soit marqué d'un signe divin, qu'il soit surnaturel, qu'il éclate contre toute présomption rationnelle. Aussi Pascal se préoccupe-t-il de découvrir un tel signe dans celle qui tente le plus sa créance, qui déjà l'a subjuguée.

Avant de pousser plus loin, il devient donc nécessaire d'éclaircir l'idée qu'il se faisait du surnaturel.

# CHAPITRE II

LE SURNATUREL EN GÉNÉRAL. — DÉSIGNATION DE LA CHOSE A DÉFINIR : MOTS QUI DÉSIGNENT LE MIRACLE DANS L'ANCIEN ET LE NOUVEAU TESTAMENT.

Tous les événements du monde accidentel sont habituellement reconnus par l'expérience humaine comme soumis à un système immuable de lois constantes qui les déterminent, et c'est le monde accidentel régi de la sorte qu'on appelle *la nature*. On appelle dès lors *le surnaturel* l'ensemble des facteurs, d'origine étrangère à la nature, qui interviennent pour en modifier l'ordre établi.

Parmi ces facteurs, nous en avons, avec Pascal, signalé un de caractère historique, c'est-à-dire intéressant, non pas tel ou tel individu, mais tous les individus d'un groupe social par son effet sur leur destinée commune. Ce surnaturel historique n'est désigné par aucun nom spécial dans les Livres Saints. Le mot *Providence* désigne la puissance souveraine qui gouverne le monde accidentel, pourvoit à l'accomplissement de la fin qu'elle lui a prescrite, et intervient, au besoin, par décrets exceptionnels dans son évolution naturelle; le sens de ce mot est donc plus large que ne le comporte l'action du surnaturel historique; celui-ci n'est qu'une des fonctions de la Providence. Il n'est pas ordinairement impliqué dans la signification du mot *miracle*; le miracle proprement dit est le surnaturel, mais considéré spécialement dans des faits particuliers provoqués par des décrets et des actes particuliers de la divinité, soit directement, soit par l'intermédiaire d'un thaumaturge. Mais nous ne tentons pas encore de définir le miracle, nous nous bornons à indiquer sa place dans le surnaturel d'après les Livres Saints.

Pascal s'est formé l'idée du surnaturel par un examen personnel des documents bibliques, vraisemblablement sur les indications des savants théologiens de Port-Royal. La collection de ses *Pensées* relatives au miracle porte l'empreinte bien accusée de sa recherche propre, comme dans les notes suivantes par exemple :

*Jérémie*, XXIII, 32, *les miracles des faux prophètes. En l'hébreu et Vatable, il y a les légèretés.*

*Miracle ne signifie pas toujours miracle. I, Rois, XIV, 15, miracle signifie crainte, et est aussi en l'hébreu. De même en Job manifestement,* XXXIII, 7. *Et encore Isaïe,* XXI, 4; *Jérémie*, XLIV, 12. *Portentum signifie simulacres, Jér.,* L, 38; *et est ainsi en l'hébreu et en Vatable. Is.,* VIII, 18. *Jésus-Christ dit que lui et les siens seront en miracles* (II, 182).

*La prophétie n'est point appelée miracle* (II, 68).

Le miracle de la Sainte Épine opéré sur sa nièce, Marguerite Périer, à Port-Royal même (I, CVIII), avait contribué à lui faire approfondir la question du surnaturel.

Nous ne sommes pas directement éclairés par les fragments trop rares et trop fugaces compris dans ladite collection sur les conclusions que Pascal en a pu tirer, mais, en épousant le souci qui les a dictés, nous allons nous efforcer de préciser la signification du mot *miracle*, son sens étroit et son sens large, et de déterminer la valeur des événements qu'il désigne, en tant que fondements du christianisme. Cette étude nous préparera utilement à interpréter la définition que donne Pascal du miracle.

Ses *Pensées* que nous aurons à citer à l'appui de nos assertions supposent, pour la plupart, déjà complètement exposée la doctrine du christianisme et par là devancent le rang que le développement logique des preuves semble devoir leur assigner. Mais, en réalité, cette anticipation n'est qu'apparente, parce que les documents considérés ne le sont qu'à titre d'exemples du fait miraculeux et ne servent qu'à le définir en lui-même, quelle que soit pour le reste l'économie particulière de la théologie chrétienne (la Trinité, la Rédemption, etc.), question qui sera traitée en son lieu; il suffit ici que le miracle révèle un principe divin, dont l'essence, examinée ailleurs, est provisoirement dénommée selon le dogme chrétien. Quand Pascal exige le surnaturel pour adhérer à une religion, l'idée du miracle, de quelque façon que ce soit, est déjà formée en lui. L'histoire religieuse lui a déjà appris qu'il y a, par exemple, de vrais et de faux miracles, et l'a mis en garde contre ce piège. En somme il fait servir au bénéfice de l'établissement logique de la logique chrétienne son expérience acquise, quelle qu'en ait pu être la source. Il n'y a donc au fond aucune pétition de principe dans l'intercalation que nous allons faire.

Pascal était sollicité à définir le miracle. D'abord les adversaires de Port-Royal lui en suscitèrent l'occasion : il avait à leur démontrer que le miracle de la Sainte Épine, qu'ils avaient intérêt à récuser, n'osant le nier, présentait bien aux chrétiens tous ses titres en règle, tous les caractères d'un miracle de bon aloi. En outre, comme nous l'avons rappelé, au chapitre V du livre I, c'est ce miracle qui l'avait engagé à entreprendre l'ouvrage dont nous étudions les matériaux. Il lui importait donc particulièrement de déterminer le rôle du miracle dans l'établissement du christianisme, et pour cela, d'en examiner à fond l'essence.

Cet examen, d'ailleurs, n'est pas interdit à la raison humaine; il n'en excède nullement la compétence. La croyance aux miracles n'est pas un acte de foi : elle ne relève que de l'interprétation des perceptions sensibles par les *lumières du sens commun* (II, 70).

*Il est dit : Croyez à l'Église, mais il n'est pas dit : Croyez aux miracles, à cause que le dernier est naturel, et non pas le premier. L'un avait besoin de précepte, non pas l'autre.* (II, 76).

L'homme est donc autorisé à examiner avec les seules ressources de son esprit en quoi consiste le miracle.

Dans l'opuscule intitulé : *De l'esprit géométrique* (II, 278), joint au recueil des *Pensées*, nous trouvons sur les définitions une distinction et des préceptes qu'il nous sera utile d'avoir présents à la mémoire en nous efforçant d'interpréter les *Pensées* relatives à l'essence du miracle. Ce travail est assez ardu, car elles offrent un ensemble chaotique mêlé de certaines propositions incompatibles, en apparence tout au moins; mais le sens propre de chacune d'elles est aujourd'hui fixé autant que possible par les savants éditeurs qui nous en fournissent le texte; nous n'avons plus souci que des relations qu'elles soutiennent entre elles.

Rappelons d'abord ce qui intéresse notre présente étude dans l'opuscule précité : *combien y a-t-il de personnes qui croient avoir défini le temps quand ils ont dit que c'est la mesure du mouvement, en lui laissant cependant son sens ordinaire! Et néanmoins ils ont fait une proposition, et non pas une définition* (II, 285).

*..... et, confondant ainsi les définitions qu'ils appellent définitions de nom, qui sont les véritables définitions libres, permises et géométriques, avec celles qu'ils appellent définitions de chose, qui sont proprement des propositions nullement libres, mais sujettes à contradiction, ils s'y donnent la liberté d'en former aussi bien que des autres; et chacun définissant les mêmes choses à sa manière par une liberté qui est aussi défendue dans ces sortes de définitions que permise dans les premières, ils embrouillent toutes choses, et perdant tout ordre et toute lumière, ils se perdent eux-mêmes et s'égarent dans des embarras inexplicables* (II, 286).

*Règles nécessaires pour les définitions.* — *N'omettre aucun des termes un peu obscurs ou équivoques, sans définition. N'employer dans les définitions que des termes parfaitement connus ou déjà expliqués* (II, 302).

La définition du miracle n'est évidemment pas la création d'un être de raison, comme en géométrie, soumis à la seule condition de ne pas être contradictoire et auquel on déclare imposer tel ou tel nom. C'est une définition de chose, car il s'agit de dégager et reconnaître les caractères d'une chose préalablement nommée dont les exemplaires préexistent à sa définition pour tous les croyants convaincus de la valeur historique des récits de la Sainte Écriture.

Nous ne nous occuperons ici que des faits qualifiés de miracles dans l'Ancien et le Nouveau Testament, les seuls que Pascal envisage, et encore, parmi ces miracles, n'aurons-nous, comme lui, à considérer que ceux dont il a besoin à titre de témoignages directs de la vérité du christianisme.

Quand un croyant, par exemple, par de ferventes prières implore de Dieu tout bas le succès de quelque entreprise, connue seulement de lui même, d'une importance capitale pour lui et que nul effort humain, naturel, ne peut faire réussir, il ne cherche pas dans le miracle sollicité une raison de croire au Dieu des chrétiens ; il y croit déjà. Son acte de foi, au lieu de suivre le miracle, le précède ; sa foi est la condition fondamentale de sa pieuse tentative, bien loin qu'elle en attende son propre fondement. La faveur divine obtenue peut demeurer le secret de l'exaucé ; il n'y a pas là un miracle spécialement affecté à la preuve de la doctrine. Mais ce cas est fort rare ; le miracle, en général, est à la fois, sans même que l'intéressé immédiat le veuille ou le sache, une faveur pour lui et un témoignage pour autrui. Jésus-Christ n'avait certainement pas, en changeant l'eau en vin ou même en ressuscitant des morts, pour unique objet d'épargner une privation à des convives ou le deuil à des familles ; son bienfait servait de preuve à la vérité de son enseignement, bien qu'il évitât toute ostentation pharisaïque. De même Jéhovah en ordonnant, pour le salut ou la victoire des Hébreux, à la mer Rouge de se retirer ou au soleil de s'arrêter, attestait par là sa puissance divine aux yeux de leurs ennemis consternés, en même temps qu'il protégeait son peuple, et ainsi le miracle était à deux fins, l'une visant les intérêts temporels des croyants menacés, l'autre les intérêts spirituels de la religion même méconnue.

C'est à cette seconde fin du miracle que nous aurons spécialement affaire dans ce travail relatif aux preuves du christianisme. Remarquons du reste qu'elle constitue le trait le plus général et le moins indécis qui puisse servir à désigner les faits miraculeux avant que l'analyse en ait tiré une définition précise.

Le langage en fait foi, comme nous allons essayer rapidement de l'établir. Si, en effet, nous cherchons dans les textes sacrés grecs et hébreux les mots dont le sens se rapproche le plus de celui qui s'attache aujourd'hui au mot *miracle* emprunté au latin *miraculum*, nous trouvons [1] en grec σημεῖον (signe), désignation la plus usitée dans les Évangiles, surtout dans le quatrième. Quand l'élément moral domine, le miracle est appelé simplement *un signe*. Un signe peut n'être pas un miracle, parce qu'il peut manquer du caractère de prodige, mais le mot prodige τέρας n'est jamais employé seul dans les Évangiles, il y est toujours associé au mot σημεῖον, et il n'y paraît que trois fois. θαυμάσιον (merveille) apparaît une seule fois dans les Évan-

---

[1]. Nous empruntons à un remarquable article publié dans le numéro du 1ᵉʳ juin 1896 de la *Revue chrétienne* par M. Thury et intitulé « Le miracle et les sciences de la nature » nos renseignements sur le miracle dans les saintes Écritures. Nous ne copions pas toujours littéralement ni entièrement le texte de l'article et nous assumons toute la responsabilité des quelques modifications et coupures que nous avons dû y faire pour l'approprier à notre ouvrage. Nous ne croyons pas justifiée rigoureusement la distinction adoptée par l'auteur entre le naturel, le surnaturel et le miracle. Nous ne croyons pas non plus comme lui que l'idée de miracle puisse être formée indépendamment de celle d'une dérogation aux lois de la nature. Ces divergences de vue nous ont empêché d'adopter la partie principale de son article. En tout ce qui ne touche pas à l'érudition nous essayons de nous orienter nous-même sur la voie jalonnée vaguement par les *Pensées* de Pascal. Quant à la désignation verbale du miracle dans les Saintes-Écritures, dont nous nous occupons d'abord, M. Thury déclare, dans une note, la tenir de M. L. Thomas, ancien professeur à l'École de Théologie de Genève.

giles et il n'y a pas le sens de miracle proprement dit. Le sens du mot θαῦμα, qui est le même que celui du mot θαυμάσιον, répondrait littéralement au sens étymologique du latin *miraculum* et du français *miracle*, mais il n'est jamais employé dans les Évangiles ; il ne l'est que chez les Pères. Mentionnons deux autres expressions qui ne caractérisent pas leurs objets : δύναμις (puissance ou acte de puissance), expression générale fréquemment employée dans les Évangiles, qui signifie la cause du miracle, manifestée dans ses effets, et ἔργον (œuvres), sens grammatical plus étendu que celui de *miracle*. Les miracles accomplis par celui qui possède la puissance de Dieu, sont, par rapport à celui qui les opère, de simples œuvres. Dans le Nouveau Testament et surtout dans le quatrième Évangile, les miracles de Jésus-Christ sont fréquemment appelés des œuvres.

En hébreu, dans l'Ancien Testament, le vocabulaire fournit de quoi spécifier soit l'élément physique, soit l'élément moral (le prodige ou le signe) selon que l'un ou l'autre est plus spécialement visé dans le miracle. Mais le mot *Môfeth* est celui qu'on traduit habituellement par miracle ; or il a le sens général de τέρας, mais plus étendu, contenant l'idée de prodige jointe à celle d'avertissement moral, τέρας et en partie σημεῖον. Les autres mots sont :

Oth (σημεῖον, signe) ;
Nifelaoth (chose extraordinaire) ;
Geboura, mahalâl (δύναμις, acte de puissance) ;
Machasé (ἔργον, œuvre).

Môfeth, Filé, Nifelaoth, ont un sens plus large que τέρας. Ces mots signifient souvent *signe*, ou bien ils prennent un sens ayant du rapport avec δύναμις et θαυμάσιον.

De l'examen et du rappochement de ces divers vocables grecs et hébraïques, il semble donc résulter que, si, d'une part, les faits qu'ils désignent sont caractérisés par un élément physique extraordinaire, d'autre part ces faits, quand ils se rapprochent de ce que les traducteurs français mettent sous le mot miracle, sont conjointement mais plus expressément caractérisés par un élément moral, par l'appui qu'ils prêtent à une doctrine.

¹ « Les faits qualifiés de miracles dans le recueil biblique sont groupés presque exclusivement autour de trois époques : *Moïse et l'Exode.* — *Élie* (vers l'an 900). — *Jésus-Christ et les apôtres.* »

« Il ne suffit pas qu'un fait soit merveilleux, extraordinaire et sans explication possible, pour être qualifié de miracle. La création, acte de puissance s'il en fut, n'est jamais appelée miracle dans les Écritures. »

« Un miracle divin est toujours une intervention de Dieu dans quelque fait extérieur de la nature ou de l'histoire. — Il n'y a point de miracle seulement de l'ordre moral, de miracles spirituels. La conversion, par exemple, n'est jamais appelée un miracle. »

« Les miracles accomplis par le ministère des *anges* ambassadeurs du Très-Haut, ministres plénipotentiaires absolument fidèles, peuvent être attribués également à Dieu lui-même. »

« Par exemple saint Paul nous apprend (Galates, III, 19; voir aussi Hébr., II, 2, et Actes, VII, 53) que les Juifs ont reçu la loi par le ministère des anges. Suivant Moïse, c'est Dieu qui a donné la loi. »

« Parallèlement aux miracles pour le bien et la vérité, il se fait aussi des miracles de mensonge et de mal. Saint Mathieu parle ainsi (XXIV, 24) : « Il s'élèvera de faux Christs et de faux prophètes qui feront de grands signes et des *miracles* ». Et saint Paul (2, Thess., II, 9) : « Alors sera révélé l'inique... dont l'arrivée est selon l'efficace de Satan en toute puissance et signes et *miracles* de mensonge. » On lit dans le Deutéronome (XIII, 1 et suiv.) : « S'il s'élève au milieu de vous quelque prophète ou songeur et s'il t'annonce un signe ou prodige en te disant : suivons d'autres dieux... et que ce prodige arrive... tu ne prêteras point l'oreille aux

---

1. Les passages qui suivent entre guillemets sont des citations textuelles de l'article de M. Thury, ci-dessus mentionné.

discours de ce prophète... et il sera mis à mort... ainsi vous ôterez le mal du milieu de vous. »

« Les miracles pour le mal ont des caractères propres, ordinairement plus ou moins dissimulés : mensonge, arbitraire, désordre moral. Cependant, il reste à ces miracles le merveilleux, joint au but qui leur est propre. Qualifiés positivement de miracles dans les Écritures, ils seraient *non miracles* suivant la logique des définitions traditionnelles. »

« Le miracle n'est donc pas par lui-même et nécessairement une preuve de la vérité d'une doctrine, non plus que de la valeur morale de celui qui l'a opéré. »

Telles sont les données empiriques, les matériaux bruts fournis à l'esprit par les Livres Saints pour la définition du miracle en général.

Tâchons d'en dégager ce qu'il y a d'abord de plus évidemment commun à tous les miracles sous leur diversité, et de plus essentiel dans ce qui leur est commun. Ce sera la matière du chapitre suivant.

# CHAPITRE III

DÉFINITION PROGRESSIVE DU MIRACLE PAR SA RAISON D'ÊTRE. — CETTE DÉFINITION EST FINALEMENT IMPLIQUÉE DANS CELLE QU'EN A DONNÉE PASCAL. — SON OBJET ESSENTIEL : FOURNIR UNE PREUVE VALABLE EN TOUT TEMPS ET POUR TOUS DE LA VRAIE RELIGION. — CARACTÈRE DE LA VALEUR PROBANTE DU MIRACLE. — LE VRAI MIRACLE NE PORTE PAS EN SOI LA MARQUE DE SA VÉRACITÉ DOCTRINALE.

Étant donné qu'il existe, le miracle a sa raison d'être identique à sa fin. Cette raison même nous fournira de quoi le définir, car, pour y satisfaire, pour réaliser la fin qu'elle exprime, un événement, un fait doit affecter certains caractères distinctifs, lesquels constituent précisément la définition du miracle.

Remarquons tout de suite que ce phénomène exceptionnel manquerait de sa principale raison d'être, faillirait à sa *fin principale* (II, 67), s'il suffisait à quiconque professe une doctrine au nom d'une puissance extra-terrestre d'affirmer simplement la vérité de l'une et la réalité de l'autre pour être cru. Tant s'en faut qu'en pareille matière l'affirmation suffise. Il s'agit donc pour l'opérateur du miracle de conquérir la confiance de ses auditeurs, de leur faire prendre sa parole en sérieuse considération, de s'*accréditer*, en un mot, auprès d'eux. Or c'est par un témoignage de sa puissance qu'il les dispose en faveur de sa doctrine. Il obtient ce résultat par l'étonnement que provoquent en eux certains de ses actes.

Étonner, tel est le premier stade du processus miraculeux, le moyen primordial du miracle. Le second stade, qui, nous le savons, n'est pas aussi essentiel, est la préparation à croire par le prestige né de l'étonnement causé. Ces deux effets successifs du miracle sont tout relatifs à l'état mental des témoins, qui sont plus ou moins faciles à étonner, et plus ou moins confiants.

Il faut, dans le cas où le second effet est requis, que le fait opéré les étonne au suprême degré; c'est plus que de l'admiration qu'il doit éveiller en eux, car le crédit qu'on leur demande est beaucoup plus important que celui qui s'accorde communément à tout individu prouvant son excellence par l'exercice admirable de quelque fonction de la vie humaine, par une action héroïque, ou par un chef-d'œuvre. Si exceptionnel qu'il pût être, un tel exercice ne serait tenu pour miraculeux par ses témoins qu'autant qu'il les surprendrait au point de leur sembler outrepasser l'aptitude des hommes les mieux doués, l'aptitude de l'homme absolument et il changerait dès lors de dénomination; ce serait plus qu'une action héroïque, plus qu'un chef-d'œuvre. Aussi le thaumaturge capable de surprendre ses témoins à ce degré sera-t-il à leurs yeux un être surhumain à forme humaine, c'est-à-dire un homme surnaturel; chez eux l'admiration deviendra de la vénération religieuse et par suite ils croiront sans réserve à son enseignement comme ils croient à son pouvoir. *Les miracles prouvent le pouvoir que Dieu a sur les cœurs par celui qu'il exerce sur les corps* (II, 81).... *Un effet qui n'excède pas la force naturelle des moyens qu'on y emploie* (II, 81), n'excite aucune surprise de ce genre, bien qu'il puisse exciter l'admiration en atteignant l'extrême limite des forces naturelles mises en action par la volonté; c'est un *non-miracle* (II, 81), mais il devient miracle si *c'est un effet qui excède la force naturelle des moyens qu'on y emploie* (II, 81).

Quand, par exemple, Jésus-Christ rend la vue à un aveugle en lui touchant les paupières ou qu'il ressuscite

Lazare en lui ordonnant simplement de se lever, il faut évidemment que sa puissance propre, divine, vienne s'ajouter à celle de la nature, qui se borne à lui fournir ces moyens et le concours normal de ses lois tout à fait insuffisants par eux-mêmes. Pascal ajoute : *Ainsi ceux qui guérissent par l'invocation du diable ne font pas un miracle; car cela n'excède pas la force naturelle du diable* (II, 81).

Pour refuser au diable le privilège divin de modifier l'ordre naturel du monde, Pascal use d'un procédé très simple (trop simple) qui consiste à considérer la puissance diabolique comme une force naturelle intervenant à titre de composante imprévue dans l'exercice prévu des autres forces naturelles ambiantes et coutumières, tout comme la volonté humaine est une force naturelle capable d'arrêter inopinément pour autrui la chute d'un corps. Le diable ne peut donc faire que des miracles illusoires, fondés sur l'ignorance où nous sommes de la part de puissance naturelle que Dieu lui a dévolue.

La définition adoptée par Pascal suppose et implique donc les caractères que nous avons logiquement déduits de la raison d'être du fait miraculeux ; ce fait doit remplir les conditions nécessaires pour éveiller le sentiment que l'homme éprouve devant un phénomène que n'explique rien du monde accidentel tel que Dieu l'a originairement ordonné. La créance accordée à la doctrine est la conséquence naturelle de ce sentiment.

Ainsi dans quelque ordre d'événements que ce soit (selon la Bible l'événement est toujours d'ordre physique) le premier caractère essentiel qui définit le miracle consiste en ce que le fait opéré stupéfie ou enthousiasme les spectateurs. Il est donc présumé par eux impossible dans les conditions normales (c'est-à-dire habituellement observées) parce que, d'après leur expérience personnelle ou leur préjugé traditionnel, aucune de ces conditions, avec le concours des autres, ne suffirait à le déterminer. Ils en considèrent par suite la cause première comme supérieure en puissance, non seulement à l'homme, jugé par eux incapable de la suppléer, mais encore à toutes les autres forces dont elle se passe pour l'opérer ou qu'elle contraint à le déterminer, à savoir aux forces régulières et ordinaires (c'est-à-dire habituellement observées) et par induction aux forces qui, inconnues encore mais présumées analogues et coordonnées à celles-ci, font partie du système dynamique appelé la Nature.

On voit que le miracle suppose, de la part de ceux qui l'acceptent, soit pour y avoir assisté, soit sur le témoignage d'autrui, une appréciation des limites du possible dans l'ordre de faits auquel il appartient, et la conviction que ces limites ont été dépassées. Selon que les adhérents au miracle sont plus ou moins expérimentés et instruits, cette appréciation est exacte, approximative ou erronée.

Dirons-nous donc qu'il y a miracle dans le cas même où elle est fausse? Il nous faudrait l'admettre si nous ne définissions le miracle qu'au moyen de sa fin précédemment constatée, car elle consiste à détourner sur la doctrine du thaumaturge le crédit que procure à celui-ci l'étonnement qu'il a provoqué. Or c'est précisément parce que les témoins du fait illusoire sont induits en erreur qu'ils se livrent à la doctrine et la croient; le fait remplirait donc toutes les conditions qui définiraient le miracle. Grâce à l'élément subjectif impliqué dans cette définition un même fait pourrait être miraculeux aux yeux de tel de ses témoins et naturel aux yeux de tel autre, efficace pour accréditer sa cause originelle auprès du premier, incapable au contraire d'influencer le second. Il en serait de même des différents esprits qui en auraient reçu la tradition : les uns le jugeant irréductible aux lois naturelles, y croiraient, les autres, au contraire, le jugeant explicable naturellement, pourraient se dispenser d'y croire. Enfin, il n'y aurait aucune raison pour ne pas qualifier miraculeux un tour de passe-passe quelconque, exécuté par un mystificateur devant un témoin naïf dont il surprendrait la créance puisque, aussi bien, ce témoin, jugeant miraculeux le fait, se sentirait disposé à en vénérer et croire l'auteur.

Ces suites choquantes des seuls caractères que nous avons jusqu'ici attribués au miracle sont inadmissibles. Personne n'admettra, par exemple, que Robert-Houdin, dépêché en Algérie par le gouvernement français pour disputer aux sorciers leur influence sur les Arabes par le prestige de ses tours [1], les ait institués miracles par cela seul que des spectateurs trompés ont pu les tenir pour miraculeux. Les définitions ne sont libres, comme nous l'avons rappelé au début de ce chapitre, qu'autant que les choses à définir n'ont d'existence que dans la pensée ; mais il s'agit ici de faits posés hors de l'esprit dans le monde extérieur et considérés comme réels par d'innombrables croyants qui en ont une idée très discernable avant qu'elle leur soit définie, au point qu'ils réclament si la définition proposée n'y répond pas exactement. Or celle que nous sommes en train de formuler ne les satisferait nullement si nous nous en tenions à notre précédente formule. La raison d'être, la fin du miracle comporte donc quelque élément dont nous n'avons pas encore tenu compte et qu'il s'agit de reconnaître pour pouvoir en déduire la condition complémentaire, le caractère qui achèvera notre imparfaite définition.

Or nous avons fait observer plus haut que la raison d'être, la fin au moyen de laquelle nous avons d'abord défini le miracle est exclusivement relative aux témoins et aux adhérents qu'il a. Jusqu'ici donc c'est pour eux seuls que vaut le miracle ; n'importe qui peut prétendre que le fait réputé par eux miraculeux ne l'est pas, qu'ils le tiennent à tort pour impossible dans les conditions normales, c'est-à-dire selon les lois du monde accidentel livré à lui-même. Les progrès de la connaissance reculent sans cesse les limites du possible dans l'exploitation des phénomènes. La transmission de la parole à travers les mers, à d'immenses distances, eût passé pour impossible avant l'invention du téléphone.

---

[1]. Cet exemple nous est fourni par M. M. Thury dans son article de la *Revue Chrétienne* précédemment consulté.

La raison d'être, la fin du miracle ne se borne donc pas à faire croire à tel ou tel individu qu'une doctrine est vraie, quand même elle pourrait ne pas l'être; s'il n'avait pas d'autre objet, il serait sans utilité pour la vraie religion. Il tend à beaucoup plus. Il a pour objet essentiel de fournir une preuve valable de la vraie religion, valable pour tous les hommes et pour tous les temps. Pascal ne manque pas de le signaler.

*Fondement de la religion. C'est les miracles. Quoi donc? Dieu parle-t-il contre les miracles, contre les fondements de la foi qu'on a en lui?* (II, 73.) *La religion* c'est ici la vraie.

*Les hommes doivent à Dieu de recevoir la religion qu'il leur envoie. Dieu doit aux hommes de ne les point induire en erreur. Or ils seraient induits en erreur, si les faiseurs [de] miracles annonçaient une doctrine qui ne parût pas visiblement fausse aux lumières du sens commun, et si un plus grand faiseur de miracles n'avait déjà averti de ne les pas croire* (II, 70).

*Il n'est pas possible de croire raisonnablement contre les miracles* (II, 169).

*Toujours le vrai prévaut en miracles. Les deux croix* (II, 72).

*Jamais, en la contention du vrai Dieu, la vérité de la religion, il n'est arrivé de miracle du côté de l'erreur et non de la vérité* (II, 72).

*Je ne serais pas chrétien sans les miracles, dit Saint-Augustin* (II, 169).

*On n'aurait point péché en ne croyant pas* JÉSUS-CHRIST, *sans les miracles* (II, 169).

*Les Juifs s'aveuglaient en jugeant des miracles par l'Écriture...*

*Donatistes. Point de miracle, qui oblige à dire que c'est le diable* (II, 184).

*Les miracles sont plus importants que vous ne pensez : ils ont servi à la fondation, et serviront à la continuation de l'Église, jusqu'à l'Antechrist, jusqu'à la fin* (II, 74).

*Il y a bien de la différence entre tenter, et induire en erreur. Dieu tente, mais il n'induit pas en erreur. Tenter est procurer les occasions, qui n'imposant point de nécessité, si on n'aime pas Dieu, on fera une certaine chose. Induire en erreur, est mettre l'homme dans la nécessité de conclure et suivre une fausseté* (II, 70).

*C'est ce que Dieu ne peut faire, & ce qu'il feroit néanmoins, s'il permettoit que dans une queſtion obſcure il ſe fit des miracles du coſté de la fauſſeté* (Molinier, II, 79).

Il ressort de ces citations qu'aux yeux de Pascal, en effet, il n'y a miracle proprement dit que si le fait qualifié miraculeux témoigne pour la vérité.

Aussi l'événement miraculeux suppose-t-il l'intervention de la puissance divine dans le vrai système dynamique du monde accidentel, dans la nature telle que cette puissance l'a créée en réalité; et non pas dans la nature telle que les sciences positives l'interprètent, l'expliquent avec plus ou moins d'exactitude et la représentent à l'imagination au moment où le miracle s'accomplit.

Assurément l'opinion toute subjective des témoins et des autres adhérents est essentielle au miracle et contribue à le définir, car c'est elle qui en assure l'efficacité morale, mais elle n'en mesure pas la valeur probante. Tandis que l'opinion demeure toujours relative, cette valeur, au contraire, est absolue. Intrinsèquement elle n'est pas individuelle, particulière, elle ne dépend pas de telle ou telle personne qui l'apprécie, elle est universelle et impersonnelle. Elle a pour fondement, en effet, non l'apparence mais bien la réalité du fait qui l'engendre. C'est à ce prix que le miracle offre une assise inébranlable à tout l'édifice des preuves du christianisme.

En résumé, la définition que propose Pascal du miracle à savoir : *un effet qui excède la force naturelle des moyens qu'on y emploie* (II, 81), répond entièrement à la raison d'être, à la fin de cet événement extraordinaire, car : 1° un tel effet provoque chez ses témoins un étonnement qui passe l'admiration due à tout effet qui, si surprenant qu'il soit, n'excède pas la force naturelle des moyens qu'on y emploie. Cet étonnement devient de la vénération religieuse ; 2° il prédispose par là ses témoins à une confiance sans réserve dans la véracité du thaumaturge ; 3° il témoigne en celui-ci de l'exercice de la véritable puissance divine, c'est-à-dire d'une puissance réellement supérieure aux forces naturelles puisqu'elle s'en passe ou les soumet à son service ; 4° il garantit ainsi la vérité de la doctrine professée et lui confère le caractère de la vraie religion.

Il résulte toutefois de cette définition que le miracle ne porte pas en soi ses moyens de contrôle. Le témoin, en effet, ignore les limites du naturel et du surnaturel ; par conséquent, si étonné qu'il soit, il ne peut être assuré que le fait dépasse réellement les bornes du possible naturel. Il peut sur ce point se tromper, et, en outre, à supposer même que l'impossibilité de certains faits dans l'ordre naturel ne puisse comporter aucun doute même pour l'homme malgré son ignorance, encore n'est-il pas impossible qu'un fait de ce genre soit simulé par un très habile mystificateur, et le témoin, au lieu de se tromper, sera trompé sans pouvoir davantage s'en apercevoir. De fausses doctrines s'insinueront et s'imposeront par le témoignage de ces faits tenus à tort pour miraculeux. On entend par faux miracles, non pas des faits qui n'ont que l'apparence du surnaturel, mais des faits dont l'apparence miraculeuse cautionne de fausses doctrines, ou encore des faits qui, bien que réellement surnaturels par une tolérance spéciale de Dieu, n'appuient que de fausses doctrines. C'est donc, en somme, la qualité de la doctrine qui prescrit celle du miracle. C'est ce qui autorise Pascal, après qu'il a dit : *... Les miracles discernent la doctrine*, à ajouter : *et la doctrine discerne les miracles* (II, 66).

Il y a de faux miracles, et les vrais miracles ne portent pas en eux leur preuve ; ils ne sont pas probants par eux-mêmes, ils ne le deviennent qu'autant qu'il est prouvé qu'ils le sont. A quoi donc servent-ils ? Comment expliquer cette étrange économie de leur essence ? Ce sont des armes à deux tranchants, extrêmement dangereuses, s'il n'existe pas de pierre de touche pour discerner les vrais des faux, car leur prestige est tout-puissant : *Les miracles ont une telle force, qu'il a fallu que Dieu ait averti qu'on n'y pense point contre lui, tout clair qu'il soit qu'il y a un Dieu; sans quoi ils eussent été capables de troubler.*

*Et ainsi tant s'en faut que ces passages,* « Deut., XIII », *fassent contre l'autorité des miracles, que rien n'en marque davantage la force. Et de même pour l'Antechrist :* « *Jusqu'à séduire les élus, s'il était possible* » (II, 74). Cette pierre de touche, où la prendre? Pourquoi ne l'avoir pas introduite dans le miracle même de sorte qu'il manifestât son authenticité en même temps qu'il se donne pour garant de la puissance et de la qualité divines de sa cause initiale? Quelle sécurité c'eût été pour l'esprit à la recherche d'une preuve irréfragable de la vraie Religion !

Oui, mais c'est précisément cette sécurité que par malheur interdisent à l'âme les conséquences du péché originel. Aussi Pascal n'est-il nullement arrêté par l'efficacité conditionnelle, ambiguë et parfois même fallacieuse du miracle : *S'il n'y avait point de faux miracles, il y aurait certitude* (II, 68), et c'est ce qui n'est pas pleinement accordé à l'homme déchu. La certitude le dispenserait de la foi, c'est-à-dire de l'adhésion au dogme par un acte de pure confiance et d'humilité intellectuelle. Mais d'autre part : *S'il n'y avait point de règle pour les discerner, les miracles seraient inutiles, et il n'y aurait pas de raison de croire. Or, il n'y a pas humainement de certitude humaine, mais raison* (II, 68).

Il s'agit donc ici d'une raison qui permet seulement d'incliner à croire de sorte que la foi n'y perde pas tous ses droits, que le cœur y trouve sa part et son compte. De là vient que les miracles peuvent être des pierres d'achoppement, s'ils sont exigés par la raison sans aucune participation du cœur qui prédispose à la foi : *Les miracles ne servent pas à convertir, mais à condamner* (II, 158). Cette prédisposition du cœur à la foi, c'est la bonne volonté à l'égard de Dieu, en un mot la *Charité. Ce qui fait qu'on ne croit pas les vrais miracles, c'est le manque de charité* (II, 74).

« *Joh.* [x, 26] : *Sed vos non creditis quia non estis ex ovibus.* » *Ce qui fait croire les faux est le manque de charité* (II, 74).

*Que je hais ceux qui font les douteurs de miracles! Montaigne en parle comme il faut dans les deux endroits. On voit en l'un combien il est prudent, et néanmoins il croit en l'autre, et se moque des incrédules* (II, 162).

## CHAPITRE IV

DISCERNEMENT DES MIRACLES. — LA DOCTRINE EST DISCERNÉE TOUT D'ABORD PAR LE SURNATUREL HISTORIQUE, MIRACLE GÉNÉRAL ET FONDAMENTAL, EXEMPT DE TOUT CARACTÈRE SUBJECTIF, PUIS, UNE FOIS PROUVÉE AINSI, ELLE DISCERNE LES MIRACLES PROPREMENT DITS, QUI SONT DES FAITS PARTICULIERS ET TRANSITOIRES. — UTILITÉ DES MIRACLES.

L'expression *faux miracle* est ambiguë. Un miracle peut être dit *faux* parce qu'il n'est pas réel, mais n'est qu'apparence, illusion, et, dans ce cas, il trompe l'esprit en trompant les sens; il peut encore être dit *faux* parce qu'il trompe l'esprit en l'induisant à épouser une fausse doctrine, bien qu'il soit réel et ne trompe pas les sens. Selon Pascal Dieu permet que des miracles réels soient employés par les faux prophètes ou par l'Antéchrist pour tenter l'esprit et l'induire en erreur, mais il ne le permet que si la doctrine proposée présente des caractères de fausseté reconnaissables :

*Les hommes doivent à Dieu de recevoir la religion qu'il leur envoie. Dieu doit aux hommes de ne les point induire en erreur. Or ils seraient induits en erreur, si les faiseurs [de] miracles annonçaient une doctrine qui ne parût pas visiblement fausse aux lumières du sens commun, et si un plus grand faiseur de miracles n'avait déjà averti de ne les pas croire* (II, 70).

*Il est impossible, par le devoir de Dieu, qu'un homme cachant sa mauvaise doctrine, et n'en faisant paraître* qu'une bonne, et se disant conforme à Dieu et à l'Église, fasse des miracles pour couler insensiblement une doctrine fausse et subtile ; cela ne se peut. Et encore moins que Dieu, qui connaît les cœurs, fasse des miracles en faveur d'un tel (II, 71).

Il y a bien de la différence entre n'être pas pour JÉSUS-CHRIST, et le dire, ou n'être pas pour JÉSUS-CHRIST, et feindre d'en être. Les uns peuvent faire des miracles, non les autres ; car il est clair des uns qu'ils sont contre la vérité, non des autres ; et ainsi les miracles sont plus clairs (II, 71).

JÉSUS-CHRIST ne parlait ni contre Dieu, ni contre Moïse. L'Antéchrist et les faux prophètes, prédits par l'un et l'autre Testament, parleront ouvertement contre Dieu et contre JÉSUS-CHRIST, qui n'est point caché. Qui serait ennemi couvert, Dieu ne permettrait pas qu'il fît des miracles ouvertement (II, 73).

Ou Dieu a confondu les faux miracles, ou il les a prédits ; et par l'un et par l'autre il s'est élevé au-dessus de ce qui est surnaturel à notre égard, et nous y a élevés nous-mêmes (II, 74).

Nous entendons par *faux miracle* tout miracle, réel ou non, qui ment soit aux sens, soit à l'esprit, soit à l'un et l'autre, en un mot tout miracle qui n'est pas véridique. Discerner le vrai miracle du faux, c'est, dans le langage de Pascal, discerner le véridique de celui qui ne l'est pas. Il est évident que si un miracle est démontré non réel, artifice d'un ingénieux machiniste, il est faux à tous les titres, mais Pascal ne se place pas au point de vue du savant qui ne se préoccupe en rien de la doctrine autorisée par le miracle, mais simplement des moyens physiques de le produire, de la supercherie ou de la véracité que ces moyens révèlent et ne les juge que par là. Pascal laisse donc entièrement à l'écart le contrôle scientifique des faits passés que les Livres Saints donnent pour miraculeux, contrôle d'ailleurs impossible aujourd'hui ; il n'en indique pas les règles et ne les applique même pas aux miracles récents, comme celui de la Sainte Épine. Nous ne nous occupons ici que des miracles anciens qu'il relate et dont il examine la valeur probante.

Nous allons essayer de déterminer la *marque* et la *règle* (II, 67) qui servent à discerner les miracles et donnent son fondement à la raison d'y ajouter foi.

Remarquons d'abord que, avant même d'avoir établi ce discernement, nous pouvons, selon Pascal, être assurés qu'il y a de vrais miracles par cela seul qu'il s'en produit assurément de faux.

Pascal développe cette considération en deux fragments qui, réunis, fournissent trois pages dans l'édition de A. Molinier. Ces fragments ne semblent pas d'une argumentation irréfutable (II, 69). Il suffira de citer le second ; il paraît être, en ce qui nous intéresse ici, la dernière forme donnée au premier :

¶ *Ayant confideré d'où vient qu'il y a tant de faux miracles, de fauffes revelations, fortileges, &c., il m'a paru que la veritable caufe eft qu'il [y] en a de vrays, car il ne feroit pas poffible qu'il y euft tant de faux miracles s'il n'y en avoit de vrays, ny tant de fauffes revelations, s'il n'y en avoit de vrayes, ny tant de fauffes religions, s'il n'y en avoit une veritable. Car s'il n'y avoit jamais eu de tout cela, il eft comme impoffible que les hommes fe le fuffent imaginé & encore plus impoffible que tant d'autres l'euffent creu. Mais comme il y a eu de très grandes chofes veritables & qu'ainfy elles ont efté creües par de grands hommes, cette impreffion a efté caufe que prefque tout le monde s'eft rendu capable de croire auffy les fauffes, & ainfy au lieu de conclure qu'il n'y a point de vrais miracles, puifqu'il y en a tant de faux, il faut dire au contraire qu'il y a de vrays miracles, puifqu'il y en a tant de faux, & qu'il n'y en a de faux que par cette raifon qu'il y en a de vrais, & qu'il n'y a de meme de fauffes religions que parce qu'il y en a une vraye. — L'objeQion à cela que les fauvages ont une religion. Mais c'eft qu'ils ont ouy parler de la veritable, comme il paroift par la*

*croix de St. André, le deluge, la circoncifion, &c.* — Cela
vient de ce que l'efprit de l'homme, fe trouvant plié de ce cofié là
par la verité, devient fufceptible par là de toutes les fauffetez de
cette..... (MOLINIER, II, 71, 72.)

Pascal fait, en quelque sorte, lui-même la critique de
l'argumentation précédente par l'exemple qu'il donne, à
titre de comparaison, dans le premier fragment :

*De mefme, ce qui fait qu'on croit tant de faux effets de la
lune, c'eft qu'il y en a de vrays, comme le flux de la mer*
(MOLINIER, II, 70).

Combien d'ignorants croient à de chimériques influences
de la lune qui ne se doutent pas qu'elle est la cause des
marées! Combien y ont cru avant même que cette cause
fût découverte, avant qu'aucune action véritable de ce satellite de la terre sur les choses terrestres fût connue! Voltaire avait relevé le vice de cet exemple, qui d'ailleurs
saute aux yeux.

Il existe donc de vrais miracles, selon Pascal, par cela
même qu'il y en a de faux, mais comment discerner les
vrais des faux? Cette question a beaucoup préoccupé
Pascal; on le voit à la part importante faite aux *Pensées*
qui la traitent parmi toutes celles qui touchent au miracle.
Cela s'explique par l'hostilité des Jésuites : dans ses *Pensées* il semble ne jamais perdre de vue l'objection subtile
suscitée par eux à la parfaite validité, à la force probante
du miracle de la Sainte Épine; il faut s'en souvenir en les
interprétant; ... *Les miracles discernent la doctrine.* C'est,
en effet, leur raison d'être, leur fin même, *et la doctrine
discerne les miracles* (II, 66), car le miracle, nous le savons,
ne porte pas en soi la marque qui le discerne, il épouse la
qualité de la doctrine qu'il appuie; vrai ou faux comme
elle; c'est d'elle qu'il recevra son caractère véridique ou
fallacieux. Il ne témoignera donc de la vérité de la doctrine
qu'à la condition que la doctrine même ait d'abord témoigné
de sa véracité, pétition de principe qu'il s'agit de résoudre,
sinon il demeure inutile. Tàchons de saisir comment un

logicien tel que Pascal a pu s'en tirer. Il lui importe d'autant plus de sortir de ce cercle vicieux que les ennemis de l'Église en abusent :

*L'Église a trois sortes d'ennemis : les Juifs, qui n'ont jamais été de son corps; les hérétiques, qui s'en sont retirés; et les mauvais chrétiens, qui la déchirent au dedans.*

*Ces trois sortes différentes d'adversaires la combattent d'ordinaire diversement. Mais ici ils la combattent d'une même sorte. Comme ils sont tous sans miracles, et que l'Église a toujours eu contre eux des miracles, il ont tous eu le même intérêt à les éluder, et se sont tous servis de cette défaite : qu'il ne faut pas juger de la doctrine par les miracles, mais des miracles par la doctrine. Il y avait deux partis entre ceux qui écoutaient* Jésus-Christ *: les uns qui suivaient sa doctrine par ses miracles; les autres qui disaient... Il y avait deux partis au temps de Calvin... Il y a maintenant des jésuites..., etc.* (II, 77.)

*Ce n'est point ici le pays de la vérité : elle erre inconnue parmi les hommes. Dieu l'a couverte d'un voile, qui la laisse méconnaître à ceux qui n'entendent pas sa voix. Le lieu est ouvert au blasphème, et même sur des vérités au moins bien apparentes. Si l'on publie les vérités de l'Évangile, on en publie de contraires, et on obscurcit les questions, en sorte que le peuple ne peut discerner. Et on demande : Qu'avez-vous pour vous faire plutôt croire que les autres? Quel signe faites-vous? Vous n'avez que des paroles, et nous aussi. Si vous aviez des miracles, bien. — Cela est une vérité, que la doctrine doit être soutenue par les miracles, dont on abuse pour blasphémer la doctrine. Et si les miracles arrivent, on dit que les miracles ne suffisent pas sans la doctrine; et c'est une autre vérité, pour blasphémer les miracles* (II, 78).

Notons que, en fait, historiquement les faux miracles sont toujours discernés, car : « *Ou Dieu a confondu les faux miracles, ou il les a prédits; et par l'un et par l'autre il s'est élevé au-dessus de ce qui est surnaturel à notre égard, et nous y a élevés nous-mêmes* » (II, 74).

*S'il y a un Dieu, il fallait que la foi de Dieu fût sur la terre. Or les miracles de* Jésus-Christ *ne sont pas prédits par l'Antéchrist, mais les miracles de l'Antéchrist sont prédits par* Jésus-Christ; *et ainsi, si* Jésus-Christ *n'était pas le Messie, il aurait bien induit en erreur; mais l'Antechrist ne peut bien induire en erreur. Quand* Jésus-Christ *a prédit les miracles de l'Antéchrist, a-t-il cru détruire la foi de ses propres miracles? Moïse a prédit* Jésus-Christ, *et ordonné de le suivre;* Jésus-Christ *a prédit l'Antéchrist, et défendu de le suivre.*

*Il était impossible qu'au temps de Moïse on réservât sa croyance à l'Antéchrist, qui leur était inconnu; mais il est bien aisé, au temps de l'Antéchrist, de croire en* Jésus-Christ, *déjà connu.*

*Il n'y a nulle raison de croire en l'Antéchrist, qui ne soit à croire en* Jésus-Christ; *mais il y en a en* Jésus-Christ, *qui ne sont pas en l'autre* (II, 73 et 74).

Mais la doctrine suffit au discernement, si elle a été déjà prouvée véritable, de quelque manière que ce soit; il est alors admissible qu'elle discerne tous les miracles postérieurs à sa preuve établie :

*Le diſcernement des temps. Autre regle durant Moyſe, autre regle à preſent* (Molinier, II, 67).

*Règle. Il faut juger de la doctrine par les miracles, il faut juger des miracles par la doctrine. Tout cela est vrai, mais cela ne se contredit pas. Car il faut distinguer les temps* (II, 67).

Supposons donc d'abord le Judæo-Christianisme démontré. Nous en pourrons inférer tout de suite que Dieu a lui-même pourvu au discernement des miracles; et nous rappellerons toutes les *Pensées* de Pascal citées précédemment où il donne les motifs d'avoir pleine confiance en Dieu (le vrai Dieu) qui ne peut vouloir tromper ni permettre de tromper les hommes sur la vraie religion. A cette garantie générale, il ajoute des marques et des règles particulières pour ce discernement. *Moïse en a donné deux : que la prédiction n'arrive pas. Deut.* xviii [22] (II, 67) (cela discerne les faux miracles), *et qu'ils ne mènent point à l'ido-*

*lâtrie. Deut.,* xiii (4); et J.-C. *une* (II, 67) (Marc, IX, 38) : *Il n'est pas possible qu'un homme fasse un miracle en mon nom et qu'en même temps il parle mal de moi* » (Havet, II, 67, note 2).

... *Dans le Vieux Testament, quand on vous détournera de Dieu. Dans le Nouveau, quand on vous détournera de* Jésus-Christ. *Voilà les occasions d'exclusion à la foi des miracles marquées. Il ne faut pas y donner d'autres exclusions...*

*D'abord donc qu'on voit un miracle, il faut, ou se soumettre, ou avoir d'étranges marques du contraire. Il faut voir s'il nie un Dieu, ou* Jésus-Christ, *ou l'Église* (II, 67).

*Nous ne sommes pas aujourd'hui dans la peine de faire ce discernement. Il est pourtant bien facile à faire : ceux qui ne nient ni Dieu, ni* Jésus-Christ, *ne font point de miracles qui ne soient sûrs :* « *Nemo faciat virtutem in nomine meo, et cito possit de me male loqui* » (II, 79).

Voilà bien toute une catégorie de miracles discernés par la doctrine. Mais encore faut-il que celle-ci soit, comme nous l'avons supposé, prouvée véritable et, parmi les preuves initiales de sa vérité, dont nous avons laissé la nature indéterminée, il faut qu'il y ait des miracles : *l'Église est sans preuve s'ils* (les incrédules au miracle) *ont raison* (II, 77).

Or le miracle étant considéré, comme nous l'avons fait jusqu'ici, comme un événement particulier et transitoire que n'explique pas le système établi des lois naturelles, il est évident que, au moment dialectique où nous en sommes de la démonstration du Christianisme (c'est-à-dire au point où nous en étions en commençant le présent chapitre), il n'y a pas lieu encore de s'adresser au miracle pour prouver la vraie religion. D'une part, en effet, nous savons que les vrais miracles ne portent pas en eux la garantie manifeste de leur authenticité doctrinale, et, d'autre part, aucune religion ne peut encore être tenue légitimement pour vraie et, à ce titre, propre à discerner les miracles.

Mais en réalité le miracle n'est-il essentiellement qu'un

événement isolé et éphémère? La profonde définition fournie par Pascal ne le suppose nullement. Le miracle *est un effet qui excède la force naturelle des moyens qu'on y emploie* (II, 81). Or un effet n'est pas nécessairement particulier et transitoire, il peut impliquer une suite continue et durable de facteurs progressivement et indivisément variables, une portion considérable du perpétuel devenir, toute une période historique par exemple. La formation et la persistance d'une institution religieuse seront un effet en tant que déterminées par le concours de certaines causes, et cet effet sera miraculeux si les causes d'ordre naturel, autrement dit si le système des lois établies régissant le monde accidentel ne suffit pas à l'expliquer. Pascal reconnaît expressément, il est vrai, que dans les Livres Saints le sens du mot *miracle* est restreint aux cas particuliers, qu'il ne s'étend même pas à la prophétie, laquelle consiste pourtant dans une divination surnaturelle et spéciale à un certain homme en un certain moment.

¶ *La prophetie n'eſt point appelée miracle, comme St. Jehan parle du 1 miracle en Cana, & puiſ de ce que J. C. dit à la Samaritaine qui decouvrit toute ſa vie cachée, & puis gairit le fiſs d'un ſergent, & St. Jehan appelle cela le 2 ſigne* (MOLINIER, II, 74).

Mais il écrira néanmoins :

*Les prophéties accomplies sont un miracle subsistant, car l'événement qui les a remplies est un miracle subsistant depuis la naissance de l'Église jusques à la fin* (II, 21).

Extension capitale du sens strict, adopté tout d'abord du mot *miracle*. Que faut-il entendre, en effet, par prophétie accomplie? C'est la vérification de la parole prophétique par l'histoire. Mais cette parole prophétique ne se vérifie que grâce à la direction donnée aux événements par Dieu même en vue d'une fin préfixée par lui. Ainsi dans l'histoire religieuse les événements forment une chaîne dont les anneaux ne sont pas tous unis par les lois constantes du monde accidentel, mais dont certaines sont expressément et exceptionnellement introduites par des décrets spéciaux de la Providence. La conservation et la persistance du peuple juif et de sa tradition n'apparaissent pas comme nécessitées par l'ordre naturel; celui-ci, au contraire, en eût, sans l'intervention divine, amené la dissolution, la ruine et la fin. De là le caractère miraculeux de l'établissement de la religion judæo-chrétienne, car c'est un effet qui a excédé la force naturelle des moyens fournis par le milieu terrestre où il s'est produit. Un facteur de plus y a été nécessaire que rien des lois constantes du monde accidentel ne pouvait suppléer; ce facteur est Dieu.

Voilà le miracle général et fondamental, le seul qui contienne en lui-même sa marque d'authenticité doctrinale. Tout miracle particulier, produit au nom de la religion établie sur ce miracle initial, y puisera ses titres de véracité, tandis que celui-ci ne saurait s'appuyer sur aucun autre; il ne relève que de soi.

¶ *Les combinaisons des miracles.*

*Le second miracle peut supposer le premier, mais le premier ne peut supposer le second* (Molinier, II, 67).

Dans la collection des *Pensées* relatives au miracle, la plupart ont pour objet la subordination des miracles proprement dits (particuliers et transitoires) les uns aux autres. Comme ils concernent, non le discernement des diverses religions avant que la preuve d'aucune ait été faite, mais le discernement *aux choses douteuses: entre les peuples juif et païen; juif et chrétien; catholique, hérétique; calomniés et calomniateurs; entre les deux croix* (II, 71), alors que le Judæo-Christianisme est supposé prouvé, nous n'avons pas à examiner de près ces questions subséquentes ni les *Pensées* qui s'y rapportent. Remarquons, d'ailleurs, que ces *Pensées* ont trait à la querelle faite aux jansénistes par les jésuites sur la valeur du miracle de la Sainte Épine et n'appartiennent qu'indirectement aux matériaux destinés par Pascal à l'édifice des preuves du christianisme. Contentons-nous de relever la fin de la *Pensée* citée plus haut : *Mais aux hérétiques les miracles seraient inutiles, car l'Église, autorisée par les miracles, qui ont préoccupé la créance, nous dit qu'ils n'ont pas la vraie foi. Il n'y a pas de doute qu'ils n'y sont pas, puisque les premiers miracles de l'Église excluent la foi des leurs. Il y a ainsi miracle contre miracle, et premiers et plus grands du côté de l'Église* (II, 71).

Ainsi les miracles qui ont pris légitimement possession de la créance avant tous les autres en infirment la valeur probante, car alors la doctrine discerne les miracles et n'est pas discernée par eux.

Mais pour que des miracles puissent *préoccuper* la créance légitimement par rapport à d'autres, encore faut-il qu'ils témoignent pour la vraie religion. Or nous savons qu'ils ne portent pas en eux-mêmes leur signe, leur marque de véracité doctrinale. Il faut donc que la religion dont ils témoignent soit déjà prouvée, et par là les autorise, car il est évident que la seule priorité d'un miracle ne saurait conférer à celui-ci sur un autre l'avantage d'être vrai. Or cette religion ne peut être miraculeusement prouvée sans contestation sur la valeur objective de la preuve que par le miracle général et fondamental impliqué dans son histoire. Celui-là seul, en effet, porte en soi sa marque d'authenticité, seul il échappe au subjectivisme de l'opinion de ses témoins, car ses témoins ne sont pas individuels, ils constituent toute une nation, laquelle est la matière même du miracle. Il suffit à chacun de prendre connaissance de l'histoire pour le constater.

En somme le miracle est ou prouvé ou seulement confirmé; il suffit à procurer la croyance ou il se borne à la soutenir. 1° Il la procure d'emblée quand sa réalité et la véracité de ceux qui l'attestent est scientifiquement prouvée (Pascal ne fait pas mention du contrôle scientifique). 2° Il suffit encore à la procurer, lorsque, sans qu'on établisse scientifiquement sa réalité, rien d'ailleurs ne s'y oppose.

*Les preuves que Jésus-Christ et les apôtres tirent de l'Écriture ne sont pas démonstratives; car ils disent seulement que Moïse a dit qu'un prophète viendrait, mais ils ne prouvent pas par là que ce soit celui-là, et c'était toute la question. Ces passages ne servent donc qu'à montrer qu'on n'est pas contraire à l'Écriture, et qu'il n'y paraît point de répugnance, mais non pas qu'il y ait accord. Or cela suffit, exclusion de répugnance, avec miracles* (II, 68).

*Jésus-Christ dit que les Écritures témoignent de lui, mais il ne montre pas en quoi.*

*Même les prophéties ne pouvaient pas prouver Jésus-Christ pendant sa vie. Et ainsi on n'eût pas été coupable de ne pas croire en lui avant sa mort, si les miracles n'eussent pas suffi sans la doctrine. Or ceux qui ne croyaient pas en lui encore vivant étaient pécheurs, comme il le dit lui-même, et sans excuse. Donc il fallait qu'ils eussent une démonstration à laquelle ils résistassent. Or ils n'avaient pas la nôtre, mais seulement les miracles; donc ils suffisent, quand la doctrine n'est pas contraire, et on doit y croire* (II, 69).

*Quand donc on voit les miracles et la doctrine non suspecte tout ensemble d'un côté, il n'y a pas de difficulté* (II, 70). Ce n'était pas le cas de Jésus-Christ : sa doctrine était éminemment suspecte à ses compatriotes juifs.

*Mais quand on voit les miracles et doctrine suspects d'un même côté, alors il faut voir quel est le plus clair. Jésus-Christ était suspect* (II, 70). *Mais un homme qui nous annonce les secrets de Dieu n'est pas digne d'être cru sur son autorité privée, et que c'est pour cela que les impies en doutent; aussi un homme qui, pour marque de la communication qu'il a avec Dieu, ressuscite les morts, prédit l'avenir, transporte les mers, guérit les malades, il n'y a point d'impie qui ne s'y rende, et l'incrédulité de Pharao et des Pharisiens est l'effet d'un endurcissement surnaturel* (II, 70). Dans le cas considéré, les miracles particuliers, bien qu'ils ne puissent être scientifiquement contestés, suffisent parce que la croyance est déjà motivée par la constatation du miracle fondamental, tel que l'accomplissement des prophéties : *Pour prouver Jésus-Christ, nous avons les prophéties, qui sont des preuves solides et palpables. Et ces prophéties, étant accomplies, et prouvées véritables par l'événement, marquent la certitude de ces vérités, et partant la preuve de la divinité de Jésus-Christ* (II, 62). *Les Juifs avaient une doctrine de Dieu comme nous en avons une de Jésus-Christ, et confirmée par miracles; et défense de croire à tous faiseurs de miracles, et, de plus, ordre de recourir aux grands-prêtres et de s'en tenir à eux. Et ainsi toutes les raisons que nous avons pour refuser de croire les faiseurs de miracles, ils les avaient à l'égard de leurs prophètes. Et cependant ils étaient très coupables de refuser les prophètes, à cause de leurs miracles, et n'eussent pas été coupables s'ils n'eussent point vu les miracles : Nisi fecissem, peccatum non haberent. Donc toute la créance est sur les miracles* (II, 68). Oui, à la condition que le miracle soit incontestable scientifiquement ou qu'on étende comme nous l'avons fait le sens du mot *miracle* et qu'on le prête à la prophétie qui doit s'accomplir. Pascal lui-même reconnaît d'ailleurs la légitimité de cette extension qui seule concilie logiquement ses *Pensées* éparses sur la valeur probante des miracles.

Leur utilité a fait l'objet de sa plus attentive méditation. Ils sont pour lui le signe du divin dans l'accomplissement des prophéties.

*Si je n'avais ouï parler en aucune sorte du Messie, néanmoins, après les prédictions si admirables de l'ordre du monde que je vois accomplies, je vois que cela est divin. Et si je savais que ces mêmes livres prédisent un Messie, je m'assurerais qu'il serait venu. Et voyant qu'ils mettent son temps avant la destruction du deuxième temple, je dirais qu'il serait venu* (II, 186).

*Ubi est Deus tuus? Les miracles le montrent, et sont un éclair* (II, 169).

Mais il ne croit pourtant pas le miracle nécessaire pour prouver qu'il faut aimer un seul Dieu. L'intuition du cœur y suffit

*C'est une chose si visible, qu'il faut aimer un seul Dieu qu'il ne faut point de miracles pour le prouver.*

*Bel état de l'Église, quand elle n'est plus soutenue que de Dieu* (II, 200). Après avoir établi l'importance des miracles pour la preuve de la Religion il explique pourquoi il n'en faut plus contre les Juifs.

*Jésus-Christ a fait des miracles, et les apôtres ensuite, et les premiers saints en grand nombre; parce que, les prophéties n'étant pas encore accomplies et s'accomplissant par eux, rien ne témoignait, que les miracles. Il était prédit que le Messie convertirait les nations. Comment cette prophétie se fût-elle accomplie, sans la conversion des nations? Et comment les nations se fussent-elles converties au Messie, ne voyant pas ce dernier effet des prophéties qui le prouvent? Avant donc qu'il ait été mort, ressuscité, et converti les nations, tout n'était pas accompli; et ainsi il a fallu des miracles pendant tout ce temps. Maintenant il n'en faut plus contre les Juifs, car les prophéties accomplies sont un miracle subsistant...* (II, 39).

Pascal reconnaît qu'aujourd'hui les miracles ne sont plus nécessaires, mais il atteste qu'ils peuvent le devenir encore.

*Les miracles ne sont plus nécessaires, à cause qu'on en a déjà. Mais quand on n'écoute plus la tradition, quand on ne propose plus que le pape, quand on l'a surpris, et qu'ainsi ayant exclu la vraie source de la vérité, qui est la tradition, et ayant prévenu le pape, qui en est le dépositaire, la vérité n'a plus de liberté de paraître: alors les hommes ne parlant plus de la vérité, la vérité doit parler elle-même aux hommes. C'est ce qui arriva au temps d'Arius* (II, 80).

## CHAPITRE V

Continuité de la tradition du judæo-christianisme. — Fidélité des juifs a la conservation d'un livre qui témoigne de leur ingratitude et a une religion d'une observance tyrannique. — Fidélité des chrétiens a une croyance ennemie des instincts, des appétits et des passions chez l'homme. — Caractères véridiques et divins de la religion judæo-chrétienne.

Reprenons donc la preuve historique de Pascal au point où nous l'avions laissée pour dégager l'idée qu'il se fait du surnaturel.

Il a signalé la longue durée, l'ancienneté et la pérennité singulières, tout exceptionnelles de la religion judæo-chrétienne. Il va démontrer que ces privilèges ont un caractère miraculeux. Si l'on considère l'extraordinaire enchaînement des conditions qui ont, dans le judaïsme, assuré les assises et préparé l'édifice du christianisme, on est contraint de reconnaître qu'une faveur et une influence spéciales de la Providence divine ont seules pu les combiner. Il la montre veillant à la continuité de la tradition. *La mémoire du déluge étant si fraîche parmi les hommes, lorsque Noé vivait encore, Dieu fit ses promesses à Abraham, et lorsque Sem vivait encore, Dieu envoya Moïse, etc.* (I, 174.) — *Et ce qui est admirable, incomparable et tout à fait divin, c'est que cette religion, qui a toujours duré, a toujours été combattue. Mille fois elle a été à la veille d'une destruction universelle; et toutes les fois qu'elle a été en cet état, Dieu l'a relevée par des coups extraordinaires de sa puissance* (I, 172).

Dieu n'a jamais laissé ses élus, le *peuple saint, qu'il séparerait de toutes les autres nations, qu'il délivrerait de ses ennemis, qu'il mettrait dans un lieu de repos* (I, 173),... *sans des assurances de sa puissance et de sa volonté pour leur salut. Car, dans la création de l'homme, Adam en était le témoin, et le dépositaire de la promesse du Sauveur, qui devait naître de la femme; lorsque les hommes étaient encore si proches de la création, qu'ils ne pouvaient avoir oublié leur création et leur chute. Lorsque ceux qui avaient vu Adam n'ont plus été au monde, Dieu a envoyé Noé* (I, 173)...

*La longueur de la vie des patriarches, au lieu de faire que les histoires des choses passées se perdissent, servait, au contraire, à les conserver. Car ce qui fait que l'on n'est pas quelquefois assez instruit dans l'histoire de ses ancêtres, est que l'on n'a jamais guère vécu avec eux, et qu'ils sont morts souvent devant que l'on eût atteint l'âge de raison. Or, lorsque les hommes vivaient si longtemps, les enfants vivaient longtemps avec leurs pères, ils les entretenaient longtemps. Or, de quoi les eussent-ils entretenus, sinon de l'histoire de leurs ancêtres, puisque toute l'histoire était réduite à celle-là, et qu'ils n'avaient point d'études ni de sciences, ni d'arts, qui occupent une grande partie des discours de la vie? Aussi l'on voit qu'en ce temps-là les peuples avaient un soin particulier de conserver leurs généalogies* (I, 213).

Ailleurs Pascal relève le caractère miraculeux de la conservation du dogme judæo-chrétien dans son intégrité : *Les États périraient, si on ne faisait ployer souvent les lois à la nécessité. Mais jamais la religion n'a souffert cela, et n'en a usé. Aussi il faut ces accommodements, ou des miracles. —... Mais que cette religion se soit toujours maintenue, et inflexible, cela est divin* (I, 174).

Ce n'est pas tout. Une singularité surprenante encore le frappe : ... *Ils* (les Juifs) *portent avec amour et fidélité le livre*

où *Moïse déclare qu'ils ont été ingrats envers Dieu toute
leur vie; qu'il sait qu'ils le seront encore plus après sa mort;
mais qu'il appelle le ciel et la terre à témoin contre eux,...
qu'enfin Dieu, s'irritant contre eux, les dispersera parmi
tous les peuples de la terre : que, comme ils l'ont irrité en
adorant les dieux qui n'étaient point leur dieu, de même il
les provoquera en appelant un peuple qui n'est point son
peuple; et veut que toutes ses paroles soient conservées éternellement, et que son livre soit mis dans l'arche de l'alliance
pour servir à jamais de témoin contre eux. Isaïe dit la
même chose*, xxx, 8. *Cependant ce livre, qui les déshonore
en tant de façons, ils le conservent aux dépens de leur vie.
C'est une sincérité qui n'a point d'exemple dans le monde,
ni sa racine dans la nature* (I, 201). Il y a donc là une
preuve de la religion judæo-chrétienne par le surnaturel,
par la conservation miraculeuse de son monument fondamental.

Pascal remarque une autre singularité du même genre,
mais d'un caractère plus général, car il s'agit du sacrifice
non pas de l'honneur seulement, mais bien de tout ce qui
tient à la sensibilité humaine. Cette preuve est plus miraculeuse encore. Il est naturel, normal que la durée d'une
religion se mesure à la conformité de sa doctrine et de ses
préceptes aux idées, aux penchants, aux mœurs de ses
adeptes, car d'ordinaire cette religion en est l'expression
même : l'homme ne s'attache pas à ce qui le heurte et
lui déplaît. Cependant celle qui lui impose les plus intimes sacrifices se trouve être précisément la plus durable : *La loi par laquelle ce peuple est gouverné est tout
ensemble la plus ancienne loi du monde, la plus parfaite,
et la seule qui ait toujours été gardée sans interruption
dans un État. C'est ce que Josèphe montre admirablement
contre Apion, et Philon juif, en divers lieux, où ils font
voir qu'elle est si ancienne, que le nom même de loi n'a été
connu des plus anciens que plus de mille ans après; en sorte
qu'Homère, qui a écrit de l'histoire de tant d'États, ne
s'en est jamais servi. Et il est aisé de juger de sa perfec-*

*tion par la simple lecture, où l'on voit qu'on a pourvu à toutes choses avec tant de sagesse, tant d'équité, tant de jugement, que les plus anciens législateurs grecs et romains, en ayant eu quelque lumière, en ont emprunté leurs principales lois; ce qui paraît par celle qu'ils appellent des Douze Tables, et par les autres preuves que Josèphe en donne. Mais cette loi est en même temps la plus sévère et la plus rigoureuse de toutes en ce qui regarde le culte de leur religion, obligeant ce peuple, pour le retenir dans son devoir, à mille observations particulières et pénibles, sous peine de la vie. De sorte que c'est une chose bien étonnante qu'elle se soit toujours conservée si constamment durant tant de siècles par un peuple rebelle et impatient comme celui-ci; pendant que tous les autres États ont changé de temps en temps leurs lois, quoique tout autrement faciles* (I, 200).

Cette prodigieuse fidélité du peuple juif à sa dure loi, qui assure sa durée malgré sa misère, s'explique par la nécessité de son témoignage en faveur du christianisme ; *C'est une chose étonnante et digne d'une étrange attention, de voir ce peuple juif subsister depuis tant d'années et de le voir toujours misérable : étant nécessaire, pour la preuve de Jésus-Christ, et qu'il subsiste, pour le prouver, et qu'il soit misérable, puisqu'ils l'ont crucifié; et, quoiqu'il soit contraire d'être misérable et de subsister, il subsiste néanmoins toujours malgré sa misère* (II, 40).

*Si les Juifs eussent été tous convertis par* Jésus-Christ, *nous n'aurions plus que des témoins suspects; et s'ils avaient été exterminés, nous n'en aurions point du tout* (II, 40).

*Les Juifs le refusent, mais non pas tous : les saints le reçoivent, et non les charnels. Et tant s'en faut que cela soit contre sa gloire, que c'est le dernier trait qui l'achève. Comme la raison qu'ils en ont, et la seule qui se trouve dans tous leurs écrits, dans le Talmud et dans les rabbins, n'est que parce que* Jésus-Christ *n'a pas dompté les nations en main armée, gladium tuum, potentissime. N'ont-ils que cela à dire?* Jésus-Christ *a été tué, disent-ils, il a succombé; il n'a pas dompté les Païens par sa force; il ne nous a pas donné leurs dépouilles; il ne donne point de richesses. N'ont-ils que cela à dire? C'est en cela qu'il m'est aimable. Je ne voudrais pas celui qu'ils se figurent. Il est visible que ce n'est que sa vie qui les a empêchés de le recevoir; et par ce refus, ils sont des témoins sans reproche, et qui plus est, par là, ils accomplissent les prophéties* (II, 40).

Le christianisme offre, dans sa conservation, le même caractère miraculeux que le judaïsme, de sorte que ce caractère prouve la vérité de la religion judæo-chrétienne considérée dans son ensemble.

*La seule religion contre nature, contre le sens commun, contre nos plaisirs, est la seule qui ait toujours été* (I, 175).

Elle offense, en effet, toutes les facultés humaines : l'intelligence par ses mystères, aussi déconcertants dans l'ordre des idées que ses miracles dans l'ordre des faits; les sens par les mortifications qu'elle leur inflige et par les illusions dont elle les leurre dans l'Eucharistie où la chair et le sang du Christ leur apparaissent sous les espèces du pain et du vin; le cœur par la répression de tous ses mouvements passionnels et même de ses penchants innés; la volonté par l'abdication qu'elle lui impose dans la pratique de l'obéissance et de l'humilité; la conscience, enfin, par les suites du péché originel incompatibles avec le sentiment de la responsabilité personnelle.

Instituée pour révéler à l'homme le secret de sa condition terrestre, l'indéfinissable objet de son soupir et le dénouement de sa destinée, préposée à la sauvegarde de sa dignité, d'où vient que cette religion est adoptée par lui malgré lui? D'où vient qu'elle le sacre et l'humilie tout ensemble, qu'elle ne se borne pas à mater la bête obscure déchaînée en lui, qu'elle s'attaque même à ses titres de noblesse en bafouant sa raison et bravant sa conscience? D'où vient enfin qu'elle lui refuse les insignes et les honneurs de la royauté tout en lui conférant la royauté même sur les autres créatures. Pascal insiste avec une sorte de complaisance sur ces *contrariétés*, si étranges, car elles font de la prodigieuse fortune du Judæo-Christianisme un miracle qui l'arrache tout d'abord à la perplexité du choix entre toutes les religions.

La racine de celle-ci dans le cœur humain est donc à la fois très profonde et entièrement indépendante de toute complaisance pour lui. Une pareille infraction à l'ordre naturel des choses constitue, par excellence, le miracle. La fidélité même des Judæo-Chrétiens à leur religion en prouve donc la divinité véritable.

L'histoire de toutes les religions, pourra-t-on objecter, abonde en récits de faits extraordinaires, en apparence contraires à l'ordre naturel des choses, et ce caractère même les rend tous au même titre suspects de fraude ou d'illusion. Il faut que des témoignages certains en assurent l'authenticité pour les imposer à la croyance. A supposer même qu'on ne les rejette pas tous en principe, comment discerner les véritables des faux? C'est une question que Pascal, nous le savons, n'a point éludée. Mais, de quelque façon qu'il la résolve, si les prodiges accidentels et passagers donnent prise à la critique et motivent une légitime défiance, il ne saurait en être de même des prodiges perpétuels, essentiels en quelque sorte, chez leurs sujets, comme le sont l'établissement de la religion judæo-chrétienne, et l'attachement de ses adeptes à leur croyance en dépit des sacrifices qu'elle impose aux passions. Ce sont là des miracles (au sens le plus large et le plus exact du mot) qui ne peuvent être l'œuvre de l'imagination ni de la fraude. Nul thaumaturge n'y suffirait, à moins de vivre aussi longtemps que la religion même, et d'opérer à la fois sur l'essence même de toutes les âmes.

Il est nécessaire de définir strictement le miracle probant quand la source du miracle est suspecte ou quand la méprise touchant la réalité du fait témoigné est possible. Ce n'est point ici le cas.

Ainsi la religion judæo-chrétienne, seule entre toutes les autres, se désigne et se recommande à l'examen par un exceptionnel caractère de perpétuité et d'universalité; de plus, par la qualité miraculeuse en elle de ce caractère elle fournit, non plus une simple présomption, mais une preuve de sa divine origine. Pascal, avant même d'en avoir approfondi les dogmes, est donc d'ores et déjà autorisé à y croire et à la déclarer vraie.

*La religion est proportionnée à toutes sortes d'esprits. Les premiers s'arrêtent au seul établissement* (c'est-à-dire, comme l'entend Port-Royal, à l'état et à l'établissement où elle est), *et cette religion est telle que son seul établissement est suffisant pour en prouver la vérité.* Cette déclaration est ce qui nous importe ici. Pascal poursuit : *Les autres vont jusques aux apôtres. Les plus instruits vont jusqu'au commencement du monde. Les anges la voient encore mieux, et de plus loin* (II, 94).

Sans remonter jusqu'aux anges, Pascal en prend de très haut et de très loin les fondements. Dans bon nombre de *Pensées*, dont nous ne citons dans cet ouvrage que les plus essentielles à la preuve du Christianisme, il a scruté ce qu'ont été et devaient être le caractère, la croyance, la conduite et l'évolution historique des Juifs pour que tout en eux et par eux servît à l'établissement de la vraie religion. Il explique ce qu'il y a d'étrange dans leur vitalité sociale et dans leurs égarements à la fois.

*Si cela est si clairement prédit aux Juifs, comment ne l'ont-ils pas cru? ou comment n'ont-ils point été exterminés, de résister à une chose si claire?*

*Je réponds : premièrement, cela a été prédit, et qu'ils ne croiraient point une chose si claire, et qu'ils ne seraient point exterminés. Et rien n'est plus glorieux au Messie; car il ne suffisait pas qu'il y eût des prophètes; il fallait qu'ils fussent conservés sans soupçon* (II, 29).

*Si les Juifs eussent été tous convertis par Jésus-Christ, nous n'aurions plus que des témoins suspects et s'ils avaient été exterminés, nous n'en aurions point du tout* (II, 40).

*Les sages qui ont dit qu'il y a un Dieu ont été persécutés, les Juifs haïs, les Chrétiens encore plus* (II, 96).

*Les Juifs qui ont'été appelés à dompter les nations et les rois, ont été esclaves du péché; et les chrétiens, dont la vocation a été à servir et à être sujets, sont les enfants libres* (II, 107).

D'autres citations corroborent, en leurs lieux, les précédentes.

## CHAPITRE VI

LA MISSION DE JÉSUS-CHRIST. — EFFORTS DE PASCAL POUR IDEN-
TIFIER LE CHRIST AVEC LE MESSIE ET POUR RAPPROCHER DE
L'ESPRIT ÉVANGÉLIQUE LE VÉRITABLE ESPRIT DE LA RELIGION
JUIVE.

Le dogme du péché originel enseigne à l'homme la cause de sa condition misérable où se reconnaissent des vestiges de grandeur : c'est un être déchu. Mais ce que cet être déchu demande à la religion, ce qu'il en espère, ce qu'il en attend, ce n'est pas seulement de motiver sa condamnation, c'est avant tout de le réhabiliter, de le racheter, de le délivrer, de le sauver. Il ne saurait opérer lui-même son salut, se soustraire lui-même par le mérite aux conséquences de sa faute, car sa volonté a été viciée par celle-ci. Qui donc le rapprochera de Dieu dont elle l'a séparé? Qui le réconciliera avec lui? Ce rédempteur, ce libérateur, ce réparateur, ce sauveur, il l'implore de son propre Créateur offensé, il fait appel à sa clémence, et c'est encore le Dieu des chrétiens qui seul répond à cet appel. Ce Dieu a d'abord imprimé dans l'histoire même de l'humanité des marques de la rédemption en même temps que de la corruption... : *tout ce qu'il nous importe de connaître est que nous sommes misérables, corrompus, séparés de Dieu, mais rachetés par Jésus-Christ; et c'est de quoi nous avons des preuves admirables sur la terre. Ainsi, les deux preuves de la corruption et de la rédemption se tirent des impies,* qui vivent dans l'indifférence de la religion, et des Juifs qui en sont les ennemis irréconciliables (I, 188).

*Les impies qui s'adonnent aveuglement à leurs paſſions, ſans connoiſtre Dieu & ſans ſe mettre en peine de le chercher, vérifient par eux-meſmes ce fondement de la foy qu'ils combattent, qui eſt que la nature des hommes eſt dans la corruption. Et les Juifs, qui combattent ſi opiniaſtrement la religion chrétienne vérifient encore cet autre fondement de cette meſme foy qu'ils attaquent, qui eſt que Jéſus-Chriſt est le véritable Meſſie & qu'il eſt venu racheter les hommes & les retirer de la corruption & de la miſere où ils eſtoient, tant par l'eſtat où l'on les voit aujourd'hui & qui ſe trouve prédit dans les prophéties, que par ces mêmes prophéties qu'ils portent & qu'ils conſervent inviolablement comme les marques auxquelles on doit reconnoitre le Meſſie.* (MOLINIER. I, 293.)

La mission de Jésus-Christ, la rédemption des hommes par sa mort sur la croix, achève de prouver, aux yeux de Pascal, la vérité du christianisme, parce que ce divin secours satisfait à l'une des conditions les plus essentielles que doive remplir la vraie religion. Elle doit indiquer les remèdes à l'impuissance où est le genre humain de rejoindre par lui-même son Dieu, dont il a été séparé par le péché originel, et elle doit lui prescrire les moyens d'obtenir ces remèdes.

C'est ici que la religion juive entre en conflit avec la religion chrétienne et cesse pour les chrétiens d'être la véritable, car, si les Juifs reconnaissent la nécessité de ces remèdes, ils ne reconnaissent pas que Jésus en soit le dispensateur promis, qu'il soit le Messie annoncé par les prophètes. L'identité de Jésus avec le Messie, que les chrétiens affirment, ils la nient. C'est leur religion qui, selon eux, est la vraie; elle l'est par le Décalogue, fondement de la vraie morale, et par son histoire même, car les preuves que Pascal a tirées jusqu'à présent de considérations historiques sont plus favorables au judaïsme, encore si vivace aujourd'hui, qu'au christianisme; celui-ci est plus riche sans doute en adeptes, mais par contre, moins ancien.

Ainsi les Juifs ont sur les chrétiens un double avantage : la priorité dans l'adoration d'un seul Dieu, dans l'institution de la justice, non moins indispensable à la vie sociale que la charité, et une durée beaucoup plus longue.

Avant de s'engager dans l'examen approfondi de la doctrine chrétienne, il importe donc de démontrer que Jésus est bien le Messie, qu'il n'est pas seulement le représentant de Dieu, mais Dieu même fait homme, et que l'Évangile est le complément nécessaire du livre sacré des Juifs, de sorte que ces deux monuments forment un témoignage indivisible qui se retourne contre le Judaïsme en faveur du seul Christianisme.

I

Qu'est-ce, d'abord, que le Messie? Il faut le demander à l'Ancien Testament, aux prophètes surtout, qui indiquent sa mission et annoncent sa venue. Pascal avait réuni un certain nombre d'extraits de la Vulgate qu'il avait choisis ou qu'on lui avait signalés comme probants touchant l'identité de Jésus avec le Messie et touchant la divinité de celui-ci. Nous chercherons dans ces extraits, dont il a traduit la plus grande partie, les données des questions qu'il devait logiquement se poser sur ces points si importants, et le fondement des réponses qu'il y a faites. Nous n'avons nullement la compétence spéciale requise pour discuter la valeur historique et la portée doctrinale de ces documents interrogés par lui, non plus que l'interprétation qu'il en donne; nous nous en remettons là-dessus aux docteurs spéciaux. Nous avons à considérer ici l'enchaînement logique plutôt que la vérité même de ses aperçus qu'a pu fausser une aveugle acceptation des textes, question que nous laissons entière. Par la définition même du miracle une prophétie et son accomplissement constituent un processus miraculeux, lequel suffit à démontrer l'authenticité et la véracité des Livres Saints.

L'accomplissement des prophéties constaté par les historiens est donc un miracle fondamental qui avère tous ceux que relate la tradition sacrée. Il s'ensuit que la vérification empirique, d'ailleurs impossible, de ceux-ci est inutile pour en assurer le crédit. Il fallait logiquement que la définition du miracle précédât l'examen critique des prophéties. Cet examen, appliqué aux textes extraits par Pascal, n'est pas attrayant tout d'abord pour un profane. On les étudie toutefois avec un intérêt croissant à mesure qu'on y découvre les préoccupations qui en ont dicté le choix à Pascal.

Il devait être fort soucieux de trouver dans la Bible une indication claire de la nature divine du Messie. Aucun texte ne le renseignait formellement à cet égard. On apprend par les prophéties que le Messie : *devait être de Juda, et quand il n'y aurait plus de roi* (II, 28). ... *Qu'il serait roi des Juifs et des Gentils* (II, 24). Daniel l'appelle *prince*.

*Sachez donc et entendez. Depuis que la parole sortira pour rétablir et réédifier Jérusalem, jusqu'au prince Messie, il y aura sept semaines et soixante-deux semaines* (II, 30, note). Il n'est pas évident par ces textes qu'il soit plus qu'un roi, qu'il participe de l'essence divine. Mais on lit dans Isaïe : *qui osera m'accuser? qui se lèvera pour disputer contre moi, et pour m'accuser de péché, Dieu étant lui-même mon protecteur?* (II, 195); et dans Isaïe encore : *Lors le Seigneur, qui m'a formé lui-même dès le ventre de ma mère pour être tout à lui, afin de ramener Jacob et Israël, m'a dit : Tu seras glorieux en ma présence, et je serai moi-même ta force* (II, 193).

Le Messie est donc en communication si intime avec Dieu qu'il participe de la force divine. Il n'en est pas moins encore un simple prophète. Aggée l'atteste explicitement : (*Deut.*, XVIII, *16* : « ... *En Horeb, au jour où vous y étiez assemblés, et que vous dites : Que le Seigneur ne parle plus lui-même à nous, et que nous ne voyions plus ce feu, de peur que nous ne mourions. Et le Seigneur me* dit : *Leur prière est juste : je leur susciterai un prophète tel que vous du milieu de leurs frères, dans la bouche duquel je mettrai mes paroles : et il leur dira toutes les choses que je lui aurai ordonnées; et il arrivera que quiconque n'obéira point aux paroles qu'il lui portera en mon nom, j'en ferai moi-même le jugement* » (II, 197).

Voilà, certes, un prophète singulièrement autorisé, privilégié, mais il n'est pas encore identifié à Dieu. Faut-il reconnaître cette identification dans certains versets d'Isaïe où le Seigneur est présenté comme *rachetant* lui-même Israël et Jacob où il est nommé expressément le Rédempteur ?

*Delevi ut nubem iniquitates tuas, & quaſi nebulam peccata tua, revertere ad me quoniam redemi te.*

*44, 23, 24. Laudate cœli quoniam miſericordiam fecit Dominus..., quoniam redemit Dominus Jacob, et Iſrael gloriabitur. Hæc dicit Dominus redemptor tuus & et formator tuus ex utero : Ego sum Dominus faciens omnia & extendens cœlos, ſolus, ſtabiliens terram & nullus mecum.*

*Is. 54, 8. In momento indignationis abſcondi faciem meam parumper a te & in miſericordia ſempiterna miſertus ſum tui, dixit redemptor tuus Dominus* (Molinier, I, 209.)

Soit que, selon la pure doctrine janséniste, le péché originel ait destitué l'homme de toute aptitude à valoir par lui-même, à mériter par ses propres œuvres, soit que, selon la doctrine orthodoxe, sa volonté puisse mériter, mais ne le puisse, par elle-même, qu'insuffisamment sans le secours de la grâce, dans tous les cas il ne peut tenir sa rédemption que de Dieu lui-même. Dieu est donc bien son rédempteur, mais Dieu peut, sans cesser de l'être, ne l'être que par procuration, par l'intermédiaire d'une de ses créatures d'élite, à laquelle il a confié la mission de régénérer l'âme humaine. Il peut se faire représenter dans son ministère de rédempteur par un prophète, dispensateur de sa grâce. Telles seraient la personne et le rôle du Messie; dans cette interprétation des paroles d'Isaïe, il ne serait pas Dieu même. Sa fonction, dans les versets cités plus haut, se borne d'ailleurs à celle d'un roi, à celle que lui attribuent expressément d'autres prophéties, d'autres paroles d'Isaïe même (XLIX) : *Le Seigneur m'a dit encore : Je t'ai exaucé dans les jours de salut et de miséricorde, et je t'ai établi pour être l'alliance du peuple, et te mettre en possession des nations les plus abandonnées ; afin que tu dises à ceux qui sont dans les chaînes : Sortez en liberté; et à ceux qui sont dans les ténèbres : Venez à la lumière, et possédez des terres abondantes et fertiles. Ils ne seront plus travaillés ni de la faim, ni de la soif, ni de l'ardeur du soleil, parce que celui qui a eu compassion d'eux sera leur conducteur : il les mènera aux sources vivantes des eaux, et aplanira les montagnes devant eux. Voici, les peuples aborderont de toutes parts, d'Orient, d'Occident, d'Aquilon et de Midi. Que le ciel en rende gloire à Dieu; que la terre s'en réjouisse, parce qu'il a plu au Seigneur de consoler son peuple, et qu'il aura enfin pitié des pauvres qui espèrent en lui* (II, 194).

Le Messie apparaît, dans ces derniers textes, comme une sorte de Josué destiné à introduire, non plus seulement les Juifs, mais tous les peuples dans une nouvelle terre promise où satisfaction sera enfin donnée aux besoins du corps, aux seuls vœux tout terrestres de l'âme. Il est difficile d'accorder le signalement et le mandat de ce Messie avec le caractère et la mission d'un régénérateur purement spirituel tel qu'il est représenté dans les premiers textes cités.

Pascal reconnaît avec sa franchise accoutumée ces difficultés, cette indétermination touchant la personne divine du Messie et cette ambiguïté touchant sa fonction, quand on s'en tient au sens littéral de l'Écriture, dans l'Ancien Testament. Mais il n'en est ni surpris ni découragé : *Les prophéties doivent être inintelligibles aux impies, Dan.* xii; *Osée, ult.* 10; *mais intelligibles à ceux qui sont bien instruits* (II, 26).

Il sait que ce mélange d'obscurité et de lumière est une suite du péché originel.

Le discernement du vrai sens, c'est-à-dire, pour Pascal, de celui qui seul peut identifier Jésus avec le Messie exige autant de bonne volonté que de sagacité.

*La création et le déluge étant passés, et Dieu ne devant plus détruire le monde, non plus que le recréer, ni donner de ces grandes marques de lui, il commença d'établir un peuple sur la terre, formé exprès, qui devait durer jusqu'au peuple que le Messie formerait par son esprit* (I, 205).

Voilà le ministère du Messie indiqué, mais non défini. Quel est, en effet, cet esprit? Est-ce l'esprit juif, qui vise à la prospérité terrestre par l'observation de la loi, ou l'esprit chrétien, qui poursuit la félicité spirituelle par la perfection intérieure? Le sens littéral des prophéties n'est, dans beaucoup, inspiré que du premier et il faut, coûte que coûte, en tirer un sens contraire exclusivement animé du second et applicable à toutes, sinon Jésus ne serait pas le Messie; à plus forte raison ne serait-il pas Dieu et c'est le Judaïsme qui serait la vraie religion.

La mission de Jésus-Christ et celle du Messie ont une même raison d'être, le péché originel. La tradition en est indéniable et abondante chez les Juifs :

*Tradition ample du péché originel selon les Juifs.*

*Sur le mot de la Genèse*, VIII (21). (*La composition du cœur de l'homme est mauvaise dès son enfance.*) *R. Moïse Haddarschan : Ce mauvais levain est mis dans l'homme dès l'heure où il est formé. Massechet Succa : Ce mauvais levain a sept noms dans l'Écriture. Il est appelé mal, prépuce, immonde, ennemi, scandale, cœur de pierre, aquilon; tout cela signifie la malignité qui est cachée et empreinte dans le cœur de l'homme* (II, 181).

Pascal cite ici plusieurs autres témoignages de la tradition juive relatifs à la malignité de l'homme, mauvais levain déposé en lui dès sa naissance.

Le christianisme est issu de la religion juive par le concept de la divinité unique et personnelle que celle-ci lui a légué et aussi par la morale de Jésus, morale foncièrement *altruiste* dont le germe avait pu être déposé dans son cœur par la lecture des plus grands prophètes d'Israël. Aussi la disparate est-elle étrange entre le caractère du peuple juif tel que la Bible nous le révèle et l'exquise douceur, la tendre charité qui respire dans les Évangiles. Ce contraste est choquant et l'on comprend que Pascal, désireux de rendre intimement solidaires l'ancienne religion et la nouvelle, ait eu à cœur d'en faire ressortir le plus possible les analogies secrètes voilées par leurs apparentes dissemblances. C'est, nous le croyons, à cet effet, qu'il a si complaisamment relevé dans un long fragment ce qu'il y a d'essentiel dans la religion des Juifs sous les dehors qu'elle affecte dans ses rites et certaines de ses traditions. Voici ce fragment :

*La religion des Juifs semblait consister essentiellement en la paternité d'Abraham, en la circoncision, aux sacrifices, aux cérémonies, en l'arche, au temple, en Hiérusalem, et enfin en la Loi et en l'Alliance de Moïse.*

*Je dis qu'elle ne consistait en aucune de ces choses, mais seulement en l'amour de Dieu, et que Dieu réprouvait toutes les autres choses.*

*Que Dieu n'acceptait pas la postérité d'Abraham.*

*Que les Juifs seront punis de Dieu comme les étrangers, s'ils l'offensent,* Deut. VIII, 19 : « *Si vous oubliez Dieu, et que vous suiviez des dieux étrangers, je vous prédis que vous périrez de la même manière que les nations que Dieu a exterminées devant vous.* »

*Que les étrangers seront reçus de Dieu comme les Juifs, s'ils l'aiment.* Is. LVI, 3 : « *Que l'étranger ne dise pas : Le Seigneur ne me recevra pas. Les étrangers qui s'attachent à Dieu seront pour le servir et l'aimer : je les mènerai en ma sainte montagne, et recevrai d'eux des sacrifices; car ma maison est la maison d'oraison.* »

*Que les vrais Juifs ne considéraient leur mérite que de Dieu, et non d'Abraham.* Is. LXIII, 16 : « *Vous êtes véritablement notre père, et Abraham ne nous a pas connus, et Israël n'a pas eu de connaissance de nous; mais c'est vous qui êtes notre père et notre rédempteur* » (II, 56).

Il importe de constater que l'autographe de cet article porte en titre : *Pour montrer que les vrais Juifs et les vrais Chrétiens n'ont qu'une même religion.* Ajoutons à ces témoignages les suivants :

*Qui jugera de la religion des Juifs par les grossiers, la connaîtra mal. Elle est visible dans les saints livres, et dans la tradition des prophètes, qui ont assez fait entendre qu'ils n'entendaient pas la loi à la lettre. Ainsi notre religion est divine dans l'Évangile, les apôtres et la tradition; mais elle est ridicule dans ceux qui la traitent mal.*

*Le Messie, selon les Juifs charnels, doit être un grand prince temporel. Jésus-Christ, selon les Chrétiens charnels, est venu nous dispenser d'aimer Dieu, et nous donner des sacrements qui opèrent tout sans nous. Ni l'un ni l'autre n'est la religion chrétienne, ni juive. Les vrais Juifs et les vrais Chrétiens ont toujours attendu un Messie qui les ferait aimer Dieu, et, par cet amour, triompher de leurs ennemis* (I, 210).

« *Fac secundum exemplar quod tibi ostensum est in monte.* » *La religion des Juifs a donc été formée sur la ressemblance de la vérité du Messie; et la vérité du Messie a été reconnue par la religion des Juifs, qui en était la figure.*

*Dans les Juifs, la vérité n'était que figurée. Dans le ciel, elle est découverte. Dans l'Église, elle est couverte, et reconnue par le rapport à la figure. La figure a été faite sur la vérité, et la vérité a été reconnue sur la figure* (I, 210).

# CHAPITRE VII

NÉCESSITÉ D'ADMETTRE QUE LES TEXTES SACRÉS RELATIFS AU MESSIE COMPORTENT DEUX INTERPRÉTATIONS DIFFÉRENTES ; QU'ILS ONT A LA FOIS UN SENS LITTÉRAL, TOUT MATÉRIEL, ET UN SENS SPIRITUEL ; IL FAUT, EN UN MOT, QUE LES PROPHÉTIES SOIENT FIGURATIVES. — IMPORTANCE DE LA PERSONNE ET D ELA MISSION DE JÉSUS-CHRIST. — IL RÉSULTE DU CARACTÈRE FIGURATIF DES PROPHÉTIES UNE EXTENSION DANS LE PASSÉ, UNE PRÉEXISTENCE VIRTUELLE DU CHRISTIANISME A SON AVÈNEMENT DÉCLARÉ ET VISIBLE. — CARACTÈRE MIRACULEUX ET D'AUTANT PLUS PROBANT DES PROPHÉTIES FIGURATIVES.

La nécessité de mettre en harmonie le sens littéral de toutes les prophéties avec l'esprit évangélique détermina la tendance à ne voir dans l'Ancien Testament qu'un symbole du Nouveau. Pascal ne pouvait mieux faire que d'y céder, car cette conception permet seule d'identifier le Christ au Messie, et elle répond d'ailleurs à l'idée singulièrement haute qu'il se faisait du rôle de Jésus-Christ dans l'histoire universelle. Sa préoccupation dominante est de lui tout rapporter : *Jésus-Christ est l'objet de tout et le centre où tout tend. Qui le connaît, connaît la raison de toutes choses* (I, 154).

Partant la religion chrétienne, qui est son œuvre, doit subordonner toute l'histoire humaine ; on ne saurait en exagérer l'importance, tous les événements s'y rattachent. Elle est *la cause finale* du passé depuis le péché originel qui l'a rendue indispensable au salut du genre humain jusqu'à la naissance du Sauveur. L'histoire du Judaïsme est prescrite par celle du Christianisme. Celui-ci, avant d'éclore, avec l'enfant Jésus, au sein de la vierge Marie, germait déjà dans celui-là depuis le jour où Adam et Ève furent chassés du Paradis terrestre, et n'a cessé de travailler obscurément l'humanité par sa germination jusqu'à son éclosion. Et de même que la plante est d'avance virtuellement figurée dans la graine, toute l'histoire chrétienne est tracée d'avance dans l'histoire juive pour qui sait l'y déchiffrer; tous les principaux événements de l'une ont leurs figures dans l'autre. Des deux Testaments l'Ancien n'est que le reflet rétrospectif du Nouveau, de sorte qu'il l'annonce et qu'ainsi une figure est en réalité une prophétie, une prophétie par un fait. Cette prophétie-là ne pouvait être entendue par les Juifs, même contemporains du fait; elle ne devait témoigner de la vérité chrétienne que pour les contemporains du Christ et les peuples futurs. Réciproquement les prophéties proprement dites, révélations verbales de l'avenir conservées dans l'Écriture sainte, sont des figures en tant que la venue du Christ, rédempteur spirituel, y est annoncée par la prédiction de la venue du Messie, roi temporel.

Les extraits suivants des *Pensées* mettent bien en lumière le caractère universel que Pascal attribue dans le temps et dans l'espace à l'importance de Jésus-Christ :

*Voilà quelle a été la préparation à la naissance de* Jésus-Christ, *dont l'Évangile devant être cru de tout le monde, il a fallu non seulement qu'il y ait eu des prophéties pour le faire croire, mais que ces prophéties fussent par tout le monde, pour le faire embrasser par tout le monde* (II, 24).

*Quand un seul homme aurait fait un livre des prédictions de* Jésus-Christ, *pour le temps et pour la manière, et que* Jésus-Christ *serait venu conformément à ces prophéties, ce serait une force infinie. Mais il y a bien plus ici. C'est une suite d'hommes, durant quatre mille ans, qui, constamment et sans variation, viennent, l'un ensuite de l'autre, prédire ce même avènement. C'est un peuple tout entier qui l'annonce, et qui subsiste depuis quatre mille années, pour rendre en corps témoignage des assurances qu'ils en ont, et dont ils ne peuvent être divertis par quelques menaces et persécutions qu'on leur fasse : ceci est tout autrement considérable* (II, 22).

*Et il est arrivé, selon la prédiction, qu'en la quatrième monarchie, avant la destruction du second temple, etc., les Païens en foule adorent Dieu et mènent une vie angélique; les filles consacrent à Dieu leur virginité et leur vie; les hommes renoncent à tous plaisirs. Ce que Platon n'a pu persuader à quelque peu d'hommes choisis et si instruits, une force secrète le persuade à cent millions d'hommes ignorants, par la vertu de peu de paroles.*

*Les riches quittent leur bien, les enfants quittent la maison délicate de leurs pères pour aller dans l'austérité d'un désert, etc. (voyez Philon juif). Qu'est-ce que tout cela? C'est ce qui a été prédit si longtemps auparavant. Depuis deux mille années, aucun païen n'avait adoré le Dieu des Juifs; et dans le temps prédit, la foule des païens adore cet unique Dieu. Les temples sont détruits, les rois mêmes se soumettent à la croix. Qu'est-ce que tout cela? c'est l'esprit de Dieu qui est répandu sur la terre. (Nul païen depuis Moïse jusqu'à Jésus-Christ, selon les rabbins mêmes. La foule des païens, après Jésus-Christ, croit en les livres de Moïse et en observe l'essence et l'esprit, et n'en rejette que l'inutile)* (II, 23).

« *Effundam spiritum meum.* » *Tous les peuples étaient dans l'infidélité et dans la concupiscence; toute la terre fut ardente de charité. Les princes quittent leurs grandeurs; les filles souffrent le martyre. D'où vient cette force? C'est que le Messie est arrivé. Voilà l'effet et les marques de sa venue* (II, 23).

*Il est prédit...*

*Qu'il enseignerait aux hommes la voie parfaite* (Is., II, 3).

*Et jamais il n'est venu, ni devant ni après, aucun homme qui ait enseigné rien de divin approchant de cela* (II, 24).

*Qu'il serait roi des Juifs et des Gentils* (Ps. LXXI, 11).

*Et voilà ce roi des Juifs et des Gentils, opprimé par les uns et les autres qui conspirent à sa mort, dominateur des uns et des autres, et détruisant, et le culte de Moïse dans Jérusalem, qui en était le centre, dont il fait sa première église, et le culte des idoles dans Rome, qui en était le centre et dont il fait sa principale église* (II, 24).

*En* Jésus-Christ *toutes les contrariétés sont accordées* (II, 7).

*La connaissance de Dieu sans celle de sa misère fait l'orgueil. La connaissance de sa misère sans celle de Dieu fait le désespoir. La connaissance de* Jésus-Christ *fait le milieu, parce que nous y trouvons et Dieu et notre misère* (II, 62).

*Mais par* Jésus-Christ *et en* Jésus-Christ, *on prouve Dieu, et on enseigne la morale et la doctrine.* Jésus-Christ *est donc le véritable Dieu des hommes* (II, 62).

*Non seulement nous ne connaissons Dieu que par* Jésus-Christ, *mais nous ne nous connaissons nous-mêmes que par* Jésus-Christ. *Nous ne connaissons la vie, la mort, que par* Jésus-Christ. *Hors de* Jésus-Christ, *nous ne savons ce que c'est que notre vie, ni que notre mort, ni que Dieu, ni que nous-mêmes* (II, 63).

*Sans* Jésus-Christ, *il faut que l'homme soit dans le vice et dans la misère; avec* Jésus-Christ, *l'homme est exempt de vice et de misère. En lui est toute notre vertu et toute notre félicité. Hors de lui, il n'y a que vice, misère, erreurs, ténèbres, mort, désespoir* (II, 63).

*Les rois de la terre s'unissent pour abolir cette religion naissante, comme cela avait été prédit : « Quare fremuerunt gentes. Reges terræ adversus Christum. » Tout ce qu'il y a de grand sur la terre s'unit, les savants, les sages, les rois. Les uns écrivent, les autres condamnent, les autres tuent. Et, nonobstant toutes ces oppositions, ces gens simples et sans force résistent à toutes ces puissances, et se soumettent même ces rois, ces savants, ces sages, et ôtent l'idolâtrie de toute la terre. Et tout cela se fait par la force qui l'avait prédit* (II, 25).

*Il devait lui seul produire un grand peuple, élu, saint et choisi; le conduire, le nourrir, l'introduire dans le lieu de repos et de sainteté; le rendre saint à Dieu; en faire le temple de Dieu, le réconcilier à Dieu, le sauver de la colère de Dieu, le délivrer de la servitude du péché, qui règne visiblement dans l'homme; donner des lois à ce peuple, graver ces lois dans leur cœur, s'offrir à Dieu pour eux, se sacrifier pour eux, être une hostie sans tache, et lui-même sacrificateur, devant s'offrir lui-même, son corps et son sang, et néanmoins offrir pain et vin à Dieu.*

*Prophéties :* « *Transfixerunt* ». *Zach.* xii, 10 (II, 27).

*... Sauveur, père, sacrificateur, hostie, nourriture, roi, sage, législateur, affligé, pauvre, devant produire un peuple qu'il devait conduire, et nourrir, et introduire dans sa terre...* (II, 27).

*...* Jésus-Christ, *que les deux Testaments regardent, l'Ancien comme son attente, le Nouveau comme son modèle; tous deux comme leur centre* (II, 18).

*Sans* Jésus-Christ *le monde ne subsisterait pas; car il faudrait, ou qu'il fût détruit, ou qu'il fût comme un enfer* (II, 63).

L'interprétation des Livres Saints conduit à une définition précise des sens qu'on attache au texte sacré[1]. 1° C'est en premier lieu le *sens verbal* ou *littéral*. Ce sens est le premier que le vocabulaire employé confère immédiatement à la phrase. C'est le sens qu'il s'agit, dans tous les cas, d'interpréter. Il est le *sens propre* quand le texte n'en comporte pas d'autre, il est le *sens figuré* ou *métaphorique*, si le texte en comporte deux dont le rapport soit tel qu'ils aient des caractères communs plus ou moins abstraits (allégories, symboles, paraboles). Ce rapport est celui de signe *naturel* à chose signifiée; quand il n'y a rien de commun entre ces deux termes, le signe est purement *conventionnel*.

2° C'est en second lieu le sens qu'on appelle *typique*.

---

1. Le canevas des définitions qui suivent nous a été fourni par l'édition de l'abbé Guthlin (p. 158, 159 et 160).

Dans ce cas les mots ont deux sens signifiant deux choses différentes dont le rapport est encore celui de signe naturel à objet signifié, mais qui ont toutes deux une existence historique. Ce sont deux événements réels dont l'un littéralement et immédiatement exprimé sert d'expression indirecte à l'autre. Il y a trois sortes de sens typiques : 1° le *prophétique*, annonce d'un fait futur, touchant l'œuvre ou la personne du Messie et figuré par un fait présent, qui en est le type (c'est le *figuratif* de Pascal); 2° le *tropologique* lorsque le sens a trait à une règle ou à un enseignement d'ordre moral; 3° l'*anagogique*, lorsqu'il concerne de près ou de loin la vie future. Le qualificatif *typique* a été adopté par les théologiens pour remplacer les mots *mystique, allégorique, figural, figuratif, spirituel* qui faisaient équivoque.

La théorie des figures et des prophéties, instituée par saint Paul, a été acceptée par Pascal avec empressement. Elle crée entre la religion juive et la chrétienne la plus étroite solidarité possible, bien plus précieuse que la simple succession historique de la seconde à la première, succession de l'effet à la cause efficiente, qui pourrait n'avoir rien de miraculeux ni, par suite, de péremptoirement probant. Comment douter, au contraire, de la vérité du christianisme qui apparaît ainsi dilaté en arrière jusqu'à la création du monde. Il y gagne, pour ainsi dire, une durée double; et le miracle de son établissement éclate dans la subordination du passé à l'avenir, renversement, en sa faveur, de la loi du déterminisme. Élevé au rang de cause finale, il prend la valeur d'une forme vivante, dont le type, prescrit d'avance, ne procède pas de rencontres fortuites comme le font, pour une si grande part, la suite et la trame des événements tout humains.

Ainsi *le vieux Testament est un chiffre* (II, 184). La figure y est prophétique, la prophétie y est figurative. Par ce double caractère le témoignage fourni par le judaïsme au christianisme est miraculeux et assure à celui-ci un fondement inébranlable.

Ce sont les prophéties accomplies qui caractérisent de la façon la plus frappante l'*enchaînement tout divin* dont parle Pascal (I, 214). Leur efficacité probante est double, en effet, mais à la condition d'y reconnaître deux sens concomitants :

*Pour prouver tout d'un coup les deux, il ne faut que voir si les prophéties de l'un sont accomplies en l'autre* (II, 2).

*Pour examiner les prophéties, il faut les entendre; car, si on croit qu'elles n'ont qu'un sens, il est sûr que le Messie ne sera point venu; mais si elles ont deux sens, il est sûr qu'il sera venu en* Jésus-Christ. *Toute la question est donc de savoir si elles ont deux sens* (II, 2).

¶ *C'eſt comme ceux entre leſquels il y a un certain langage obſcur.*

*Ceux qui n'entendroyent pas cela n'y comprendroyent qu'un ſot ſens* (Molinier, I, 243).

Or Pascal reconnaît ... *Que l'Écriture a deux sens, que* Jésus-Christ *et les apôtres ont donnés, dont voici les preuves* (II, 200).

(Il les énumère sans les développer, sommairement).
*1° Preuve par l'Écriture même. 2° Preuve par les rabbins. Moïse Maymon dit qu'elle a deux faces, et que les prophètes n'ont prophétisé que* Jésus-Christ. *3° Preuves par la cabale. 4° Preuves par l'interprétation mystique que les rabbins même donnent à l'Écriture. 5° Preuves par les principes des rabbins, qu'il y a deux sens.*

*Qu'il y a deux avènements du Messie, glorieux ou abject, selon leur mérite; que les prophètes n'ont prophétisé que du Messie. La loi n'est pas éternelle, mais doit changer au Messie. Qu'alors on ne se souviendra plus de la mer Rouge; que les Juifs et les Gentils seront mêlés.* (II, 200.)

On remarquera qu'en empruntant aux rabbins leurs preuves il manifeste son dessein de puiser dans l'arsenal même de la critique juive des armes contre les objections des Juifs à la vérité de la doctrine chrétienne. Il constate, en outre, que la prospérité de la synagogue est subor-

donnée dans l'histoire aux intérêts de l'Église : *La synagogue ne périssait point, parce qu'elle était la figure, mais
parce qu'elle n'était que la figure, elle est tombée dans la
servitude. La figure a subsisté jusqu'à la vérité, afin que
l'Église fût toujours visible, ou dans la peinture qui la
promettait, ou dans l'effet* (II, 2).

## CHAPITRE VIII

### FIGURES ET PROPHÉTIES INVOQUÉES EN TÉMOIGNAGE DANS LES PENSÉES DE PASCAL.

Pascal avait recueilli un assez grand nombre de documents bibliques pour établir que l'Ancien Testament est figuratif du Nouveau. Nous pourrions y renvoyer le lecteur ; toutefois nous croyons intéressant pour lui d'en pouvoir mesurer d'un coup d'œil l'importance. Nous allons donc recenser dans ce chapitre, en écartant les *Pensées* que nous avons déjà mentionnées, celles qui traduisent et interprètent les figures et les prophéties, et les citations tirées des Livres Saints. Ce recensement ne sera pas toujours une reproduction intégrale, mais le plus souvent une analyse ou même une simple mention des passages cités avec renvoi au texte de l'édition de Ernest Havet, ou de la Bible.

*Adam forma futuri. Les six jours pour former l'un, les six âges pour former l'autre. Les six jours que Moïse représente pour la formation d'Adam, ne sont que la peinture des six âges pour former* Jésus-Christ *et l'Église. Si Adam n'eût point péché, et que* Jésus-Christ *ne fût point venu, il n'y eût eu qu'une seule alliance, qu'un seul âge des hommes, et la création eût été représentée comme faite en un seul temps* (II, 170).

*Jésus-Christ, figuré par Joseph, bien-aimé de son père, envoyé du père pour voir ses frères, etc., innocent, vendu par ses frères vingt deniers, et par là devenu leur seigneur, leur sauveur, et le sauveur des étrangers, et le sauveur du monde; ce qui n'eût point été sans le dessein de le perdre, la vente et réprobation qu'ils en firent.*

*Dans la prison, Joseph innocent entre deux criminels;* Jésus-Christ *en la croix entre deux larrons. Il prédit le salut à l'un, et la mort à l'autre, sur les mêmes apparences :* Jésus-Christ *sauve les élus, et damne les réprouvés, sur les mêmes crimes. Joseph ne fait que prédire :* Jésus-Christ *fait. Joseph demande à celui qui sera sauvé qu'il se souvienne de lui quand il sera venu en sa gloire; et celui que* Jésus-Christ *sauve lui demande qu'il se souvienne de lui quand il sera en son royaume* (II, 2).

*Les peuples juif et égyptien visiblement prédits par ces deux particuliers que Moïse rencontra* [Exode, II, 11-14] : *l'Égyptien battant le Juif, Moïse le vengeant et tuant l'Égyptien, et le Juif en étant ingrat* (II, 184).

*David, grand témoin : roi, bon, pardonnant, belle âme, bon esprit, puissant; il prophétise, et son miracle arrive; cela est infini. Il n'avait qu'à dire qu'il était le Messie, s'il eût eu de la vanité; car les prophéties sont plus claires de lui que de* Jésus-Christ. *Et saint Jean de même* (II, 1).

*Car la nature est une image de la grâce, et les miracles visibles sont image des invisibles* (II, 3).

Pour les prophéties nous empruntons à l'édition de l'abbé Guthlin la division suivante :

1° Évolution de l'idée messianique. — 2° Les prophéties relatives à la vie du Messie. — 3° A son œuvre. — 4° A sa loi. — 5° A son peuple. — 6° A son culte nouveau. — 7° L'histoire, préface à l'Évangile.

*1° Qu'on considère que, depuis le commencement du monde, l'attente ou l'adoration du Messie subsiste sans interruption; qu'il s'est trouvé des hommes qui ont dit que Dieu leur avait révélé qu'il devait naître un Rédempteur qui sauverait son peuple; qu'Abraham est venu ensuite dire qu'il avait eu révélation qu'il naîtrait de lui par un fils qu'il aurait; que Jacob a déclaré que, de ses douze enfants, il naîtrait de Juda; que Moïse et les prophètes sont venus ensuite déclarer le temps et la manière de sa venue; qu'ils ont dit que la Loi qu'ils avaient n'était qu'en attendant celle du Messie; que jusque-là elle serait perpétuelle, mais que l'autre durerait éternellement; qu'ainsi leur Loi, ou celle du Messie, dont elle était la promesse, serait toujours sur la terre; qu'en effet elle a toujours duré; qu'enfin est venu Jésus-Christ dans toutes les circonstances prédites. Cela est admirable* (II, 28).

2° *En titre dans l'autographe*, « Pendant la durée du Messie » (II, Note 4, page 27).

« ... *Ænigmatis. Ezéch.*, xvii [2].

*Son précurseur. Malach.*, iii [1].

*Il naîtra enfant. Is.*, ix [6].

*Il naîtra de la ville de Bethléem. Mich.*, v. [2]. *Il paraîtra principalement en Jérusalem et naîtra de la famille de Juda et de David.*

*Il doit aveugler les sages et les savants, Is.*, vi [10], viii [14, 15], xxix [10, etc.], *et annoncer l'Évangile aux petits, Is.*, xxix [18, 19], *ouvrir les yeux des aveugles, et rendre la santé aux infirmes, et mener à la lumière ceux qui languissent dans les ténèbres. Is.*, lxi [1].

*Les prophéties qui le représentent pauvre, le représentent maître des nations, Is.*, lii, 14, *etc.*, liii. *Zach.*, ix, 9.

*Les prophéties qui prédisent le temps ne le prédisent que maître des Gentils, et souffrant, et non dans les nuées, ni juge. Et celles qui le représentent ainsi jugeant et glorieux ne marquent point le temps.*

*Quand il est parlé du Messie comme grand et glorieux, il est visible que c'est pour juger le monde, et non pour le racheter.*

*Il doit enseigner la voie parfaite, et être le précepteur des Gentils. Is.*, lv [4], xlii [1-7].

*... Qu'il doit être la victime pour les péchés du monde. Is.*, xxxix, liii [5], *etc.*

*Il doit être la pierre fondamentale précieuse. Is.*, xxviii [16].

*Il doit être la pierre d'achoppement et de scandale. Is.*, viii [14]. *Jérusalem doit heurter contre cette pierre.*

*Les édifiants doivent réprouver cette pierre. Ps.*, CXVII [22].

*Dieu doit faire de cette pierre le chef du coin.*

*Et cette pierre doit croître en une immense montagne et doit remplir toute la terre. Dan.*, II [35].

*Qu'ainsi il doit être rejeté, Ps.* CVIII [8], *méconnu* [*Is.*, LIII, 2, 3], *trahi* [*Ps.* XL, 10], *vendu, Zach.*, XI, [12]; *craché, souffleté* [*Is.*, L, 6], *moqué* [*Ps.* XXXIV, 16], *affligé en une infinité de manières, abreuvé de fiel, Ps.* LXVIII [22], *transpercé, Zach.*, XII [10], *les pieds et les mains percés* [*Ps.* XXI, 17], *tué* [*Dan.*, IX, 26], *et ses habits jetés au sort* [*Ps.* XXI, 19].

*Qu'il ressusciterait, Ps.* XV [10], *le troisième jour, Osée*, VI [3].

*Qu'il monterait au ciel pour s'asseoir à la droite. Ps.* CIX [1].

*Que les rois s'armeraient contre lui. Ps.* II [2].

*Qu'étant à la droite du Père, il serait victorieux de ses ennemis.*

*Que les rois de la terre et tous les peuples l'adoreraient. Is.* LX [14].

*Que les Juifs subsisteront en nation. Jérémie* [XXXI, 36].

*Qu'ils seraient errants* [*Amos*, IX, 9], *sans rois, etc. Osée*, III, [4], *sans prophètes, Amos; attendant le salut et ne le trouvant point. Is.*, LIX [9].

*Vocation des Gentils par Jésus-Christ. Is.*, LII, 15; LV [5], LX [4, etc.], *Ps.* LXXI [11, 18, etc.] (II, 25-26-27).

3°... *Qu'il devait venir un libérateur, qui écraserait la tête au démon, qui devait délivrer son peuple de ses péchés,* « ex omnibus iniquitatibus [*Ps.* CXXIX, 8]; *qu'il devait y avoir un Nouveau Testament, qui serait éternel; qu'il devait y avoir une autre prêtrise, selon l'ordre de Melchisédech* [*Ps.* CIX, 4]; *que celle-là serait éternelle; que le* CHRIST *devait être glorieux, puissant, fort, et néanmoins si misérable qu'il ne serait pas reconnu; qu'on ne le prendrait pas pour ce qu'il est; qu'on le rebuterait, qu'on le tuerait; que son peuple, qui l'aurait renié, ne serait plus son peuple; que les idolâtres le recevraient, et auraient recours à lui, qu'il quitterait Sion pour régner au centre de l'idolâtrie; que* néanmoins *les Juifs subsisteraient toujours; qu'il devait être de Juda, et quand il n'y aurait plus de roi* (II, 28).

*4°* ... *Il est prédit qu'aux temps du Messie, il viendrait établir une nouvelle alliance, qui ferait oublier la sortie d'Égypte* [*Jérém.*, XXIII, 5; *Is.*, XLIII, 16]; *qui mettrait sa loi, non dans l'extérieur, mais dans les cœurs; que* JÉSUS-CHRIST *mettrait sa crainte, qui n'avait été qu'au dehors, dans le milieu du cœur. Qui ne voit la loi chrétienne en tout cela?* (II, 23.)

*5°* ... *Que les Juifs réprouveraient* JÉSUS-CHRIST, *et qu'ils seraient réprouvés de Dieu, par cette raison que la vigne élue ne donnerait que du verjus. Que le peuple choisi serait infidèle, ingrat et incrédule,* « *populum non credentem et contradicentem* ». *Que Dieu les frappera d'aveuglement, et qu'ils tâtonneraient en plein midi comme les aveugles; qu'un précurseur viendrait avant lui* (II, 24).

*6°* ... *Qu'alors l'idolâtrie serait renversée; que ce Messie abattrait toutes les idoles* [*Ezéch.*, XXX, 13] *et ferait entrer les hommes dans le culte du vrai Dieu.*

*Que les temples des idoles seraient abattus, et que, parmi toutes les nations et en tous les lieux du monde, lui serait offerte une hostie pure* [*Malach.*, I, 11], *non pas des animaux* (II, 24).

*7°* *Qu'il est beau de voir, par les yeux de la foi, Darius et Cyrus, Alexandre, les Romains, Pompée et Hérode agir, sans le savoir, pour la gloire de l'Évangile!* (II, 41.)

Voici maintenant les prophéties qui ne sont pas commentées, mais traduites plus ou moins librement par Pascal :

1° Prophéties qui annoncent la succession des temps et la chute des empires :

*Prédiction de Cyrus. Is.*, XLV, 4 — XLV, 21 — (II, 190).

*Is.*, XLVI (9) — XLII, 9 — XLVIII, 3 (Les Temps nouveaux) (II, 190).

*Daniel*, II (Les quatre Empires) (II, 31).

*Daniel*, XI (Succession de l'Empire d'Alexandre) (II, 32).

2° Prophéties qui annoncent la vengeance de Dieu sur Israël, la réprobation des Juifs et la conversion des Gentils :

*Amos*, III (Ruine des Juifs) (II, 196).

*Amos*, VIII (Vengeance de Dieu) (II, 196).

*Isaïe* (Réprobation des Juifs et conversion des Gentils). LXV (II, 191).

Et — LVI (3) — (LIX, 9) — LXVI, 18 ((II, 192).

3° Prophéties qui annoncent la réprobation du Temple et la Captivité du peuple juif sans retour :

*Réprobation du temple. Jér.*, VII, 12 — VII, 21 — VII, 4 (II, 192, 193).

*Captivité des Juifs sans retour. Jér.*, XI, 11 (II, 188).

*Is.*, V, 1-7 — *Is.*, VIII (13-17) — *Is.*, XXIX (9-14) (II, 188).

*Osée, dernier chapitre, dernier verset* (II, 188, 189).

— *Daniel*, XII, 7 (II, 196).

4° Prophéties qui annoncent l'avènement de Jésus-Christ :

*Genèse*, XLIX (8) : (Le Messie, de la tribu de Juda) (II, 197).

*Deut.*, XVIII (16) (Le Prophète prédit par Moïse) (II, 197).

*Is.*, XLIX (Le Christ, salut et lumière des peuples) (II, 193-194-195).

*Is.*, L (Le Christ repoussé par les Juifs) (II, 195).

*Is.*, LI (La loi du Messie) (II, 195).

*Aggée*, II, 4 (Le Désiré des nations) (II, 196).

*Daniel*, XII, 7 (Dispersion des Juifs) (II, 196).

Mon incompétence en exégèse me rend incapable d'ajouter rien aux arguments produits pour ou contre l'authenticité et la véracité des prophéties par des critiques autorisés (surtout allemands) : théologiens croyants et historiens incrédules. Le lecteur voudra bien se rappeler que je m'attache spécialement à l'ordonnance rationnelle des *Pensées*, à leur enchaînement logique, étant accordées certaines prémisses historiques admises par Pascal sans la défiance qu'il témoigne en matière scientifique à l'égard des monuments anciens.

## CHAPITRE IX

ORDRE DES PENSÉES QUI ÉTABLISSENT LA RELATION ENTRE LES FIGURES ET LES PROPHÉTIES.

Ordonnons le plus logiquement que nous pourrons les *Pensées* qui établissent la relation entre les figures et les prophéties.

Pascal indique des règles générales de discernement qu'on peut placer ici :

*De deux personnes qui disent de sots contes, l'un qui a double sens, entendu dans la cabale, l'autre qui n'a que ce sens, si quelqu'un, n'étant pas du secret, entend discourir les deux en cette sorte, il en fera même jugement. Mais si ensuite, dans le reste du discours, l'un dit des choses angéliques, et l'autre toujours des choses plates et communes, il jugera que l'un parlait avec mystère, et non pas l'autre : l'un ayant assez montré qu'il est incapable de telle sottise, et capable d'être mystérieux; l'autre, qu'il est incapable de mystère, et capable de sottise* (II, 42).

*Quand la parole de Dieu, qui est véritable, est fausse littéralement, elle est vraie spirituellement.* « *Sede a dextris meis.* » *Cela est faux littéralement; donc cela est vrai spirituellement. En ces expressions, il est parlé de Dieu à la manière des hommes; et cela ne signifie autre chose, sinon que, l'intention que les hommes ont en faisant asseoir à leur droite, Dieu l'aura aussi. C'est donc une marque de l'intention de Dieu, non de sa manière de l'exécuter.*

*Ainsi quand il dit : Dieu a reçu l'odeur de vos parfums et vous donnera en récompense une terre grasse, c'est-à-dire, la même intention qu'aurait un homme qui, agréant vos parfums, vous donnerait en récompense une terre grasse, Dieu aura la même intention pour vous, parce que vous avez eu pour lui la même intention qu'un homme a pour celui à qui il donne des parfums. Ainsi* IRATUS EST, *« Dieu jaloux », etc. Car les choses de Dieu étant inexprimables, elles ne peuvent être dites autrement, et l'Église aujourd'hui en use encore :* QUIA CONFORTAVIT seras, *etc.*

*Il ne nous est pas permis d'attribuer à l'Écriture les sens qu'elle ne nous a pas révélé qu'elle a. Ainsi de dire que le « mem » fermé d'Isaïe signifie 600, cela n'est pas révélé. Il eût pu dire que les « tsadé » final et les « he deficientes » signifieraient des mystères. Il n'est donc pas permis de le dire, et encore moins de dire que c'est la manière de la pierre philosophale. Mais nous disons que le sens littéral n'est pas le vrai, parce que les prophètes l'ont dit eux-mêmes* (II, 8).

Ajoutons que Pascal reconnaît la nécessité d'interpréter les textes avec précaution :

*Il y a des figures claires et démonstratives; mais il y en a d'autres qui semblent un peu tirées par les cheveux, et qui ne prouvent qu'à ceux qui sont persuadés d'ailleurs. Celles-là sont semblables aux apocalyptiques. Mais la différence qu'il y a est qu'ils n'en ont point d'indubitables. Tellement qu'il n'y a rien de si injuste que quand ils montrent que les leurs sont aussi bien fondées que quelques-unes des nôtres; car ils n'en ont pas de démonstratives comme quelques-unes des nôtres. La partie n'est donc pas égale. Il ne faut pas égaler et confondre ces choses parce qu'elles semblent être semblables par un bout, étant si différentes par l'autre. Ce sont les clartés qui méritent, quand elles sont divines, qu'on révère les obscurités* (II, 1).

*Parler contre les trop grands figuratifs* (II, 175).

Il peut aussi y avoir des raisons pour que certaines prophéties soient obscures :

*Il faut mettre au chapitre des fondements ce qui est en celui des Figuratifs touchant la cause des Figures : pourquoi* Jésus-Christ *prophétisé en son premier avènement; pourquoi prophétisé obscurément en la manière* (II, 175).

Il n'est pas admissible : 1° que des prophéties dictées par Dieu même et destinées à confirmer la promesse du bonheur éternel visent uniquement l'acquisition de *biens temporels,* car ce *serait indigne de Dieu*; 2° *que leurs discours* (les discours des prophètes) *expriment très clairement la promesse des biens temporels, et qu'ils disent néanmoins que leurs discours sont obscurs, et que leur sens ne sera point entendu.* . . . . . . . . . . . . . . . .

. . . . *qu'on ne l'entendra qu'à la fin des temps.* Jer., xxx, *ult.*

. . . . . 3°. . . . . . *que leurs discours sont contraires et se détruisent* (II, 2). Comment expliquer, comment justifier ces incompatibilités dans l'Écriture Sainte?

Ce scandale du sens moral et de la raison s'évanouit si l'on reconnaît que le sens véritable de ces discours *n'était pas celui qu'ils* (les prophètes) *exprimaient à découvert, et que, par conséquent, ils entendaient parler d'autres sacrifices, d'un autre libérateur, etc.* . . . . . . . .

. . . . . . . . . *si l'on pense qu'ils n'aient entendu par les mots de loi et de sacrifice autre chose que celle de Moïse, il y a contradiction manifeste et grossière. Donc ils entendaient autre chose, se condredisant quelquefois dans un même chapitre* (II, 3).

*Si la loi et les sacrifices sont la vérité, il faut qu'elle plaise à Dieu et qu'elle ne lui déplaise point. S'ils sont figures, il faut qu'ils plaisent et déplaisent. Or, dans toute l'Écriture, ils plaisent et déplaisent.*

*Il est dit que la loi sera changée; que le sacrifice sera changé; qu'ils seront sans roi, sans prince et sans sacrifices; qu'il sera fait une nouvelle alliance, que la loi sera renouvelée, que les préceptes qu'ils ont reçus ne sont pas bons; que leurs sacrifices sont abominables; que Dieu n'en a point demandé.*

*Il est dit, au contraire, que la loi durera éternellement; que cette alliance sera éternelle; que le sacrifice sera éternel; que le sceptre ne sortira jamais d'avec eux, puisqu'il n'en doit point sortir que le Roi éternel n'arrive. Tous ces passages marquent-ils que ce soit réalité? Non. Marquent-ils aussi que ce soit figure? Non : mais que c'est réalité, ou figure. Mais les premiers, excluant la réalité, marquent que ce n'est que figure.*

*Tous ces passages ensemble ne peuvent être dits de la réalité; tous peuvent être dits de la figure : donc ils ne sont pas dits de la réalité, mais de la figure. « Agnus occisus est ab origine mundi »* (II, 3).

*On ne peut faire une bonne physionomie qu'en accordant toutes nos contrariétés, et il ne suffit pas de suivre une suite de qualités accordantes sans accorder les contraires. Pour entendre le sens d'un auteur, il faut accorder tous les passages contraires.*

*Ainsi, pour entendre l'Écriture, il faut avoir un sens dans lequel tous les passages contraires s'accordent. Il ne suffit pas d'en avoir un qui convienne à plusieurs passages accordants, mais d'en avoir un qui accorde les passages même contraires.*

*Tout auteur a un sens auquel tous les passages contraires s'accordent, ou il n'a point de sens du tout. On ne peut pas dire cela de l'Écriture et des prophètes; ils avaient assurément trop bon sens. Il faut donc en chercher un qui accorde toutes les contrariétés.*

*Le véritable sens n'est donc pas celui des Juifs; mais en* Jésus-Christ *toutes les contradictions sont accordées.*

*Les Juifs ne sauraient accorder la cessation de la royauté et principauté prédite par Osée avec la prophétie de Jacob.*

*Si on prend la loi, les sacrifices, et le royaume, pour réalités, on ne peut accorder tous les passages. Il faut donc par nécessité qu'ils ne soient que figures. On ne saurait pas même accorder les passages d'un même auteur, ni même d'un livre, ni quelquefois d'un même chapitre. Ce qui marque trop quel était le sens de l'auteur. Comme quand Ézéchiel, ch.* xx, *dit qu'on vivra dans les commandements de Dieu et qu'on n'y vivra pas* (II, 6 et 7).

*Un portrait porte absence et présence, plaisir et déplaisir. La réalité exclut absence et déplaisir.*

*Pour savoir si la loi et les sacrifices sont réalité ou figure, il faut voir si les prophètes, en parlant de ces choses, y arrêtaient leur vue et leur pensée, en sorte qu'ils n'y vissent que cette ancienne alliance ; ou s'ils y voient quelque autre chose dont elle fût la peinture ; car dans un portrait on voit la chose figurée. Il ne faut pour cela qu'examiner ce qu'ils en disent.*

*Quand ils disent qu'elle sera éternelle, entendent-ils parler de l'alliance de laquelle ils disent qu'elle sera changée; et de même des sacrifices, etc.?* (II, 4.)

*Le chiffre a deux sens.* — *Quand on surprend une lettre importante où l'on trouve un sens clair et où il est dit néanmoins que le sens en est voilé et obscurci; qu'il est caché, en sorte qu'on verra cette lettre sans la voir et qu'on l'entendra sans l'entendre; que doit-on penser, sinon que c'est un chiffre à double sens; et d'autant plus qu'on y trouve des contrariétés manifestes dans le sens littéral? Combien doit-on estimer ceux qui nous découvrent le chiffre et nous apprennent à connaître le sens caché; et principalement quand les principes qu'ils en prennent sont tout à fait naturels et clairs! C'est ce qu'a fait Jésus-Christ et les apôtres. Ils ont levé le sceau, il a rompu le voile et découvert l'esprit. Ils nous ont appris pour cela que les ennemis de l'homme sont des passions; que le Rédempteur serait spirituel et son règne spirituel; qu'il y aurait deux avènements : l'un de misère, pour abaisser l'homme superbe, l'autre de gloire, pour élever l'homme humilié; que Jésus-Christ serait Dieu et homme. Les prophètes ont dit clairement qu'Israël serait toujours aimé de Dieu, et que la loi serait éternelle; et ils ont dit que l'on n'entendrait point leur sens et qu'il était voilé* (II, 4).

*L'utilité des prophéties semble un peu compromise par*

cette explication, car seuls les hommes doués de la sagacité d'un Pascal peuvent les interpréter avec justesse et tous les autres demeurent scandalisés dans leur sens moral et leur raison. On peut répondre à cette objection que Dieu a envoyé au monde des interprètes et des propagateurs.

Pascal la prévient. Après avoir énoncé les longues traditions juives à cet égard dans le fragment suivant :

*Les Juifs avaient vieilli dans ces pensées terrestres, que Dieu aimait leur père Abraham, sa chair et ce qui en sortait. Que pour cela il les avait multipliés et distingués de tous les autres peuples, sans souffrir qu'ils s'y mêlassent; que, quand ils languissaient dans l'Égypte, il les en retira avec tous ces grands signes en leur faveur; qu'il les nourrit de la manne dans le désert; qu'il les mena dans une terre bien grasse; qu'il leur donna des rois et un temple bien bâti pour y offrir des bêtes, et par le moyen de l'effusion de leur sang qu'ils seraient purifiés, et qu'il leur devait enfin envoyer le Messie pour les rendre maîtres de tout le monde; et il a prédit le temps de sa venue* (I, 206).

Pascal signale que saint Paul vint à propos pour dissiper tout nuage dans l'esprit des hommes après que l'erreur des Juifs eut servi à la conservation par eux du dépôt des promesses divines :

*Le monde avait vieilli dans ces erreurs charnelles, JÉSUS-CHRIST est venu dans le temps prédit, mais non pas dans l'éclat attendu; et ainsi ils n'ont pas pensé que ce fût lui. Après sa mort, saint Paul est venu apprendre aux hommes que toutes ces choses étaient arrivées en figures; que le royaume de Dieu ne consistait pas en la chair, mais en l'esprit; que les ennemis des hommes n'étaient pas les Babyloniens, mais les passions; que Dieu ne se plaisait pas aux temples faits de main, mais en un cœur pur et humilié; que la circoncision du corps était inutile, mais qu'il fallait celle du cœur; que Moïse ne leur avait pas donné le pain du ciel, etc.*

*Mais Dieu n'ayant pas voulu découvrir ces choses à ce peuple, qui en était indigne, et ayant voulu néanmoins les prédire afin qu'elles fussent crues, il en a prédit le temps clairement, et les a quelquefois exprimées clairement, mais abondamment, en figures, afin que ceux qui aimaient les choses figurantes s'y arrêtassent, et que ceux qui aimaient les figurées les y vissent. (Je ne dis pas bien.)* (I, 206).

*Tout arrivait en figures. Voilà le chiffre que saint Paul nous donne. Il fallait que le Christ souffrît. Un Dieu humilié. Circoncision de cœur, vrai jeûne, vrai sacrifice, vrai temple. Les prophètes ont indiqué qu'il fallait que tout cela fût spirituel* (I, 5).

*Il* (Dieu) *nous a donc appris enfin que toutes ces choses n'étaient que figures, et ce que c'est que vraiment libre, vrai Israélite, vraie circoncision, vrai pain du ciel, etc.* (II, 6).

La dissimulation des vrais biens n'était pas sans motifs :

*Une des principales raisons pour lesquelles les prophètes ont voilé les biens spirituels qu'ils promettaient sous les figures des biens temporels, c'est qu'ils avaient affaire à un peuple charnel qu'il fallait rendre dépositaire du Testament spirituel* (MOLINIER, I, 254).

*Il fallait que, pour donner foi au Messie, il y eût eu des prophéties précédentes, et qu'elles fussent portées par des gens non suspects, et d'une diligence et fidélité et d'un zèle extraordinaire, et connus de toute la terre.*

*Pour faire réussir tout cela, Dieu a choisi ce peuple charnel, auquel il a mis en dépôt les prophéties qui prédisent le Messie, comme libérateur, et dispensateur des biens charnels que ce peuple aimait; et ainsi il a eu une ardeur extraordinaire pour ses prophètes, et a porté à la vue de tout le monde ces livres qui prédisent leur Messie, assurant toutes les nations qu'il devait venir, et en la manière prédite dans les livres qu'ils tenaient ouverts à tout le monde. Et ainsi ce peuple, déçu par l'avènement ignominieux et pauvre du Messie, ont été ses plus cruels ennemis. De sorte que voilà le peuple du monde le moins suspect de nous favoriser, et le plus exact et le plus zélé qui se puisse dire pour sa loi et pour ses prophètes, qui les porte incorrompus, etc.* (I, 207, 208 et 209).

*... De sorte que ceux qui ont rejeté et crucifié* Jésus-Christ, *qui leur a été en scandale, sont ceux qui portent les livres qui témoignent de lui et qui disent qu'il sera rejeté et en scandale; de sorte qu'ils ont marqué que c'était lui en le refusant, et qu'il a été également prouvé, et par les justes Juifs qui l'ont reçu, et par les injustes qui l'ont rejeté, l'un et l'autre ayant été prédit* (I, 209).

*Figuratif. Dieu s'est servi de la concupiscence des Juifs pour les faire servir à* Jésus-Christ.

*Rien n'est si semblable à la charité que la cupidité, et rien n'y est si contraire. Ainsi les Juifs, pleins des biens qui flattaient leur cupidité, étaient très conformes aux chrétiens, et très contraires. Et par ce moyen ils avaient les deux qualités qu'il fallait qu'ils eussent, d'être très conformes au Messie, pour le figurer, et très contraires, pour n'être point témoins suspects* (II, 184).

Au surplus si flattée que fût la cupidité des Juifs par les biens promis, les prodiges messianiques n'étaient pas de nature à les étonner :

*Les Juifs étaient accoutumés aux grands et éclatants miracles, et ainsi ayant eu les grands coups de la mer Rouge et de la terre de Chanaan comme un abrégé des grandes choses de leur Messie, ils en attendaient donc de plus éclatants dont ceux de Moïse n'étaient que les échantillons* (Guthlin, 161).

D'autre part les bons ne risquaient pas d'être induits en erreur :

*. Dieu, pour rendre le Messie connaissable aux bons et méconnaissable aux méchants, l'a fait prédire en cette sorte. Si la manière du Messie eût été prédite clairement, il n'y eût point eu d'obscurité, même pour les méchants. Si le temps eût été prédit obscurément, il y eût eu obscurité, même pour les bons; car la bonté de leur cœur ne leur eût pas fait entendre que, par exemple, le* mem *fermé signifie six cents ans. Mais le temps a été prédit clairement, et la manière en figures.*

*Par ce moyen, les méchants, prenant les biens promis*

*pour matériels, s'égarent malgré le temps prédit clairement, et les bons ne s'égarent pas; car l'intelligence des biens promis dépend du cœur, qui appelle bien ce qu'il aime; mais l'intelligence du temps promis ne dépend point du cœur; et ainsi la prédiction claire du temps, et obscure des biens, ne déçoit que les seuls méchants* (II, 50).

*Dès qu'une fois on a ouvert ce secret, il est impossible de ne pas le voir. Qu'on lise le Vieil Testament en cette vue, et qu'on voie si les sacrifices étaient vrais, si la parenté d'Abraham était la vraie cause de l'amitié de Dieu, si la terre promise était le véritable lieu de repos. Non. Donc c'étaient des figures. Qu'on voie de même toutes les cérémonies ordonnées, tous les commandements qui ne sont pas pour la charité, on verra que c'en sont les figures* (II, 11).

Pascal consigne certaines remarques utiles pour l'interprétation de la Bible.

*Le Vieux Testament est un chiffre.*

*Deux erreurs : 1° prendre tout littéralement ; 2° prendre tout spirituellement* (II, 184).

*Tout ce qui ne va point à la charité est figure.*

*L'unique objet de l'Écriture est la charité. Tout ce qui ne va point à l'unique but en est la figure : car, puisqu'il n'y a qu'un but, tout ce qui n'y va point en mots propres est figuré.*

*Dieu diversifie ainsi cet unique précepte de charité pour satisfaire notre curiosité, qui recherche la diversité, par cette diversité, qui nous mène toujours à notre unique nécessaire. Car une seule chose est nécessaire, et nous aimons la diversité; et Dieu satisfait à l'un et à l'autre par ces diversités, qui mènent au seul nécessaire* (II, 9).

La distinction du charnel et du spirituel sur laquelle Pascal fonde la théorie de la figure dans l'Ancien Testament lui suggère les réflexions générales qui suivent :

*Les Juifs charnels tiennent le milieu entre les Chrétiens et les Païens. Les Païens ne connaissent point Dieu, et n'aiment que la terre. Les Juifs connaissent le vrai Dieu, et n'aiment que la terre. Les Chrétiens connaissent le vrai*

*Dieu, et n'aiment point la terre. Les Juifs et les Païens aiment les mêmes biens. Les Juifs et les Chrétiens connaissent le même Dieu. Les Juifs étaient de deux sortes : les uns n'avaient que les affections païennes, les autres avaient les affections chrétiennes* (I, 211).

*Deux sortes d'hommes en chaque religion. Parmi les Païens, des adorateurs des bêtes, et les autres, adorateurs d'un seul Dieu dans la religion naturelle. Parmi les Juifs, les charnels, et les spirituels, qui étaient les Chrétiens de la loi ancienne. Parmi les Chrétiens, les grossiers, qui sont les Juifs de la loi nouvelle. Les Juifs charnels attendaient un Messie charnel; et les Chrétiens grossiers croient que le Messie les a dispensés d'aimer Dieu. Les vrais Juifs et les vrais Chrétiens adorent un Messie qui les fait aimer Dieu* (I, 211).

Cette même distinction divise les hommes en deux groupes à qui Pascal fait respectivement leurs parts :

*Il y en a qui voient bien qu'il n'y a pas d'autre ennemi de l'homme que la concupiscence, qui le détourne de Dieu, et non pas Dieu; ni d'autre bien que Dieu, et non pas une terre grasse. Ceux qui croient que le bien de l'homme est en la chair, et le mal en ce qui le détourne des plaisirs des sens, qu'il s'en soûle et qu'il y meure. Mais ceux qui cherchent Dieu de tout leur cœur, qui n'ont de déplaisir que d'être privés de sa vue, qui n'ont de désir que pour le posséder et d'ennemis que ceux qui les en détournent, qui s'affligent de se voir environnés et dominés de tels ennemis; qu'ils se consolent, je leur annonce une heureuse nouvelle : il y a un libérateur pour eux, je le leur ferai voir; je leur montrerai qu'il y a un Dieu pour eux; je ne le ferai pas voir aux autres. Je ferai voir qu'un Messie a été promis, qui délivrerait des ennemis, et qu'il en est venu un pour délivrer des iniquités, mais non des ennemis* (II, 10).

# CHAPITRE X

ORDRE DES PENSÉES DE PASCAL QUI MANIFESTENT LES DEGRÉS D'IMPORTANCE QU'IL ATTRIBUAIT AUX PROPHÉTIES, AUX FIGURES ET AUX MIRACLES.

Nous allons examiner, dans l'ordre qui les éclaire mutuellement, les *Pensées* où Pascal exprime son sentiment assez complexe sur la valeur probante des prophéties. Il définit la révélation prophétique : *Prophétiser, c'est parler de Dieu, non par preuve du dehors, mais par sentiment intérieur et immédiat* (II, 185).

Une prophétie est donc une révélation, sans intermédiaire, partant, la plus sûre possible, qui, par l'accomplissement du fait révélé, devient de particulière générale, d'individuelle universelle. La relation établie entre l'esprit du prophète et l'événement futur qu'il annonce, la prévision, en un mot, n'étant explicable par aucun des procédés ordinaires de la nature, est à ce titre surnaturelle, il s'ensuit que la prophétie est l'effet d'une intervention spéciale de Dieu dans l'ordre qu'il a établi dès la création du monde, c'est-à-dire en réalité un miracle, bien que dans les Livres Saints la prophétie ne soit pas appelée *miracle*, comme Pascal l'a remarqué lui-même (II, 68). Le miracle constaté prouve du même coup la véracité du prophète, la vérité de la religion qu'il professe, et, par suite, celle du Dieu qui l'a suscité. C'est, avec la conservation merveilleuse de la religion judæo-chrétienne à travers des épreuves séculaires, le plus probant de tous les miracles. Tous les autres ne sont incontestables que pour les témoins oculaires, et encore ceux-ci peuvent-ils craindre d'avoir été les jouets d'une hallucination ou d'une supercherie ; une prédiction vérifiée par l'événement ne laisse place à aucun doute pour personne. Son accomplissement garantit, en effet, tout ensemble et que le prophète était sincère et qu'il n'était pas dupe de son imagination ou de ses sens. Qu'un homme entende ou croie entendre en son for intime le verbe divin, cette révélation ne vaut que pour lui ; les autres ont le droit de n'y voir qu'une illusion, de suspecter même sa bonne foi. Mais si cette parole intérieure annonce un événement futur, il deviendra possible de la contrôler et, si l'événement qu'elle prédit se réalise, il faudra bien la reconnaître d'origine surnaturelle, divine. Aussi Pascal attache-t-il à la prophétie une souveraine importance :

*La plus grande des preuves de* Jésus-Christ *sont les prophéties... l'événement qui les a remplies est un miracle subsistant depuis la naissance de l'Église jusques à la fin* (II, 21).

La prophétie accomplie suppose la révélation que Dieu a faite au prophète de l'événement futur et la réalisation de celui-ci. Mais il faut que la réalisation du fait soit certaine, qu'elle puisse être considérée comme historiquement établie par des témoignages irréfragables. Les contemporains qui y ont assisté en sont certains, mais les hommes qui sont nés longtemps après ne peuvent la connaître que par la tradition orale ou écrite transmise depuis ceux-là jusqu'à eux, et ne sauraient l'accepter sans l'avoir soumise à un examen critique d'autant plus sévère que la question du surnaturel est engagée dans cette question de fait. Une prédiction véridique à très longue échéance constitue un phénomène si extraordinaire, qu'il n'est permis d'y croire et de l'enseigner qu'avec précaution, après avoir prévenu et dissipé tout soupçon d'erreur ou de fraude. Assurément, si la prophétie était toujours formulée en termes explicites et précis, et qu'ainsi l'événement prédit fût désigné sans confusion possible, elle serait trop aisée à vérifier pour qu'on pût s'y tromper ou en falsifier la preuve. Mais tel n'est point le cas des prophéties de l'Ancien Testament. Les termes en sont figurés et élastiques; point assez, sans doute, pour en permettre une application tout arbitraire aux faits historiques, assez toutefois pour que les intéressés en puissent solliciter l'adaptation à des faits qui s'y prêtent sans y être manifestement conformes.

*Le temps, prédit par l'état du peuple juif, par l'état du peuple païen, par l'état du temple, par le nombre des années. Il faut être hardi pour prédire une même chose en tant de manières* (II, 22).

Oui, mais la seule prédiction précise, le nombre des années, n'a pu se vérifier.

*Les 70 semaines de Daniel sont équivoques pour le terme du commencement, à cause des termes de la prophétie; et pour le terme de la fin, à cause des diversités des chronologistes. Mais toute cette différence ne va qu'à 200 ans* (II, 29).

Pascal s'en contente; c'est ce qu'on appelle : faire contre fortune bon cœur.

*On n'entend les prophéties que quand on voit les choses arrivées* (II, 179). Cette remarque est alarmante. Il serait invraisemblable que rien de tout cela ne l'eût inquiété. Il a beau savoir que le péché originel interdit la pleine lumière ou même, selon la doctrine janséniste, toute lumière à l'intelligence humaine déchue, et qu'ainsi toute adhésion au fondement de la religion doit impliquer un acte de foi, néanmoins, dans la part plus ou moins restreinte concédée par la foi à la raison, il apporte les invincibles habitudes d'esprit du savant et ne se dissimule pas l'incertitude qui naît de l'indétermination essentielle aux termes de toute prophétie. D'ailleurs, nous avons vu précédemment qu'il en fait l'aveu : *Les prophéties, les miracles mêmes ne sont pas de telle nature qu'on puisse dire qu'ils sont absolument convaincants* (II, 96). Mais la foi aura le dernier mot; de ce que l'obscurité dans les prophéties est inévitable il ne conclut pas que toute clarté y manque au point d'empêcher d'y croire. Il suffit qu'on ne puisse dire que *ce soit être sans raison que de les croire* (II, 96); la foi fait le reste. La mission secourable de la foi a même sur le jugement une influence préventive. C'est elle, à coup sûr, qui prémunit inconsciemment Pascal contre la tentation de se demander si, par hasard, le Nouveau Testament, dont la rédaction n'est pas homogène et a été précédée d'une assez longue tradition orale, ne serait point un récit tout ensemble étrangement composite et pieusement artificiel de la vie du Christ, arrangée peu à peu de manière à s'accommoder aux prophéties de l'Ancien Testament. Une pareille idée, fût-ce en tant que simple hypothèse, a quelque chose de sacrilège qui répugne à sa piété de chrétien et devait l'interdire même à sa scrupuleuse défiance de savant; elle ne s'est même pas présentée à son esprit. La critique moderne, surtout la critique allemande du milieu du siècle dernier, complètement affranchie du mysticisme, pouvait seule l'émettre et la discuter. Elle semble depuis lors avoir perdu beaucoup de terrain. Notre incompétence nous dispense de l'adopter comme de la rejeter; nous remarquons seulement que Pascal n'a pas trouvé dans son génie une initiative qui lui permît même de se placer au point de vue que nous mentionnons. Sans aller jusque-là le libre examen lui était bien difficile.

Le plus puissant esprit scientifique, circonvenu par les mille influences de l'hérédité et du milieu social, est exposé à perdre de son indépendance et de sa largeur. Il voit plus directement et plus loin que le vulgaire, mais son horizon est fatalement rétréci par les œillères qu'il tient, à son insu, de ses ancêtres et de ses contemporains. Sans doute c'est le propre du génie de changer, de renouveler le point de vue accoutumé, comme aussi de pénétrer à fond ce qu'il regarde; mais l'un est peut-être plus difficile encore que l'autre, et le regard de Pascal était peut-être plus pénétrant qu'étendu, car il n'a point, comme Descartes et Leibnitz, inventé en géométrie de grande méthode. Quoi qu'il en soit, son aveu précité, si l'on tient compte de son préjugé favorable au christianisme, atteste en lui, sinon une hardiesse, du moins une droiture de critique plus forte que l'inclination du cœur. Ce qui le rassure, c'est que l'avènement de Jésus-Christ n'a pas été prédit *pour le temps et pour la manière*, par un homme seulement, et ce serait déjà d'une *force infinie* (II, 22), mais qu'il l'a été par une suite d'hommes, durant quatre mille ans, malgré toutes sortes de menaces et de persécutions : *Je ne crois que les histoires dont les témoins se feraient égorger* (II, 107).

C'est, en outre, que les prophéties *ont été distribuées par tous les lieux & conservées dans tous les temps* (MOLINIER, I, 199), pour faire croire de tout le monde l'Évangile ; et que ce concert n'a point été un effet du hasard, car il a lui-même été prédit. Voilà bien des raisons d'écarter toute supposition d'erreur et de fraude ; ces raisons suffisent, du moins, à étayer la croyance, à justifier la foi. Mais, dira-t-on, si la foi a besoin de quelque fondement rationnel, si elle doit s'appuyer sur autre chose que sur elle-même, ne cesse-t-elle pas par cela même d'être un moyen de connaître réellement distinct et indépendant de la raison ? Ne perd-elle pas sa vertu même, qui lui permet précisément de s'en passer, et sa fonction propre qui est de la suppléer ? Pascal semble importuné par cette contradiction impliquée dans l'usage d'une preuve empirique, telle que l'accomplissement d'une prophétie, pour communiquer la foi. Cette preuve est, au fond, une concession faite aux dépens de celle-ci à la raison, puisqu'elle a pour but de convaincre et non de toucher. C'est le propre de la foi chrétienne d'être un pur don de Dieu, de ne pas se communiquer par le raisonnement. *Les autres religions ne disent pas cela de leur foi ; elles ne donnaient que le raisonnement pour y arriver, qui n'y mène pas néanmoins* (II, 158).

Le vrai croyant est celui qui adhère au christianisme par un élan immédiat du cœur. Tout ce qui s'interpose entre le cœur et son divin objet, tout témoignage intermédiaire le distrait de sa fonction et l'usurpe. Pascal ne nous révèle-t-il pas sa pensée intime sur ce point, dans le fragment suivant, qui au premier abord déconcerte :

*Les prophéties citées dans l'Évangile, vous croyez qu'elles sont rapportées pour vous faire croire. Non; c'est pour vous éloigner de croire* (II, 52.) Elles dispensent, en effet, de l'acte de foi. C'est dans le même esprit, nous l'avons déjà signalé, qu'il dit ailleurs : *Les miracles ne servent pas à convertir, mais à condamner* (II, 158).

Les prophéties et les miracles rendent, en effet, l'acte de foi proprement dit superflu, puisque ces preuves empiriques suffisent à déterminer l'adhésion au christianisme.

Malgré tout, en se considérant d'abord comme isolé dans l'infini et livré aux seules ressources naturelles de l'intelligence humaine, en se mettant à la place de ceux qu'il se proposait de convertir, Pascal a bien été obligé de donner le pas à la preuve empirique sur la pure inspiration de la foi. Il a dû s'appliquer uniquement à mettre en lumière tout ce que les prophéties ont de probant en faveur de la religion qui lui semblait la plus digne d'examen et de crédit. Ajoutons qu'il admire en savant la divine ordonnance de cette démonstration dont il adore en chrétien l'auteur : ... *Plus je les examine, plus j'y trouve de vérités.*

*Je trouve cet enchaînement, cette religion toute divine dans son autorité, dans sa durée, dans sa perpétuité, dans sa morale, dans sa conduite, dans sa doctrine, dans ses effets* (I, 214).

Ce jugement est le fruit de sa critique; son enthousiasme est ici réfléchi, procédant de sa raison; de sa raison, non de sa foi. Mais il ne prétend pas que le raisonnement suffise à la conversion de l'incrédule. Il semble craindre de rendre ainsi l'acte de foi inutile et il insiste avec une vigueur singulière sur la vertu de la croix pour toucher les âmes :

*Cette religion si grande en miracles (saints Pères irréprochables; savants et grands, témoins, martyrs, rois [David] établis; Isaïe, prince du sang); si grande en science; après avoir étalé tous ses miracles et toute sa sagesse, elle réprouve tout cela et dit qu'elle n'a ni sagesse ni signes, mais la croix et la folie. Car ceux qui par ces signes et cette sagesse ont mérité votre créance, et qui vous ont prouvé leur caractère, vous déclarent que rien de tout cela ne peut vous changer, et nous rendre capables de connaître et aimer Dieu, que la vertu de la folie de la croix, sans sagesse ni signes ; et non point les signes sans cette vertu. Ainsi notre religion est folle, en regardant à la cause effective, et sage en regardant à la sagesse qui y prépare* (II, 200).

Telle qu'elle est, elle communique la vie à ses adeptes.

*La foi reçue au baptême est la source de toute la vie des chrétiens et des convertis.*

# DEUXIÈME PARTIE

## EN QUOI CONSISTE ET COMMENT S'OPÈRE LA RÉDEMPTION.

# CHAPITRE PREMIER

L'HOMME DÉCHU PEUT NÉANMOINS OPÉRER SON SALUT. — DÉFINITION LOGIQUE DE LA GRACE ET DE LA NATURE. — EN QUOI CONSISTE LA RÉDEMPTION. — THÉORIE DE LA GRACE SELON SAINT AUGUSTIN ET SELON SAINT THOMAS. — LE DOGME DE LA GRACE CONSACRÉ PAR LE CONCILE DE TRENTE. — L'ENSEIGNEMENT ORTHODOXE CONFIRME LES DÉFINITIONS PUREMENT LOGIQUES DE LA GRACE. — LE DOGME, HUMAINEMENT IRRATIONNEL, N'EST PAS PAR CELA SEUL INADMISSIBLE. — LA PRÉDESTINATION; LES RAPPORTS DE LA GRACE ET DU LIBRE ARBITRE DEMEURENT INDÉTERMINÉS; SOURCE D'HÉRÉSIES.

Pascal tient donc pour démontré par l'observation psychologique et par les faits historiques relatés dans les Livres Saints que l'homme est déchu de sa dignité primitive, que Jésus-Christ est le Messie et qu'il est venu abolir les suites du péché originel, racheter le genre humain.

Racheter n'est pas synonyme ici de provoquer une amnistie, au sens qu'on attache ordinairement à ce mot, c'est-à-dire de faire remettre par le souverain à une collectivité la peine qu'elle a encourue dans chacun de ses membres pour un commun attentat à la loi, de sorte qu'il n'existe aucune solidarité entre cet attentat et les autres fautes, les fautes propres à chacun d'eux. Ici, au contraire, l'attentat collectif, le péché originel ayant corrompu la volonté chez tous les hommes, chacun est exposé à pécher individuellement par suite de ce péché même, racine de tous les autres. Aussi chacun risque-t-il d'encourir la peine de la damnation, celle du premier péché, s'il en commet d'autres, à moins qu'il ne meure en état de grâce. Qu'est-ce donc que la grâce? Quel est cet instrument de la Rédemption? Il est pour nous de première importance de nous en faire une idée nette.

Dans quelque acception qu'on prenne le mot *grâce*, le sens de ce mot implique essentiellement *gratuité*, libre don d'une chose qui n'est pas due, en un mot faveur. Or, rien ne pouvant être dû à ce qui n'existe pas encore, la création du monde est par excellence un acte de la grâce divine. Pour le croyant chrétien tout ce qui n'est pas Dieu dérive immédiatement ou médiatement de Dieu par cet acte initial. Dérive de Dieu médiatement la douleur soit physique, soit morale. La douleur s'explique et se justifie par le péché originel, et celui-ci à son tour par la création du libre arbitre humain sur lequel finalement retombe toute la responsabilité du mal moral et de ses suites. Rien de ce que réprouve la conscience n'est donc imputable à la volonté divine. L'œuvre de la grâce créatrice, à savoir le monde et ses lois, c'est ce qu'on appelle *la nature*.

Sur cet effet général et perpétuel des premiers décrets de la volonté créatrice viennent postérieurement se greffer des effets accidentels et particuliers de cette même volonté divine, lesquels introduisent dans la trame naturelle des phénomènes, soit physiques, soit moraux, certaines modifications qui ne s'expliquent pas entièrement par la nature. Ce sont les miracles et les dons de *la grâce*, au sens spécial que la théologie chrétienne attribue à ce mot; cette grâce ne vise que le salut de l'homme par un divin remède à ses infirmités et à ses défaillances.

Nous allons tâcher de déduire ce sens logiquement des faits attestés par les monuments sacrés pour nous assurer que le dogme est engagé dans la trame purement logique des *Pensées* de Pascal.

D'une part, les misères et les faiblesses de l'homme tel qu'il est aujourd'hui, et, d'autre part, les refus et les résistances que rencontrent dans son milieu son instinct de conervation et sa volonté de vivre, voilà ce qui détermine présentement sa condition terrestre. Cette condition, aux yeux de Pascal et de tous les croyants chrétiens, ne saurait s'expliquer que par une déchéance. Une chute primordiale, conséquence d'une faute, a modifié du même coup l'essence de l'homme et les ressources offertes par la terre à la satisfaction des besoins, des désirs, et des aspirations afférents à ses aptitudes innées. Quelles sont exactement les suites du péché originel? Quelles sont-elles du moins au point de vue exclusivement moral? En quoi consiste la déchéance de l'âme? Jusqu'à quel point l'essence humaine est-elle déchue? Ne lui reste-t-il rien de sa dignité native, c'est-à-dire de son rang, du degré qu'elle a occupé sur l'échelle ascendante des essences créées? L'homme tombé en a-t-il tout perdu ou en a-t-il gardé quelque chose? N'a-t-il pas conservé quelque aptitude à valoir, et, par son mérite, en vertu d'un effort personnel, à réparer la défaillance ancestrale, funeste héritage de ses premiers parents? Peut-il, en un mot, faire son salut?

Il ne le peut certainement pas tout seul, sans aucune médiation entre Dieu, qu'il a offensé, et lui; car, s'il le pouvait, le sacrifice accompli par Jésus sur la croix serait sans raison d'être. Mais, du moins, l'homme peut-il coopérer à son salut? Assurément, puisqu'il le doit. Il le doit, car le Christ, en rachetant le péché originel par son supplice, en sauvant l'homme, ne le dispense nullement de valoir par lui-même dans une certaine mesure, d'associer au moins son propre effort aux mérites du Rédempteur. Ce qui le prouve, c'est que les individus qui ne valent rien ne vont pas au ciel; ils vont au purgatoire ou en enfer. Les damnés ne sont pas seulement coupables par hérédité, ils le sont, en outre, par leur propre fait; par une désobéissance personnelle aux commandements sacrés. Par contre, ceux qui ne sont pas damnés, les élus, y ont obéi spontanément, par un bon mouvement de leur volonté. Mais ce bon mouvement, ne pouvant suppléer ni supplanter la mission du Christ, est toujours insuffisant : il n'opère pas entièrement le salut.

Ainsi la rédemption consiste à *rendre possible* le salut de chaque homme. Elle est doublement conditionnelle : il faut que Dieu consente à pardonner, à restituer par une seconde création sa nature primitive à l'homme déchu, mais il faut d'abord que l'homme témoigne par son initiative propre qu'il s'y prête. Le péché originel, en effet, n'a pas aboli le libre arbitre; l'individu est demeuré capable d'opter pour le bien, d'y tendre sans être capable de le pratiquer tout seul; il n'est sauvé que s'il déploie pour le faire tout l'effort personnel dont sa volonté dispose. Cet effort étant d'ailleurs toujours insuffisant, les mérites de Jésus-Christ déterminent Dieu à le corroborer pour le rendre efficace. Cette intervention divine dans la conduite humaine est *la grâce* au sens théologique du mot.

Ce sens est en effet déterminé par le concile de Trente et la formule que donne ce concile du dogme de la grâce répond précisément à la définition précédente. L'essentiel de ce dogme est résumé dans le Catéchisme du diocèse de Paris. Voici textuellement ce qu'il enseigne :

1° Nous ne pouvons observer les commandements et éviter le péché qu'avec la grâce de Dieu.

2° La grâce est un don surnaturel ou un secours que Dieu nous accorde par pure bonté, et en vue des mérites de Jésus-Christ, pour nous aider à faire notre salut.

3° Il y a deux sortes de grâces : la grâce habituelle ou sanctifiante, et la grâce actuelle.

4° La grâce habituelle est une grâce qui demeure en notre âme, et qui la rend sainte et agréable aux yeux de Dieu.

5° Nous pouvons perdre la grâce habituelle, un seul péché mortel suffit pour nous en priver.

6° La grâce actuelle est un secours du moment par lequel Dieu éclaire notre esprit et touche notre cœur pour nous exciter et nous aider à faire le bien et à éviter le mal.

7° La grâce actuelle nous est si nécessaire, que sans elle nous ne pouvons rien qui soit utile pour notre salut.

8° Dieu nous donne la grâce actuelle toutes les fois que

nous en avons besoin et que nous la demandons comme il faut.

9° On peut résister à la grâce, et malheureusement on n'y résiste que trop souvent.

10° Dieu nous donne ordinairement la grâce par le moyen de la prière et par la vertu des sacrements.

Ces dix articles du dogme de la grâce satisfont aux conditions déduites plus haut des faits consignés dans les Livres Saints. En effet, dans les articles 1° et 2° la nécessité d'une médiation pour le salut de l'homme est affirmée par les effets de la grâce de Dieu accordée en vue des mérites de Jésus-Christ. La nécessité de la coopération de l'homme à son salut est affirmée par la fin de l'article 8°. Le libre arbitre que suppose cette coopération est, en outre, affirmé par les articles 1° et 5°, qui font mention du péché en général, non pas seulement du péché originel, et par l'article 9°.

Nous ne sommes pas surpris que Pascal ait adhéré sans peine à l'économie fondamentale de l'intervention divine dans l'opération du salut, puisque, les monuments sacrés, les témoignages traditionnels de la chute étant admis par lui, cette économie est logique; mais nous voudrions connaître clairement la solution qu'il donnait au problème qu'en soulèvent les conséquences au point de vue du libre arbitre. Ce problème a dû inquiéter singulièrement sa raison; nous verrons que le recueil des *Pensées* ne satisfait qu'à demi notre curiosité à cet égard.

Si l'action de la grâce était conciliable avec le libre arbitre, cette question n'aurait pas tant exercé les esprits jusqu'au milieu du XVIe siècle; elle n'eût pas fait pulluler les hérésies. La lutte de l'Église avec celles-ci est épique et nous laissons aux spécialistes érudits le soin d'en dépouiller l'énorme bibliographie. Nous indiquerons seulement à grands traits la matière du débat, car nous n'en avons pas étudié les péripéties.

Avant le concile de Trente qui a fixé la définition, les modes et les effets de la grâce, une discussion très ancienne, très longue et très subtile s'était élevée sur cette matière, et il s'en faut que la question ait été résolue par tous les docteurs de la même façon et comme l'a fait ce concile. Dans les traités théologiques, la grâce affecte un grand nombre de qualifications. Rappelons la *grâce habituelle* (*justifiante et sanctifiante*, renfermant les vertus infuses et les dons du Saint Esprit, inséparable de la charité parfaite) et la *grâce actuelle*. Dans celle-ci on distingue : 1° selon les facultés qu'elle intéresse la *grâce de santé*, illumination soudaine de l'esprit, la seule nécessaire à Adam avant le péché, et la *grâce médicinale*, réunissant les deux secours, celui qui est nécessaire à l'esprit et celui qui est nécessaire à la volonté dans l'état actuel de l'homme ; 2° selon sa manière d'agir en nous ou avec nous ; la *grâce prévenante* ou *opérante ;* la grâce *coopérante* et *subséquente ;* la grâce *actuelle opérante*, soit *efficace*, quand elle opère infailliblement le consentement sans contraindre la volonté, soit *suffisante*, quand elle donne assez de force pour faire le bien, mais peut être rendue inefficace par la résistance de la volonté. Il faut distinguer encore : les *grâces naturelles*, qui concernent le salut (grâce proprement dite des théologiens), les *grâces extérieures* (loi de Dieu, leçons de Jésus-Christ, prédication de l'Évangile, exhortation, exemples des saints) etc., et les *grâces intérieures* (inspiration de bonnes pensées, de saints désirs, de pieuses résolutions, etc.) ; *gratia gratis data* (don de langues, esprit prophétique, pouvoir de faire des miracles), distincte de la grâce sanctifiante, *gratia gratum faciens*.

Nous n'avons pas à entrer dans l'examen de toutes ces espèces de la grâce ; nous nous bornerons à dégager les racines du problème qui en a suscité le discernement. Saint Paul, dans son épître aux Romains, a semé les germes des théories de la grâce et c'est, après lui, dans saint Augustin et dans saint Thomas qu'il faut chercher les spéculations fondamentales sur ce sujet épineux. Voici, résumée dans ce qu'elle a d'original, la doctrine de saint Augustin, telle, du moins, que nous l'avons comprise.

Le péché d'Adam, le péché originel a corrompu chez ses descendants l'amour de Dieu dans sa source, partant l'amour de la justice essentielle à Dieu, partant le principe même du Bien. La corruption du principe moral a rendu le péché naturel à l'homme, et l'humanité entière est devenue passible de la damnation éternelle. Ce n'est donc plus qu'en vertu d'une intervention surnaturelle et spéciale que la volonté humaine peut être rendue capable de vaincre la tentation et d'obéir aux commandements de Dieu. Cette intervention seule guérit l'âme et la sauve. Comment s'exerce-t-elle? Dans une thèse pour le doctorat en théologie, qui est une étude toute spéciale et d'une remarquable sagacité sur *la Doctrine de saint Augustin relativement au rôle de la volonté dans l'acte de foi surnaturelle*, l'auteur[1] a été conduit à consulter les écrits du saint qui traitent des rapports de la grâce avec la volonté, entre autres le *De Gratiâ et libero arbitrio*, et dans son résumé final en 17 articles on lit : « *5° L'action de Dieu sur la volonté s'exerce d'une manière directe, immédiate, intrinsèque, et non pas seulement par l'influence extrinsèque de la prédication et des promesses relatives à la récompense future.* » Ainsi, d'après cette interprétation, la grâce n'intervient pas par la suggestion d'un motif proposé à la volonté délibérante, mais par une inclination immédiate de celle-ci. « *6° La volonté ne peut aller à Dieu sans être soutenue par la grâce, mais elle peut d'elle-même s'éloigner de Dieu.* » *Soutenue* signifie sans doute *facilitée*, de sorte que le mouvement vers Dieu n'est pas uniquement conditionné par la volonté. « *7° Dieu agit efficacement sur la volonté sans détruire le libre arbitre.* » Tout motif déterminant agit efficacement sur la volonté sans détruire le libre arbitre; mais, comme nous l'avons signalé plus haut, la grâce n'agit pas à la façon d'un motif, d'après l'article 5°; elle ne sollicite pas, elle imprime le mouvement volontaire. Tout se passe comme si, dans son action, elle ne se bornait pas à

---

[1]. M. Octave Roland-Gosselin, prêtre; 31 janvier 1900.

inspirer le bien, mais que ce fût elle qui le voulût et l'exécutât ; ce qui, en réalité, n'est pas compatible avec le libre arbitre tel qu'il se révèle à la conscience humaine. Aussi, en dépit de l'affirmation de saint Augustin formulée dans l'article 7°, sommes-nous en droit de dire que, malgré lui, logiquement sa doctrine, au fond, conduit à la négation du libre arbitre. Quoi qu'il en soit, la grâce détermine l'homme à vouloir et à pratiquer le bien en lui faisant aimer la justice, laquelle est Dieu même. Il s'ensuit, en dernière analyse, que l'action de la grâce sur l'âme consiste à lui communiquer l'amour de Dieu. Cet amour a ses degrés : l'attrition n'en est pas un témoignage suffisant. Il faut davantage pour la justification et la réconciliation avec Dieu : il faut que le sacrement parachève le repentir purement naturel. Celui-là seul est justifié et (soi-disant) libre qui aime Dieu parfaitement, d'un amour pur, désintéressé, non pour la récompense. La communication de l'amour par la grâce est progressive. Elle est préparée ; la grâce communique la foi, commencement de la bonne volonté (c'en est l'éveil), puis la crainte de l'enfer (effet d'une certaine grâce générale), commencement de la sagesse.

Ainsi la grâce est un don tout spontané et tout gratuit de Dieu à l'homme déchu. Si donc Dieu le lui accorde, ce n'est nullement parce qu'il reconnaît ou prévoit en lui une bonne intention à favoriser de son assistance ou un mérite à récompenser. En faut-il conclure que, pour être sauvé, il soit indifférent d'agir bien ou mal, que la volonté chez les élus demeure livrée à elle-même telle que l'a faite son vice originel ? Non, certes ; si le salut ne dépend pas du libre arbitre, il dépend de la qualité morale des œuvres. Les œuvres doivent être bonnes et elles le sont parce que Dieu lui-même porte au bien la volonté de l'élu et lui procure à la fois la résolution et la force de le pratiquer. Il s'ensuit que la bonté des œuvres consiste, non dans la valeur morale de l'agent, puisque, au fond, c'est Dieu qui agit par la volonté humaine, mais dans la conformité de l'acte à l'ordre établi par Dieu. Il n'y a point de place pour le mérite individuel, mais le salut n'en est pas moins inséparable de l'observation de la loi divine.

En somme on peut logiquement inférer de la doctrine de saint Augustin que la grâce est, non pas une influence, mais une usurpation de la miséricorde divine sur la volonté humaine pour l'opération du salut. Il apparaît que, dans cette opération, l'initiative de Dieu se substitue à celle de l'homme et que le libre arbitre n'a plus qu'une existence nominale. A vrai dire, les idées du saint docteur sur la grâce ne sont pas toutes cohérentes ; elles manquent d'unité, de sorte qu'elles peuvent être interprétées de diverses manières également sujettes à contestation. Saint-Augustin était convaincu que l'homme déchu est moralement libre et néanmoins il émet des propositions incompatibles avec la liberté morale.

Saint Thomas veille à ce que l'intervention divine ne compromette pas le libre arbitre. A ses yeux la grâce est efficace indépendamment du libre arbitre, par elle-même, en ce sens qu'elle ne manque pas son effet sur la volonté, mais si elle ne le manque jamais, c'est que la volonté accueille toujours cette suggestion divine, y consent à coup sûr. Il distingue plus analytiquement que saint Augustin l'initiative divine de l'initiative humaine dans l'action de la grâce : *Quatre choses*, dit-il, *sont requises pour la justification de l'impie : l'infusion de la grâce, le mouvement du libre arbitre vers Dieu par la foi, le mouvement du libre arbitre contre le péché par la détestation, et enfin la rémission des péchés. Je dis la rémission des péchés, car la justification est un mouvement par lequel Dieu fait passer l'âme de l'état de péché à l'état de justice; or, dans tout mouvement il y a trois choses nécessaires : l'impulsion du moteur, le mouvement du mobile et la consommation du mouvement arrivé à son terme. L'impulsion du moteur, dans la justification de l'impie, c'est l'infusion de la grâce; le mouvement du mobile, c'est celui du libre arbitre allant du point de départ au point d'arrivée; la consommation, c'est l'arrivée du mouvement à son terme, la rémission même du péché, où vient aboutir la justification.* » (T. II, question 113, p. 517[1].)

Si nous interprétons bien saint Thomas (t. I, q. 23), dans l'essence éternelle de Dieu la miséricorde d'une part et la justice de l'autre ont dû prescrire de toute éternité leurs objets respectifs, à savoir une tribu d'élus opposée à un peuple de damnés. Il ne se pouvait pas que Dieu fût à la fois miséricordieux et juste sans que, pour satisfaire à cette double condition, il y eût des élus et des damnés. Au fond la prédestination ne serait que l'exercice même de ces attributs de Dieu. Saint Thomas, s'il ne le dit pas expressément, autorise cette inférence.

Pour lui la grâce est une influence miséricordieuse, d'un effet infaillible, exercée par Dieu sur le vouloir de l'homme et accueillie par l'homme pour l'opération de son salut.

Les deux doctrines ne se contredisent pas dans leurs conséquences pratiques, mais la seconde est plus approfondie que la première; elle suppose une conscience du libre arbitre plus exigeante. Saint Thomas organise plus logiquement que saint Augustin l'économie de la grâce.

En fait la doctrine de saint Thomas aboutit aux mêmes résultats que celle de Luther qui assimile l'homme à une matière inerte dans l'opération de son salut et à celle de Calvin sur une prédestination double et absolue, mais elle diffère essentiellement de ces dernières en ce qu'elle repose sur une théorie du libre arbitre qui distingue expressément le consentement de l'inertie volontaire.

La doctrine calviniste de la prédestination devait logiquement sortir des mêmes fondements dont nous avons précédemment déduit les articles orthodoxes du dogme de la grâce. Tout d'abord à l'esprit humain le concept de la

---

[1]. Nous avons consulté, non pas directement la *Somme* de saint Thomas d'Aquin, mais un autre ouvrage qui en est, selon un bref de Pie IX, un extrait fidèle et est intitulé : *Petite Somme théologique de saint Thomas d'Aquin, à l'usage des Ecclésiastiques et des Gens du monde*, par *l'abbé F. Lebrethon, docteur en théologie de l'Université de Rome*, etc. Troisième édition (Chez Berche et Tralin, 182, rue Bonaparte, Paris).

divinité semble incompatible avec celui d'une volonté capricieuse. Dieu n'agit pas sans motif. Si tel homme est damné, c'est par quelque raison qui peut échapper à notre entendement, mais qui certainement trouve sa justification dans la pensée divine ; et par cela même que cette pensée est éternelle il est damné d'avance ; il en va de même si tel autre homme est sauvé. Les jansénistes ont admis cette doctrine qui semble incompatible avec la conscience morale, avec le sentiment spontané de la justice et de la bonté. Nous nous abstenons ici de la critiquer ; bornons-nous à constater que les plus ingénieuses subtilités de l'esprit ne peuvent prévaloir contre les intimes réclamations du cœur. Les raisons du cœur conservent le droit de protester dans le cas où la bonté et la justice sont intéressées, et Pascal lui-même les affranchit de tout *criterium* purement intellectuel. Aussi, quoique janséniste par ailleurs, ne semble-t-il pas avoir épousé sans réserve la doctrine de la prédestination. Nous reviendrons sur cette question plus loin.

Les rapports de la grâce et du libre arbitre sont problématiques, indéterminés, parce que nul texte sacré ne les définit explicitement. Au surplus : *Comme la nature de la grâce, son opération, son accord avec la liberté de l'homme ne peuvent être exactement comparés à rien, ce sont des mystères. Il n'est donc pas étonnant qu'en voulant les expliquer les théologiens aient embrassé des systèmes opposés et que plusieurs soient tombés dans des erreurs grossières.* (BERGIER, cité par l'abbé Lebrethon dans son ouvrage, t. II, p. 532.) De là une inépuisable matière à dispute et une source d'hérésies que l'infaillibilité de l'Église enseignante pouvait seule tarir. Le concile de Trente manifeste le souci de conserver à la volonté libre de l'homme réveillée par Dieu, le pouvoir de participer à l'œuvre de la justification, et condamne la doctrine de l'inertie et de l'impuissance radicale de l'homme à favoriser ou contrarier l'appel que lui adresse son divin Sauveur.

## CHAPITRE II

EXAMEN DES PENSÉES RELATIVES AUX CAUSES ET AUX EFFETS DE LA GRACE, A LA DÉCHÉANCE, A LA RÉHABILITATION DE L'HOMME DÉCHU. — SUR LE PÉCHÉ ORIGINEL PASCAL NE SEMBLE PAS ADOPTER SANS RÉSERVE LA DOCTRINE JANSÉNISTE DE PORT-ROYAL.

Notre précédente étude à la fois rationnelle et dogmatique sur la grâce nous a préparé à l'examen que nous allons faire des *Pensées* relatives aux causes et aux effets de cette intervention divine, à la déchéance et à la réhabilitation de l'homme.

L'état de déchéance est caractérisé dans les suivantes, dont d'autres sont les commentaires. L'esprit de la première faute se perpétue chez les descendants du couple qui l'a commise, et consiste dans la concupiscence et dans une usurpation sur la souveraineté divine :

*Tout ce qui est au monde est concupiscence de la chair, ou concupiscence des yeux, ou orgueil de la vie* (II, 103).

*Il y a trois ordres de choses : la chair, l'esprit, la volonté. Les charnels sont les riches, les rois : ils ont pour objet le corps. Les curieux et savants : ils ont pour objet l'esprit. Les sages : ils ont pour objet la justice. Dieu doit régner sur tout, et tout se rapporte à lui* (II, 199).

Or dans les trois recherches signalées ci-dessus, ce n'est pas à Dieu que la volonté se rapporte, ce n'est pas à lui qu'elle se soumet; ce n'est pas lui qui règne :

*Dans les choses de la chair règne proprement la concu-*

*piscence; dans les spirituelles, la curiosité proprement; dans la sagesse, l'orgueil proprement* (II, 199).

En tant que la sagesse est une qualité de la volonté, en un mot une vertu, on ne peut lui reprocher la fière satisfaction qu'elle procure à la conscience. Elle peut légitimement se faire gloire de ses actes; par là elle glorifie Dieu dont seule elle est le don. Mais si l'homme se fait gloire de ses richesses ou de ses connaissances, il risque de se glorifier à tort. J'interprète ainsi les lignes suivantes de Pascal, un peu confuses et subtiles : *Ce n'est pas qu'on ne puisse être glorieux pour les biens ou pour les connaissances, mais ce n'est pas le lieu de l'orgueil; car en accordant à un homme qu'il est savant, on ne laissera pas de le convaincre qu'il a tort d'être superbe. Le lieu propre à la superbe est la sagesse; car on ne peut accorder à un homme qu'il s'est rendu sage, et qu'il a tort d'être glorieux; car cela est de justice. Aussi Dieu seul donne la sagesse : et c'est pourquoi,* « *Qui gloriatur, in Domino glorietur* » (II, 199).

Il résulte des citations précédentes que le péché originel a, selon Pascal, altéré le type initial de l'âme humaine. Elle a perdu l'intégrité de sa primitive essence; la souillure, la tare héréditaire qui l'atteint dans chaque descendant du couple maudit la rend aussi incapable par elle-même qu'indigne de la félicité qu'elle possédait chez Adam et Ève avant leur faute; cette tache la détériore dans toutes ses facultés. Or quel changement est survenu dans l'âme humaine par la mort du Rédempteur, par la mort de Dieu fait homme? En a-t-elle bénéficié pour son salut sans que la rédemption eût restauré son essence détériorée? Ou au contraire tous les hommes passés, présents et futurs ont-ils recouvré ensemble et intégralement l'état de nature et de grâce qui chez leurs premiers parents avait précédé l'état de déchéance morale et physique? Ont-ils recouvré l'état initial dans son intégrité? Ou bien l'effacement de la tache originelle et l'aptitude à l'éternelle félicité sont-ils devenus seulement possibles pour chacun d'eux à titre individuel et à certaines conditions réalisables soit par l'action divine exclusivement sans que l'individu y puisse et y doive coopérer, soit par l'action divine avec la coopération de la volonté laissée libre de l'accueillir ou de la repousser? Ou bien encore, le bienfait de la rédemption n'a-t-il été octroyé qu'à un nombre limité d'individus? Enfin, ce nombre a-t-il été prédéterminé par le décret de Dieu; ou dépend-il du mérite dont les hommes seraient demeurés capables? De ces questions, déjà signalées comme nées logiquement de l'histoire sacrée, les unes se posent d'elles-mêmes à l'esprit et les autres ont été soulevées par une subtile interprétation des Écritures, mais toutes réclament des réponses précises. Les *Pensées* ne répondent pas à toutes expressément et formellement. C'est par induction que le plus souvent l'opinion de Pascal en pourra être dégagée.

En quoi, d'abord, a consisté exactement pour le genre humain la déchéance consécutive du péché originel? Pascal, nous le savons, a minutieusement analysé l'influence de cette faute sur les facultés de l'âme. La plus importante à examiner, en tant que la valeur de l'homme est liée à l'usage qu'il en fait, est, à cet égard, la volonté libre.

Le texte sacré, celui que fournit la Bible en ce qui touche la chute du premier homme et la solidarité de ses descendants, ne dit pas formellement si l'impuissance à faire le bien, conséquence du péché originel, est devenue chez l'homme radicale, totale, ou seulement restreinte et partielle; s'il a perdu toute initiative pour bien faire ou s'il en a quelque peu gardé, assez pour servir d'amorce et de germe à une part de mérite personnel dans sa régénération. Il s'en faut malheureusement que les interprètes autorisés de ce texte aient été d'accord sur ce point, et la divergence de leurs opinions a engendré, dans la formule de la doctrine chrétienne, des propositions contraires dont, après que les conciles ont prononcé, les unes sont orthodoxes et les autres hérétiques. Il nous importe de dégager des *Pensées* de Pascal son sentiment propre sur la nature et les suites du péché originel, de fixer, s'il est possible, la position qu'il a prise dans le grand débat.

La tentation est dans l'ordre de la nature, puisque Dieu l'a permise dès la création de l'homme, et le péché, en dégradant celui-ci, lui a conféré une *seconde nature* (I, 183) : ¶ *La concupiſcence nous eſt devenue naturelle & a fait noſtre ſeconde nature. Ainſi il y a deux natures en nous, l'une bonne, l'autre mauvaiſe* (MOLINIER, I, 295).

Abandonnée aux lois de son essence telle que l'a faite le péché originel, c'est-à-dire abandonnée aux lois de la nature dans une essence corrompue, notre âme est incapable par elle-même de faire le bien, de vaincre la tentation, de communiquer avec Dieu Il faut que par une assistance spéciale, par une grâce distincte de celle qui a créé le monde Dieu intervienne et influence tout exprès nos dispositions morales naturellement mauvaises, insuffisantes pour nous porter au bien. C'est la grâce telle que la définit le catéchisme : un don surnaturel ou un secours que Dieu nous accorde par pure bonté, et en vue des mérites de Jésus-Christ pour nous aider à faire notre salut. *Pour faire d'un homme un saint, il faut bien que ce soit la grâce; et qui en doute, ne sait ce que c'est que saint et qu'homme* (II, 120).

Entre l'un et l'autre il y a toute la distance du surnaturel au naturel. Aussi, par sa définition même, la grâce ne différerait-elle en rien du miracle si, par les mérites de Jésus-Christ et par l'institution permanente des sacrements qu'il a fondés pour la mettre toujours, en quelque sorte, à la disposition des âmes, elle n'était entrée dans l'ordre normal des choses. Elle est devenue ainsi naturelle en ajoutant une source constante de faveurs nouvelles à la grâce constante créatrice et conservatrice du monde. Aussi Pascal écrit-il :

*La grâce sera toujours dans le monde (et aussi la nature), de sorte qu'elle est en quelque sorte naturelle. Et ainsi toujours il y aura des pélagiens, et toujours des catholiques, et toujours combat* (II, 93).

*Parce que la première naissance fait les uns, et la grâce de la seconde naissance fait les autres* (II, 93).

*Dieu, voulant faire paraître qu'il pouvait former un peuple saint d'une sainteté invisible, et le remplir d'une gloire éternelle, a fait des choses visibles. Comme la nature est une image de la grâce, il a fait dans les biens de la nature ce qu'il devait faire dans ceux de la grâce, afin qu'on jugeât qu'il pouvait faire l'invisible, puisqu'il faisait bien le visible* (I, 205).

*Dieu veut que nous jugions de la grâce par la nature* (II, 335).

Il n'existe donc de différence entre les deux dispensations que dans la qualité des biens dispensés. C'est la même toute-puissance et la même gratuité qui se manifestent soit dans les œuvres de la création, dans la nature proprement dite, soit dans les dons de la grâce proprement dite. Celle-ci est appelée par Pascal *la grâce du Messie* (II, 18); c'est, en effet, dans la Trinité, le fils, Jésus-Christ, qui en est à la fois le principe et le ministre. Pascal indique une preuve historique de l'existence et de l'efficacité de la grâce, preuve tirée de la lutte du monothéisme contre le paganisme :

*La conversion des Païens n'était réservée qu'à la grâce du Messie. Les Juifs ont été si longtemps à les combattre sans succès; tout ce qu'en ont dit Salomon et les prophètes a été inutile. Les sages, comme Platon et Socrate, n'ont pu le persuader* (II, 18).

Pour obtenir un si grand résultat, et, en général, pour modifier les dispositions de l'âme et par suite déterminer la volonté, comment la grâce opère-t-elle? Quel est son mode d'action sur l'âme? La loi sous laquelle devaient vivre les Juifs jusqu'à la venue du Christ, le Décalogue influait sur la volonté par des commandements en créant à l'âme une obligation morale, ou plutôt une alternative où elle avait à choisir entre l'obéissance et le châtiment. La loi combattait les mauvais instincts, les redressait par l'instinct même de la conservation, elle *n'a pas détruit la nature, mais elle l'a instruite.* Le rôle de la grâce est tout autre : *la grâce n'a pas détruit la loi ; mais elle l'a fait exercer,* et cet exercice est la vie même de l'âme chrétienne. *La foi reçue au baptême est la source de toute la vie des chrétiens et des convertis* (II, 116). Le Décalogue prescrivait à l'âme ses devoirs sans lui procurer en même temps les moyens de les accomplir ; la grâce, au contraire, n'a plus à les prescrire, elle les confirme, mais son œuvre consiste à en faciliter, à en assurer même l'accomplissement. Pascal, interprétant saint Paul, exprime cette différence dans une formule elliptique et symétrique avec sa vigueur accoutumée : *La loi obligeait à ce qu'elle ne donnait pas. La grâce donne ce à quoi elle oblige* (II, 160), c'est-à-dire la disposition morale propre à assurer infailliblement le choix du bien par la volonté.

On reconnaît ici la doctrine janséniste sur la grâce : c'est au fond Jésus-Christ même se chargeant de faire le bien à la place et dans l'intérêt de l'âme qu'il assiste. Cette conception, il faut le reconnaître, s'accorde avec celle du péché originel ; dès qu'on accepte qu'une âme peut être traitée par Dieu, absolument juste, comme coupable d'une faute qu'elle n'a pas commise, on serait mal venu à ne pas admettre qu'elle puisse revendiquer le prix d'une bonne action dont elle n'a pas le mérite. En effaçant ou corrigeant les conséquences du péché originel, la grâce attachée au baptême et aux autres sacrements n'est ni plus ni moins mystérieuse dans ses effets que le péché dans les siens. L'obscurité, l'apparence d'absurdité, le mystère sont, pour Pascal comme pour tout chrétien, imputables à notre déchéance ; la rémission de nos péchés nous ouvre les portes du ciel, mais la mort seule nous y fera entrer ; en attendant nous demeurons dans le crépuscule de l'intelligence abaissée... *La grâce n'est que la figure de la gloire, car elle n'est pas la dernière fin. Elle a été figurée par la loi, et figure elle-même la gloire ; mais elle en est la figure, et le principe ou la cause* (I, 205). La gloire seule, c'est-à-dire l'état glorieux des élus, comporte la pleine lumière de la connaissance, du moins l'intégrité du savoir possible à la créature. Néanmoins, en considérant la grâce comme principe et cause de la gloire, Pascal a pu dire : *Par où il paroiſt clairement que l'homme par la grace eſt rendu comme ſemblable à Dieu & participant de ſa divinité, & que ſans la grace il eſt comme ſemblable aux beſtes brutes*, &c. (MOLINIER, I, 167). Cette *Pensée* est reproduite dans la suivante : *Il y a deux veritez de foy egalement conſtantes : l'une, que l'homme dans l'eſtat de la creation ou dans celuy de la grace, eſt elevé au deſſus de toute la nature, rendu ſemblable à Dieu & participant de la divinité; l'autre, qu'en l'eſtat de corruption & du peché il eſt dechu de cet eſtat & rendu ſemblable aux beſtes* (MOLINIER, I, 292).

Mais cette définition est incomplète; l'assimilation de l'homme déchu aux bêtes ne spécifie pas nettement ce qu'est devenue sa volonté. Il nous est, en effet, très difficile de discerner, dans les actes des bêtes, ce qui est volontaire de ce qui est instinctif et, comme l'instinct est irresponsable, nous ne savons guère ce que vaut moralement leur conduite. La volonté de l'homme déchu n'est pas comparable à l'instinct, car elle est corrompue, mauvaise dès la naissance et par la naissance même de l'homme, tandis que l'instinct n'est moralement ni bon ni mauvais, il est *amoral*. Mais est-elle totalement corrompue, c'est-à-dire au point d'être incapable d'aucun mouvement propre vers le bien? S'il en est ainsi, tout ce qu'on observe de bon, de contraire à l'égoïsme bestial dans telle ou telle action humaine doit être rapporté à quelque chose qui n'est pas la volonté humaine, à une influence plus ou moins puissante, plus ou moins efficace d'un autre agent sur elle. Cet agent, c'est Dieu même exerçant sa miséricorde par la grâce. Il importe de surprendre le sentiment de Pascal sur ce point, son sentiment personnel et spontané. Nous ne croyons pas qu'il épouse aveuglément la doctrine janséniste sur le péché originel et ses conséquences, ainsi que le ferait croire la *Pensée* que nous avons signalée plus haut comme impliquant la doctrine janséniste de Port-Royal. Toutes les *Pensées* relatives aux suites du péché originel ne nous semblent pas fidèles à cette doctrine. Nous voudrions justifierc ette impression.

Pascal reconnaît tout d'abord que ni le péché originel ni les suites de ce péché ne nous sont concevables : *Nous ne concevons ni l'état glorieux d'Adam, ni la nature de son péché, ni la transmission qui s'en est faite en nous. Ce sont choses qui se sont passées dans l'état d'une nature toute différente de la nôtre, et qui passent notre capacité présente. Tout cela nous est inutile à savoir pour en sortir ; et tout ce qu'il nous importe de connaître est que nous sommes misérables, corrompus, séparés de Dieu, mais rachetés par J.-C., et c'est de quoi nous avons des preuves admirables sur la terre* (I, 187). Il en résulte que *l'intelligence des mots de* « *bien* » *et* « *mal* » qui dépend de ces dogmes, demeure nécessairement imparfaite.

La reversibilité du mérite, autant que celle de la faute, surpasse la raison humaine. Il convient de rappeler sur ce point une *Pensée* singulièrement profonde : *Les hommes n'ayant pas accoutumé de former le mérite, mais seulement le récompenser où ils le trouvent formé, jugent de Dieu par eux-mêmes* (II, 174).

La formation du mérite par le Créateur dans le vouloir de la créature, en tant qu'elle rend impersonnel le mérite même est tout à fait inconcevable à l'homme, car mérite et impersonnalité sont deux termes incompatibles. *Former le mérite chez autrui*, n'est-ce pas supprimer en lui le libre arbitre, supprimer par suite le mérite même ? Prétendre concilier le libre arbitre, le mérite avec une ingérence étrangère quelconque dans l'initiative personnelle, avec une action étrangère à la volonté sur le ressort même de la volonté, n'est-ce pas une tentative contradictoire ? N'est-ce pas en réalité diminuer le mérite précisément de tout ce qui se substitue à la libre détermination ? Si la grâce est une ingérence, une action de ce genre, elle est essentiellement incompatible avec la liberté intégrale de l'agent qu'elle influence. Mais, si la grâce n'intervient dans la délibération qu'à titre de simple motif, elle influence alors la volonté comme tout autre motif, c'est-à-dire sans l'atteindre dans son principe actif. En ce cas le vouloir peut se refuser ou se prêter à l'influence de la grâce comme à celle d'un désir quelconque, être tenté par elle comme il l'est par toute autre sollicitation. Quoi qu'il en soit, imposée ou proposée à l'activité personnelle, la grâce est une faveur de Dieu, un don fait par sa miséricorde à l'homme déchu. La grâce est purement gratuite s'il n'est capable d'aucun effort méritoire ; elle affecte le caractère d'une récompense si elle répond à quelque appel du cœur, à une prédisposition volontaire à la recevoir (comme dans la prière). Alors elle peut venir en aide à l'effort vers le bien, à la bonne volonté.

Toute la précédente analyse, qui n'a aucun sens pour le philosophe entièrement déterministe, a dû être faite, et l'être avec une pénétration incomparablement plus profonde, par Pascal, non pas physicien, mais moraliste mystique. Or il a pu n'accepter, sur la grâce et la prédestination, la doctrine janséniste que dans la mesure où elle concordait avec les résultats de sa propre réflexion, comme il a pu tout aussi bien par esprit d'humilité, par un acte de foi, sacrifier *son sens propre, l'orgueil de l'esprit*, à l'enseignement de Port-Royal, qui fournissait des directeurs à sa vocation religieuse. Voyons si les *Pensées* nous apportent quelque éclaircissement sur ce point.

*Ainsi il y a deux natures en nous, l'une bonne et l'autre mauvaise. — Où eſt Dieu ? Où vous n'eſtes pas, & le Royaume de Dieu eſt dans vous.* — (MOLINIER, I, 293.)

S'il y a deux natures en nous, l'une bonne, l'autre mauvaise, il en faut donc conclure que la bonne n'y est pas abolie, mais y demeure à l'état latent. De ce fond caché ne se peut-il rien manifester? Pascal affirme que, du moins, la persévérance secrète de la bonne nature chez l'homme, même après sa déchéance, a pour effet de le rendre *capable de Dieu* encore qu'il en soit *indigne par sa corruption* (II,

49); Mais il faut que l'homme *le cherche* (II, 49); or il peut le chercher, précisément parce qu'il est capable encore de recevoir la lumière divine.

*... Il est donc vrai que tout instruit l'homme de sa condition, mais il le faut bien entendre : car il n'est pas vrai que tout découvre Dieu, et il n'est pas vrai que tout cache Dieu. Mais il est vrai tout ensemble qu'il se cache à ceux qui le tentent, et qu'il se découvre à ceux qui le cherchent, parce que les hommes sont tout ensemble indignes de Dieu, et capables de Dieu; indignes par leur corruption, capables par leur première nature* (II, 49).

*Nous souhaitons la vérité, et ne trouvons en nous qu'incertitude. Nous recherchons le bonheur, et ne trouvons que misère et mort. Nous sommes incapables de ne pas souhaiter la vérité et le bonheur, et sommes incapables ni de certitude ni de bonheur. Ce désir nous est laissé tant pour nous punir que pour nous faire sentir d'où nous sommes effondrés* (I, 120).

L'homme n'a pas perdu toute dignité :

*La dignité de l'homme consistait, dans son innocence, à user et dominer sur les créatures, mais aujourd'hui à s'en séparer et s'y assujettir* (II, 90). A ce double état de l'homme déchu correspond le double état du Rédempteur :

*Un Dieu humilié, et jusqu'à la mort de la croix : un Messie triomphant de la mort par sa mort. Deux natures en Jésus-Christ, deux avénements, deux états de la nature de l'homme* (II, 6).

Dans un fragment qu'il intitule : *Du péché originel. — Tradition ample du péché originel selon les Juifs* (II, 181), Pascal interprète la tradition juive, le Talmud, Moïse Haddarschan, Massechet Succa, Midrasch Tillim, Midrasch Kokelet, Bereschit Rabba, etc., et il y trouve la confirmation du dogme du péché originel et de la rédemption.

*Dieu délivrera la bonne nature de l'homme de la mauvaise* (II, 181), ce qui suppose la coexistence de l'une et de l'autre dans le sujet où s'opère cette délivrance. Dans ces citations intervient le secours de Dieu (par la grâce).

Il ressort de cet ensemble de témoignages que Pascal ne considère pas l'homme déchu comme un agent entièrement corrompu, mauvais dans la totalité de son essence, qui par lui-même serait incapable d'aucun mouvement vers le bien.

La grâce sollicite, au contraire, dans l'activité de l'homme, quoique déchu, une coopération volontaire. Ce n'est pas la grâce toute seule qui accomplit l'œuvre du bien, elle y associe cette activité libre, et cela n'est possible que si la volonté est demeurée virtuellement accessible à l'influence divine. On conçoit dès lors que l'homme puisse recevoir la grâce comme un don, avec le sentiment de reconnaissance dû à la gratuité, et toutefois éprouver la satisfaction de conscience due à sa propre collaboration au bien. Il ne se borne pas à recevoir la grâce passivement, il l'accueille et il y répond.

Si la miséricorde divine, source de la grâce, se manifestait à l'homme déchu de telle sorte qu'il n'eût rien à faire pour son salut, qu'il pût compter sur elle sans être tenu d'y concourir, n'y aurait-il pas à craindre qu'elle ne favorisât en lui le vice même qui l'a conduit à la perdition de son âme? A quoi bon mériter, si, ne faisant rien de bon par nous-mêmes, nous sommes néanmoins traités comme si nous méritions? Peut-être Pascal s'est-il posé cette objection à la grâce absolument gratuite, n'exigeant aucun retour de la volonté humaine au bien, au respect de la loi divine violée par Adam. Les précédentes *Pensées* semblent autoriser à le croire. Mais, d'autre part, si le péché originel a privé l'homme de toute aptitude à bien faire, à mériter, la miséricorde divine peut ne s'exercer en sa faveur qu'en le traitant comme s'il méritait. Au surplus, l'acte initial de la création, antérieur à tout mérite possible chez la créature, est un effet de la bonté divine exercée sans conditions. La grâce, don purement gratuit fait par Dieu à l'homme après sa chute, ne serait autre qu'un acte de cette même bonté.

Nous ne prétendons nullement prendre parti dans le débat. Il appartient exclusivement aux théologiens; notre incompétence nous exposerait à l'hérésie et au ridicule. Nous leur livrons des aperçus logiques, sans nous faire illusion sur le peu de prise que donne à l'usage de la raison la question de la grâce, essentiellement mystérieuse.

Pas plus que sur la grâce on ne trouve sur la prédestination le sentiment explicite de Pascal dans le recueil de ses *Pensées*. On n'y rencontre aucune adhésion formelle à la doctrine janséniste de Port-Royal sur ces problèmes transcendants. Au critique laïque, tout ensemble curieux d'éclaircir l'état de la conscience de Pascal à cet égard et soucieux, comme nous, de ne pas s'égarer sur un terrain spécial et réservé, nous ne saurions trop recommander le chapitre intitulé *Pascal et le jansénisme* de l'introduction composée par l'ancien vicaire général et chanoine d'Orléans, A. Guthlin, à son édition des *Pensées* de Pascal. Sous la garantie de ce théologien, et après avoir, de notre mieux, instruit nous-même la cause, nous n'hésitons pas à adopter ses conclusions, que voici (Introduction, p. CLVII) : *Tous les systèmes conçus en dehors du Christianisme, toutes les hérésies nées en son sein ont « achoppé » contre l'un de ces deux écueils. Les uns diminuent Dieu, les autres diminuent l'homme. Le jansénisme était de ces derniers, mais Pascal n'en est point. C'est à tous les intérêts, à tous les besoins, à toutes les détresses de l'homme qu'il s'adresse ; il en appelle de l'homme à l'homme lui-même, tout en se préoccupant de lui assigner, et vis-à-vis de l'Univers et vis-à-vis de Dieu, sa vraie place... Devant ce silence* (le silence des espaces infinis) *du mystère de la Création comme sous l'effluve de la grâce et de la vie de Dieu, la personnalité de l'homme demeure entière. Telle est la conclusion qui se dégage des deux points les plus caractéristiques de la Pensée de Pascal. Sa doctrine des « Contrariétés » explique le mal et le péché sans aucune erreur de dualisme ; sa conception du caractère moral de la connaissance de la vérité harmonise la part de la grâce et de la liberté. Pendant que Dieu incline le cœur vers la vérité (inclina cor) notre effort personnel dégage et purifie le cœur (cor incrassatum), pour l'ouvrir aux rayons de l'éternelle lumière. L'action divine et l'action humaine s'unissent sans se confondre ni se neutraliser ou s'absorber réciproquement. En affirmant cette double doctrine, Pascal a, par cela seul, opposé la meilleure des barrières aux excès et aux dangers de l'idée janséniste.*

Cette interprétation du sentiment de Pascal semble très judicieuse. Dans tous les cas, selon lui, les vrais disciples de Jésus reconnaissent leur impuissance radicale à faire leur salut par eux-mêmes; dans quelle mesure y peuvent-ils contribuer? il ne le dit pas. La *Pensée* suivante nous laisse dans le doute sur ce point et pourrait même être exploitée par ceux qui regardent Pascal comme un franc janséniste :

Joh., VIII : *Multi crediderunt in eum. Dicebat ergo Jesus : Si manseritis..., vere mei discipuli eritis, et veritas liberabit vos. Responderunt : Semen Abrahæ sumus, et nemini servimus unquam.*

*Il y a bien de la différence entre les disciples et les vrais disciples. On les reconnnaît en leur disant que la vérité les rendra libres. Car s'ils répondent qu'ils sont libres, et qu'il est en eux de sortir de l'esclavage du diable, ils sont bien disciples, mais non pas vrais disciples* (II, 171).

Mais voici une autre *Pensée* qui restitue à la volonté humaine la part que la précédente paraît lui avoir déniée dans la détermination des fins dernières :

*Le monde subsiste pour exercer miséricorde et jugement, non pas comme si les hommes y étaient sortant des mains de Dieu, mais comme des ennemis de Dieu, auxquels il donne, par grâce, assez de lumière pour revenir, s'ils le veulent chercher et le suivre; mais pour les punir, s'ils refusent de le chercher ou de le suivre* (II, 88).

Cette *Pensée* représente le plus vraisemblablement à nos yeux le sentiment propre de Pascal.

Si l'on renonce à découvrir chez Pascal sa *Pensée de derrière la tête* sur les rapports du libre arbitre avec la grâce, de l'initiative humaine avec l'action divine dans l'œuvre du salut, on regardera comme sa théorie propre celle dont il s'est fait l'interprète dans sa dix-huitième lettre provinciale et qu'il résume dans les termes suivants : *C'eſt ainſi que Dieu diſpoſe de la volonté libre de l'homme ſans luy impoſer de néceſſité, & que le libre arbitre qui peut toûjours réſiſter à la grâce, mais qui ne le veut pas toûjours, le porte auſſi librement qu'infailliblement à Dieu, lorſqu'il veut l'attirer par la douceur de ſes inſpirations efficaces* (MOLINIER, II, 78). Les contradictions qu'on pourra relever dans cette formule sont imputables à la nature métaphysique du libre arbitre, non à l'énoncé de cette proposition.

## CHAPITRE III

SUR LA DOUBLE PERSONNE, DIVINE ET HUMAINE, DE JÉSUS. — COMMENT IL SE MANIFESTE AUX HOMMES : PAR QUELS TÉMOIGNAGES. — PROPORTION DE L'ÉCLAT ET DE L'OBSCURITÉ OÙ IL A VÉCU. — PSYCHOLOGIE DE JÉSUS : TROIS ORDRES IRRÉDUCTIBLES DE VALEUR : LES CHOSES CORPORELLES, LA PENSÉE, LA CHARITÉ. — LA NATURE ET LA MISSION DE JÉSUS CORRESPONDENT A LA GRANDEUR ET A LA MISÈRE DE L'HOMME DÉCHU. — LA RESPONSABILITÉ DU LIBÉRATEUR DANS LE DOGME DE LA RÉDEMPTION.

Pascal devait s'attacher à caractériser la personne du Rédempteur, à en faire concorder tous les traits avec les marques de la chute originelle dans l'homme et avec les suites de cette chute dans la condition humaine et dans les événements terrestres, figuratifs de l'œuvre messianique. Il fallait que la psychologie et la vie du Christ fussent exceptionnelles afin de le rendre reconnaissable entre tous et il fallait pourtant que cette exception fût assez dissimulée pour expliquer l'aveuglement et l'animosité de ses concitoyens juifs et pour rendre méritoire la foi en lui; il fallait montrer du miracle probant et du mystère aussi dans l'âme et les actes du Messie.

C'est ce qu'a fait Pascal en des morceaux admirables d'ingéniosité et de précision.

D'abord il convient d'écarter tout témoignage de source diabolique touchant la mission de Jésus :

Jésus-Christ *n'a point voulu des témoignages des démons,*

*ni de ceux qui n'avaient pas vocation; mais de Dieu et Jean-Baptiste* (II, 98).

*Si le diable favorisait la doctrine qui le détruit, il serait divisé, comme disait* Jésus-Christ. *Si Dieu favorisait la doctrine qui détruit l'Église, il serait divisé : « Omne regnum divisum », etc. [Luc, xi, 17.] Car* Jésus-Christ *agissait contre le diable et détruisait son empire sur les cœurs, dont l'exorcisme est la figuration, pour établir le royaume de Dieu. Et ainsi il ajoute : « Si in digito Dei », etc., « Regnum Dei ad vos », etc.* (II, 199).

Annoncé par le Précurseur, Jésus se fait ensuite connaître par lui-même. Dans quelle mesure et dans quelles conditions? Il est seul à la fois prédit et prédisant :

*Les prophètes ont prédit, et n'ont pas été prédits. Les saints ensuite prédits, non prédisants. Jésus-Christ prédit et prédisant* (II, 18).

*Quel homme eut jamais plus d'éclat! Le peuple juif tout entier le prédit, avant sa venue. Le peuple gentil l'adore, après sa venue. Les deux peuples gentil et juif le regardent comme leur centre. Et cependant quel homme jouît jamais moins de cet éclat. De trente-trois ans, il en vit trente sans paraître. Dans trois ans, il passe pour un imposteur; les prêtres et les principaux le rejettent; ses amis et ses plus proches le méprisent. Enfin, il meurt trahi par un des siens, renié par l'autre, et abandonné par tous.*

*Quelle part a-t-il donc à cet éclat? Jamais homme n'a eu tant d'éclat; jamais homme n'a eu plus d'ignominie. Tout cet éclat n'a servi qu'à nous, pour nous le rendre reconnaissable; et il n'en a rien eu pour lui* (II, 17).

La valeur morale de Jésus-Christ est d'un ordre surnaturel :

*La distance infinie des corps aux esprits figure la distance infiniment plus infinie des esprits à la charité, car elle est surnaturelle* (II, 15).

*De tous les corps ensemble, on ne saurait en faire réussir une petite pensée : cela est impossible, et d'un autre ordre. De tous les corps et esprits, on n'en saurait tirer un mouve-*

*ment de vraie charité; cela est impossible, et d'un autre ordre, surnaturel* (II, 16). C'est pourquoi : *Il est bien ridicule de se scandaliser de la bassesse de Jésus-Christ, comme si cette bassesse est du même ordre duquel est la grandeur qu'il venait faire paraître. Qu'on considère cette grandeur-là dans sa vie, dans sa passion, dans son obscurité, dans sa mort, dans l'élection des siens, dans leur abandon, dans sa secrète résurrection, et dans le reste, on la verra si grande, qu'on n'aura pas sujet de se scandaliser d'une bassesse qui n'y est pas. Mais il y en a qui ne peuvent admirer que les grandeurs charnelles, comme s'il n'y en avait pas de spirituelles; et d'autres qui n'admirent que les spirituelles, comme s'il n'y en avait pas d'infiniment plus hautes dans la Sagesse* (II, 16).

Pascal admire, dans la parole de Jésus-Christ, la clarté jointe à la naïveté :

*Jésus-Christ a dit les choses grandes si simplement, qu'il semble qu'il ne les a pas pensées; et si nettement néanmoins, qu'on voit bien ce qu'il en pensait. Cette clarté, jointe à cette naïveté, est admirable* (II, 17).

Il résume et définit dans les *Pensées* suivantes l'œuvre de Jésus :

Jésus-Christ, *hors duquel toute communication avec Dieu est ôtée* : « *Nemo novit Patrem, nisi Filius, et cui voluerit Filius revelare* » (II, 61).

*Jésus-Christ n'a fait autre chose qu'apprendre aux hommes qu'ils s'aimaient eux-mêmes, qu'ils étaient esclaves, aveugles, malades, malheureux et pécheurs; qu'il fallait qu'il les délivrât, éclairât, béatifiât et guérît; que cela se ferait en se haïssant soi-même, et en le suivant par la misère et la mort de la croix* (II, 4).

*... Alors* Jésus-Christ *vient dire aux hommes qu'ils n'ont point d'autres ennemis qu'eux-mêmes; que ce sont leurs passions qui les séparent de Dieu; qu'il vient pour les détruire, et pour leur donner sa grâce, afin de faire d'eux tous une église sainte; qu'il vient ramener dans cette église les païens*

*et les Juifs; qu'il vient détruire les idoles des uns et la superstition des autres* (II, 25).

*Je considère* Jésus-Christ *en toutes les personnes et en nous-mêmes.* Jésus-Christ *comme père en son père,* Jésus-Christ *comme frère en ses frères,* Jésus-Christ *comme pauvre en les pauvres,* Jésus-Christ *comme riche en les riches,* Jésus-Christ *comme docteur et prêtre en les prêtres,* Jésus-Christ *comme souverain en les princes, etc. Car il est par sa gloire tout ce qu'il y a de grand, étant Dieu, et est par sa vie mortelle tout ce qu'il y a de chétif et d'abject; pour cela il a pris cette malheureuse condition, pour pouvoir être en toutes les personnes, et modèle de toutes conditions* (II, 158).

Dans cette belle pensée : Jésus-Christ *est un Dieu dont on s'approche sans orgueil, et sous lequel on s'abaisse sans désespoir* (II, 18). La divinité des chrétiens est fortement distinguée de celle des stoïciens, qui se résignent sans humilité et sans espérance. La morale chrétienne également est bien distinguée de la païenne dans cette autre *Pensée* : *Les philosophes ont consacré les vices, en les mettant en Dieu même; les chrétiens ont consacré les vertus* (II, 155).

Un caractère essentiel de Jésus, c'est que Jésus-Christ *est venu ôter les figures pour mettre la vérité* (II, 104).

Pascal signale l'*obscurité* de Jésus-Christ pour les historiens :

... Jésus-Christ *dans une obscurité (selon ce que le monde appelle obscurité) telle, que les historiens, n'écrivant que les importantes choses des États, l'ont à peine aperçu* (II, 17).

Il constate que les apparences étaient aussi grandes chez lui de l'humanité et de la divinité :

*L'Église a eu autant de peine à montrer que* Jésus-Christ *était homme, contre ceux qui le niaient, qu'à montrer qu'il était Dieu; et les apparences étaient aussi grandes* (II, 18).

Il note qu'il est *pour tous, Moïse pour un peuple* (II, 18).

*L'Église même n'offre le sacrifice que pour les fidèles;* Jésus-Christ *a offert celui de la croix pour tous* (II, 19).

*... Il s'est donné à communier comme mortel en la Cène, comme ressuscité aux disciples d'Emmaüs, comme monté au ciel à toute l'Église* (II, 210).

Jésus-Christ *n'a jamais condamné sans ouïr.* A Judas : « *Amice, ad quid venisti?* » *A celui qui n'avait pas la robe nuptiale, de même* (II, 199).

Il fallait que la nature et la mission de Jésus correspondissent au double caractère de grandeur et de misère si profondément observé par Pascal dans la condition de l'homme déchu et pussent confirmer cette observation. C'est dans son entretien avec M. de Saci qu'il relève cette concordance. Après avoir montré dans Épictète et dans Montaigne deux expressions typiques de ces *contrariétés*, il conclut :

*De sorte qu'ils ne peuvent subsister seuls à cause de leur défaut, ni s'unir à cause de leurs oppositions, et qu'ainsi ils se brisent et s'anéantissent pour faire place à la vérité de l'Évangile. C'est elle qui accorde les contrariétés par un art tout divin, et, unissant tout ce qui est de vrai et sachant tout ce qu'il y a de faux, elle en fait une sagesse véritablement céleste où s'accordent ces opposés, qui étaient incompatibles dans ces doctrines humaines. Et la raison en est que ces sages du monde placent les contraires dans un même sujet, car l'un attribuait la grandeur à la nature et l'autre la faiblesse à cette même nature, ce qui ne pouvait subsister; au lieu que la foi nous apprend à les mettre en des sujets différents : tout ce qu'il y a d'infirme appartenant à la nature, tout ce qu'il y a de puissance appartenant à la grâce. Voilà l'union étonnante et nouvelle qu'un Dieu seul pouvait enseigner, et que lui seul pouvait faire, et qui n'est qu'une image et qu'un effet de l'union ineffable de deux natures dans la seule personne d'un Homme-Dieu* (I, cxxxiv).

Pour compléter ce que ces diverses *Pensées* nous révèlent de l'idée que se faisait Pascal de la personne et de la mission de Jésus, il convient de lire *Le Mystère de Jésus* (II, 206 à 211), méditation qui ne semble pas avoir eu pour objet de contribuer à la preuve du christianisme, mais d'édifier, de réconforter les croyants et Pascal lui-même. On y trouve des éclaircissements sur sa doctrine. Le paragraphe suivant, par exemple, précise bien le caractère de la Rédemption telle qu'il la comprenait :

*Je vois mon abîme, d'orgueil, de curiosité, de concupiscence. Il n'y a nul rapport de moi à Dieu, ni à Jésus-Christ juste. Mais il a été fait péché par moi; tous vos fléaux sont tombés sur lui. Il est plus abominable que moi, et loin de m'abhorrer, il se tient honoré que j'aille à lui et le secoure* (II, 209).

Ainsi le Rédempteur ne se comporte pas comme un innocent qui accepte d'être traité en coupable pour expier les péchés des hommes à leur place, mais en innocent (Pascal le déclare *sans aucun péché*, II, 16) qui épouse la culpabilité même, qui *est fait péché par le pécheur et devient plus abominable que lui* (II, 209). Ainsi Jésus se livre à Dieu non seulement comme victime expiatoire, mais comme coupable de ce qu'il expie. L'*ignominie* du Rédempteur consisterait donc, non pas dans les outrages qu'il subit, mais bien dans l'état de sa moralité même viciée par le péché d'autrui, absolument comme le péché originel vicie la moralité des descendants du premier couple humain. Dans ces conditions la responsabilité personnelle du Sauveur nous est aussi incompréhensible que celle de la race d'Adam. La Rédemption, à ce titre, est bien un mystère. Le catéchisme du diocèse de Paris, dans la définition de ce mystère, rend Jésus-Christ non pas personnellement responsable, mais répondant seulement pour les hommes du péché originel. *C'est*, dit-il, *le mystère de Jésus-Christ mort sur la croix pour racheter tous les hommes*, et plus loin : *Jésus-Christ nous a rachetés en souffrant la mort pour nous comme homme, et en donnant, comme Dieu, un prix infini à ses souffrances et à sa mort*. L'idée d'un Christ abominable répugne vraiment trop : c'est assez qu'il soit traité comme s'il l'était et cela même est suffisamment mystérieux.

# TROISIÈME PARTIE

**RECENSEMENT COMPLET DES MARQUES
DE LA VRAIE RELIGION
PREUVE DU CHRISTIANISME PAR LE JEU
DES PARTIS. — LA MACHINE**

# CHAPITRE PREMIER

RECENSEMENT COMPLET DES MARQUES DE LA VRAIE RELIGION. — SEPT CONDITIONS REQUISES POUR QU'UNE RELIGION SOIT LA VRAIE ; LA RELIGION CHRÉTIENNE LES REMPLIT. — PARALOGISME DE PASCAL RELATIF AU FONDEMENT DE LA MORALE. — L'ENSEMBLE DES PREUVES DU CHRISTIANISME N'EST PAS INFIRMÉ PAR CE PARALOGISME.

Les arguments invoqués jusqu'ici par Pascal en faveur du Christianisme en sont les preuves fondamentales, essentielles, les preuves qui sont requises et suffiraient, à la rigueur, pour en démontrer la divine origine. Il en est de subsidiaires qui les confirment. Un dogme est établi sur chaque fait surnaturel constaté et par suite probant. Les *Pensées* ne concernent pas tous les dogmes, non plus qu'elles ne relatent tous les faits démonstratifs de la religion chrétienne ; mais aux données capitales de l'apologie que nous avons relevées et examinées précédemment, elles en ajoutent d'autres que nous ne devons pas négliger. Nous allons approfondir et compléter nos constatations.

Nous avons dégagé des *Pensées* certaines conditions que doit remplir une religion pour être la vraie ; les voici rangées dans l'ordre qui nous a paru le plus logique.

1° Enseigner qu'il existe un Dieu personnel, unique, principe et fin de toutes choses.

2° Prouver son divin caractère par des signes surnaturels d'une incontestable authenticité.

3° Prescrire de reconnaître en lui le Créateur par l'adoration et de remonter vers lui par l'amour.

4° Définir le vrai bien de l'homme; montrer qu'il consiste dans sa plus intime union avec Dieu et que le mal, au contraire, consiste pour lui à être séparé de Dieu et impuissant à le rejoindre.

5° Expliquer les contradictions qui se trahissent dans la nature de l'homme, sa grandeur et sa petitesse à la fois, son inquiétude, l'inconstance et l'insatiabilité de ses désirs, les ténèbres qui lui voilent Dieu et l'empêchent de l'aimer.

6° Dire que Dieu est caché et pourquoi il l'est.

7° Indiquer les remèdes à l'impuissance où est l'homme de rejoindre Dieu et le moyen de les obtenir.

I

La vraie religion doit :

1° Enseigner qu'il existe un Dieu personnel, unique, principe et fin de toutes choses.

Examinons les *Pensées* relatives à cette condition.

*Le Dieu des chrétiens ne consiste pas en un Dieu simplement auteur des vérités géométriques et de l'ordre des éléments; c'est la part des païens et des épicuriens* (II, 61).

La nécessité des propriétés géométriques et la constance des lois de la nature portent un caractère divin, mais qui exclut la personnalité ou du moins se conçoit sans elle. La divinité, à ce point de vue, s'identifie à la vérité, dont le seul culte n'est pas par lui-même la vraie religion :

*On se fait une idole de la vérité même; car la vérité hors de la charité (amour de Dieu) n'est pas Dieu, et est son image et une idole, qu'il ne faut point aimer ni adorer, et encore moins faut-il aimer ou adorer son contraire, qui est le mensonge* (II, 116).

Cette idole répond à un besoin de l'esprit, non à une aspiration du cœur, non au sentiment religieux; elle est connue par d'autres voies que celles du cœur. Le Dieu des chrétiens, au contraire, a fait l'homme à son image ; il est personne comme lui ; il l'est à la façon d'un père, à la fois maître et protecteur ; il peut donc entrer, pour ainsi dire, en société avec lui, se révéler à lui directement sans le secours des preuves qui s'adressent aux sens ou à la raison :

*Ne vous étonnez pas de voir des personnes simples croire sans raisonner. Dieu leur donne l'amour de soi et la haine d'eux-mêmes. Il incline leur cœur à croire. On ne croira jamais d'une créance utile et de foi, si Dieu n'incline le cœur ; et on croira dès qu'il l'inclinera. Et c'est ce que David connaissait bien* — : « *Inclina cor meum, Deus, in* (*testimonia tua*) » (I, 194).

*Ceux qui croient sans avoir lu les Testaments, c'est parce qu'ils ont une disposition intérieure toute sainte, et que ce qu'ils entendent dire de notre religion y est conforme. Ils sentent qu'un Dieu les a faits. Ils ne veulent aimer que Dieu ; ils ne veulent haïr qu'eux-mêmes. Ils sentent qu'ils n'en ont pas la force d'eux-mêmes ; qu'ils sont incapables d'aller à Dieu ; et que, si Dieu ne vient à eux, ils sont incapables d'aucune communication avec lui. Et ils entendent dire dans notre religion qu'il ne faut aimer que Dieu, et ne haïr que soi-même : mais qu'étant tous corrompus, et incapables de Dieu, Dieu s'est fait homme pour s'unir à nous. Il n'en faut pas davantage pour persuader des hommes qui ont cette disposition dans le cœur, et qui ont cette connaissance de leur devoir et de leur incapacité* (I, 193).

*Ceux que nous voyons chrétiens sans la connaissance des prophéties et des preuves ne laissent pas d'en juger aussi bien que ceux qui ont cette connaissance. Ils en jugent par le cœur, comme les autres en jugent par l'esprit. C'est Dieu lui-même qui les incline à croire ; et ainsi ils sont très efficacement persuadés* (I, 195).

*J'avoue bien qu'un de ces chrétiens qui croient sans preuves n'aura peut-être pas de quoi convaincre un infidèle qui en dira autant de soi. Mais ceux qui savent les preuves de la religion prouveront sans difficulté que ce fidèle est véritablement inspiré de Dieu, quoiqu'il ne pût le prouver lui-même. Car Dieu ayant dit dans ses prophètes (qui sont indubitablement prophètes) que dans le règne de* JÉSUS-CHRIST *il répandrait son esprit sur les nations, et que les fils, les filles et les enfants de l'Église prophétiseraient, il est sans doute que l'esprit de Dieu est sur ceux-là, et qu'il n'est point sur les autres* (I, 195).

## II

2° La vraie Religion doit prouver son divin caractère par des signes surnaturels d'une incontestable authenticité.

Nous avons précédemment étudié avec soin les miracles et les prophéties. Le christianisme, aux yeux de Pascal, satisfait à cette condition. Nous n'y reviendrons pas.

3° La vraie Religion doit prescrire de reconnaître en Dieu le créateur par l'adoration et de remonter vers lui par l'amour. Cet article sera examiné avec le suivant.

4° Elle doit définir le vrai bien de l'homme; montrer qu'il consiste dans sa plus intime union avec Dieu et que le mal, au contraire, consiste pour lui à être séparé de Dieu et impuissant à le rejoindre.

Avec le Dieu chrétien l'homme ne se sent plus isolé, perdu et désespéré dans l'abîme infini :

*Le Dieu d'Abraham, le Dieu d'Isaac, le Dieu de Jacob, le Dieu des chrétiens, est un Dieu d'amour et de consolation : c'est un Dieu qui leur fait sentir intérieurement leur misère, et sa miséricorde infinie ; qui s'unit au fond de leur âme; qui la remplit d'humilité, de joie, de confiance, d'amour; qui les rend incapables d'autre fin que de lui-même* (II, 61).

*... Il ne consiste pas seulement en un Dieu qui exerce sa providence sur la vie et sur les biens des hommes, pour donner une heureuse suite d'années à ceux qui l'adorent; c'est la portion des Juifs* (II, 61).

Il est lui-même l'objet de leur amour et de leur possession, toute leur félicité :

*Le Dieu des chrétiens est un Dieu qui fait sentir à l'âme qu'il est son unique bien; que tout son repos est en lui, et qu'elle n'aura de joie qu'à l'aimer; et qui lui fait en même temps abhorrer les obstacles qui la retiennent, et l'empêchent d'aimer Dieu de toutes ses forces. L'amour-propre et la concupiscence, qui l'arrêtent, lui sont insupportables. Ce Dieu lui fait sentir qu'elle a ce fond d'amour-propre qui la perd, et que lui seul la peut guérir* (II, 62).

Seul le Christianisme a condamné l'amour-propre :

*Qui ne hait en soi son amour-propre, et cet instinct qui le porte à se faire Dieu, est bien aveuglé. Qui ne voit que rien n'est si opposé à la justice et à la vérité? Car il est faux que nous méritions cela; et il est injuste et impossible d'y arriver, puisque tous demandent la même chose. C'est donc une manifeste injustice où nous sommes nés, dont nous ne pouvons nous défaire, et dont il faut nous défaire.*

*Cependant aucune religion n'a remarqué que ce fût un péché, ni que nous y fussions nés, ni que nous fussions obligés d'y résister, ni n'a pensé à nous en donner les remèdes* (II, 111).

Seul le christianisme substitue à l'amour de soi l'amour de Dieu et du prochain :

*La vraie religion doit avoir pour marque d'obliger à aimer son Dieu. Cela est bien juste. Et cependant aucune ne l'a ordonné; la nôtre l'a fait* (I, 169).

L'amour de Dieu, la Charité, au sens théologique du mot, est l'unique source légitime de toutes les affections du cœur; elle subordonne l'amour-propre et l'absorbe en quelque sorte. Pascal s'est beaucoup préoccupé de cette question fondamentale de la morale chrétienne, qui est la vraie morale dès que le christianisme est reconnu la vraie religion. Il avait préparé une théorie de la charité et de ses conséquences; on peut la reconstituer en en combinant plusieurs fragments déposés dans ses *Pensées*. Il use, pour fixer les idées, d'une comparaison très ingénieuse, dont il n'est pas l'inventeur, mais qu'il exploite avec la rigueur qui lui est propre :

*Pour régler l'amour qu'on se doit à soi-même, il faut s'imaginer un corps plein de membres pensants, car nous sommes membres du tout, et voir comment chaque membre devait s'aimer, etc.*

*Il ne pourrait pas par sa nature aimer une autre chose, sinon pour soi-même et pour se l'asservir, parce que chaque chose s'aime plus que tout. Mais en aimant le corps,* il donne encore satisfaction à sa nature, *il s'aime soi-même, parce qu'il n'a d'être qu'en lui, par lui et pour lui* (II, 113).

*Être membre, en effet, c'est n'avoir de vie, d'être et de mouvements que par l'esprit du corps et pour le corps* (II, 112).

*Si les pieds et les mains avaient une volonté particulière, jamais ils ne seraient dans leur ordre qu'en soumettant cette volonté particulière à la volonté première qui gouverne le corps entier. Hors de là, ils sont dans le désordre et dans le malheur; mais en ne voulant que le bien du corps, ils font leur propre bien* (II, 113).

*Le membre séparé, ne voyant plus le corps auquel il appartient, n'a plus qu'un être périssant et mourant.*

*Cependant il croit être un tout, et ne se voyant point de corps dont il dépende, il croit ne dépendre que de soi, et veut se faire centre et corps lui-même. Mais, n'ayant point en soi de principe de vie, il ne fait que s'égarer, et s'étonne dans l'incertitude de son être, sentant bien qu'il n'est pas corps, et cependant ne voyant point qu'il soit membre d'un corps. Enfin, quand il vient à se connaître, il est comme revenu chez soi, et ne s'aime plus que pour le corps; il plaint ses égarements passés* (II, 112).

*Si le pied avait toujours ignoré qu'il appartînt au corps, et qu'il y eût un corps dont il dépendît, s'il n'avait eu que la connaissance et l'amour de soi, et qu'il vînt à connaître qu'il appartient à un corps duquel il dépend, quel regret, quelle confusion de sa vie passée, d'avoir été inutile au corps qui lui a influé la vie, qui l'eût anéanti s'il l'eût rejeté et séparé de soi, comme il se séparait de lui! Quelles prières d'y être conservé! et avec quelle soumission se laisserait-il gouverner à la volonté qui régit le corps, jusqu'à consentir à être retranché s'il le faut! Ou il perdrait sa qualité de membre; car il faut que tout membre veuille bien périr pour le corps, qui est le seul pour qui tout est* (II, 113).

*Nos membres ne sentent point le bonheur de leur union, de leur admirable intelligence, du soin que la nature a d'y influer les esprits, et de les faire croître et durer. Qu'ils seraient heureux s'ils le sentaient, s'ils le voyaient! Mais il faudrait pour cela qu'ils eussent intelligence pour le connaître, et bonne volonté pour consentir à celle de l'âme universelle. Que si, ayant reçu l'intelligence, ils s'en servaient à retenir en eux-mêmes la nourriture, sans la laisser passer aux autres membres, ils seraient non-seulement injustes, mais encore misérables, et se haïraient plutôt que de s'aimer; leur béatitude, aussi bien que leur devoir, consistant à consentir à la conduite de l'âme entière à qui ils appartiennent, qui les aime mieux qu'ils ne s'aiment eux-mêmes* (II, 112).

Cette solidarité, si complaisamment analysée par Pascal, de chaque membre avec tous les autres pour constituer l'unité du corps grâce au principe de vie qui subordonne la fonction de chacun à celle de tous et fait de cette mutuelle dépendance l'exercice de la vie même, cette solidarité figure, dans sa pensée, la communion de tous les fidèles en Dieu par la Charité.

*Dieu ayant fait le ciel et la terre, qui ne sentent point le bonheur de leur être, il a voulu faire des êtres qui le connussent, et qui se composassent un corps de membres pensants* (II, 112).

C'est Jésus-Christ, c'est Dieu qui insuffle à chaque membre, à chaque âme sa part de vie spirituelle et c'est la fraternité de toutes les âmes qui compose l'esprit de l'Église. Elles s'entr'aiment toutes pour l'amour de Dieu qui réciproquement les aime pour leur mutuel amour, ciment de son Église.

*Le corps aime la main; et la main, si elle avait une volonté, devrait s'aimer de la même sorte que l'âme l'aime* (II,113), (c'est-à-dire en tant seulement qu'elle contribue à la vie de tout le corps). *Tout amour qui va au-delà est injuste:* « *Adhærens Deo unus spiritus est.* » *On s'aime, parce qu'on est membre de* Jésus-Christ. *On aime* Jésus-Christ, *parce qu'il est le corps* (le principe de vie sans lequel il n'y aurait pas corps) *dont on est membre. Tout est un, l'un est en l'autre, comme les trois Personnes* (II, 113).

Le corps des croyants constitue une sorte de république dictatoriale :

*La république chrétienne, et même judaïque, n'a eu que Dieu pour maître, comme remarque Philon juif,* « de la Monarchie ». *Quand ils combattaient, ce n'était que pour Dieu; n'espéraient principalement que de Dieu; ils ne considéraient leurs villes que comme étant à Dieu, et les conservaient pour Dieu. I Paralip.*, xix, *13* (II, 203).

Pascal résume le sens de sa comparaison dans une formule dont la concision effarouche d'abord :

*Il faut n'aimer que Dieu et ne haïr que soi* (II, 113).

N'aimer que Dieu, ce n'est pas s'interdire d'aimer son prochain, c'est ne l'aimer qu'en Dieu, et ne haïr que soi, c'est se reconnaître pécheur et ne rien détourner pour soi-même de l'amour exclusivement dû à Dieu et au prochain.

... *La vraie et unique vertu est donc de se haïr* (II, 105).

*Nulle autre religion n'a proposé de se haïr. Nulle autre religion ne peut donc plaire à ceux qui se haïssent, et qui cherchent un être véritablement aimable. Et ceux-là, s'ils n'avaient jamais ouï parler de la religion d'un Dieu humilié, l'embrasseraient incontinent* (I, 170).

La charité est d'une souveraine importance : *L'unique objet de l'Écriture est la charité* (II, 9). C'est cette vertu qui fournit le principe directeur pour l'intelligence de l'Écriture et le discernement des vrais et des faux miracles. Elle révèle l'ordre de composition propre aux Livres Saints et permet de répondre à l'objection que l'Écriture n'en a pas :

*Le cœur a son ordre; l'esprit a le sien, qui est par principe et démonstration; le cœur en a un autre. On ne prouve pas qu'on doit être aimé, en exposant d'ordre les causes de l'amour : cela serait ridicule.*

*Jésus-Christ, saint Paul ont l'ordre de la charité, non de l'esprit; car ils voulaient échauffer, non instruire. Saint Augustin de même. Cet ordre consiste principalement à la digression sur chaque point, qu'on rapporte à la fin, pour la montrer toujours* (I, 102).

Rappelons ici une *Pensée* déjà citée au chapitre III, livre II :

*Ce qui fait qu'on ne croit pas les vrais miracles, c'est le manque de charité. Joh.* [x, 26] : « *Sed vos non creditis quia non estis ex ovibus.* » *Ce qui fait croire les faux est le manque de charité. II Thess.*, II (II, 74).

Il y a, en effet, de faux miracles, et ce n'est point un mince embarras pour Pascal. Cette question a été traitée au chapitre III, livre II.

### III

5° La vraie religion doit expliquer les contradictions qui se trahissent dans la nature de l'homme, son inquiétude, l'inconstance et l'insatiabilité de ses désirs, les ténèbres qui lui voilent Dieu et l'empêchent de l'aimer.

Toutes choses que Pascal a, plus haut, surabondamment signalées.

La vraie religion *doit encore avoir connu la concupiscence et l'impuissance; la nôtre l'a fait* (I, 169).

Elle enseigne que l'homme est un être déchu par la désobéissance du premier couple à une défense divine. Ce dogme jette un jour éclatant sur l'état contradictoire et troublé de l'âme humaine, sur l'étonnant mélange de grandeur et de misère dont est faite notre condition.

*Nulle religion que la nôtre n'a enseigné que l'homme*

*naît en péché, nulle secte de philosophes ne l'a dit; nulle n'a donc dit vrai* (I, 171).

*Nulle autre n'a connu que l'homme est la plus excellente créature. Les uns, qui ont bien connu la réalité de son excellence, ont pris pour lâcheté et pour ingratitude les sentiments bas que les hommes ont naturellement d'eux-mêmes ; et les autres, qui ont bien connu combien cette bassesse est effective, ont traité d'une superbe ridicule ces sentiments de grandeur, qui sont aussi naturels à l'homme* (I, 170).

Le dogme du péché originel met seul au point ces vues divergentes.

*Qui peut donc refuser à ces célestes lumières de les croire et de les adorer? Car n'est-il pas plus clair que le jour que nous sentons en nous-mêmes des caractères ineffaçables d'excellence? Et n'est-il pas aussi véritable que nous éprouvons à toute heure les effets de notre déplorable condition? Que nous crie donc ce chaos et cette confusion monstrueuse, sinon la vérité de ces deux états, avec une voix si puissante, qu'il est impossible de résister* (I, 187).

*Toutes ces contrariétés, qui semblaient le plus m'éloigner de la connaissance de la religion, est ce qui m'a le plus tôt conduit à la véritable* (I, 186).

*Que peut-on donc avoir que de l'estime pour une religion qui connaît si bien les défauts de l'homme, et que du désir pour la vérité d'une religion qui y promet des remèdes si souhaitables* (I, 177).

*Pour moi, j'avoue qu'aussitôt que la religion chrétienne découvre ce principe, que la nature des hommes est corrompue et déchue de Dieu, cela ouvre les yeux à voir partout le caractère de cette vérité* (I, 186).

*Le péché originel est folie devant les hommes, mais on le donne pour tel. Vous ne me devez donc pas reprocher le défaut de raison en cette doctrine, puisque je la donne pour être sans raison. Mais cette folie est plus sage que toute la sagesse des hommes,* « *sapientius est hominibus* ». *Car, sans cela, que dira-t-on qu'est l'homme? Tout son état dépend de ce point imperceptible. Et comment s'en fût-il aperçu par sa raison, puisque c'est une chose contre la raison, et que sa raison, bien loin de l'inventer par ses voies, s'en éloigne quand on le lui présente* (I, 185).

*Chose étonnante cependant, que le mystère le plus éloigné de notre connaissance, qui est celui de la transmission du péché, soit une chose sans laquelle nous ne pouvons avoir aucune connaissance de nous-mêmes! Car il est sans doute qu'il n'y a rien qui choque plus notre raison que de dire que le péché du premier homme ait rendu coupables ceux qui, étant si éloignés de cette source, semblent incapables d'y participer. Cet écoulement ne nous paraît pas seulement impossible, il nous semble même très injuste; car qu'y a-t-il de plus contraire aux règles de notre misérable justice que de damner éternellement un enfant incapable de volonté, pour un péché où il paraît avoir si peu de part, qu'il est commis six mille ans avant qu'il fût en être? Certainement, rien ne nous heurte plus rudement que cette doctrine; et cependant, sans ce mystère, le plus incompréhensible de tous, nous sommes incompréhensibles à nous-mêmes. Le nœud de notre condition prend ses replis et ses tours dans cet abîme; de sorte que l'homme est plus inconcevable sans ce mystère que ce mystère n'est inconcevable à l'homme* (I, 115).

*Dieu, pour se réserver à lui seul le droit de nous instruire, et pour nous rendre la difficulté de notre être inintelligible, nous en a caché le nœud si haut, ou, pour mieux dire, si bas, que nous étions incapables d'y arriver : de sorte que ce n'est pas par les agitations de notre raison, mais par la simple soumission de la raison, que nous pouvons véritablement nous connaître* (II, 94).

*Ces fondements solidement établis sur l'autorité inviolable de la Religion nous font connaître qu'il y a deux vérités de foi également constantes, l'une, que l'homme dans l'état de la Création ou dans celui de la grâce est élevé au-dessus de toute la nature, rendu comme semblable à Dieu et participant de sa divinité; l'autre, qu'en l'état de corruption et de péché, il est déchu de cet état et rendu semblable aux bêtes. Ces deux propositions sont également fermes et certaines. L'Écriture nous le déclare manifestement lorsqu'elle dit en quelques lieux :* « *Deliciæ meæ esse cum filiis hominum. Effundam spiritum meum super omnem carnem. Dii estis, etc.* » *et qu'elle dit en d'autres :* « *Omnis caro fœnum. Homo assimilatus est jumentis insipientibus et similis factus est illis. Dixi in corde meo de filiis hominum, ut probaret cor Deus et ostenderet similes esse bestiis, etc.* (MOLINIER, I, 167).

*La dignité de l'homme consistait, dans son innocence, à user et dominer sur les créatures, mais aujourd'hui à s'en séparer et s'y assujettir* (II, 90).

L'explication chrétienne de la condition de l'homme, de sa grandeur et de sa misère à la fois est incompréhensible, il est vrai, mais nulle autre religion ne l'explique ; la transmission d'un péché initial en rend compte. Il reste toutefois à rendre compte de cette transmission même. Pascal se résigne à ne la pas comprendre, mais il voit bien que, dès lors, la difficulté est seulement reculée, que le même besoin d'explication qui le pousse à admettre un péché originel demeure après qu'il l'a admis, puisque la transmission de ce péché demeure elle-même à expliquer. La condition humaine reste obscure, tant qu'il reste de l'obscurité dans sa cause. Il ne se le dissimule pas, mais loin d'en être embarrassé il reconnaît dans cette obscurité même une confirmation de la vérité chrétienne, car il est homme, et c'est précisément le péché originel qui s'oppose à ce que l'homme pénètre la transmission de ce péché. Sa déchéance même exige qu'il y ait pour lui mystère dans les suites de la déchéance. Nous sommes conduit à examiner comment la religion chrétienne remplit la sixième condition de la vraie religion.

## IV

6° Celle-ci doit dire que Dieu est caché et pourquoi il l'est.

Il manque nécessairement à la satisfaction de la raison de l'homme quelque chose qu'elle ne peut qu'entrevoir, qui est perdu pour elle ici-bas.

*Si le monde subsistait pour instruire l'homme de Dieu, sa divinité reluirait de toutes parts d'une manière incontestable; mais, comme il ne subsiste que par* Jésus-Christ *et pour* Jésus-Christ, *et pour instruire les hommes et de leur corruption et de leur rédemption, tout y éclate des preuves de ces deux vérités. Ce qui y paraît ne marque ni une exclusion totale, ni une présence manifeste de divinité, mais la présence d'un Dieu qui se cache : tout porte ce caractère* (II, 48).

*Il n'y a rien sur la terre qui ne montre, ou la misère de l'homme, ou la miséricorde de Dieu; ou l'impuissance de l'homme sans Dieu, ou la puissance de l'homme avec Dieu* (II, 49).

*... Ainsi, tout l'univers apprend à l'homme, ou qu'il est corrompu, ou qu'il est racheté; tout lui apprend sa grandeur ou sa misère. L'abandon de Dieu paraît dans les Païens; la protection de Dieu paraît dans les Juifs* (II, 49).

*... Il ne faut [pas] qu'il ne voie rien du tout; il ne faut pas aussi qu'il en voie assez pour croire qu'il le possède; mais qu'il en voie assez pour connaître qu'il l'a perdu : car, pour connaître qu'on a perdu, il faut voir et ne voir pas; et c'est précisément l'état où est la nature* (II, 89).

Cette conséquence générale du péché originel commence donc par en soustraire à la critique la mystérieuse transmission, et elle rend un inappréciable service à Pascal dans son apologie du christianisme; elle lui sert à prévenir et conjurer, quant au fondement divin de la Bible et des

Évangiles, toute objection tirée des passages déconcertants qu'on y trouve. Il faut en effet que l'ombre s'y mêle à la clarté, sinon les Écritures, en satisfaisant pleinement la raison, infirmeraient leur propre témoignage d'un premier péché qui a eu pour effet de la rendre incapable de pleine satisfaction.

*Nous ne concevons ni l'état glorieux d'Adam, ni la nature de son péché, ni la transmission qui s'en est faite en nous. Ce sont choses qui se sont passées dans l'état d'une nature toute différente de la nôtre, et qui passent notre capacité présente* (I, 187).

Les Écritures nous révèlent clairement cela seul qu'il nous est nécessaire de connaître :

*Tout cela nous est inutile à savoir pour en sortir; et tout ce qu'il nous importe de connaître est que nous sommes misérables, corrompus, séparés de Dieu, mais rachetés par* Jésus-Christ; *et c'est de quoi nous avons des preuves admirables sur la terre* (I, 187).

Nous savons d'avance que notre besoin de certitude ne peut y être assouvi : *Ce désir nous est laissé, tant pour nous punir, que pour nous faire sentir d'où nous sommes effondrés* (I, 121).

Ce que nous pouvons comprendre suffit toutefois à nous rassurer, à nous inspirer une pieuse confiance en ce qui nous échappe : *ce sont les clartés qui méritent, quand elles sont divines, qu'on révère les obscurités* (II, 42).

Pascal est naturellement fort préoccupé de ce qu'il y a, en apparence, d'imparfait dans la révélation de Dieu aux hommes par les Livres Saints. Il est très soucieux d'expliquer le demi-jour des seuls textes où l'âme puisse chercher la lumière. Il doit, à tout prix, établir que la complète lumière n'y serait pas préférable au crépuscule, que Dieu ne doit pas être entièrement visible à l'humanité déchue. Il s'y ingénie en plusieurs de ses pensées :

*... Il est donc vrai que tout instruit l'homme de sa condition, mais il le faut bien entendre : car il n'est pas vrai que tout découvre Dieu, et il n'est pas vrai que tout cache Dieu.*

*Mais il est vrai tout ensemble qu'il se cache à ceux qui le tentent, et qu'il se découvre à ceux qui le cherchent, parce que les hommes sont tout ensemble indignes de Dieu, et capables de Dieu; indignes par leur corruption, capables par leur première nature* (II, 49).

*..... tant d'hommes se rendant indignes de sa clémence, il a voulu les laisser dans la privation du bien qu'ils ne veulent pas* (II, 47).

*Il y a assez de lumière pour ceux qui ne désirent que de voir et assez d'obscurité pour ceux qui ont une disposition contraire* (II, 48).

*La religion est une chose si grande, qu'il est juste que ceux qui ne voudraient pas prendre la peine de la chercher si elle est obscure, en soient privés. De quoi se plaint-on donc, si elle est telle qu'on la puisse trouver en la cherchant?* (II, 89).

Ainsi l'obscurité de l'Écriture sainte s'explique par l'inégale dispensation qu'elle doit faire de la connaissance de Dieu aux âmes, selon la soif qu'elles en ont. La vérité est le prix du zèle, plus ou moins vif et sincère, qu'elles apportent à la chercher, et ce qui demeure obscur pour l'une, s'éclaircit pour l'autre en raison de sa foi même.

Pascal attache la plus grande importance à cette explication : *On n'entend rien aux ouvrages de Dieu, si on ne prend pour principe qu'il a voulu aveugler les uns et éclairer les autres* (II, 52).

Il y a plus : *il est non seulement juste, mais utile pour nous, que Dieu soit caché en partie, et découvert en partie* (II, 48), *car s'il n'y avait point d'obscurité, l'homme ne sentirait point sa corruption; s'il n'y avait point de lumière, l'homme n'espérerait point de remède* (II, 48):

*Il est également dangereux à l'homme de connaître Dieu sans connaître sa misère, et de connaître sa misère sans connaître Dieu* (II, 49).

*Dieu veut plus disposer la volonté que l'esprit. La clarté parfaite servirait à l'esprit, mais nuirait à la volonté* (II, 48).

Il faut *abaisser la superbe* (II, 48). D'autre part, s'il n'avait jamais rien paru de Dieu, cette privation éternelle serait équivoque, et pourrait aussi bien se rapporter à l'absence de toute divinité, ou à l'indignité où seraient les hommes de la connaître. Mais de ce qu'il paraît quelquefois, et non pas toujours, cela ôte l'équivoque. S'il paraît une fois, il est toujours; et ainsi on n'en peut conclure, sinon qu'il y a un Dieu, et que les hommes en sont indignes (II, 48).

… *il a donné des marques de soi visibles à ceux qui le cherchent et non à ceux qui ne le cherchent pas…… Il y a assez de clarté pour éclairer les élus et assez d'obscurité pour les humilier. Il y a assez d'obscurité pour aveugler les réprouvés et assez de clarté pour les condamner et les rendre inexcusables* (II, 48). Enfin, c'est en se cachant que Dieu nous fait sentir la valeur de ses manifestations : *si la miséricorde de Dieu est si grande, qu'il nous instruit salutairement, même lorsqu'il se cache, quelle lumière n'en devons-nous pas attendre lorsqu'il se découvre?* (II, 51).

*Tout tourne en bien pour les élus, jusqu'aux obscurités de l'Écriture, car ils les honorent, à cause des clartés divines; et tout tourne en mal pour les autres, jusqu'aux clartés; car ils les blasphèment, à cause des obscurités qu'ils n'entendent pas* (II, 49).

Pascal, selon son habitude, ramasse fortement la conquête de sa pensée et l'impose sous une forme paradoxale et hautaine :

*Reconnoiſſez donc la vérité de la Religion dans l'obſcurité meſme de la Religion, dans le peu de lumiere que nous en avons, dans l'indiference que nous avons de la connoiſtre* (Molinier, I, 319).

Et il nous tient pour si complètement gagnés à ses conclusions qu'il en abuse :

*Au lieu de vous plaindre de ce que Dieu s'eſt caché, vous luy rendrez grace de ce qu'il s'eſt tant decouvert* (Molinier, I, 320).

Le voile que Dieu a posé sur son existence s'étend sur Jésus-Christ, qui est Dieu :

Jésus-Christ *ne dit pas qu'il n'est pas de Nazereth, pour laisser les méchants dans l'aveuglement, ni qu'il n'est pas fils de Joseph* (II, 51).

*Comme* Jésus-Christ *est demeuré inconnu parmi les hommes, ainsi sa vérité demeure parmi les opinions communes, sans différence à l'extérieur : ainsi l'Eucharistie parmi le pain commun* (II, 51).

*... que l'on connaisse la vérité de la religion dans l'obscurité même de la religion, dans le peu de lumière que nous en avons, dans l'indifférence que nous avons de la connaitre* (II, 51).

Ajoutons que l'obscurité des Écritures a pour cause, outre de satisfaire aux suites du péché originel, de dissimuler aux Juifs ce qu'ils doivent ignorer.

V

Mais il n'y a pas seulement des obscurités dans la Bible, il s'y rencontre des assertions contraires aux lois démontrées par la science expérimentale. Pascal n'insiste pas sur ces conflits; il relève au contraire un cas où celle-ci a vérifié un passage de la Bible alors contesté :

*Combien les lunettes nous ont-elles découvert d'êtres qui n'étaient point pour nos philosophes d'auparavant! On entreprenait franchement l'Écriture sainte sur le grand nombre des étoiles, en disant : Il n'y en a que mille vingt-deux, nous le savons* (II, 104). Ce cas est une bonne fortune qui ne se fût guère renouvelée pour lui s'il eût pu assister aux progrès ultérieurs des sciences naturelles. Déjà la démonstration du mouvement de la terre par Galilée créait un sérieux embarras à l'orthodoxie. Il a évité de se prononcer sur cette question. Havet, dans une longue note (II, 129), juge sévèrement son attitude; il l'accuse de légèreté; il lui reproche de n'avoir pas osé ou pas daigné prendre parti, bien qu'une telle découverte fût plus haute encore que celle de la pesanteur de l'air. Nous ne saurions nous associer à sa sévérité. Il n'appartient à personne de prescrire à un savant le programme de ses études et, sous prétexte qu'un problème est plus important qu'un autre, de faire à sa curiosité un devoir de l'aborder. Pascal n'était pas astronome, et pour un savant le problème le plus important est celui dont il poursuit présentement la solution, celui que sa méthode, ou le hasard de ses recherches, lui a fait rencontrer. S'abstenir de se prononcer sur la valeur d'une théorie dont les conséquences sont incalculables à tous égards, quand on se sent trop absorbé par d'autres questions pour pouvoir se consacrer à la critiquer, c'est faire preuve de prudence plus que de timidité, c'est se comporter en savant consciencieux. Il se peut fort bien, d'ailleurs, que la défiance de Pascal à l'égard de la physique cartésienne et sa mauvaise humeur envers Descartes l'aient indisposé contre une théorie agréée de celui-ci, mais cette prévention ne heurtait nullement les esprits d'alors. Ses contemporains ne pouvaient voir cette théorie du même œil que les savants d'aujourd'hui, car elle n'avait pas encore conquis l'autorité qu'elle possède. Un esprit vraiment scientifique ne devait l'admettre qu'en parfaite connaissance de cause, si séduisante qu'elle fût à première vue, et Pascal ne l'avait pas approfondie, sans quoi rien au monde ne l'eût empêché d'en saluer la vérité. Havet cite avec admiration ce passage de la dix-huitième *Provinciale* : *Ce fut aussi en vain que vous obtîntes contre Galilée un décret de Rome, qui condamnait son opinion touchant le mouvement de la terre. Ce ne sera pas cela qui prouvera qu'elle demeure en repos; et si l'on avait des observations constantes qui prouvassent que c'est elle qui tourne, tous les hommes ensemble ne l'empêcheraient pas de tourner, et ne s'empêcheraient pas de tourner aussi avec elle* (II, 129).

Par cette belle parole les droits de la science sont sauvegardés et, en dépit du pyrrhonisme de combat qu'il professa plus tard dans ses *Pensées*, jamais Pascal n'en est venu à méconnaître la valeur scientifique de ses propres découvertes; il s'est borné à en reconnaître la vanité au point de vue de son salut. Sans doute sa foi religieuse pouvait l'empêcher de désirer que Galilée eût raison, et lui faire redouter l'examen de la démonstration du mouvement de la terre, mais on n'est pas pour cela fondé à exiger de lui qu'il l'eût examinée; il n'en avait peut-être pas eu plus le loisir et l'occasion que l'envie, car il se fût agi pour lui, non pas seulement de spéculer, mais de régler des observations et d'instituer des expériences, et nous savons tout le soin qu'il y apportait.

## VI

Il est inquiétant, certes, pour l'authenticité de l'Écriture, d'y trouver des passages en contradiction avec les vérités acquises par les sciences positives; on a pu néanmoins tenter d'en solliciter le sens de manière à le conformer plus ou moins exactement à ces vérités. Les jours de la création, par exemple, sont devenus des époques géologiques; Josué devait arrêter le soleil et non la terre, afin que l'énoncé même du miracle fût intelligible à la multitude des Juifs anciens que ce récit devait édifier, etc. Mais quand l'Écriture est en contradiction avec elle-même, l'inquiétude redouble et il semble beaucoup plus difficile de l'interpréter favorablement; Pascal s'en tire avec une ingéniosité peu rassurante. Il reconnaît dans la Bible des propositions qui sont *directement contre l'esprit*, en un mot contradictoires. Il pousse l'euphémisme jusqu'à les appeler des *faiblesses*. Il n'en est pas embarrassé, du reste; il les explique à l'avantage même des Livres Saints. Il y reconnaît la preuve évidente de leur authenticité : *Moïse était habile homme; si donc il se gouvernait par son esprit, il ne devait rien [dire] nettement qui fût directement contre* (I, 212). Il était donc gouverné par un autre esprit que le sien propre; les offenses de son livre à la raison ne peuvent donc être attribuées qu'à Dieu même châtiant le péché originel dans les lecteurs. Pascal ajoute : *Ainsi toutes les faiblesses très apparentes sont des forces. Exemple, les deux généalogies de saint Mathieu et de saint Luc : qu'y a-t-il de plus clair, que cela n'a pas été fait de concert?* (I, 212). Or c'est là l'important; quant à la contradiction, elle peut être regardée comme une simple épreuve infligée à l'intelligence humaine par les suites du péché originel.

*La généalogie de* Jésus-Christ *dans l'Ancien Testament est mêlée parmi tant d'autres inutiles, qu'elle ne peut être discernée. Si Moïse n'eût tenu registre que des ancêtres de* Jésus-Christ, *cela eût été trop visible. S'il n'eût pas marqué celle de* Jésus-Christ, *cela n'eût pas été assez visible. Mais, après tout, qui y regarde de près voit celle de* Jésus-Christ *bien discernée par Thamar, Ruth, etc.* (II, 51.)

Il dit ailleurs d'une manière générale : *Plusieurs évangélistes pour la confirmation de la vérité; leur dissemblance, utile* (II, 201). Elle est utile pour montrer qu'il n'y a eu entre eux aucune connivence en vue d'arranger les événements qu'ils racontent et les paroles qu'ils rapportent. Chacun d'eux écrit donc pour son propre compte, dans une entière indépendance à l'égard des hommes, mais avec une telle docilité au souffle inspirateur du Saint-Esprit qu'il abdique son jugement propre, toute ambition ou prétention d'auteur; sa personne s'efface. Pascal signale cet effacement comme un signe surnaturel d'authenticité.

*Le style de l'Évangile est admirable en tant de manières, et entre autres en ne mettant jamais aucune invective contre les bourreaux et ennemis de* Jésus-Christ. *Car il n'y en a aucune des historiens contre Judas, Pilate, ni aucun des Juifs.*

*Si cette modestie des historiens évangéliques avait été affectée, aussi bien que tant d'autres traits d'un si beau caractère, et qu'ils ne l'eussent affectée que pour la faire remarquer; s'ils n'avaient osé le remarquer eux-mêmes, ils n'auraient pas manqué de se procurer des amis, qui eussent fait ces remarques à leur avantage. Mais comme ils ont agi de la sorte sans affectation, et par un mouvement désintéressé, ils ne l'ont fait remarquer à personne. Et je crois que plusieurs de ces choses n'ont point été remarquées ; et c'est ce qui témoigne la froideur avec laquelle la chose a été faite* (II, 39). Les évangélistes ont été les historiographes en quelque sorte passifs de la vie de Jésus-Christ ; on ne sent rien de leur crû dans leurs récits.

*Qui a appris aux évangélistes les qualités d'une âme parfaitement héroïque, pour la peindre si parfaitement en Jésus-Christ ? Pourquoi le font-ils faible dans son agonie ? Ne savent-ils pas peindre une mort constante ? Oui, car le même saint Luc peint celle de saint Étienne plus forte que celle de Jésus-Christ. Ils le font donc capable de crainte avant que la nécessité de mourir soit arrivée, et ensuite tout fort. Mais quand ils le font si troublé, c'est quand il se trouble lui-même ; et, quand les hommes le troublent, il est tout fort* (II, 17).

Ces différences ne sont évidemment pas inventées par les narrateurs ; ils ne les ont même pas aperçues. C'est, à vrai dire, Pascal qui en prend conscience. Il y a d'autres raisons encore de ne pas suspecter la bonne foi des apôtres : *L'hypothèse des apôtres fourbes est bien absurde. Qu'on la suive tout au long ; qu'on s'imagine ces douze hommes, assemblés après la mort de* Jésus-Christ, *faisant le complot de dire qu'il est ressuscité : ils attaquent par là toutes les puissances. Le cœur des hommes est étrangement penchant à la légèreté, au changement, aux promesses, aux biens. Si peu qu'un de ceux-là se fût démenti par tous ces attraits, et, qui plus est, par les prisons, par les tortures et par la mort, ils étaient perdus. Qu'on suive cela* (II, 38). Relevons une dernière observation, très fine, de Pascal. Aussitôt après la mort de Jésus-Christ, ses disciples sont demeurés consternés ; ils avaient perdu leur appui moral ; il est invraisemblable que, livrés à eux-mêmes, ils aient conservé le sang-froid et la confiance nécessaires pour un complot, pour une machination réfléchie : *Tandis que* Jésus-Christ *était avec eux, il les pouvait soutenir ; mais après cela, s'il ne leur est apparu, qui les a fait agir ?* (II, 38).

Les apôtres n'ont donc pas été *trompeurs*. Reste l'hypothèse qu'ils aient été *trompés*, c'est *difficile* également. *Car il n'est pas possible de prendre un homme pour être ressuscité...* (II, 38). La *Pensée* est restée inachevée.

Ces divers témoignages de l'ingénue véracité des apôtres et particulièrement des évangélistes confirment la preuve que Pascal en a reconnue dans les *dissemblances*, dans les contradictions offertes par les Évangiles. Il émet une autre explication, étrangement subtile, *des mots et des sentences contraires* (II, 202) qu'on trouve dans les Livres Saints. Si Dieu y eût employé les *termes propres* (II, 202), les hérésies, que l'orgueil de l'esprit rendait inévitables, eussent été des sacrilèges dont rien n'eût conjuré l'infinie gravité. La miséricorde a épargné aux âmes le péril d'être punies en proportion de la pleine lumière qu'elles eussent méconnue. Voici la *Pensée* que nous interprétons : *Dieu (et les apôtres), prévoyant que les semences d'orgueil feraient naître les hérésies, et ne voulant pas leur donner occasion de naître par des termes propres, a mis dans l'Écriture et les prières de l'Église des mots et des sentences contraires pour produire leurs fruits dans le temps. De même qu'il donne dans la morale la charité, qui produit des fruits contre la concupiscence. Celui qui sait la volonté de son maître sera battu de plus de coups, à cause du pouvoir qu'il a par la connaissance.* « *Qui justus est justificetur adhuc* » (*Apoc.*, xxii, 11) ; *à cause du pouvoir qu'il a par la justice. A celui qui a le plus reçu sera le plus grand compte demandé, à cause du pouvoir qu'il a par le secours* (II, 202). La clarté des textes sacrés eût été le plus grand secours que l'homme pût recevoir de Dieu pour les comprendre, mais cette facilité eût rendu l'hérésie d'autant plus condamnable, et l'esprit humain n'y est que trop porté.

Si l'existence des textes contradictoires qu'on peut relever dans la tradition écrite judæo-chrétienne devait toujours s'expliquer par les suites du péché originel ou quelque intention providentielle de Dieu, la critique serait par là frustrée de son plus sûr moyen de contrôle et de discernement pour défendre l'Écriture même contre l'intrusion de textes apocryphes. Il ne suffisait pas, en effet, qu'un monument fût en contradiction avec les livres canoniques pour qu'on en pût inférer la fausseté de ce monument. Il faut donc qu'il existe certains cas où, entre deux textes soumis à l'examen, la contradiction soit d'origine humaine, partant inadmissible, et nécessite l'exclusion de l'un d'eux. Pascal, sans formuler aucune règle pour reconnaître ces cas, mais conformément à une décision du Concile de Trente, en reconnaît au moins un, celui du livre IV d'Esdras. Nous ne reproduisons pas les fragments du recueil des *Pensées* relatifs à cette discussion dont le détail est inutile à notre objet. Nous préférons, incapable de mieux dire, emprunter à A. Molinier l'exposé et le résumé très clairs qu'il en a faits dans son édition des *Pensées* (Préface, xxx) :

« *Une seule fois, il (Pascal) a voulu faire œuvre de critique, et c'est à propos d'un texte dont l'authenticité une fois reconnue eût rendu vaines toutes ses théories. Nous voulons parler du livre IV d'Esdras. Dans un passage du chapitre* xiv *de ce livre, Dieu apparaît à Esdras dans un buisson et lui ordonne de réunir le peuple et de lui transmettre ses menaçantes révélations. Esdras répond :* « *J'irai et je rassemblerai le peuple présent, car le siècle a été mis dans les ténèbres et ceux qui l'habitent sont sans lumière; ta loi a été brûlée et nul ne sait quelles ont été tes œuvres et ce que disent tes prédictions. Si j'ai trouvé grâce devant toi, donne-moi ton esprit, et j'écrirai tout ce qui a été fait depuis le commencement des siècles et tout ce qui était écrit dans ta loi, afin que les hommes puissent trouver leur voie et que ceux-là puissent vivre qui voudront vivre dans les derniers temps.* » *Alors Dieu lui ordonne de choisir cinq hommes habiles dans l'art d'écrire; le lendemain et durant quarante jours consécutifs, animé de l'esprit d'en haut, il leur dictera la loi ancienne. On comprend l'importance qu'un pareil texte devait avoir aux yeux des théologiens; comme il est en contradiction manifeste avec plusieurs passages des prophètes, notamment de Jérémie, il est difficile de l'accepter à priori; d'ailleurs, ne serait-ce pas détruire, ou du moins grandement amoindrir l'autorité de la Bible, que de la supposer ainsi brûlée pendant la captivité de Babylone et dictée d'un seul jet par Dieu à un seul homme? La question avait paru si grave au concile de Trente qu'il avait rejeté les deux derniers livres d'Esdras, et Pascal essaya à son tour d'en démontrer la non-authenticité. C'est ici seulement que nous le voyons raisonner en historien; il s'efforce dans plusieurs fragments de prouver combien serait invraisemblable cette prétendue destruction de la loi à l'époque de la captivité de Babylone; il montre que le livre d'Esdras n'est cité qu'assez tard, par des auteurs suspects; que toujours il a été regardé comme apocryphe par les meilleures autorités. Telle est, en résumé, l'argumentation qu'on lui a attribuée; mais, en réalité, elle ne lui appartient pas et elle est en grande partie indiquée dans quelques notes qu'un solitaire de Port-Royal, plus versé que Pascal en ces matières, lui aura bénévolement fournies. Toutefois, il fallait noter cette tentative d'explications comme un fait singulier, car c'est la seule fois que Pascal, oubliant son dédain pour les questions historiques, paraît avoir senti la nécessité d'en tenir quelque compte.* »

Nous avons vu comment, par des considérations subtiles ou hardies dont quelques-unes, il faut l'avouer, ressemblent à des expédients plus qu'à des raisons, Pascal, en présence des passages obscurs et même contradictoires de l'Écriture, enchaîne les résistances de l'esprit humain. On pouvait être tenté de repousser aussitôt la Bible malgré l'antiquité et la pérennité de ce saint livre à cause des sacrifices qu'il impose à la logique, au sens commun, parfois même à la pudeur, quelle téméraire précipitation! Ne faut-il pas que Dieu s'y cache autant qu'il s'y montre, puisque l'homme y est annoncé comme déchu, et, par suite, incapable ici-bas de le voir face à face? Or qu'est-ce que Dieu caché? Ce n'est pas seulement son essence incompréhensible et la création inexplicable, c'est, en outre, l'empreinte même du créateur oblitérée dans ses œuvres; c'est à la fois la vérité voilée, l'intelligence déçue, la conscience désorientée; en un mot, tout ce qui nous répugne dans certains passages des Écritures, tout ce qui nous surprend comme des taches sur le soleil.

*Qu'on ne nous reproche donc plus le manque de clarté, puisque nous en faisons profession* (II, 50). Loin de s'en scandaliser, il faut y voir la marque et le gage d'une parfaite harmonie dans la doctrine, et recueillir de celle-ci avec une gratitude infinie des traits manifestement divins.

En résumé, que cherchons-nous? L'explication de notre nature et de notre condition et la formule de notre vraie félicité. Or le premier témoignage écrit qui se recommande à notre crédit par son ancienneté et son intégrité miraculeuse nous explique les étonnants contrastes de notre nature et les misères de notre condition, par une faute initiale dont la conséquence a été pour nous l'obscurcissement de la vérité, et dont le rachat doit nous restituer notre souverain bien : la possession de Dieu même. Ce témoignage serait donc contradictoire et s'infirmerait lui-même, s'il dissipait cet obscurcissement qu'il déclare essentiel à notre condition terrestre. Nous devons donc nous attendre à n'y trouver qu'une demi-révélation; pour être véridique, il faut qu'il ne soit pas entièrement clair, qu'il soit énigmatique en partie, assez pour satisfaire aux suites du péché originel et pour faire de la croyance une vertu, nous y devons donc rencontrer mystère et achoppement.

Pascal a donc voulu bien établir, car c'était une chose de première importance, que, dans la tradition judæo-chrétienne écrite, les obscurités, et, en général, tout ce qui peut scandaliser d'abord le lecteur, ne constitue pas une fin de non-recevoir à l'égard de la doctrine; que, au contraire, celle-ci le justifie et l'exige.

## VII

7° La dernière condition, marque de la vraie religion, est d'indiquer les remèdes à l'impuissance où est l'homme de rejoindre Dieu et le moyen de les obtenir.

C'est par le canal de la Grâce et par la Rédemption, en un mot par l'intermédiaire divin de Jésus-Christ, que cette condition est remplie. Dans les pages précédentes la personne du Christ a été mise en cause à plusieurs reprises ainsi que sa mission, et nous avons étudié les caractères et l'objet de la Grâce dans le chapitre suivant.

Nous terminons par une observation qui intéresse la logique.

Parmi les conditions requises expressément par Pascal d'une doctrine religieuse pour être la véritable, nous n'avons pas fait figurer celle de répondre à telle ou telle morale préconçue.

Pascal, en effet, ne connaîtra la vraie morale que par la vraie religion et, dans sa railleuse critique des règles si variables de la conduite humaine, il a trop infirmé les décrets de la conscience naturelle pour pouvoir légitimement lui demander le critérium de la vérité religieuse. Aussi éprouve-t-on de la surprise à la lecture de certains passages des *Pensées* où il se met en contradiction manifeste avec lui-même :

... *Les trois marques de la religion : la perpétuité, la bonne vie, les miracles* (II, 77).

Que sait-on de la bonne vie avant d'avoir reconnu la vraie religion qui seule l'enseigne ?

*Je vois donc des foisons de religions en plusieurs endroits du monde, et dans tous les temps. Mais elles n'ont ni la morale qui peut me plaire, ni les preuves qui peuvent m'arrêter* (I, 198).

Il faut se défier de la morale qui plaît, puisque c'est seulement le climat et l'éducation qui en décident.

*Je considère cette loi* (la loi des Juifs) *qu'ils se vantent de tenir de Dieu, et je la trouve admirable* (I, 199).

A quel titre?

*La religion mahométane a pour fondement l'Alcoran et Mahomet. Mais ce prophète, qui devait être la dernière attente du monde, a-t-il été prédit? Quelle marque a-t-il, que n'ait aussi tout homme qui se voudra dire prophète? Quels miracles dit-il lui-même avoir faits? Quel mystère a-t-il enseigné, selon sa tradition même? Quelle morale et quelle félicité?* (II, 41).

Et plus loin, sur le fondement de la religion juive, il dit : *La morale et la félicité en est ridicule, dans la tradition du peuple, mais elle est admirable, dans celle de leurs saints* (II, 41).

*Notre religion est si divine, qu'une autre religion divine n'en a été que le fondement* (II, 42).

Ce qui, à ses yeux, confère le caractère divin à ce fondement de la religion chrétienne, c'est, pour une part, ce qu'il y a d'admirable dans la morale et la félicité des saints juifs. Or c'est uniquement sa conscience qui les déclare admirables. Ainsi, dans le choix d'une religion, la révélation interne de la conscience morale serait antérieure à la révélation religieuse et la contrôlerait. La vraie religion serait celle dont la morale serait conforme à la morale innée, et qui définirait la félicité conformément aux tendances et aux dispositions de l'âme qui y aspire. La vraie doctrine religieuse ne ferait donc, en somme, que confirmer, en les précisant, les suggestions intimes, plus ou moins vagues, de la conscience humaine; elle ne serait, en un mot, que la religion spontanée mise en dogme et organisée en culte. Pascal ne s'aperçoit pas qu'il autorise cette conséquence, si contraire à sa propre pensée, par les motifs éthiques qui déterminent sa préférence dans le choix d'une religion, puisque ces motifs impliquent une morale préconçue et une félicité pressentie, de sorte qu'il ne demande en réalité à la vraie religion que la consécration en lui d'une croyance préalable et purement intuitive, d'origine naturelle.

Il repousserait la Religion chrétienne au même titre que la Mahométane, si elle lui paraissait également immorale. C'est pourtant le christianisme qui lui enseigne que : *toute la morale consiste en la concupiscence et en la grâce* (II, 88).

C'est de cette religion qu'il doit apprendre à discerner le bien du mal. Il le déclare expressément dans le long fragment qui suit :

*On ne s'éloigne qu'en s'éloignant de la charité. Nos prières et nos vertus sont abominables devant Dieu, si elles ne sont les prières et les vertus de* Jésus-Christ. *Et nos péchés ne seront jamais l'objet de la [miséricorde], mais de la justice de Dieu, s'ils ne sont de* Jésus-Christ. *Il a adopté nos péchés, et nous a [admis à son] alliance; car les vertus lui sont propres, et les péchés étrangers; et les vertus nous sont étrangères, et nos péchés nous sont propres.*

*Changeons la règle que nous avons prise jusqu'ici pour juger de ce qui est bon. Nous en avions pour règle notre volonté, prenons maintenant la volonté de Dieu : tout ce qu'il veut nous est bon et juste, tout ce qu'il ne veut...*

*Tout ce que Dieu ne veut pas est défendu. Les péchés sont défendus par la déclaration générale que Dieu a faite, qu'il ne les voulait pas. Les autres choses qu'il a laissées sans défense générale, et qu'on appelle par cette raison permises, ne sont pas néanmoins toujours permises. Car, quand Dieu en éloigne quelqu'une de nous, et que par l'événement, qui est une manifestation de la volonté de Dieu, il paraît que Dieu ne veut pas que nous ayons une chose, cela nous est défendu alors comme le péché, puisque la volonté de Dieu est que nous n'ayons non plus l'un que l'autre. Il y a cette différence seule entre ces deux choses, qu'il est sûr que Dieu ne voudra jamais le péché, au lieu qu'il ne l'est pas qu'il ne voudra jamais l'autre. Mais tandis que Dieu ne la veut pas, nous la devons regarder comme péché; tandis que l'absence de la volonté de Dieu, qui est seule toute la bonté et toute la justice, la rend injuste et mauvaise* (II, 173).

S'il en est ainsi, par quel critérium peut-il juger la moralité de la religion chrétienne pour s'autoriser à la considérer comme la vraie?

Enfin, dans un fragment où Pascal énumère les preuves du christianisme, on lit :

2° *La sainteté, la hauteur et l'humilité d'une âme chrétienne* (I, 177).

L'illogisme est ici d'autant plus flagrant que de ces trois qualités morales, destinées dans sa pensée à prouver cette religion, une au moins, l'humilité, est instituée par la morale même de celle-ci; ce n'est pas la conscience naturelle de la dignité humaine qui prononce sur la valeur éthique de l'humilité. Il commet donc une pétition de principe.

Mais ce lapsus de la logique ne ruine pas du tout son système de preuves.

Nous avons vu que pour discerner la vraie religion il aurait pu se passer des témoignages du sens moral, si impitoyablement mis par lui en suspicion dès le début de son entreprise. Il aurait même pu, à la rigueur, ne s'être formé aucune idée préalable de la nature divine, car ce n'est pas la doctrine, mais l'établissement miraculeux de la religion judæo-chrétienne qui lui a fourni la preuve fondamentale qu'elle est la véritable religion. Cette preuve faite, tout ce qu'elle enseigne peut et doit être cru ; or elle enseigne qu'il n'y a qu'un Dieu, créateur et souverain du monde, et qu'il faut aimer son prochain comme soi-même.

## CHAPITRE II

LA PREUVE DU CHRISTIANISME PAR LE JEU DES PARTIS : LES SCEPTIQUES PAR PRUDENCE ET LES INCRÉDULES PAR ATTACHEMENT AU VICE, QUE N'AURAIENT PU CONVAINCRE LES PREUVES PSYCHOLOGIQUES ET HISTORIQUES PRÉCÉDEMMENT EXPOSÉES, SONT MIS PAR PASCAL EN DEMEURE DE PARIER POUR OU CONTRE L'EXISTENCE DU DIEU DES CHRÉTIENS ET OBLIGÉS DE RECONNAITRE QUE LEUR INTÉRÊT BIEN ENTENDU EST DE PRATIQUER CETTE RELIGION, CE QUI LES AMÈNERA PEU A PEU A Y CROIRE.

Les diverses preuves du Christianisme coordonnées jusqu'ici forment, dans l'apologétique de Pascal, un corps de démonstration cohérent et complet qui doit suffire, à ses yeux, pour convaincre tout incrédule capable de raisonner. Mais encore faut-il que l'intelligence s'y prête, qu'elle ne soit prévenue ni contre l'apologiste ni contre elle-même. Or beaucoup d'esprits craignent d'être dupes : ils se défient de leur propre sens critique et se méfient de l'abus qu'on pourrait faire de leur infériorité ; ils se refusent donc à peser les arguments d'ordre historique ou métaphysique dépassant leur portée ou excédant leur aptitude. Chez plusieurs, en outre, cette prudence peut n'être qu'un fallacieux prétexte à ne point rompre leurs habitudes vicieuses ; ce sont les pécheurs invétérés. Pour triompher de ces sortes d'incrédules il faut renoncer à tout l'appareil compliqué des preuves précédemment fournies et en découvrir une assez forte et néanmoins assez simple pour qu'il leur soit impossible de la récuser.

Cette preuve, Pascal l'a fournie dans son pari, et il convient, selon nous, de la placer au terme de son œuvre, mais non toutefois comme un hors-d'œuvre, puisqu'elle est destinée à suppléer, au besoin, toutes les autres. Aussi l'avons-nous étudiée avec une attention scrupuleuse et un intérêt tout particulier. Cette étude [1] va remplir le présent chapitre.

Considérer l'existence de Dieu comme aléatoire peut, au premier abord, sembler de la part de Pascal une concession au pyrrhonisme, une excessive défiance de la raison. Il nous importe donc d'analyser avec soin cet important fragment du recueil des *Pensées*, afin d'en dégager la vraie signification au point de vue de la certitude. Nous indiquerons ensuite l'application dont nous paraît susceptible l'idée fondamentale du pari de Pascal à l'état actuel des connaissances humaines.

I

L'esprit humain ne perçoit, par la double observation interne et externe, qu'une part minime de la totalité des choses, du tout; il explique seulement une faible part de ce peu qu'il perçoit et il l'explique insuffisamment. Par exemple : dans la multitude innombrable des astres, il n'atteint encore que le système solaire assez distinctement pour en rendre intelligibles les mouvements, et il n'éclaircit pas l'origine de la loi même qui les régit. A mesure que les sciences positives progressent, décroît la différence entre ce qu'il explique et ce qui lui reste à expliquer. C'est cette différence mystérieuse qui a fourni leur matière aux religions primitives; aussi la région du divin a-t-elle décru dans l'imagination des peuples proportionnellement au progrès des sciences; le divin a été de plus en plus dégagé de ce que les supertitions y mêlaient. Mais, au regard de l'esprit,

1. Elle a paru dans la *Revue des Deux Mondes*, n° du 15 novembre 1890.

même de l'esprit le plus rigoureux et le plus froid, cette région n'est pas indéfiniment décroissante ; il y a dans le divin quelque chose d'irréductible aux sciences positives, un fond qu'elles ne peuvent s'assimiler et qui est le divin proprement dit. A supposer, en effet, que toutes les sciences positives, toutes les sciences spéciales, enfin reliées entre elles et unifiées, fussent parvenues à achever leur œuvre collective, le résultat final, formulé alors par une loi peut-être unique, n'en laisserait pas moins cette loi sans explication.

Qu'est-ce, en effet, qu'une loi scientifique, sinon un fait général induit de faits particuliers que leur explication identifie, c'est-à-dire un fait encore, qui demeure problématique au même titre que tous les autres ? Le divin entièrement éliminé de la physique universelle n'en serait que mieux désigné, il serait seulement rendu à lui-même, en un mot, devenu tout métaphysique. Or la métaphysique, ainsi définie, n'a pas besoin d'attendre l'achèvement du labeur scientifique pour légitimer son objet, puisque celui-ci est reconnu d'ores et déjà placé hors du domaine de la science positive et qu'il peut être défini tout de suite : ce qui manque à cette science, supposée achevée, pour satisfaire entièrement l'intelligence humaine. Pour celle-ci, le tout demeure inexpliqué, mais il serait, en outre, absurde s'il ne contenait rien qui pût exister sans le secours d'autre chose. Le divin proprement dit, celui qui subsiste après que la science, supposée achevée, l'a purgé de tous ses éléments idolâtriques et imaginaires, est précisément ce qui, dans le tout, existe par soi-même et contient l'explication entière du reste ; c'est donc le nécessaire, l'absolu, l'éternel, l'infini, le parfait, car toutes ces propriétés rentrent les unes dans les autres et dérivent de cette unique propriété d'exister par soi. Ainsi défini, le divin existe, puisque c'est la nécessité même de son existence qui en impose la définition, et l'esprit humain n'en ignore pas tout, puisqu'il ne peut se dispenser de lui attribuer la nécessité ; mais il n'en connaît rien de plus. Le cœur en pressent davantage : nous avons essayé, dans une autre étude [1], de découvrir dans le sens esthétique une fonction révélatrice d'un progrès vers un idéal divin, et nous avons, à cet égard, obtenu, sinon des certitudes, du moins des probabilités.

Si Pascal ne considérait que le divin proprement dit, il n'aurait donc personne à convertir et son fameux pari serait sans objet. Mais il l'appelle Dieu, et par cela même, il substitue une définition de mot à une définition de chose, car ce qu'il met sous ce nom n'est pas identique à l'objet dont tous les esprits requièrent l'existence pour sauver le tout de l'absurdité et que nous avons désigné par le mot *divin*, en n'affirmant de sa nature que sa nécessité reconnue d'avance. Dieu, en effet, pour Pascal, c'est une partie du tout substantiellement distincte du reste, qui a fait l'homme à son image et le monde pour l'homme, de sorte que son essence implique les attributs humains à l'état d'infinité et de perfection et constitue une individualité, un créateur anthropomorphe, père et juge de ses créatures. C'est donc une détermination du divin sujette à controverse, si peu évidente qu'un acte spécial de la pensée, dans lequel la volonté et le cœur interviennent, l'acte de foi chrétien en un mot, très différent de la pure adhésion intellectuelle, y a dû être affecté. Aussi Pascal se garde-t-il avec jalousie de subordonner à la raison la connaissance directe de son Dieu. Il n'arriverait, par ce moyen, qu'à servir la métaphysique ou même le déisme, qui est sa bête noire. Ce serait, à ses yeux, le pire service à rendre au genre humain. Quant à la révélation esthétique, il en faisait bénéficier la foi chrétienne exclusivement. Il ne se sert de la raison que pour établir une communication entre sa foi et l'esprit de l'incrédule, c'est-à-dire de celui qui ne la partage pas. Au début du morceau que nous allons examiner, du fragment qui concerne son fameux pari, il établit l'impuissance de la raison à prouver Dieu; son essence est hors de nos prises : *Nous ne connaissons ni l'existence, ni la nature de Dieu,*

---

1. L'Expression dans les Beaux-Arts.

*parce qu'il n'a ni étendue, ni bornes. Mais, par la foi, nous connaissons son existence; par la gloire, nous connaîtrons sa nature...* (I, 149). — Il a, d'ailleurs, montré qu'on peut connaître la première indépendamment de la seconde : *Or j'ai déjà montré qu'on peut bien connaître l'existence d'une chose sans connaître sa nature.* Il ajoute : *Parlons maintenant selon les lumières naturelles* (I, 149). Quel usage va-t-il donc faire des lumières naturelles? L'usage qui sied à cette misérable clarté. Ce ne sont pas les chrétiens qui en ont besoin; tout au contraire : *... C'est en manquant de preuves qu'ils ne manquent pas de sens* (I, 149), car ils sacrifient un infime moyen de connaissance à la révélation immédiate des plus hautes vérités par la grâce et la foi; leur religion, au point de vue rationnel, est une folie, *stultitia*, ils s'en vantent par une ironie dédaigneuse : *... Notre religion est sage et folle!...* (II, 160) dit ailleurs Pascal, Mais encore faut-il raisonner avec les incrédules, puisqu'on ne les peut atteindre que par là, en procédant comme eux, et qu'ils se croiraient *inexcusables* de procéder autrement. Il faut, pour les obliger à la plus grave attention, une entrée en matière digne de leurs instincts naturels viciés par le péché originel, et la raison y suffit. Ce sont volontiers des joueurs que l'appât du gain détermine. On va leur démontrer qu'ils jouent forcément une terrible partie où leur bonheur, leur plus vital intérêt est engagé : *Dieu est ou il n'est pas. Mais de quel côté pencherons-nous? La raison n'y peut rien déterminer. Il y a un chaos qui nous sépare. Il se joue un jeu à l'extrémité de cette distance infinie, où il arrivera croix ou pile. Que gagerez-vous? Par raison, vous ne pouvez faire ni l'un ni l'autre; par raison, vous ne pouvez défendre nul des deux...* (I, 149). Mais la raison, du moins, peut peser les chances. L'incrédule en accepte les décisions, puisqu'elle a toute sa confiance. Elle lui suggère tout d'abord de ne point parier : *Le juste est de ne point parier* (I, 150). Oui, mais *il faut parier : cela n'est pas volontaire, vous êtes embarqué. Lequel prendrez-vous donc? Voyons...* (I, 150).

Voici (nous résumons et interprétons) comment Pascal propose son pari : Que risquez-vous? Vous risquez d'abord de vous tromper. Mais c'est le cas de tout pari, et vous ne pouvez éviter de parier. Votre raison n'a donc pas à souffrir de le faire, elle a seulement à tâcher de parier en connaissance de cause, avec discernement. Ne nous préoccupons donc que de ce qui intéresse votre béatitude. Vous sacrifiez, il est vrai, tout de suite votre bonheur terrestre tel que vous l'entendez; mais, quel qu'il puisse être, ce bonheur, outre qu'il est fort exposé ici-bas, est borné dans son essence et dans sa durée, et il s'agit précisément de savoir s'il n'y a pas pour vous avantage à le sacrifier avec la chance, non seulement d'en gagner un autre infini, mais encore d'éviter un malheur infini, les peines de l'enfer. Or, quand on est forcé de jouer, on serait insensé de garder la vie plutôt que de la hasarder pour le gain infini qui a autant de chances d'arriver que la perte d'un bonheur relativement nul. Sans doute vous risquez de perdre; vous engagez certainement, et il est incertain si vous gagnerez. Mais n'allez pas en conclure que votre gain aléatoire, si grand soit-il, est balancé par le sacrifice préalable et certain de ce que vous engagez, à cause de l'incertitude même de ce gain, laquelle serait « à une distance infinie » de la certitude du risque, autrement dit sans comparaison possible avec celle-ci. Cela n'est pas. Quand on parie, on risque toujours le certain pour l'incertain (n'oubliez pas que vous êtes forcé de jouer, que vous abstenir, ce n'est pas vous affranchir de risque, mais risquer à l'aveugle), et c'est même d'habitude pour gagner incertainement le fini qu'on hasarde certainement le fini; et l'on ne pèche pas contre la raison, car l'incertitude du gain, bien loin d'être sans comparaison possible avec la certitude du risque, y est, au contraire, proportionnée comme la chance de gagner l'est à celle de perdre. C'est pourquoi, lorsque les chances sont égales de part et d'autre, on a d'autant plus d'avantage à parier que le gain aléatoire est supérieur à la valeur engagée. Quand donc, à chances égales, il y a l'infini à gagner en risquant le fini, il y a un avantage infini à parier. *Et ainsi*, dit Pascal, *notre proposition est dans une force infinie quand il y a le fini à hasarder à un jeu où il y a pareils hasards de gain que de perte et l'infini à gagner* (I, 152).... *Pesons le gain et la perte en prenant croix que Dieu est. Estimons ces deux cas : si vous gagnez, vous gagnez tout; si vous perdez, vous ne perdez rien. Gagez donc qu'il est, sans hésiter* (I, 150).

La forme dramatique du marché n'en sauve pas le caractère choquant, cyniquement intéressé. Remarquons en effet que, dans ces termes, parier que Dieu est, ce n'est pas juger son existence plus probable que sa non-existence ; c'est uniquement, à chances égales qu'il existe ou n'existe pas, s'assurer contre un risque inévitable par un sacrifice avantageux, et se ménager du même coup la chance d'un bonheur éternel et parfait. Il ne s'agit pas du tout, pour Pascal, de prouver à l'incrédule l'existence de Dieu par la raison : l'avoir convaincu rationnellement qu'il est intéressé à se conduire comme si Dieu existait, c'est avoir acquis sur sa créance un avantage des plus importants. En effet, il est dans la nasse. Dès l'instant qu'il s'incline à croire, il appartient à l'Église. Le reste n'est plus qu'une affaire de temps. *Suivez la manière par où ils* (les croyants) *ont commencé; c'est en faisant tout comme s'ils croyaient, en prenant de l'eau bénite, en faisant dire des messes, etc.; naturellement même cela vous fera croire et vous abêtira. — Mais c'est ce que je crains. — Et pourquoi? Qu'avez-vous à perdre?* (la raison est si peu de chose)... *Mais pour vous montrer que cela y mène, c'est que cela diminuera les passions, qui sont vos grands obstacles, etc.* (I, 152). On comprend très bien toute la confiance de Pascal dans le succès de sa manœuvre, quand on se rappelle les nombreux fragments où il constate la toute-puissance de l'habitude. *Tant est grande la force de l'habitude, que de ceux que la nature n'a faits qu'hommes, on fait toutes les conditions des hommes... Elle contraint la nature* (I, 36). *La coutume est notre nature; qui s'ac-*

*coutume à la foi, la croit...* (II, 168). *Les preuves ne convainquent que l'esprit. La coutume fait nos preuves les plus fortes et les plus crues; elle incline l'automate qui entraîne l'esprit sans qu'il y pense... C'est elle qui fait tant de chrétiens...* (I, 156). *Il y a trois moyens de croire : la raison, la coutume, l'inspiration... Il faut ouvrir son esprit aux preuves, s'y confirmer par la coutume* (II, 107). *C'est une chose étrange que la coutume se mêle si fort de nos passions* » (II, 154). Et enfin cette Pensée, qui résume si énergiquement les précédentes : *La nature de l'homme est toute nature, omne animal. Il n'y a rien qu'on ne rende naturel; il n'y a rien qu'on ne fasse perdre* (II, 167).

Ce n'est pas tout, Pascal enjôle son homme par une dernière considération irrésistible : *Je vous dis que vous y gagnerez en cette vie, et que, à chaque pas que vous ferez dans ce chemin, vous verrez tant de certitude de gain, et tant de néant de ce que vous hasardez, que vous connaîtrez à la fin que vous avez parié pour une chose certaine, infinie, pour laquelle vous n'avez rien donné. — Oh! ce discours me transporte, me ravit, etc.* (I, 152). Certes, le plus exigeant serait ravi à moins. Mais l'abêtissement, qui use les ressorts et anéantit les résistances de la raison, et qui permet à la foi de la supplanter par l'insinuation de l'habitude, est-il, même sans aucun esprit de sacrifice, sans l'amour, une préparation et un titre suffisant à cette faveur de la grâce? Pascal n'en doute pas; il se flatte que le cœur, pénétré par la foi, sera transformé et gagné en même temps par la charité, et que l'espérance du gain, peu recommandable en soi, s'épurera pour y devenir la troisième vertu théologale. Malheureusement, tout le pieux machiavélisme de ses calculs menace, dès le début, d'avorter, car le pari qu'il propose à l'incrédule cache une pétition de principe dont celui-ci pourrait bien s'apercevoir avant de l'accepter. Pour que le Dieu de Pascal offre des chances d'exister, encore faut-il que son essence n'y répugne pas; une chose n'est *éventuellement* possible qu'à la condition préalable de l'être *essentiellement*. Or nous avons déjà fait observer que ce Dieu n'est pas identique au divin, dont l'essence même est de satisfaire aux suprêmes exigences de la raison et du cœur, dans l'acception métaphysique où nous avons pris le mot *divin*. L'incrédule est donc en droit d'examiner préalablement la définition de ce Dieu. Or, si elle le satisfait, il n'aura aucune raison de nier son existence, et le pari devient inutile; si elle ne le satisfait pas, il n'aura aucune raison de le préférer au divin qui répond à tous les plus hauts besoins de son âme. La proposition de Pascal lui semblera sans fondement comme sans intérêt; il ne se sentira ni lié malgré lui ni sollicité par ce pari-là. Au fond, l'existence de la vraie divinité ne saurait être la condition aléatoire d'une gageure; car, ou bien l'on n'en a aucune idée, et alors on ne sait même pas de quoi dépendent la perte et le gain du pari; ou bien l'on en a quelque idée, et la moindre qu'on en ait, c'est qu'elle ne peut pas ne pas exister, la nécessité constituant son essence fondamentale, et dès lors la condition aléatoire disparaît.

## II

L'existence du divin proprement dit, tel que nous l'avons défini, étant exigée par la nature même de la raison humaine pour en satisfaire la loi fondamentale, ne peut pas ne pas être admise par cette raison. Elle ne saurait donc, nous l'avons remarqué, servir de condition aléatoire à aucun pari imposé à l'homme dans le règlement de sa vie. Il est certain, cependant, que nous sommes tous engagés dans un pari forcé, où notre conduite prend parti malgré nous, et c'est ce que Pascal a bien senti. Seulement la condition aléatoire y est non l'existence du divin, mais ce que nous ignorons de son essence. Qu'il existe dans le tout quelque chose en soi et par soi, expliquant le reste, il ne nous est pas donné d'en pouvoir douter; mais nous ne possédons aucune connaissance certaine des relations du monde phénoménal, du contingent avec ce fond nécessaire; nous ne savons même pas si le monde phénoménal, dont nous faisons partie, est contingent. Spinoza ne le conçoit que nécessaire comme sa cause, et les métaphysiciens sont partagés à l'infini sur cette question. S'il était prouvé, comme nous inclinons à le croire, que les émotions esthétiques et la voix de la conscience morale (le remords et la satisfaction du devoir accompli) fussent révélatrices du divin, ces révélations témoigneraient que le beau et le devoir ont une racine réelle dans l'absolu; elles serviraient à la connaissance de ce que nous cherchons, à savoir du lien qui rattache l'homme au divin. Mais cette preuve n'a jamais été faite avec une solidité capable de forcer l'adhésion de tous les esprits, et les relations de la nature humaine avec le divin sont, par suite, encore indéterminées. Tous ceux que leur tempérament psychique n'a pas prédisposés à l'acceptation des doctrines traditionnelles et dont l'éducation n'a pas entamé l'indépendance intellectuelle et morale sont donc mis en demeure de se former leurs convictions eux-mêmes. La plupart renoncent à critiquer leur religion spontanée; ils sont honnêtes par penchant, comme les artistes sont musiciens, peintres ou sculpteurs par aptitude; ils croient au divin par aspiration, comme ceux-ci. Le loisir ou la puissance cérébrale leur manque pour se confirmer dans leur foi innée par un examen réfléchi de leurs principes. Beaucoup d'autres laissent leurs appétits et leurs passions gouverner leur vie au mépris de leur sentiment du beau et du bien. Enfin, ceux, en petit nombre, qui veulent et peuvent critiquer l'objectivité de leurs aspirations et des sentiments qui règlent leurs mœurs, rencontrent dans cette entreprise des difficultés invincibles, et n'arrivent qu'à des inductions, des hypothèses ou des systèmes contestables et tous divergents. Cependant tous ces hommes vivent et agissent comme s'ils étaient en possession de maximes démontrées, avant d'en avoir établi aucune inébranlablement, et comme s'ils étaient fixés sur la nature du divin, qui est peut-être justicier, peut-être indifférent à l'agitation humaine, agitation nécessaire comme lui, bien qu'en apparence contingente et libre. Cette situation est celle de parieurs forcés qui jouent sans savoir exactement ce qu'ils risquent et ce qu'ils ont chance de gagner, et la condition aléatoire du pari, c'est ce qu'il y a d'indéterminé pour l'intelligence humaine dans l'essence du divin. L'existence du divin est certaine, mais l'essence en est très incomplètement connue, car l'intelligence n'en conçoit que la nécessité et des attributs abstraits comparables à des cadres vides.

Dans le pari de Pascal, c'est tout le contraire : le parieur doute si Dieu existe, mais s'il existe, il sait quelle est son essence avec une entière précision, car elle est constituée à son image avec un grandissement infini et l'élimination de sa malice, dévolue à l'essence du diable, dont la sienne participe également. Ce renversement des conditions dans les deux paris forcés y introduit des différences capitales. Dans le pari de Pascal, la condition aléatoire offre des chances égales de gain et de perte; le calcul des probabilités, à cet égard, est aussi simple que possible. Le parieur n'a qu'à évaluer les avantages et les désavantages du choix entre les deux éventualités également probables. Dans le second pari, la discussion se complique : il faut d'abord établir la condition aléatoire elle-même. Le parieur doit examiner et préciser le plus possible le peu qu'il connaît du divin et de ses relations avec lui, car il laissera d'autant moins au hasard qu'il éclaircira davantage la signification des voix de la conscience morale et des émotions esthétiques. Moins il doutera qu'elles soient objectives, c'est-à-dire révélatrices du divin, plus se restreindra pour lui la condition aléatoire du pari. Il ne limite pas d'avance, ainsi que le fait le parieur de Pascal, l'usage de sa raison au seul calcul des valeurs qu'il expose et de celles qu'il peut gagner; comme il se sent en communication avec le divin par ses penchants moraux et ses aspirations, il emploie sa raison à en discuter l'objectivité pour mesurer la foi qu'il y doit accorder. L'opinion plus ou moins précise qu'il se forme à cet égard rend, à ses yeux, plus ou moins aléatoire la condition du pari ; ses chances de gagner ou de perdre varient selon le degré de probabilité de cette opinion qui motivera son choix. Mis en demeure d'agir avant d'avoir pu fixer avec certitude les règles de sa conduite, il est bien obligé de renoncer à l'examen complet de la condition aléatoire, mais il trouve déjà dans la révélation spontanée et dans la critique, si imparfaite soit-elle, qu'il en a pu faire, de quoi influer utilement sur son choix. Il n'est pas contraint d'agir comme s'il croyait à ce dont il doute ; il agit dans le sens de l'opinion qu'il s'est faite et dont la probabilité à ses yeux suffit à ne pas mettre en désaccord sa conduite avec sa pensée, tandis que le parieur de Pascal agit tout d'abord en chrétien qui croirait à l'existence de Dieu, bien qu'il en doute absolument. Le premier cherche avec désespoir la vérité ; le second ne s'en soucie pas, il se résigne à ne rien savoir et consent à agir comme s'il savait pour bénéficier de sa soumission. Le premier n'est pas plus désintéressé que le second, mais du moins il accepte la tâche imposée à l'intelligence et dont le salaire, bien faible (car la vérité est avare), est à coup sûr bien mérité. L'un n'abdique rien de la dignité humaine, il ne le peut, car le sentiment qu'il en a témoigne du lien qu'il cherche avec le divin et compte comme facteur très important dans le calcul des probabilités de son pari ; l'autre en fait bon marché, du moins au moment où il parie ; Pascal ne peut, en effet, exiger de lui que le simulacre de la moralité en attendant que la pratique habituelle du bien, l'observation machinale des commandements de Dieu et de l'Église, lui en ait donné le goût et l'esprit.

Personne assurément ne prête à Pascal l'étroitesse de cœur qu'il prête lui-même à son incrédule ; le pari qu'il lu propose est le pis-aller de ses ressources contre l'endurcissement. La charité chrétienne le retient seule de le mépriser, car il sait bien, par son expérience personnelle, qu'il y a mieux à faire, pour adopter le christianisme, que de s'en remettre à un coup de dé : *Il y a trois sortes de personnes, dit-il : les unes qui servent Dieu, l'ayant trouvé; les autres qui s'emploient à le chercher, ne l'ayant pas trouvé; les autres qui vivent sans le chercher ni l'avoir trouvé. Les premiers sont raisonnables et heureux; les derniers sont fous et malheureux; ceux du milieu sont malheureux et raisonnables* (II, 109). *Je ne puis avoir que de la compassion pour ceux qui gémissent sincèrement dans ce doute, qui le regardent comme le dernier des malheurs et qui, n'épargnant rien pour en sortir, font de cette recherche leurs principales et leurs plus sérieuses occupations* (I, 137). Parier, c'est faire tout le contraire, c'est faire du doute même le fondement de sa conduite et se débarrasser, d'un seul coup, du souci de la recherche. Et il ajoute : *Mais pour ceux qui passent leur vie sans penser à cette dernière fin de la vie, et qui, par cette seule raison qu'ils ne trouvent pas en eux-mêmes les lumières qui les en persuadent, négligent de les chercher ailleurs et d'examiner à fond si cette opinion est de celles que le peuple reçoit par une simplicité crédule, ou de celles qui, quoique obscures d'elles-mêmes, ont néanmoins un fondement très solide et inébranlable, je les considère d'une manière toute différente. Cette négligence en une affaire où il s'agit d'eux-mêmes, de leur éternité, de leur tout, m'irrite plus qu'elle ne m'attendrit; elle m'étonne et m'épouvante; c'est un monstre pour moi. Je ne dis pas ceci par le zèle pieux d'une dévotion spirituelle. J'entends au contraire qu'on doit avoir ce sentiment par un principe d'intérêt humain et par un intérêt d'amour-propre; il ne faut pour cela que voir ce que voient les personnages les moins éclairés* (I, 138). Comment secouer cette négligence monstrueuse? En prouvant à l'indifférent qu'il néglige même son intérêt humain. Tout le morceau que nous citons est la préface naturelle du pari qu'il lui propose, et il convient de l'en rapprocher... *Et comment se peut-il faire que ce raison-*

*nement se passe dans un homme raisonnable? Je ne sais qui m'a mis au monde, ni ce que c'est que le monde, ni que moi-même. Je suis dans une ignorance terrible de toutes choses, etc.* (I, 139). Nous avons déjà cité cet admirable tableau de l'incertitude de l'homme sur sa condition : *... Tout ce que je connais est que je dois mourir; mais ce que j'ignore le plus est cette mort même que je ne saurais éviter... Voilà mon état, plein de faiblesse et d'incertitude... Peut-être que je pourrais trouver quelque éclaircissement dans mes doutes; mais je n'en veux pas prendre la peine, ni faire un pas pour le chercher...* (I, 140). Hé bien! si tu ne veux pas chercher, parie au moins! Parie avec discernement, car il faut que tu choisisses, ta négligence même parie pour toi à l'aveugle. Voilà ce que Pascal pourrait lui dire, et c'est ce qu'il lui fait entendre, en effet, au début du morceau où il lui propose la gageure, en lui remontrant qu'elle est forcée.

Ce n'est pas le chrétien, remarquons-le, qui adresse à l'incrédule les paroles que nous venons de rappeler, c'est l'homme dégagé de *toute dévotion spirituelle* (I, 138), de tout *zèle pieux*, l'homme dans sa misère et son isolement natifs sur un astre perdu au milieu de l'espace infini. Aussi ces paroles formulent-elles tout ce que la raison la plus indépendante peut opposer de plus fort à l'indifférence religieuse, qu'il s'agisse du christianisme ou de la religion naturelle. Mais l'inquiétude salutaire qu'elles font naître dans l'âme de l'indifférent ne le détermine point au même pari selon que c'est le chrétien ou que c'est le penseur abandonné à ses propres ressources qui le lui propose, qui plutôt le lui montre inévitable en l'éclairant sur le meilleur parti à prendre.

## III

Pascal est visiblement fier de son procédé de conversion, et sa fierté ne va pas sans une pointe de vanité pieusement émoussée : *Si ce discours vous plaît et vous semble fort, sachez qu'il est fait par un homme qui s'est mis à genoux auparavant et après, pour prier cet être infini et sans parties, auquel il soumet tout le sien, de se soumettre aussi le vôtre pour votre propre bien et pour sa gloire; et qu'ainsi la force s'accorde avec cette bassesse* (I, 153). Mais quelle indulgence n'aurait-on pas pour l'orgueil de l'inventeur du calcul des probabilités! quelle admiration pour le sacrifice qu'il fait de son orgueil à la foi chrétienne, tout en la servant par sa découverte! Ceux qui le croient pyrrhonien ne sauraient pourtant, après avoir lu ce passage, admettre que sa propre intelligence ait été complice du doute de l'incrédule, et qu'il parie avec lui pour son propre compte. Une pareille supposition ne mériterait pas l'examen.

En résumé, la logique et la moralité du célèbre pari de Pascal, dans les termes où il l'a formulé, irréprochables aux yeux de ses amis et peut-être de tous ses contemporains, sont plus que suspectes aux nôtres : le fondement en est infirmé par une pétition de principes; l'établissement mathématique en est même contesté par d'éminents géomètres; il n'a fait appel qu'au plus étroit égoïsme. Mais la valeur esthétique de ce grand coup de dé en devait faire la fortune. Bien que le mobile auquel il s'adresse chez l'incrédule exclue toute élévation, la condition aléatoire et l'enjeu en sont grandioses, car les chances y dépendent de l'existence d'un Dieu et les risques sont ceux de la félicité humaine, qu'on sait bien n'être pas faite tout entière de désintéressement. En outre, ce moyen de conversion, qui force l'incrédule à aliéner au dogme chrétien sa conduite avant sa créance, eut tout le prestige d'une ruse de guerre ingénieuse et profonde; en même temps, la hardiesse et la fière assurance d'une gageure si extraordinaire y prêtèrent le sublime d'un coup de génie. Ce dernier caractère y demeure à jamais attaché par l'émotion qu'éveille le spectacle de la sécurité dans le plus audacieux calcul. Mais il faut renoncer, devant le pari de Pascal, à frissonner de sympathie comme devant un acte de désespoir; Pascal est parfaitement tranquille sur l'existence de son Dieu, et s'il la laisse indéterminée dans son pari, c'est que la raison ne la peut prouver; ce qui, loin de le désespérer, lui rend plus chère et plus sacrée sa foi, qui la sent. Ne le plaignons pas.

Il a souffert, certes, et cruellement, mais il a puisé dans sa foi un réconfort que sans doute peu d'hommes, aussi éprouvés que lui, ont obtenu de la philosophie ou, au même degré, de la religion. Il a pu étouffer dans son corps malade les rébellions de la douleur et la forcer à se taire devant son imperturbable confiance en la bonté divine. Il a pu, sans y sentir aucun sacrifice, mépriser son plus haut titre de gloire terrestre, l'étonnante puissance de sa raison, et abîmer son orgueil de savant dans son humble reconnaissance envers cette bonté qui lui accordait la contemplation des seules vérités chères au chrétien. S'il a connu sur terre les joies de l'amour, il a pu sans regret ne faire que les traverser pour aller à Dieu, source même du bonheur, et, si elles lui ont été ici-bas refusées, il a trouvé dans l'appel du Christ, plus sûr que celui d'Ève, la force de les attendre uniquement du ciel, purifiées et mille fois plus délicieuses. Pour soutenir tout ensemble un tel renoncement et un si ambitieux espoir, quelles ne devaient pas être la constance et l'ardeur de sa foi! Quelle satisfaction parfaite n'y devait-il pas rencontrer aux besoins et aux vœux les plus intimes de son être! Ah! combien, en dépit de ses tourments, son sort pourrait tenter ceux qui, non moins affamés que lui de vérité, de justice et d'amour, désespèrent de s'en jamais rassasier; qui, sans soupirer après ces biens suprêmes, se contenteraient d'en jouir durant leur court passage ici-bas dans la seule mesure que comportent la condition terrestre et la vie naturelle de l'homme (ni ange, ni bête), et qui sont condamnés par le progrès même et la sévérité de la science à ne pouvoir savourer aucune illusion consolante ! Et pourtant ceux-là, quelque séduisants que leur paraissent les avantages de sa croyance, n'osent la lui envier. Ils se demandent s'ils pourraient, sans déchoir, y revenir par une imaginaire abolition de leur doute anxieux, accepter, par exemple, de s'endormir et de rêver qu'ils croient. Ils sentent qu'ils perdraient quelque chose de leur qualité d'hommes, d'êtres pensants, en implorant de l'illusion la sécurité intellectuelle et morale, au lieu de l'acheter par une conquête patiente et laborieuse de la pensée sur l'inconnu. Ils sentiraient, comme Pascal, qu'il est impossible à l'homme de ne pas désirer le bonheur et y tendre, mais, non plus que Pascal, ils ne le concevraient possible pour l'homme hors de la dignité; c'est au nom de ses propres principes qu'ils préféreraient chercher encore, et il les approuverait. Ne dit-il pas, à propos de l'indifférence des incrédules : *Ce repos dans cette ignorance est une chose monstrueuse et dont il faut faire sentir l'extravagance et la stupidité à ceux qui y passent leur vie, en la leur représentant à eux-mêmes, pour les confondre par la vue de leur folie...* (I, 143). Malheureusement, la recherche n'aboutit pas aujourd'hui à la doctrine que lui dictait la foi sur l'origine et la destinée de l'univers et de l'homme. Son admirable sincérité eût été mise cruellement à l'épreuve, s'il eût pu connaître le dernier état des sciences actuelles. Au prix de quelle abdication ou de quelle torture son génie eût-il maintenu la prédominance de la foi dans son âme? Il ne savait pas biaiser, il eût laissé à d'autres l'entreprise délicate de mouler sur les textes bibliques les théories astronomiques et géologiques et celle de la formation des espèces; les démentis de la nature au dogme, en se multipliant, l'eussent peut-être, à la fin, rendu fou, à moins qu'ils ne l'eussent contraint à s'abêtir au delà de ses plus fanatiques espérances. Mais cette tragique épreuve lui a été épargnée;

dans un temps où un esprit tel que le sien pouvait encore sans ridicule ni scandale suspendre son adhésion à la théorie du mouvement de la terre, il ne croyait pas rencontrer dans la nature un trop brutal refus d'obéir aux injonctions de la Sainte Écriture, ni contre lui-même, le grand physicien, une trop formelle accusation de trahison.

## IV

Nous avons signalé les différences essentielles qui distinguent le pari de Pascal de celui du penseur livré aux seules ressources de sa raison et de sa conscience. Dans l'état actuel des connaissances humaines, voici, très sommairement, en quels termes il nous semble que le second pourrait être établi; cet aperçu sera le complément naturel et la conclusion de notre étude sur le problème suscité par Pascal.

La raison humaine exige, pour être satisfaite, qu'il y ait dans le Tout quelque chose qui ne dépende de rien, qui existe par soi et d'où procède le reste; c'est le divin, le vrai Dieu dont nous ne savons rien de plus. Nous procédons et dépendons de lui, comme tout ce qui n'existe pas par soi-même. Mais de quelle nature est notre dépendance? Quels sont les liens qui nous rattachent à lui? Pouvons-nous agir sans que nos actes retentissent jusqu'à notre cause première et y déterminent une réaction importante pour nous? ou bien nos actes s'effacent-ils dans l'immensité du Tout, comme les ondes expirantes produites par un caillou jeté dans la mer? Et si nous avons affaire à notre cause, au divin, est-ce uniquement pendant la durée de notre apparition sur la terre, ou bien quelque part ailleurs, au delà et dans l'avenir? Car s'il n'est pas démontré que notre essence échappe en partie à la mort, il ne l'est pas davantage qu'elle soit tout entière anéantie avec notre corps. La virtualité complexe, quelle qu'elle soit, qui provoque et façonne l'assemblage des atomes puisés au dehors pour constituer notre corps, et qui impose à nos organes leur structure et leur usage, virtualité à la fois plastique et fonctionnelle et, en outre, susceptible de conscience, de sensibilité, d'intelligence et de volonté, existait bien avant nous, chez nos ancêtres les plus reculés, de qui nous la tenons héréditairement par une suite ininterrompue de générations; elle a maintes fois renouvelé avant nous, chez nos ascendants, et renouvelle en nous-mêmes les matériaux fournis par les aliments tirés de l'air et du sol. Puisqu'elle a subsisté et subsiste sous tant de formes corporelles successivement revêtues et dépouillées, nous ne sommes pas autorisés à affirmer qu'après avoir dépouillé la nôtre elle s'anéantira avec elle. Nous en ignorons complètement la nature, qui est bien merveilleuse, car chaque individu pubère de la série ancestrale montre en lui cette virtualité répétée et multipliée en une infinité d'exemplaires dont chacun eût suffi et dont un, au moins, a servi à le reproduire en le modifiant par l'appropriation d'une autre virtualité de sexe et d'origine différents. En présence d'un pareil prodige, ne serait-il pas, dans l'état actuel de nos connaissances, bien téméraire de se croire, sur ce point, en possession de la vérité et d'affirmer que l'individu périt tout entier avec son corps? Cependant, rien ne nous importe plus que d'être fixés à cet égard. Pascal le sent, et l'exprime avec une singulière vigueur : *L'immortalité de l'âme* (du moins sa survivance) *est une chose qui nous importe si fort, qui nous touche si profondément, qu'il faut avoir perdu tout sentiment pour être dans l'indifférence de savoir ce qui en est. Toutes nos actions et nos pensées doivent prendre des routes si différentes, selon qu'il y aura des biens éternels à espérer ou non* (c'est le chrétien qui parle; mais il suffit qu'il puisse y avoir une autre vie et des comptes à rendre), *qu'il est impossible de faire une démarche avec sens et jugement qu'en la réglant par la vue de ce point qui doit être notre dernier objet. Ainsi, notre premier intérêt et notre pre-*

*mier devoir est de nous éclaircir sur ce sujet, d'où dépend toute notre conduite. Et c'est pourquoi, entre ceux qui n'en sont pas persuadés, je fais une extrême différence de ceux qui travaillent de toutes leurs forces à s'en instruire, à ceux qui vivent sans s'en mettre en peine et sans y penser* (I, 137).

Attendrons-nous donc que la science positive nous instruise de ce que nous sommes à un si haut point intéressés à connaître tout de suite pour le règlement de notre vie? Ce serait attendre longtemps, car, dans l'ordre des sciences, la psychologie est la dernière qui doive être organisée; ses assises reposent sur le couronnement de la physiologie, à peine encore fondée. Voyons donc si, à défaut de lumières acquises, toute révélation spontanée nous est refusée sur notre essence psychique et ses relations avec le divin.

Le contentement de soi par le sacrifice, par la victoire de la volonté sur les appétits, par l'effort au service d'autrui; le remords, l'indignation, la pudeur, l'estime et le mépris; la fierté et le sentiment de l'humiliation; l'admiration, l'enthousiasme et l'aspiration extatique éveillée par le beau; tous ces états de l'âme relèvent et dérivent d'un même sentiment auquel il est aisé de les ramener tous, qui échappe à l'analyse et dont la portée est peut-être considérable. Chaque homme se sent de la *valeur*, d'abord une valeur spécifique en tant qu'il appartient à l'espèce humaine comparée à tout le reste de la population terrestre, puis une valeur individuelle par la comparaison qu'il fait de ses dons naturels, de ses qualités acquises et de ce qu'il appelle son mérite, avec ceux des autres hommes. Cette double valeur lui est révélée par sa conscience, par la joie et la tristesse toutes spéciales qui accompagnent les actes de sa volonté. Il la sent variable en lui, susceptible de croître par l'âge et l'effort; il reconnaît, en outre, dans la valeur des êtres organisés sur la terre une progression dont l'homme est le terme le plus élevé; il éprouve enfin, en présence du beau, une sorte d'appel de l'infini à un degré supérieur encore, où il ne peut que tendre et ne saurait pleinement atteindre qu'en dépassant la sphère terrestre. Il sent qu'il participe en tant qu'homme et peut s'associer individuellement à un essor universel vers le mieux, c'est-à-dire vers ce qui *vaut* toujours davantage. Cette ascension de la vie identifie la morale et l'esthétique. En effet, la perception de la beauté plastique ou musicale est accompagnée du sentiment grave et délicieux de quelque existence plus haute dont le charme s'exprime par cette beauté et dont l'élévation ne se conçoit que comme un accroissement de valeur, accroissement qui est la beauté morale, la *dignité*. La conscience morale, cette intime promulgation d'une loi imposée à la conduite, avertit l'homme de la nécessité où il est d'obéir à cette loi ou de déchoir, de diminuer de valeur; le caractère obligatoire du devoir n'est pas autre chose que cette alternative. Au fond, l'impératif catégorique est la loi du *processus* universel vers l'organisation de plus en plus complexe pour le progrès de la dignité des espèces, et ce qu'il y a d'impératif dans cette loi, c'est la mise en demeure de se mouvoir dans le sens de ce progrès sous peine de perdre en dignité. A mesure que la conscience s'éveille chez les êtres de la série ascensionnelle, dont chaque échelon est un degré supérieur de dignité, la direction du mouvement passe de l'instinct et de l'appétit à l'intelligence et à la volonté, et la conscience morale naît pour indiquer à celles-ci dans quel sens elles doivent agir. La vie et la dignité sont dans un rapport si étroit que déchoir c'est moins vivre, c'est redescendre quelques échelons de la vie; de là vient que, chez les êtres qui ont le sentiment de leur dignité entière, l'obligation morale parle à la conscience aussi impérieusement que l'instinct de conservation.

Mais tout cela n'est-il pas illusoire et chimérique? Ces divers états moraux sont-ils révélateurs, comme nous sommes tentés de le croire, sont-ils objectifs? Ou bien, de ce qu'ils sont innés, irréductibles, ne devons-nous pas plutôt inférer qu'ils sont de simples legs accrus par une longue hérédité, de simples dépôts séculaires de préjugés utiles à la conservation des sociétés et d'impressions faites par le mystère, alors entier, de l'univers sur le cerveau vierge de nos premiers ancêtres? L'interprétation que nous en avons proposée ou telle autre qu'on en peut donner, si séduisante qu'elle soit, est-elle à un certain degré admissible? Dans quelle mesure approche-t-elle de la vérité, a-t-elle chance d'être vraie? C'est là précisément la condition aléatoire du pari forcé; le doute, à cet égard, varie d'un homme à un autre selon la race, l'éducation, la réflexion personnelle, la prédisposition mentale et affective à croire et à craindre. Selon que nous nous formerons une idée plus ou moins vraisemblable de la signification de ces états moraux, nous préciserons plus ou moins la probabilité de la condition aléatoire et les chances favorables ou contraires du parti que nous adopterons.

Pour l'Européen moderne et pour tout homme de souche européenne, en dépit de ses efforts pour se soustraire aux pièges de l'illusion, il est bien difficile de suspecter le témoignage de la conscience morale et même celui du sens esthétique, de destituer les mots *valeur morale*, *mérite*, *responsabilité*, *devoir*, etc., de toute portée objective. Le doute sur l'origine transcendante de ces notions intuitives est, en réalité, plutôt verbal que réel; ce que le philosophe n'ose affirmer dans ses spéculations par prudence intellectuelle, l'homme, le père de famille, le citoyen l'affirme résolument dans sa conduite; celui-ci ne tient pas compte des précautions de celui-là; il se sent obligé à la bonne foi, à la justice, en un mot à la vertu, *impérieusement*, non pas par goût, par une sorte de haut dilettantisme, parce que cela lui plaît, mais *indépendamment de sa volonté*, c'est-à-dire par une injonction externe et supérieure, par un impératif catégorique où il reconnaît plus ou moins expressément et clairement son lien le plus profond avec sa cause première et souveraine, avec le divin. Aussi est-il enclin à parier pour l'existence d'un divin dont l'action sur sa destinée n'est pas à négliger; si la passion l'emporte chez lui sur son penchant à parier ainsi et met sa conduite en opposition avec son suprême intérêt, il se le reproche et s'en veut. Il désirerait que sa vie présente ne compromît pas son avenir d'outre-tombe, avenir inconnu, incertain, mais qui pourrait bien être une autre vie réparatrice (rémunératrice ou expiatoire) de la première, car il n'est pas évident que l'essence du divin ne répugne pas à l'égal anéantissement du malfaiteur impuni sur la terre et de sa victime non dédommagée, de l'homme bienfaisant méconnu et de l'ingrat épargné. Nous sentons qu'une pareille indifférence pour le sort de la sensibilité aurait quelque chose d'irrationnel comme de révoltant chez le principe même de la vie sensible.

Nous ne saurions toutefois nous dissimuler que le scandale ne nous est guère épargné dans le spectacle du monde où nous vivons. La lutte aveuglément féroce pour l'existence en paraît être la loi; les espèces ne subsistent que par le sacrifice continuel des faibles aux besoins des forts. Aucune pitié n'a place dans cette concurrence effrénée des appétits brutaux. L'altruisme ne s'y révèle qu'entre individus de la même espèce et uniquement dans l'intérêt de la conservation de celle-ci; l'amour maternel expire aussitôt que le petit est devenu capable de lutter à son tour pour défendre et entretenir sa vie. Il semble qu'il n'y ait d'ailleurs absolument rien de commun entre les idées humaines de justice et de bonté et le plan de la création, du moins sur la terre jusqu'à l'apparition de l'homme. Pour prêter au divin la bonté et la justice, il semble qu'il faille le concevoir, sans fondement, à l'image du type humain; et lors même que cette assimilation pourrait être légitime, encore ces qualités devraient-elles, pour revêtir un caractère divin, être absolues, sans conditions qui pussent les borner, et par conséquent accomplies, parfaites. Or si la bonté et la justice humaines sont bien compatibles avec l'existence de la douleur, puisqu'elles ont pour objet principal de la prévenir ou de la compenser, il n'en est pas de même d'une bonté et d'une justice divines ; celles-ci, en tant que parfaites, ne seraient pas seulement tenues de corriger les effets du mal, elles seraient par essence même tenues d'exclure éternellement la douleur, et de créer et répartir éternellement dans l'univers la félicité la plus complète ; mais toute l'histoire biologique de notre planète proteste, hélas ! contre l'attribution de ces qualités humaines au divin. Il en résulte une antinomie cruelle entre les constatations de l'expérience et les intuitions optimistes sur lesquelles se fondent notre morale et notre esthétique. Après avoir relevé toutes les chances favorables à l'objectivité de ces intuitions, nous sommes donc contraints d'y opposer des chances, à peu près égales, qui y sont contraires. Si d'une part nous inclinons, sur la foi de nos suggestions intimes, à parier pour une existence ultérieure où notre besoin de justice, d'amour et de béatitude serait satisfait, d'autre part nous sommes sollicités par l'évidente immoralité des lois naturelles qui sont autour de nous l'expression du divin, à ne point sacrifier la satisfaction présente de nos appétits dans une gageure dont la condition aléatoire ne nous promet aucune compensation à ce sacrifice, puisque nous ne pourrions espérer d'en être dédommagés que par un acte de bonté ou, tout au moins, de justice divine. Nous sommes portés à perdre toute confiance, toute espérance dans nos relations avec le divin.

Céderons-nous donc à la tentation de renier, comme fallacieuses, les voix de la conscience, d'étouffer comme stériles nos vœux et nos espérances d'ascension supra-terrestre, de refouler comme décevantes nos aspirations vers l'idéal exprimé par la beauté ? Nous rejetterons-nous désespérément en arrière dans les étroites limites de la vie animale ? Dans ce cas nous imposerions à nos facultés proprement humaines un sacrifice plus grand encore que celui qu'exigerait de nos appétits sensuels le parti contraire. Il faut donc à tout prix essayer de concilier par une recherche opiniâtre les indications spontanées que nous trouvons au fond de notre cœur avec les données contraires en apparence de l'expérience externe. Mais cette recherche doit être prompte et bornée à des probabilités, sinon elle serait inutile, car autant vaudrait laisser au lent progrès de la science positive la tâche de résoudre les difficultés qu'il s'agit de vaincre. N'oublions pas, en effet, que nous voulons devancer ce progrès, parce qu'il nous faut vivre avant de connaître le secret de la vie ; nous ne demandons à la réflexion que des résultats approximatifs qui nous permettent de parier avec des chances suffisantes de gain ; la science positive ne nous fournit pas encore des règles de conduite assurées, et nous ne sommes obligés de parier que parce qu'elle n'est pas en état de substituer en nous la certitude au doute. Résignons-nous donc à déterminer seulement ce qu'il nous importe de savoir pour faire pencher, si peu que ce soit, la balance de notre choix. Or, si l'odieux spectacle auquel nous assistons de la lutte pour l'existence entre toutes les espèces terrestres nous scandalise, s'il offense en nous la conscience morale, en revanche le triomphe de la force aboutit à l'excellence de l'organisme révélée par la beauté de la forme, et notre sens esthétique y trouve son compte et vient reviser notre jugement moral et suspendre au moins notre indignation. L'harmonie dans les proportions n'est qu'un signe ; elle annonce un progrès de la vie ; la complexité et le concert des organes imposent à la forme entière du corps cette variété dans l'unité qui est une condition de la grâce ; la démarche, le geste, traduisent les mouvements de l'instinct et de la volonté ; chez les espèces supérieures, la fonction de la physionomie se dégage de toutes les autres, et elle apparaît entièrement distincte et spécialisée dans l'homme. L'homme, en outre, est doué de la plus grande aptitude à l'interprétation des formes ; son sens esthétique s'exerce, non seulement sur les formes des êtres réels qui l'entourent, mais sur celles qu'il est capable de créer et dont les types lui sont indiqués, non fournis, par la réalité ; son imagination dépasse le réel et tend vers un échelon de la vie supérieur à celui qu'il occupe. Il n'y a pas de raison pour que la série ascensionnelle des êtres vivants s'arrête et se termine à lui ; il est donc bien probable que son aspiration au mieux est objective au même titre que son interprétation de telle ou telle forme expressive revêtue par un être vivant sur la terre. L'astronomie et la géologie nous attestent que, depuis un temps incalculable, la nature en travail fait œuvre de vie, et nous la voyons élaborer encore ses productions pour réaliser quelque idéal obscur, mais indéniable ; nous nous sentons entraînés dans cet élan gigantesque vers un but sublime. Ce n'est qu'en faisant violence à toutes les sollicitations de notre essence que nous y résistons ; le remords nous avertit de nos déchéances, et aucune considération philosophique ne le fait taire ; une intime joie nous avertit de la valeur que nous donnent nos efforts dans cette direction du mouvement universel ; l'admiration nous fait saluer chez autrui toute victoire de la volonté sur l'appétit rétrograde, et de l'amour sur l'égoïsme pour le service de cette cause sacrée : l'épanouissement et l'amélioration de la vie. Valoir toujours davantage, telle est la règle de conduite gravée dans la conscience humaine par le divin promoteur de l'évolution générale. C'est du moins assez probable pour que le plus sûr pour nous soit d'agir comme si c'était certain, car en abandonnant la chance de valoir et de conquérir le rang que nous assignerait notre mérite dans la série ascendante des créatures, nous risquerions d'en redescendre les degrés et nous sacrifierions l'éventualité possible, l'espoir fondé de satisfaire nos plus hautes aspirations, à la crainte de sacrifier les jouissances présentes, mais fort inférieures et fort troublées, d'une vie dégradée. Si l'existence de la douleur nous inspire des doutes sérieux sur la bienveillance divine à l'égard de la création et spécialement de l'humanité, toujours est-il que la valeur morale qui fait notre fierté et à laquelle nous devons la plus humaine joie serait impossible sans la douleur. La suppression de cette espèce de joie, commune peut-être à tout ce qui, dans l'univers, prend conscience de la vie et aspire, serait-elle

SULLY PRUDHOMME.

préférable? La vie paie-t-elle trop cher le sentiment de la dignité? Sans doute tous les hommes ne feront pas la même réponse à cette question. Les héros et les martyrs sont rares, mais ils représentent l'élite du genre humain, ce qu'une sélection laborieuse et lente en a extrait de plus achevé et précisément de plus digne. Nous nous résignerions difficilement à les rayer de la nature pour leur substituer les plus ingénieuses machines à jouissances; nous n'aurions, du reste, pas le droit de le faire sans les avoir consultés, et le silence des tombeaux nous oblige au respect de la loi mystérieuse qui nous y pousse. La vie terrestre est évidemment une mêlée horrible où le cœur saigne à la fois des coups qu'il reçoit et de ceux qu'il voit porter. Rien ne ressemble moins à la tendresse paternelle que l'inexorable rigueur qui préside à cette boucherie. Et pourtant, s'il n'y a de vaincus que les fuyards, si la victoire est féconde, s'il en doit sortir plus qu'un baume, un laurier pour chaque blessure, nous pouvons encore affronter la bataille; elle est d'ailleurs engagée et nous sommes, bon gré mal gré, enrôlés; s'y dérober c'est la perdre, l'accepter c'est déjà la gagner. Parions donc pour la véracité du verbe obscur et cependant si impératif qui, dans les plus intimes profondeurs de notre être, nous intime l'ordre de valoir en collaborant à l'œuvre d'universelle ascension vers l'idéal mystérieux de la nature. En face du terrible problème que le mutisme du monde extérieur impose à la volonté humaine, adoptons la solution que nous propose la voix intérieure de la conscience. Nous admettons l'utilité de l'instinct chez les bêtes; admettons l'intérêt, par conséquent l'objectivité du sens moral et du sens esthétique chez l'homme, puisque sans cette révélation spontanée l'homme n'est pas plus capable d'agir en homme que l'animal sans l'inctinct ne le serait d'agir conformément à sa propre essence, de vivre, en un mot. Si l'animal trouve en lui-même l'impulsion directrice qui lui permet de subsister, il n'est pas vraisemblable que l'homme seul entre tous les vivants de la terre soit dépourvu de toute indication pour sa conduite; or l'indication de ses appétits ne lui suffit évidemment pas, puisqu'elle ne le distingue pas de la bête; il est donc naturel qu'il cherche en lui-même une règle de conduite plus élevée, spécialement humaine, et il n'est pas moins naturel qu'il la trouve dans sa conscience. Ce qu'il engage et risque de perdre en s'y fiant, ce n'est, à proprement parler, rien d'humain, car c'est la part de bonheur qu'il a en commun avec les espèces inférieures; s'il veut être réellement homme, il ne saurait y attacher un prix comparable à l'avantage que lui offre la grande probabilité d'accomplir sa vraie destinée en sacrifiant cette part grossière de bonheur à la chance d'une félicité digne de lui.

Ajoutons toutefois que ce pari forcé peut rester indifférent à un grand nombre d'individus. En suivant leurs appétits, ils parient à leur gré, quoique à leur insu, s'ils occupent dans l'échelle des races humaines un degré assez voisin de l'animalité pour que leur conscience ne leur suggère presque aucun discernement du bien et du mal, aucune aspiration vers le mieux. Dans les races supérieures mêmes, il existe beaucoup d'individus qui, par une sorte d'atavisme, sont demeurés en arrière sur le progrès moral de leurs ascendants. Ceux-là non plus ne se sentent pas intéressés à prendre parti dans le pari; ils y restent engagés inconsciemment et sans le moindre souci d'un avenir ultra-terrestre. Il n'y a d'intéressés à en examiner les chances que ceux qui se reconnaissent assez de dignité pour risquer d'y perdre par une aveugle conduite.

Ce que nous venons de dire des conditions du jeu imposé à tout homme par la nécessité où il est de vivre avant de savoir avec certitude comment il doit vivre n'est qu'un énoncé très sommaire de la question. Nous n'avons eu pour but que de faire sentir la portée de la *Pensée* de Pascal, si discutable que puisse être, d'ailleurs, l'application qu'il en a faite. La valeur morale d'un individu, c'est-à-dire le degré où chez lui l'homme s'est dégagé de la brute, peut se mesurer à la conscience qu'il a des risques qu'il court dans cette terrible partie, car il n'en court qu'autant qu'il s'est rendu responsable de son choix en contractant les caractères essentiels de l'humanité.

## CHAPITRE III

DU SENS QU'IL CONVIENT D'ATTACHER AUX MOTS : LA MACHINE, L'AUTOMATE, S'ABÊTIR, DANS LES PENSÉES DE PASCAL.

Si les preuves fournies au Christianisme par la raison eussent paru à Pascal donner pleine et entière satisfaction à la raison même, on ne s'expliquerait pas les sacrifices que néanmoins il exige d'elle encore dans plusieurs de ses *Pensées*. Quand il eut découvert que la raison est logiquement amenée à s'en remettre à la foi et que c'est le cœur qui a le dernier mot dans la discussion des titres de cette religion à la croyance, il aperçut une objection préjudicielle à son entreprise. Cette objection se trouve formulée dans le fragment suivant :

« *Ordre.* » *Une lettre d'exhortation à un ami pour le porter à chercher, et il répondra : Mais à quoi me servira de chercher? rien ne paraît. Et lui répondre : Ne désespérez pas. Et il répondrait qu'il serait heureux de trouver quelque lumière, mais que, selon cette religion même, quand il croirait ainsi, cela ne lui servirait de rien, et qu'ainsi il aime autant ne point chercher. Et à cela lui répondre : La machine* (I, 156).

Qu'entend-il donc par *la machine*? Ce mot chez lui n'est pas tout à fait synonyme d'*automate* comme l'entendait Descartes, mais il l'est à peu près. Pour Descartes la bête dans ses mouvements, en dépit des apparences qui lui prêtent le plus souvent une expression psychique et une initiative volontaire, n'est qu'un automate matériel, c'est-à-dire un système mécanique dont le moteur est tout entier d'ordre physique, n'est en rien psychique. Pascal, par respect pour l'âme humaine, partage cette opinion. Mais dans l'homme pour lui la machine est purement artificielle, et c'est le psychique devenu irréfléchi, spontané dans ses actes, par suite de l'habitude qui se substitue à la direction consciente dans l'activité morale et rend les actes automatiques. L'habitude par cette transformation partielle de l'homme en automate ou machine peut favoriser singulièrement la conversion de l'âme au christianisme.

Le lecteur, en se reportant plus haut à la page 270 du chapitre II sur le pari et à la page 66, au paragraphe intitulé : LA VOLONTÉ, L'HABITUDE, du chapitre II, livre I, y trouvera les observations capitales de Pascal sur le sujet qui nous occupe. Complétons ces *Pensées* :

*Enfin, il faut avoir recours à elle quand une fois l'esprit a vu où est la vérité, afin de nous abreuver et nous teindre de cette créance, qui nous échappe à toute heure; car d'en avoir toujours les preuves présentes, c'est trop d'affaire. Il faut acquérir une créance plus facile, qui est celle de l'habitude, qui, sans violence, sans art, sans argument, nous fait croire les choses, et incline toutes nos puissances à cette croyance, en sorte que notre âme y tombe naturellement* (I, 156).

Mais l'habitude peut être à combattre, quand, au lieu d'être au service de la vérité, elle tend à en éloigner :

*Quand on ne croit que par la force de la conviction, et que l'automate est incliné à croire le contraire, ce n'est pas assez* (I, 156). Il faut, dans ce cas, s'attaquer à l'automate et en renverser l'inclination. En somme : *Il faut donc faire croire nos deux pièces, l'esprit par les raisons qu'il suffit d'avoir vues une fois en sa vie; et l'automate, par la coutume, et en ne lui permettant pas de s'incliner au contraire. « Inclina cor meum, Deus »* (I, 156).

Il résulte de l'ensemble des *Pensées* précédemment citées ou rappelées que la machine sert à deux fins : ou bien à faire tenir le dogme pour vrai par ceux qui en doutent sans obstination avec la bonne volonté d'y croire, avant même de le leur avoir prouvé rationnellement, à les préparer à en accepter les preuves; ou bien à soulager l'attention du croyant en le dispensant de les avoir toujours présentes à l'esprit. C'est ce double but que poursuit Pascal dans le dialogue du *pari*. L'incrédule endurci, amené à résipiscence, reconnaît la force démonstrative de ce calcul :

*Je le confesse, je l'avoue. Mais encore, n'y a-t-il point moyen de voir le dessous du jeu?* — *Oui, l'Écriture, et le reste, etc.*

*Oui; mais j'ai les mains liées et la bouche muette : on me force à parier, et je ne suis pas en liberté : on ne me relâche pas, et je suis fait d'une telle sorte que je ne puis croire. Que voulez-vous donc que je fasse?*

*Il est vrai. Mais apprenez au moins votre impuissance à croire, puisque la raison vous y porte, et que néanmoins vous ne le pouvez; travaillez donc, non pas à vous convaincre par l'augmentation des preuves de Dieu, mais par la diminution de vos passions. Vous voulez aller à la foi, et vous n'en savez pas le chemin; vous voulez vous guérir de l'infidélité, et vous en demandez le remède : apprenez de ceux qui ont été liés comme vous, et qui parient maintenant tout leur bien; ce sont gens qui savent ce chemin que vous voudriez suivre, et guéris d'un mal dont vous voulez guérir. Suivez la manière par où ils ont commencé : c'est en faisant tout comme s'ils croyaient, en prenant de l'eau bénite, en faisant dire des messes, etc.; naturellement même cela vous fera croire et vous abêtira.* — *Mais c'est ce que je crains.* — *Et pourquoi? qu'avez-vous à perdre?* (I, 152.)

Le mot *s'abêtir*, si brutal et si injurieux en apparence sous la plume de Pascal, est loin dans sa pensée d'affecter réellement et au fond le sens qu'on est tenté de lui prêter tout d'abord. Ce mot veut dire tout simplement créer en soi, dans l'exercice de l'intelligence, cet automatisme inconscient qui soumet, chez les bêtes, l'exercice des organes au gouvernement de la nature dans leur propre intérêt. Il ne signifie pas du tout consentir à la dégradation morale qu'entraîne un amoindrissement de l'intelligence. Commander soi-même à son esprit de renoncer à un effort qui le fatigue ou le dépasse parce qu'il se mesure à un objet aussi élevé que l'essence et l'œuvre divines, c'est pour l'homme faire acte de prudence et ce n'est s'humilier que devant Dieu. Assurément dans le choix de ce vocable se sentent le ton impérieux et aussi le tour volontiers sarcastique du génial écrivain, mais prendre au pied de la lettre une expression dont la portée est réduite et déterminée par tout un système d'idées solidaires et nettes, ce serait, nous le croyons, se fourvoyer au mépris de la vraisemblance.

Pascal achève comme il suit ce discours :

*Mais pour vous montrer que cela y mène, c'est que cela diminuera les passions, qui sont vos grands obstacles, etc.*

*Or quel mal vous arrivera-t-il en prenant ce parti? Vous serez fidèle, honnête, humble, reconnaissant, bienfaisant, ami sincère, véritable. A la vérité, vous ne serez pas dans les plaisirs empestés, dans la gloire, dans les délices; mais n'en aurez-vous point d'autres?*

*Je vous dis que vous y gagnerez en cette vie, et que, à chaque pas que vous ferez dans ce chemin, vous verrez tant de certitude du gain, et tant de néant de ce que vous hasardez, que vous connaîtrez à la fin que vous avez parié pour une chose certaine, infinie, pour laquelle vous n'avez rien donné.*

*Oh! ce discours me transporte, me ravit, etc.*

*Si ce discours vous plaît et vous semble fort, sachez qu'il est fait par un homme qui s'est mis à genoux auparavant et après, pour prier cet Être infini et sans parties, auquel il soumet tout le sien, de se soumettre aussi le vôtre pour votre propre bien et pour sa gloire; et qu'ainsi la force s'accorde avec cette bassesse* (I, 152).

L'apologie ne saurait finir par un plus pressant appel à

la conscience morale et par une plus noble péroraison ; quel que fût d'ailleurs le plan véritable de l'auteur des *Pensées*.

Ici-bas faire le bien par le sacrifice de l'égoïsme à l'amour et au delà ressusciter en Dieu même, s'assimiler la nature divine, la revêtir, la faire sienne dans une mesure égale à l'étendue de ce sacrifice ! Quelle récompense ! Quel rêve ! Aucun rêve n'était mieux fait pour remplir la profondeur d'une âme à qui les sciences pouvaient sembler de secondaire importance à cause de son aptitude même à les comprendre, aptitude prodigieuse qui lui permettait d'en déprécier la culture au profit de l'aspiration religieuse. Il ne se dissimulait pas que la limite extrême du domaine scientifique demeure infiniment distante du plus haut objet de la curiosité humaine qu'attirent invinciblement la raison d'être, l'origine et la fin des choses. Ce triple mystère, il sent son intelligence à la fois incapable et digne de le pénétrer et il se précipite, par un acte de foi, dans les bras du Christ dont il attend la réhabilitation de son esprit déchu, la complète ouverture sur la lumière éternelle, sur l'adorable vérité.

# QUATRIÈME PARTIE

## ÉTUDE PSYCHOLOGIQUE.
## LE PENSEUR ET LE CROYANT CHEZ PASCAL.

L'étude qui forme la quatrième partie de notre ouvrage rencontre des sujets, soit effleurés, soit déjà traités avec étendue dans l'étude qui en forme l'*Introduction*. Le lecteur rapprochera spontanément de l'*Introduction*, où l'auteur a dû anticiper sur ses recherches postérieures, cette partie plus développée et plus systématique. Les deux études inégalement poussées se complètent.

# CHAPITRE PREMIER

EXAMEN CRITIQUE DE LA DOCTRINE DE PASCAL SUR LES MOYENS DONT L'HOMME DISPOSE POUR ATTEINDRE LA VÉRITÉ. — LE CŒUR, FONCTION INTELLECTUELLE AFFECTÉE A L'INTUITION, OPPOSÉ A LA RAISON. — LA PART DE LA VOLONTÉ DANS LE JUGEMENT. — LA FOI ; SON CARACTÈRE ESSENTIEL DANS LA RELIGION CHRÉTIENNE. — LA FOI TELLE QUE L'ENTEND PASCAL.

L'apologétique de Pascal, réduite, comme nous venons de le faire, à une ordonnance purement logique de ses *Pensées* relatives à la religion chrétienne, est-elle à ce point probante que tout lecteur capable de dépouiller en l'examinant ses opinions préalables, héritées ou acquises, positives ou négatives sur la religion chrétienne, la considère comme désormais incontestable ? Non, sans doute ; après cette lecture, si les uns savent gré à Pascal d'avoir confirmé par des preuves puissantes leur conviction déjà faite, les autres, ceux qui ne croyaient pas, continueront à ne pas croire. Ce qui les met en garde contre les conclusions de cet enchaînement de *Pensées* suscitées par des faits d'ordre phychologique et d'ordre historique, c'est que, d'un côté la critique des sources, base des preuves historiques, a fait depuis le xviie siècle des progrès considérables et que Pascal n'y a d'ailleurs pas appliqué tout son génie de savant, et que, d'un autre côté, sa dialectique semble au premier abord devoir cacher quelque vice.

Le raisonnement, en effet, appliqué à la trame de ses

*Pensées*, se tourne contre la raison même et la contraint à abdiquer en faveur de la foi. Pascal promet à l'intelligence humaine de la conduire au christianisme sur le solide terrain de l'expérience et de la raison. Or les sentiers qu'il lui fait suivre sur ce terrain aboutissent à une fondrière infranchissable pour cette intelligence même, de sorte qu'elle a besoin d'emprunter à la foi un pont pour passer outre. Pascal prétend que : *Il n'y a rien de si conforme à la raison que ce désaveu de la raison* (I, 194). Tout le monde n'est pas de son avis; loin de là, pour beaucoup, cette affirmation est à l'égard de la raison une offense gratuite, une trahison qui infirme toute l'entreprise de l'apologiste.

On jugera donc très important d'analyser attentivement les moyens de connaître, car il n'est pas évident qu'il en mésuse et que la raison ne puisse pas légitimement reconnaître ses propres limites.

Pour devenir *objet de connaissance* toute donnée doit entrer en communication avec le *sujet pensant;* elle doit, en un mot, l'*impressionner*. Or, en tant qu'il est impressionné il est passif, il se borne à sentir ; l'objet commence donc par être senti du sujet. Il arrive que l'impression suffise à constituer la connaissance ; dans ce cas il suffit au sujet de sentir l'objet pour le connaître. Ces deux fonctions psychiques se trouvent alors identifiées sous le nom d'*intuition*. Comme on appelle communément *cœur* le siège du sentiment, Pascal s'en autorise pour attribuer au cœur la connaissance intuitive.

On ne manquera pas de lui objecter que là où il n'y a ni joie ni peine, il ne saurait y avoir, à proprement parler, un état du cœur. Il pourrait répondre que, sans conteste, il existe des états sensibles qui ne sont ni agréables ni désagréables, qui sont indifférents, et comme tels ne font plus que renseigner le sujet sur l'objet qui les cause en lui. Par exemple, quand il s'agit de la sensibilité nerveuse, on perçoit sans plaisir ni peine la couleur du papier et celle de l'encre dont on se sert pour écrire, comme aussi le son des voix familières qu'on entend journellement. L'habitude émousse le caractère affectif de nos perceptions visuelles, auditives et autres d'ordre physiologique, sans pour cela les abolir tout à fait. Ce qu'il en subsiste est indivisément sensible et mental. Ce qui est vrai de la sensibilité nerveuse, ne l'est-il pas au même titre de la sensibilité morale, appelée le cœur? Le caractère affectif, c'est-à-dire passionnel, en peut être éliminé de sorte qu'il n'en demeure, à l'état sensible, que le caractère mental, purement documentaire. La conscience immédiate d'un axiome géométrique se distingue de la joie et de la douleur, elle est indifférente à cet égard sans toutefois dépouiller le caractère qui en fait un sentiment propre à renseigner et rien de plus.

Cette identification du sentir et du connaître est le premier stade de la pensée. Descartes aurait pu dire : « Je sens, donc je suis », car logiquement, dans le processus de la connaissance, la sensation, immédiatement postérieure à l'impression, précède l'idée et s'affirme.

Pour Pascal la raison, en tant qu'aptitude intellectuelle à déduire et induire la vérité, se distingue du cœur, aptitude intellectuelle à la sentir. Cette distinction est-elle justifiée par l'acception où il prend le mot *cœur*? On peut se le demander, car, en y regardant de près, on remarque aussitôt que, au fond, dans la chaîne du raisonnement, chacun des anneaux de la déduction ou de l'induction est un jugement intuitif. Les expressions *donc, par conséquent* affirment, en effet, un lien évident entre deux termes consécutifs, de sorte que le raisonnement ne serait au fond que l'activité mentale du cœur. Cette objection est seulement spécieuse. Pascal répondrait qu'il n'en importe pas moins de maintenir la distinction qu'il établit entre les deux modes de connaître, parce que l'un, en tant que sentiment primordial, immédiat, ne laisse aucun joint par où puisse s'insinuer l'erreur, tandis que l'autre, en tant que démarche active de la pensée, est exposé à l'erreur. D'abord le point de départ du raisonnement peut être faux, car, si tous les anneaux en sont des jugements intuitifs, la majeure n'en est pas nécessairement un : elle peut être l'affirmation erronée d'un fait mal observé, une pure illusion, ou une proposition abstraite admise sans contrôle suffisant. Toute la suite du raisonnement en est alors viciée et aboutit à une fausse conclusion. En outre, un raisonnement ne se déroule pas de lui-même ; l'initiative du sujet pensant intervient dans le choix et l'ordre des arguments, initiative volontaire qui comporte un arbitraire faillible. Pascal, dans plusieurs *Pensées*, mentionne la part de la volonté dans le jugement, mais des attributions qu'il lui confère il résulte que le sens du mot *volonté* a besoin d'être précisé, car il est multiple et divers. Ce mot, dans l'acception où le prend la psychologie la plus analytique, désigne l'initiative de l'agent, distincte de l'acte qui la suit immédiatement. Cette initiative, qui est ce que les spécialistes appellent une *volition*, se réduit, pour ainsi parler, au simple déclanchement de l'appareil à la fois psychique et physiologique affecté à l'exécution de l'acte préalablement délibéré, c'est-à-dire dont les motifs passionnels et rationnels ont été pesés par l'agent. La *détermination* (ou *résolution* ou *décision*), résultat de cette pesée, implique la volition qui inaugure l'exécution de l'acte ; se déterminer et vouloir ne font qu'un en réalité. Ainsi réduite la part de la volonté dans l'acte est, quel qu'il soit, toujours la même. Qu'après une délibération plus ou moins laborieuse, un homme se décide à sauver son semblable ou qu'il se décide à le tuer, en tant qu'il veut l'un ou l'autre, le vouloir dans les deux cas est identique. Les expressions *bonne, mauvaise volonté, formuler des volontés* (par commandement ou par testament), *les exécuter*, sont, dans le langage courant des témoignages de l'acception la plus ancienne et la plus complexe de ce mot. Pour les philosophes du xviie siècle, la volonté participe d'éléments psychiques étrangers à la pure initiative de l'agent et attribuables aux motifs d'agir, éléments passionnels ou intellectuels. Pour Descartes, par exemple, la volonté aime et affirme ; pour Pascal elle aime, mais ne participe pas au jugement ; au contraire elle risque de le fausser. *La volonté est donc dépravée. Si les membres des communautés naturelles et civiles tendent au bien du corps, les communautés elles-mêmes doivent tendre à un autre corps plus général, dont elles sont membres. L'on doit donc tendre au général. Nous naissons donc injustes et dépravés* (II, 111).

*La volonté propre ne se satisfera jamais, quand elle aurait pouvoir de tout ce qu'elle veut; mais on est satisfait dès l'instant qu'on y renonce. Sans elle, on ne peut être malcontent; par elle, on ne peut être content* (I, 105).

Maintenant que nous avons soigneusement défini les deux moyens ordinaires de connaître et les circonstances qui influent sur eux, supposons que le penseur se surveille avec assez d'attention pour que sa volonté (entendue dans le sens que lui prête Pascal) ne corrompe en rien son jugement. Dans ces conditions, si la vérité du Christianisme pouvait être établie intégralement par l'intuition, définie plus haut, et par la raison seules, ces deux modes de connaître suffiraient à créer la conviction et l'on ne voit pas quelle serait la fonction de la foi; ce troisième mode de connaissance, propre à la Religion, paraîtrait superflu. Ce qui le caractérise dans le christianisme, c'est qu'il est une vertu, qu'il suppose un effort volontaire pour croire, tandis que la certitude rationnelle est fatalement acquise à l'esprit par les deux autres.

Pascal, dans certaine de ses *Pensées*, paraît tout d'abord destituer la foi de ce caractère, qui en fait seul un mode spécial de la connaissance, pour l'identifier à l'intuition : *ceux que nous voyons chrétiens sans la connaissance des prophéties et des preuves ne laissent pas d'en juger aussi bien que ceux qui ont cette connaissance. Ils en jugent par le cœur, comme les autres en jugent par l'esprit. C'est Dieu lui-même qui les incline à croire; et ainsi ils sont très efficacement persuadés* (I, 195). Mais d'autres *Pensées* complètent et commentent celle-là. On y voit, en effet, que la foi n'est pas, comme l'intuition, un attribut essentiel, naturel de l'âme humaine; elle est un don particulier de

Dieu, de la grâce, et ce don est subordonné à une prédisposition non pas intellectuelle, mais purement affective et morale de l'âme. Celle-ci n'a la foi qu'autant qu'elle y est inclinée non par l'évidence du dogme, mais par la volonté de Dieu qui met celle du croyant en harmonie avec elle. Le croyant sent son impuissance à connaître par lui-même et son état psychique est méritoire en tant qu'il y a chez lui sentiment à la fois de son *incapacité* propre et de son *devoir*, et qu'il veut ce que Dieu veut. *Ceux qui croient sans avoir lu les Testaments, c'est parce qu'ils ont une disposition intérieure toute sainte, et que ce qu'ils entendent dire de notre religion y est conforme. Ils sentent qu'un Dieu les a faits. Ils ne veulent aimer que Dieu; ils ne veulent haïr qu'eux-mêmes. Ils sentent qu'ils n'en ont pas la force d'eux-mêmes; qu'ils sont incapables d'aller à Dieu; et que, si Dieu ne vient à eux, ils sont incapables d'aucune communication avec lui. Et ils entendent dire dans notre religion qu'il ne faut aimer que Dieu, et ne haïr que soi-même : mais qu'étant tous corrompus, et incapables de Dieu, Dieu s'est fait homme pour s'unir à nous. Il n'en faut pas davantage pour persuader des hommes qui ont cette disposition dans le cœur, et qui ont cette connaissance de leur devoir et de leur incapacité* (I, 194).

*La foi est un don de Dieu : ne croyez pas que nous disions que c'est un don de raisonnement* (II, 158).

Pour que, dans l'apologétique de la religion chrétienne, le raisonnement ne rende pas inutile l'acte de foi, il faut qu'il en démontre lui-même l'utilité, et cela n'est possible que si la raison se reconnaît elle-même inférieure à la tâche qu'elle s'est imposée. Il faut donc, d'une part, que ses conclusions, légitimes dans toute l'étendue de son ressort, dans toute la mesure de sa capacité, la mettent en demeure d'affirmer que, si elle ne peut démontrer intégralement la vérité du christianisme, c'est de sa propre faute, ce qui explique la *Pensée* citée plus haut : *Il n'y a rien de si conforme à la raison que ce désaveu de la raison* (I, 194). Ajoutons-y les suivantes :

*Deux excès : exclure la raison, n'admettre que la raison* (I, 194).

*Saint Augustin. La raison ne se soumettrait jamais si elle ne jugeait qu'il y a des occasions où elle se doit soumettre. Il est donc juste qu'elle se soumette quand elle juge qu'elle se doit soumettre* (I, 193).

C'est une conséquence de sa propre impuissance, non le fait d'un vice imputable à la thèse qu'elle discute ; il faut qu'elle puisse affirmer que les fondements de cette religion n'en sont pas responsables. Or, d'après Pascal, ils le sont si peu qu'ils expliquent au contraire l'impuissance même de la raison humaine par une déchéance dont témoigne l'état moral de l'humanité. Cet étrange état dont participe la raison même dénie à celle-ci le droit d'écarter une hypothèse qui en rend compte. Ce n'en est pas moins une hypothèse, une conjecture, et les suites dogmatiques en sont tellement transcendantes, si fécondes en mystères que pour y croire l'homme ne peut se fier aux seules ressources de sa propre intelligence. Il a besoin d'un secours, d'un surcroît de lumière, et le chrétien ne l'attend qu'à titre de grâce du réparateur même de la faute originelle ; il l'implore de son rédempteur, de Jésus-Christ. Pascal, considérant la situation faite par le péché d'Adam à l'intelligence, désormais oblitérée, de l'espèce humaine, définit avec beaucoup de précaution la part de preuve rationnelle dont l'apologétique est susceptible, cette part de certitude purement logique dont l'esprit déchu est encore capable et la part d'adhésion méritoire, celle qui revient à la foi, dans la croyance au christianisme.

*Le seul qui connaît la nature ne la connaîtra-t-il que pour être misérable? Le seul qui la connaîtra sera-t-il le seul malheureux?*

*... Il ne faut* [pas] *qu'il ne voie rien du tout; il ne faut pas aussi qu'il en voie assez pour croire qu'il le possède; mais qu'il en voie assez pour connaître qu'il l'a perdu : car, pour connaître qu'on a perdu, il faut voir et ne voir pas; et c'est précisément l'état où est la nature* (II, 89). La

chute par le péché originel et la rédemption par le Sauveur étant données, tout l'état mental de l'homme en découle. Adam et le Christ l'expliquent tout entier, le premier est cause de l'obscurcissement, le second est le dispensateur de la lumière réparatrice. La foi est rendue indispensable par l'un et accordée par l'autre. En outre, la chute engendrant la concupiscence et la rédemption permettant la grâce, la morale est conditionnée par ces deux événements et elle est subordonnée à la foi et à la grâce : *Toute la foi consiste en* JÉSUS-CHRIST *et en Adam; et toute la morale en la concupiscence et en la grâce* (II, 88).

*... La foi n'est pas en notre puissance* (II, 179).

*La foi est un don de Dieu* (II, 158).

*La foi dit bien ce que les sens ne disent pas, mais non pas le contraire de ce qu'ils voient. Elle est au-dessus, et non pas contre* (I, 194).

*Je porte envie à ceux que je vois dans la foi vivre avec tant de négligence, et qui usent si mal d'un don duquel il me semble que je ferais un usage si différent* (II, 153).

*La loi obligeait à ce qu'elle ne donnait pas. La grâce donne ce à quoi elle oblige* (II, 160).

*La loi n'a pas détruit la nature; mais elle l'a instruite : la grâce n'a pas détruit la loi ; mais elle l'a fait exercer. La foi reçue au baptême est la source de toute la vie des chrétiens et des convertis* (II, 116).

*On se fait une idole de la vérité même ; car la vérité hors de la charité n'est pas Dieu, et est son image et une idole, qu'il ne faut point aimer ni adorer, et encore moins faut-il aimer ou adorer son contraire, qui est le mensonge* (II, 116).

*Soumission et usage de la raison, en quoi consiste le vrai christianisme* (I, 193).

*La dernière démarche de la raison est de reconnaître qu'il y a une infinité de choses qui la surpassent. Elle n'est que faible, si elle ne va jusqu'à connaître cela. Que si les choses naturelles la surpassent, que dira-t-on des surnaturelles?* (I, 192).

*Il faut savoir douter où il faut, assurer où il faut en se soumettant où il faut. Qui ne fait ainsi n'entend pas la force de la raison. Il y [en] a qui faillent contre ces trois principes ou en assurant tout comme démonstratif, manque de se connaître en démonstration; ou en doutant de tout, manque de savoir où il faut se soumettre; ou en se soumettant en tout, manque de savoir où il faut juger* (I, 193).

*Il y a trois moyens de croire : la raison, la coutume, l'inspiration. La religion chrétienne, qui seule a la raison, n'admet pas pour ses vrais enfants ceux qui croient sans inspiration; ce n'est pas qu'elle exclue la raison et la coutume; au contraire, mais il faut ouvrir son esprit aux preuves, s'y confirmer par la coutume, mais s'offrir par les humiliations aux inspirations, qui seules peuvent faire le vrai et salutaire effet : « Ne evacuetur crux Christi »* (II, 107).

*Il y a deux manières de persuader les vérités de notre religion : l'une par la force de la raison, l'autre par l'autorité de celui qui parle. On ne se sert pas de la dernière, mais de la première. On ne dit pas : Il faut croire cela, car l'Écriture, qui le dit, est divine; mais on dit qu'il le faut croire par telle et telle raison, qui sont de faibles arguments, la raison étant flexible à tout* (II, 88).

*Si on soumet tout à la raison, notre religion n'aura rien de mystérieux et de surnaturel. Si on choque les principes de la raison, notre religion sera absurde et ridicule* (I, 193).

*La conduite de Dieu, qui dispose toutes choses avec douceur, est de mettre la religion dans l'esprit par les raisons, et dans le cœur par la grâce* (II, 87).

Ces nombreuses *Pensées* ont trait directement ou indirectement aux effets, aux opérations de la foi, mais elles n'en donnent pas une définition précise d'où sa fonction multiple pourrait être rigoureusement déduite. Il semblerait tout d'abord, comme nous l'avons fait observer, que Pascal fasse de la foi un mode de l'intuition, quand il la présente comme un produit du cœur. Mais, en réalité, il restitue au mot *cœur* son sens ordinaire, car ce n'est assurément pas, en tant qu'indifférente, étrangère à l'affection, que la foi est révélatrice de la vérité. Au contraire il faut aimer pour croire par la foi ; elle est solidaire de la charité dans la pensée de Pascal. En outre elle ne procure pas la certitude par l'évidence comme l'intuition, sans quoi cette certitude ne serait pas méritoire, la foi ne serait pas une vertu. Celui qui croit par un acte de foi *veut* croire malgré l'obscurité du dogme : cette volonté n'est pas celle que pour Descartes implique l'affirmation et qui est une adhésion irrésistible de l'esprit à l'évidence de la proposition, un *consentement nécessité par la logique;* c'est au contraire une adhésion où la volonté ne se sent pas contrainte. Croire au dogme par un acte de foi, c'est y croire en dépit de son obscurité, malgré les motifs rationnels d'en douter, c'est y croire par *charité*, par amour de Dieu. Quand nous ajoutons foi au récit d'un voyageur que nous savons intègre et véridique, nous ne faisons pas un acte de foi, au sens chrétien du mot, car ce n'est pas par vertu, par volonté que nous croyons, nous n'apercevons aucun motif de douter de la véracité de ce voyageur. Si, à nos yeux, il est probable ou seulement possible qu'il mente, loin d'être vertueux en lui accordant notre créance, nous commettons une imprudence répréhensible.

La minutieuse analyse qui précède nous conduit à une définition rigoureuse de la foi telle que l'entend Pascal. La foi est une vertu dont l'acte consiste à achever par l'amour l'œuvre démonstrative de la raison ; c'est-à-dire que la doctrine chrétienne, qui rationnellement n'est encore que probable, est néanmoins crue sans réserve grâce au surcroît de crédit dont la fait bénéficier l'amour de Dieu, la charité. La charité est d'ailleurs elle-même une vertu.

Mais, s'il en est ainsi, dira-t-on, il faut être déjà chrétien pour croire par la foi. Prétendre compléter par un acte de foi la preuve rationnelle du christianisme, c'est donc faire une pétition de principe. Non ; le cercle vicieux n'est qu'apparent. C'est, en effet, par son propre exercice, ne l'oublions pas, que la raison est amenée à s'avouer son impuissance, à expliquer les faiblesses et les contrariétés présentes de la nature humaine autrement que par une déchéance originelle, qui atteint la raison même. Quoi d'étonnant à ce que, sentant ses propres limites, celle-ci se reconnaisse incapable de dissiper toutes les obscurités du problème dont elle est cependant demeurée capable de poser les conditions et d'indiquer la solution? On répliquera : toujours est-il que la raison conclut par l'aveu de son insuffisance et charge la foi d'y suppléer. Or la foi n'est pas, comme elle, une fonction organique, essentielle, de la connaissance, elle est un don adventice de Dieu, faveur qu'il accorde à la bonne volonté de le connaître. Cette bonne volonté peut faire défaut chez l'homme, par *orgueil* de l'esprit, vice propre aux incrédules invétérés. Ces ennemis de la religion se cantonnent exclusivement dans le rationalisme.

Pascal les y poursuit; il ne renonce pas à les confondre. La raison n'a pas désarmé au point de n'avoir plus aucune prise sur leur endurcissement. Il lui suffira, pour l'entamer, d'user des ressources qui lui restent et qu'elle emploie à la recherche des vérités d'ordre naturel, à l'explication des phénomènes physiques ou à la démonstration des théorèmes mathématiques. C'est ici que le génie invaincu du géomètre vient en aide à la dialectique de l'apologiste. Pascal emprunte à un calcul dont il a posé les fondements, au calcul des probabilités, les principes d'un pari auquel le plus sceptique, le plus indifférent même ne se peut soustraire. C'est un pari forcé : il va falloir ou risquer aveuglément ou peser et choisir entre des chances; il va falloir prendre parti pour le christianisme, si l'on veut être seulement un joueur sensé.

Ce pis-aller n'est qu'une annexe à l'édifice de preuves précédemment élevé ou plutôt esquissé par le grand logicien au bénéfice et en l'honneur de sa religion. Le fameux *jeu des partis* n'y entre point comme une pièce de la charpente, pièce solidaire des autres. C'est pourquoi nous l'avons placé en dehors et à la suite du corps des autres arguments offerts par le recueil des *Pensées*.

# CHAPITRE II

LA DIVINITÉ SELON PASCAL. — CE QUI EXPLIQUE ET JUSTIFIE L'UNI-VERS S'IMPOSE ET SE REFUSE EN MÊME TEMPS A L'ESPRIT ET AU CŒUR ; C'EST DIEU. — PASCAL SENT DANS SON AME UN VIDE A COMBLER : IL INCLINE VERS LE DIEU CHRÉTIEN QUI PAR SON INCARNATION SE MET A LA PORTÉE DE L'HOMMME. — LE DIEU MÉTAPHYSIQUE CONÇU PAR L'INTELLIGENCE ET LE DIEU ANTHRO-POMORPHE SENTI PAR LE CŒUR PARAISSENT ÉTRANGERS L'UN A L'AUTRE, INCONCILIABLES. PASCAL SUBORDONNE LE PREMIER AU SECOND PAR L'ACTE DE FOI. — IL S'EXPLIQUE POURQUOI DIEU EST VOILÉ A L'HOMME.

Les recherches précédentes sur l'état intellectuel et affectif de Pascal, où il puise ses moyens de connaître, nous permettent d'interpréter avec quelque précision ses idées sur la divinité et sur les mystères.

L'homme, en appliquant à l'observation et à l'expérience son pouvoir de déduire, d'induire, d'abstraire et de généraliser, peut caresser l'espoir d'acquérir un jour toute la science dont sa pensée est capable; mais cette science, supposée achevée, ne satisferait pas encore à toutes les questions qu'il pose au monde phénoménal. L'origine des choses lui demeure à tout jamais celée. Le monde ne peut être entièrement expliqué par lui sans un principe qu'il ne connaît pas. Ce principe est le postulat métaphysique à la fois imposé à sa raison et refusé à son apercevance, et il l'appelle Dieu. L'homme, en outre, se sent capable d'une félicité supérieure à toutes les jouissances que peut lui procurer la possession présente et future des biens terrestres, en un mot il aspire indéfiniment. L'objet inaccessible de son aspiration est son Idéal, autre postulat; mais celui-là c'est à son cœur qu'il s'impose et se refuse tout ensemble; c'est le postulat esthétique, principe du mysticisme dans les arts et les religions, et il l'appelle aussi Dieu. Sans ce second postulat, le monde lui apparaîtrait sans motif d'exister, injustifiable, comme, sans le premier, il lui apparaîtrait inexplicable.

Pascal éprouve au plus haut degré le besoin de combler le vide immense de son âme, il est né mystique; c'est donc la religion qui seule peut remplir cet abîme en lui, et c'est le christianisme qui, par l'éducation, envahit son âme dès sa naissance. Or il trouve précisément dans le Dieu du Christianisme celui qui s'approprie le mieux à son aspiration, car ce Dieu, en revêtant l'essence humaine, a mis la divinité à la portée de l'homme; par son incarnation il communique pleinement avec l'homme, il entre en société avec lui. Mais ce Dieu anthropomorphe, Pascal ne peut l'identifier tout entier au Dieu métaphysique sans prêter à celui-ci une personnalité et une essence morale dont le monde phénoménal ne fournit aucun témoignage incontestable. Il reconnaît sans hésiter que la nature ne révèle pas le Dieu chrétien à la raison. Il dédaigne les preuves de l'existence de Dieu tirées du spectacle de la nature, non pas que les marques de la divinité en soient absentes, mais celles que la raison seule y constate lui sont suspectes; il les déclare insuffisantes à caractériser l'essence du vrai Dieu. Cet aveu lui est commandé par une intraitable logique dont ni Fénelon, ni Bossuet, ni aucun autre apologiste chrétien ne paraît avoir affronté la dernière conséquence. Selon lui, c'est dans l'Église et point ailleurs que Dieu a établi des marques sensibles pour se faire reconnaître :

*C'est une chose admirable que jamais auteur canonique ne s'est servi de la nature pour prouver Dieu. Tous tendent*

*à le faire croire. David, Salomon, etc., jamais n'ont dit :
Il n'y a point de vide, donc il y a un Dieu. Il fallait qu'ils
fussent plus habiles que les plus habiles gens qui sont venus
depuis, qui s'en sont tous servis. Cela est très considérable*
(I, 155).

*J'admire avec quelle hardiesse ces personnes entreprennent de parler de Dieu, en adressant leurs discours aux impies. Leur premier chapitre est de prouver la divinité par les ouvrages de la nature..... dire à ceux-là qu'ils n'ont qu'à voir la moindre des choses qui les environnent, et qu'ils y verront Dieu à découvert, et leur donner, pour toute preuve de ce grand et important sujet, le cours de la lune et des planètes, et prétendre avoir achevé sa preuve avec un tel discours, c'est leur donner sujet de croire que les preuves de notre religion sont bien faibles, et je vois par raison et par expérience que rien n'est plus propre à leur en faire naître le mépris* (II, 60).

Pascal fait néanmoins un magnifique tableau de la nature entière *dans sa haute et pleine majesté* (I, 1). Après avoir proposé à l'imagination l'impossible tâche d'en embrasser l'infinité, il dit :

*Enfin, c'est le plus grand caractère sensible de la toute-puissance de Dieu, que notre imagination se perde dans cette pensée* (I, 1).

Il reconnaît donc que la nature fournit de la toute-puissance divine une preuve qui n'est pas à dédaigner. Mais n'oublions pas que ce *caractère sensible* ne convient pas spécialement au Dieu chrétien, le seul qu'il considère ici. *Elle* (l'Écriture) *dit au contraire que Dieu est un Dieu caché* (II, 61).

*Tous ceux qui cherchent Dieu hors de* Jésus-Christ, *et qui s'arrêtent dans la nature, où ils ne trouvent aucune lumière qui les satisfasse, ou ils arrivent à se former un moyen de connaître Dieu et de le servir sans médiateur : et par là ils tombent, ou dans l'athéisme, ou dans le déisme, qui sont deux choses que la religion chrétienne abhorre presque également* (II, 62).

*Eh quoi! Ne dites-vous pas vous-même que le ciel et les oiseaux prouvent Dieu? — Non. — Et votre religion ne le dit-elle pas? — Non. Car encore que cela est vrai en un sens pour quelques âmes à qui Dieu donne cette lumière, néanmoins cela est faux à l'égard de la plupart* (II, 204).

C'est-à-dire que la plupart, tout en reconnaissant que le ciel et les oiseaux ne s'expliquent pas par soi-même, ne reconnaissent pas pour cela que le postulat explicatif soit le Dieu chrétien, un Dieu anthropomorphe et personnel, et Pascal professe avec hauteur que ce n'est pas la raison seule, sans la révélation, qui oblige à expliquer la nature par l'existence de ce Dieu-là. Ne semble-t-il pas que le physicien protège ici instinctivement l'objet de ses études contre le péril des hypothèses transcendantes.

Ainsi des deux postulats divins c'est pour Pascal celui du cœur, formulé par le dogme chrétien, qui détermine la définition de l'autre, du postulat métaphysique; ce n'est pas la raison, c'est la foi qui enseigne que le dieu explicatif du monde phénoménal est un créateur, distinct de ce monde, agissant en souverain justicier et en père. Comme d'ailleurs le cœur est à ses yeux un des instruments de la connaissance, et même le plus direct et le plus sûr, il se sent approcher davantage de la divinité par la foi que par la raison. Le Dieu rationnel, en tant qu'il est défini par les métaphysiciens indépendamment du Dieu senti, lui est même antipathique, les attributs n'en ont rien d'évangélique; il y redoute un ennemi du Dieu en trois personnes. Il ne l'admet que dans les justes limites où celui-ci peut s'en assimiler l'essence.

*Je sens que je puis n'avoir point été : car le moi consiste dans ma pensée; donc moi qui pense n'aurais point été, si ma mère eût été tuée avant que j'eusse été animé. Donc je ne suis pas un être nécessaire. Je ne suis pas aussi éternel, ni infini; mais je vois bien qu'il y a dans la nature un être nécessaire, éternel et infini* (I, 13).

Il confesse donc l'existence du Dieu rationnel, car il tient ici le langage des métaphysiciens; il ne s'en peut défendre, et il le fait loyalement, même au risque de se contredire, car il dit ailleurs, en parlant de Dieu considéré par la raison : *il n'a nul rapport avec nous : nous sommes donc incapables de connaître ni ce qu'il est, ni s'il est* (I, 149).

Sa sincérité lui interdit de nier la révélation d'un être nécessaire, éternel et infini par la raison seule, mais, d'autre part, il évite d'appliquer aux concepts de nécessité, d'éternité et d'infinité toute la rigueur de la dialectique qui menace de l'entraîner, comme Spinoza, au panthéisme. Il recule; il s'en tient à saluer, en passant, dans le Dieu chrétien les attributs métaphysiques sans en discuter la compatibilité avec la définition dogmatique. Tout cela fait une essence composite difficile à concevoir. Il l'avoue avec sa droiture habituelle :

*Incompréhensible que Dieu soit, et incompréhensible qu'il ne soit pas; que l'âme soit avec le corps, que nous n'ayons pas d'âme; que le monde soit créé, qu'il ne le soit pas, etc.; que le péché originel soit, et qu'il ne soit pas* (II, 126).

Par cette *Pensée* Pascal reconnaît d'ailleurs sans étonnement que, formulée dans l'esprit humain, toute donnée métaphysique (existence de Dieu, union de l'âme et du corps, création du monde, péché originel), impose une contradiction à l'esprit humain. Il confirme ce fait par la *Pensée* suivante :

*Les deux raisons contraires. Il faut commencer par là; sans cela on n'entend rien, et tout est hérétique. Et même, à la fin de chaque vérité, il faut ajouter qu'on se souvient de la vérité opposée* (II, 202). L'opposition de deux vérités n'en infirme aucune, mais dans l'ordre métaphysique seulement, car le principe de contradiction est le critérium même du non-sens, quand on l'applique aux propositions d'ordre empirique et fini.

Il confesse son impuissance à concilier les attributs métaphysiques du Dieu chrétien avec son essence anthropomorphe sans nier la part du concept métaphysique dans l'idée chrétienne de la divinité, il n'y insiste pas et en atténue l'importance au point de vue de l'enseignement religieux et de la piété nécessaire au salut :

*Les preuves de Dieu métaphysiques sont si éloignées du raisonnement des hommes, et si impliquées, qu'elles frappent peu* (I, 154).

Elles ne sont pas si évidentes que l'impression en soit durable : *mais une heure après ils craignent de s'être trompés* (I, 154).

En outre la superbe qui pousse à les chercher en fait perdre le fruit : « *Quod curiositate cognoverint superbia amiserunt* » (I, 154).

*Et c'est pourquoi je n'entreprendrai pas ici de prouver par des raisons naturelles ou l'existence de Dieu, ou la Trinité, ou l'immortalité de l'âme, ni aucune des choses de cette nature ; non seulement parce que je ne me sentirais pas assez fort pour trouver dans la nature de quoi convaincre des athées endurcis ; mais encore parce que cette connaissance, sans Jésus-Christ, est inutile et stérile* (I, 154).

Le Dieu qui intéresse par-dessus tout Pascal c'est celui qui par sa nature entre en communication avec l'homme sous la forme du Christ, c'est le Dieu anthropomorphe, le seul qui soit paternel et fraternel, principe et modèle de la justice et de l'amour et qui donne un sens à toutes les aspirations du cœur : ... *le Dieu d'Abraham, le Dieu d'Isaac, le Dieu de Jacob, le Dieu des chrétiens, est un Dieu d'amour et de consolation : c'est un Dieu qui remplit l'âme et le cœur de ceux qui le possèdent* (II, 61).

*Comme les deux sources de nos péchés sont l'orgueil et la paresse, Dieu nous a découvert deux qualités en lui pour les guérir : sa miséricorde et sa justice. Le propre de la justice est d'abattre l'orgueil, quelque saintes que soient les œuvres,* « *et non intres in judicium, etc.* » *; et le propre de la miséricorde est de combattre la paresse en invitant aux bonnes œuvres, selon ce passage :* « *La miséricorde de Dieu invite à pénitence* » *; et cet autre des Ninivites :* « *Faisons pénitence, pour voir si par aventure il aura pitié de nous.* »

*Et ainsi tant s'en faut que la miséricorde autorise le relâchement, que c'est au contraire la qualité qui le combat formellement; de sorte qu'au lieu de dire : S'il n'y avait point en Dieu de miséricorde, il faudrait faire toutes sortes d'efforts pour la vertu, il faut dire, au contraire, que c'est parce qu'il y a en Dieu de la miséricorde, qu'il faut faire toutes sortes d'efforts* (II, 102).

Les passions mêmes de Jéhovah sont converties par lui en vertus :

*Abraham ne prit rien pour lui, mais seulement pour ses serviteurs; ainsi le juste ne prend rien pour soi du monde, ni des applaudissements du monde, mais seulement pour ses passions, desquelles il se sert comme maître, en disant à l'une : Va, et viens. « Sub te erit appetitus tuus. » Ses passions ainsi dominées sont vertus. L'avarice, la jalousie, la colère, Dieu même se les attribue; et ce sont aussi bien des vertus que la clémence, la pitié, la constance, qui sont aussi des passions. Il faut s'en servir comme d'esclaves, et, leur laissant leur aliment, empêcher que l'âme n'y en prenne; car quand les passions sont les maîtresses, elles sont vices, et alors elles donnent à l'âme de leur aliment, et l'âme s'en nourrit et s'en empoisonne* (II, 172).

La volonté de Dieu est la pierre de touche du bien et du mal... *Tout ce qu'il veut nous est bon et juste,... tout ce que Dieu ne veut pas est défendu,... l'absence de la volonté de Dieu, qui est seule toute la bonté et toute la justice, rend* (une chose) *injuste et mauvaise* (I, 173).

La possession de Dieu est pour Pascal la condition même de toute lumière et de toute joie :

*L'Ecclésiaste montre que l'homme sans Dieu est dans l'ignorance de tout, et dans un malheur inévitable. Car c'est être malheureux que de vouloir et ne pouvoir. Or il veut être heureux, et assuré de quelque vérité, et cependant il ne peut ni savoir, ni ne désirer point de savoir. Il ne peut même douter* (II, 157).

Selon Pascal on ne peut connaître Dieu que par le cœur; il *sent* Dieu et ne le *conçoit* pas.

Son impuissance à concevoir le Dieu chrétien ne l'induit nullement à mettre en suspicion la véracité des Livres Saints. Il vénère la formule mystérieuse qui, pour être divine, doit déborder son intelligence et ne le saurait faire sans la violenter. Aussi bien la foi est une vertu.

Ce n'est pas du premier coup que Pascal s'est expliqué pourquoi la nature ne révèle pas Dieu avec évidence, pourquoi Dieu se cache aux hommes. Il n'a pas toujours fait fi de la révélation *par le cours de la lune et des planètes, par le ciel et les oiseaux*; il ne s'est pas toujours résigné à la recevoir uniquement de l'Église. Le morceau suivant est évidemment antérieur à ceux que nous avons cités plus haut :

*La nature ne m'offre rien qui ne soit matière de doute et d'inquiétude. Si je n'y voyais rien qui marquât une Divinité, je me déterminerais à la négative. Si je voyais partout les marques d'un Créateur, je reposerais en paix dans la foi. Mais, voyant trop pour nier, et trop peu pour m'assurer, je suis en un état à plaindre, et où j'ai souhaité cent fois que, si un Dieu la soutient, elle le marquât sans équivoque; et que, si les marques qu'elle en donne sont trompeuses, elle les supprimât tout à fait; qu'elle dît tout ou rien, afin que je visse quel parti je dois suivre* (I, 197).

Cette éclipse de la grâce en lui n'a pas duré; il méritait par la noblesse et l'ardeur de sa recherche que le *Deus absconditus* de l'Écriture daignât écarter pour lui ses voiles. L'épreuve lui fut profitable, car elle lui valut de constater sur lui-même et de comprendre la justice et l'utilité du demi-jour dont Dieu s'environne. La clarté n'est accordée qu'aux yeux qui la désirent vivement et la demandent avec persévérance, non pas à la nature, mais à l'Évangile par l'intermédiaire de son interprète, l'Église. *Parce que tant d'hommes se rendant indignes de sa clémence, il* (Dieu) *a voulu les laisser dans la privation du bien qu'ils ne veulent pas. Il n'était donc pas juste qu'il parût d'une manière manifestement divine, et absolument capable de convaincre tous les hommes; mais il n'était pas juste aussi qu'il vînt d'une manière si cachée, qu'il ne pût être reconnu de ceux qui le chercheraient sincèrement...*

*Il y a assez de lumière pour ceux qui ne désirent que de voir et assez d'obscurité pour ceux qui ont une disposition contraire* (II, 48).

Tout est donc pour le mieux, en dépit des apparences, dans l'inégale et incomplète dispensation que Dieu fait de sa connaissance aux hommes.

Pascal y voit même une marque de vérité pour la religion. Non seulement il n'est pas surpris de la demi-obscurité dans laquelle Dieu se retranche, mais encore il y attache la plus grande valeur probante en faveur du christianisme :

*... Dès là je refuse toutes les autres religions : par là je trouve réponse à toutes les objections. Il est juste qu'un Dieu si pur ne se découvre qu'à ceux dont le cœur est purifié. Dès là cette religion m'est aimable, et je la trouve déjà assez autorisée par une si divine morale* (I, 213).

Cette preuve morale est en outre corroborée par un puissant faisceau de preuves historiques :

*Mais j'y trouve de plus... Je trouve d'effectif que depuis que la mémoire des hommes dure, il est annoncé constamment aux hommes qu'ils sont dans une corruption universelle, mais qu'il viendra un réparateur. Que ce n'est pas un homme qui le dit, mais une infinité d'hommes, et un peuple entier, prophétisant et fait exprès, durant quatre mille ans... Ainsi je tends les bras à mon libérateur, qui, ayant été prédit durant quatre mille ans, est venu souffrir et mourir pour moi sur la terre dans les temps et dans toutes les circonstances qui en ont été prédites; et, par sa grâce, j'attends la mort en paix, dans l'espérance de lui être éternellement uni; et je vis cependant avec joie, soit dans les biens qu'il lui plaît de me donner, soit dans les maux qu'il m'envoie pour mon bien, et qu'il m'a appris à souffrir par son exemple* (I, 213).

*... Dieu étant ainsi caché, toute religion qui ne dit pas que Dieu est caché n'est pas véritable; et toute religion qui*

*n'en rend pas la raison n'est pas instruisante. La nôtre fait tout cela :* « *Vere tu es Deus absconditus* » (I, 171).

Il faut avouer pourtant que l'explication chrétienne satisfait beaucoup mieux les âmes prédisposées à la piété, comme l'était celle de Pascal, que les esprits purement métaphysiciens; ceux-ci ne tiennent pas compte du péché originel, de la nuit qui en a été la suite dans la conscience humaine, de la grâce désormais nécessaire pour que la clarté y renaisse, de la gratuité de ce bienfait, de la prédestination qui le répartit, etc. Mais le Dieu de Pascal est celui de la Bible et de l'Évangile, monuments dont il a reconnu l'authenticité et la véracité. Le vrai Dieu trouve donc dans ces monuments sa définition; la métaphysique ne peut pas plus infirmer celle-ci, que la spéculation ne peut prévaloir contre l'histoire.

Pascal a tenté de connaître le divin par les voies de la sensibilité morale, et il a pour cela intimement associé le cœur à l'intelligence. Nous n'avons rien à y objecter. Nous inclinons à admettre comme lui que l'émotion esthétique concourt avec le concept métaphysique à la connaissance du divin. Dans la contemplation admirative du Beau, sorte d'extase religieuse, l'acte de foi en l'idéal est intuitif au même titre que l'adhésion aux postulats géométriques; il y a dans les deux cas également affirmation sans preuves, et sur ce point la foi esthétique ne se distingue pas de la foi religieuse de Pascal. Mais tandis que celle-ci entre en lutte, celle-là, au contraire, entre en composition avec la raison, achève le concept métaphysique, en anime l'objet et y fait sentir quelque chose de plus que l'être abstrait qui est par soi et son infinité vide pour notre cœur; nous y sentons la source la plus profonde du monde phénoménal et de la vie.

# CHAPITRE III

LE SENS DU MOT INCOMPRÉHENSIBLE DANS LES PENSÉES RELATIVES AUX MYSTÈRES. — DÉFINITION ORTHODOXE DU MYSTÈRE. CETTE DÉFINITION, QUI EST D'ACCORD AVEC L'IDÉE QUE SE FAIT PASCAL DU MYSTÈRE, NE S'ACCORDE PAS AVEC LA FORMULE DOGMATIQUE DE CHAQUE MYSTÈRE, LAQUELLE N'ÉNONCE RÉELLEMENT PAS UN FAIT INEXPLICABLE, MAIS EST CONTRADICTOIRE

I

Dans une langue, ancienne ou moderne, depuis longtemps en usage, chaque mot parlé ou écrit signifie un objet et souvent plusieurs, tant matériels que moraux, mais tous assez distinctement indiqués pour que l'esprit se les représente, c'est-à-dire les imagine ou les conçoive dès qu'il a perçu leurs signes. La signification, le sens d'un mot est un ou multiple. Une émission de voix (simple ou composée) qui ne signifie rien, qui n'a pas de sens, n'est pas un mot : ce n'est qu'une donnée purement sonore. Une phrase est une suite de mots telle que les sens respectifs de ces mots entrent tous en rapport de manière à former une *proposition*, c'est-à-dire à produire un sens collectif qui participe de chaque sens particulier et formule un jugement. Une phrase est donc une synthèse de mots qui signifie un jugement. Une suite de mots qui ne signifierait rien pour l'intelligence, qui n'offrirait aucun sens, équivaudrait à une simple suite de sons, car le sens particulier de chaque mot ne soutenant, par hypothèse, aucun rapport avec celui de chaque autre mot serait par cela même inutilisé : il pourrait être sans inconvénient remplacé par n'importe quelle donnée purement sonore.

Quand on dit qu'un énoncé (verbal ou graphique) est *incompréhensible*, on peut entendre ce qualificatif de deux manières, lui prêter deux applications différentes : il peut viser soit l'énoncé même, soit le jugement énoncé. D'une part pour un lecteur qui, par exemple, ne sait pas le grec, l'énoncé grec d'un jugement sera incompréhensible, quoique ce jugement même puisse être bien compris par un lecteur différent sachant cette langue, et, d'autre part, il est possible que le lecteur, bien qu'il la sache et comprenne les mots, soit, par le degré ou la qualité de son intelligence, incapable de comprendre la phrase. Par exemple, l'énoncé d'un théorème d'Euclide, quand même un lecteur poète en aurait compris chaque mot précédemment défini, peut n'offrir aucun sens collectif à son esprit rebelle à la perception des rapports mathématiques. Enfin le jugement énoncé peut n'avoir que l'apparence d'un jugement et ne comporter aucun sens pour quelque intelligence que ce soit, humaine ou divine. C'est le cas où l'énoncé implique une réelle contradiction : alors il est dépourvu de signification collective, il n'a pas de sens.

Ces préliminaires ne sont pas superflus; ils nous aideront à préciser ce qu'il faut entendre par le qualificatif *incompréhensible* dont se sert Pascal dans quelques-unes de ses plus importantes *Pensées*, dans celles qui ont trait au mystère.

Le catéchisme du Diocèse de Paris définit le mystère comme il suit : *Un mystère est une vérité révélée de Dieu, que nous devons croire, quoique nous ne puissions pas la comprendre. — Il est raisonnable de croire les mystères, puisque c'est Dieu, la vérité même, qui nous les a révélés. — Il n'est pas étonnant qu'il y ait des mystères dans la religion, puisque, dans la nature elle-même, il y a une foule de choses que notre faible raison ne peut comprendre.*

Ni Pascal ni aucun des croyants qui ont vécu postérieurement aux apôtres, n'ont reçu immédiatement de Dieu la révélation des vérités mystérieuses. Excepté aux apôtres et à certains Juifs privilégiés que mentionne l'Ancien Testament, Dieu n'a parlé aux hommes que par des intermédiaires sacrés et ses paroles ne nous sont transmises que traduites en formules écrites soit dans les Livres Saints, soit dans les dogmes rédigés par les docteurs chrétiens des conciles. Un mystère est donc une assertion qui, bien qu'incompréhensible à l'homme qui la lit, doit être tenue pour vraie par lui sur le témoignage écrit d'autrui. Admettons que ce témoignage soit authentique et irrécusable. Nous voilà en présence d'un texte à interpréter au point de vue de sa signification pour notre esprit. On nous le déclare incompréhensible. Qu'est-ce à dire? Assurément si nous ne pouvons en comprendre le sens, ce n'est pas qu'il soit en réalité dépourvu de sens, ce n'est pas qu'il implique contradiction, car alors il serait pour nous comme s'il n'était pas, il ne nous révélerait rien. Ce qu'il nous est interdit de comprendre en lui, c'est comment, par quelles relations le prédicat convient au sujet dans le jugement énoncé par le texte. Il en est comme d'un théorème de géométrie non encore démontré ou de la formule d'une loi naturelle non encore expliquée. Dans tous ces énoncés chacun des mots a pour nous un sens et leur synthèse constitue une proposition qui en a un pour nous aussi. En prononçant le jugement proposé nous savons ce que nous disons et en cela il nous est compréhensible, mais nous ne savons pas sur quoi il s'appuie; son fondement nous est incompréhensible. Par nos moyens d'observation notre esprit ne peut saisir de l'Univers que le monde phénoménal qui en est la superficie, mais ce qui soutient ce monde, l'être même de l'Univers échappe à ses prises. C'est bien ainsi que Pascal entend l'incompréhensibilité du mystère. Il dit, en parlant de la transmission du péché originel : *le mystère le plus éloigné de notre connaissance,...... ce mystère le plus incompréhensible de tous* (I, 115).

Ils le sont donc tous à ses yeux par leur distance de l'intelligence humaine, parce qu'ils la dépassent. Ses travaux scientifiques lui permettaient mieux qu'à personne de tracer la ligne de démarcation entre ce qui est encore inexpliqué et ce qui est inexplicable pour l'homme, car il est physicien et mathématicien. En présence d'un phénomène dont il ignore les causes, le physicien ne dit pas qu'il y a mystère, il se borne à dire qu'il y a là de l'inconnu ; ce phénomène est inexpliqué. Tôt ou tard il l'expliquera par des conditions tirées elles-mêmes du champ de l'observation et de l'expérience. Ce champ toutefois est limité par celui des conditions métaphysiques, c'est-à-dire des conditions déterminantes initiales, par ce qu'on appelle *les causes premières.* C'est à cette limite que le mystère est imposé même au savant par la Nature, à titre d'inconnu inexplicable. Les propriétés de la cycloïde n'étaient pas pour Pascal un mystère avant qu'il les eût découvertes, elles lui étaient seulement encore inconnues, mais quand il rencontra l'infiniment petit, sa raison se heurta à une donnée géométrique défiant l'intelligence humaine, donnée métaphysique et par là mystérieuse. Il dit :

*Incompréhensible. — Tout ce qui est incompréhensible ne laisse pas d'être. Le nombre infini. Un espace infini, égal au fini.*

Pascal semble donc, à première vue, en parfait accord avec le dogme catholique sur la question du mystère. Mais si l'on examine de près la formule dogmatique de chacun des mystères on s'aperçoit qu'elle ne répond pas à leur définition générale relatée plus haut. On découvre que la formule de chacun d'eux est incompréhensible, non point parce qu'elle signifie une chose inexplicable à l'esprit humain, mais parce que, en réalité, elle ne lui donne rien à expliquer. Elle est, en effet, contradictoire, ce qui la dépouille de tout sens. Il n'est pas vraisemblable que Pascal attache sa foi à une simple suite de sons, et c'est ce qu'il fait néanmoins. Si audacieuse que paraisse une telle imputation, il suffira pour la justifier de l'appuyer sur des moyens de contrôle fournis par Pascal lui-même, c'est-à-dire d'appliquer à la formule dogmatique de chaque mystère les règles qu'il a établies dans son opuscule intitulé *De l'Esprit géométrique*, mais qu'il y déclare n'être pas spéciales à la géométrie, et où il entoure de précautions minutieuses l'usage des mots pour assurer le respect de a convention qui leur prête un sens déterminé. Nous avons essayé cette critique, mais bien que notre essai soit fort sommaire, il est encore d'une étendue disproportionnée à son importance secondaire pour notre sujet essentiel, auquel il ne touche qu'incidemment. Le lecteur pourra le lire, si bon lui semble, à titre de hors-d'œuvre, dans le supplément qui fait suite au présent ouvrage.

# CHAPITRE IV

RELATION DE LA FOI ET DE LA SCIENCE. — LE DOMAINE DE LA THÉOLOGIE, EN TANT QU'IL EST MÉTAPHYSIQUE, DEMEURE ENTIÈREMENT SÉPARÉ DU DOMAINE DE LA SCIENCE. — LE FONDEMENT HISTORIQUE DU DOGME RELÈVE DE LA FOI AU MÊME TITRE QUE LE DOGME MÊME.

L'introduction de cet ouvrage a paru sous forme d'article dans le numéro du 15 octobre 1890 de la *Revue des Deux Mondes*. Le livre de l'abbé A. Guthlin a été publié cinq ans après et l'on y trouve, à la page LXVI du bel essai qui précède le classement des *Pensées*, un passage où sont reproduites avec une vive critique certaines lignes de la page 12 de notre introduction.

Voici ce qu'écrit l'abbé : *C'est en effet une des thèses favorites du rationalisme moderne que la foi est incompatible avec la science et que, pour être excusable, elle doit se réfugier dans le domaine indéterminé et sans objet de la sensibilité. Le savant comme Newton, nous dit-on, qui s'agenouille et quitte un moment l'algèbre et le télescope, pour affirmer l'existence d'un Créateur immatériel de la matière, d'une cause providentielle des mouvements sidéraux, abandonne la mécanique pour céder au sentiment religieux!* — *A notre tour nous trouvons que, si ce savant-là ne fait peut-être pas de la mécanique, il fait certainement, et très scientifiquement, de la philosophie et de la meilleure.*

*Vouloir appliquer de semblables théories à Pascal, c'est pis qu'un anachronisme, c'est une flagrante insulte à sa pensée tout entière. Moins que personne, il n'a songé un seul instant à soustraire l'acte de foi au domaine de l'entendement. Pour lui, comme pour toute la philosophie chrétienne, la foi, dans sa plénitude totale, est un acte complexe où chacune de nos facultés a sa part : acte que la volonté facilite et prépare, dans lequel la sensibilité trouve son épanouissement, sa quiétude et ses ardeurs, que l'action mystérieuse de la grâce divine soutient, pénètre et transforme, mais qui, avant tout, est essentiellement formé par l'intelligence et prononcé par la raison :* « *ab intellectu elicitus* », *disait la langue des vieux docteurs.*

Nous sommes très heureux de l'occasion qui s'offre à nous de spécifier ce qui, selon nous, distingue des doctrines scientifiques les articles de foi. Il existe à cet égard un malentendu qu'il importe au plus haut point de signaler et d'éclaircir, car c'est sur ce malentendu que repose la prétention croissante d'accorder la raison et la foi. Un pareil accord serait d'une valeur inestimable pour rapprocher de l'esprit moderne, tel qu'il s'affirme dans le progrès des sciences, l'esprit de l'Église, qui s'est jadis montré si cruellement rebelle à ce progrès. Efforçons-nous de mettre au point la question et pour cela définissons avec toute la précision dont nous sommes capable ce que nous entendons par la science, d'accord avec les savants, et ce que, d'après ses propres paroles, un théologien autorisé comme l'est M. A. Guthlin, ancien vicaire général et chanoine d'Orléans, entend par la foi.

Nous nous bornerons à reproduire ici les lignes que nous avons publiées sur la science dans la *Revue scientifique* du 1ᵉʳ novembre 1902. « La science est un corps de doctrines qui se distinguent des autres par les caractères suivants : 1° ces doctrines ne relèvent que des fonctions purement intellectuelles du cerveau, que du raisonnement fondé sur des propositions évidentes de soi ou communément accordées; 2° ces doctrines ont toutes pour matière première les données de l'observation, soit externe, soit interne (c'est-à-dire des sens ou de la conscience); mais les unes, dites *sciences exactes*, raisonnent sur des idées abstraites fournies par des données empiriques, tandis que les autres, dites *sciences naturelles*, tirent de données empiriques des idées générales qui servent à les classer, ou bien en formulent les rapports constants appelés *lois*; 3° les sciences naturelles ont pour instruments de découverte la méthode expérimentale inaugurée par Bacon et l'hypothèse. Ces instruments de recherche par eux-mêmes, c'est-à-dire en tant qu'employés avec une fidèle précision, ne peuvent conduire qu'à la vérité; ils excluent l'erreur; mais en leur qualité d'hommes, les savants qui les emploient demeurent sujets à l'erreur. On peut donc dire que *la recherche scientifique est l'application faillible d'une méthode infaillible, à savoir la méthode expérimentale.* Remarquons tout de suite que, les expériences scientifiques étant toujours possibles à renouveler et à contrôler, les erreurs des savants sont toujours en voie de rectification et n'infirment en rien l'infaillibilité de la méthode. En outre, fondée sur des principes et des moyens de preuve et d'investigation que nul ne récuse, la science est, par excellence génératrice, d'unanimité et, par suite, éminemment propre à associer les hommes dans un consentement universel propice à la fraternité. C'est ce que nous exprimons dans ledit article comme il suit : « La science est surtout favorable à la concorde par la grande confiance qu'elle inspire. Elle ne promet jamais la vérité que dans la mesure restreinte où sa méthode purement expérimentale lui permet de l'atteindre. Elle ne prétend pas la donner tout entière d'emblée, elle l'offre par fragments destinés à se joindre dans un temps indéterminé pour composer la formule la moins complexe possible de l'ordre phénoménal. Elle ne présente toutes ses autres assertions qu'à titre d'hypothèses dont certaines, telles que les concepts de matière, d'atomes, de forces, etc., sont, en réalité, métaphysiques et, comme telles, exclues de son domaine propre; ces hypothèses n'en sont que limitrophes... Elle tâche de découvrir : tant mieux si elle y réussit, mais *elle ne s'y engage pas*, etc.

Nous venons de définir la fonction intellectuelle et l'influence sociale de la science telle que l'entendent et la pratiquent, nous le pensons du moins, tous les savants proprement dits.

Maintenant quelle fonction et quelle influence exerce la foi, telle que la définit l'Église par la plume de l'abbé Guthlin? Si nous comprenons bien ce qu'il a écrit de cette manière de connaître et que nous avons rapporté plus haut, toute l'âme y collabore. Mais prenons garde : en quoi consiste cette collaboration? Le savant, tout comme le croyant, apporte le concours de sa volonté et de sa sensibilité morale à la connaissance, c'est-à-dire qu'il veut et qu'il veut passionnément découvrir la vérité, mais ce n'est ni la volonté ni la passion de connaître qui définissent la connaissance. Elles la peuvent préparer, mais elles n'y participent pas; elles en sont des facteurs déterminants, non des facteurs constitutifs. On peut même dire que plus un homme est intelligent, en d'autres termes capable de connaître, moins il a besoin d'effort et de zèle pour y réussir. Un homme inintelligent, au contraire, a beau être attentif et par là vouloir ardemment connaître, il ne le pourra pas. La volonté et la passion collaborent donc à la connaissance en tant seulement qu'elles la favorisent. Or, selon l'abbé Guthlin, c'est de la même manière qu'elles se comportent dans l'acte de foi, car il dit que la volonté facilite et prépare l'acte de foi, que la sensibilité y trouve son épanouissement, sa quiétude et ses ardeurs (comme aussi le savant n'est pleinement heureux, apaisé et stimulé tout ensemble que par la découverte). Jusqu'ici l'on ne voit donc pas ce qui est propre à la foi dans la fonction intellectuelle et l'exercice de cette fonction. L'acte de foi est, dit-il, *avant tout, essentiellement formé par l'intelligence et prononcé par la raison*; mais il dit, en outre, que cet acte est *soutenu, pénétré et transformé par l'action mystérieuse de la grâce divine*. Force lui est d'admettre cette intervention divine dans l'âme pensante, car il ajoute plus loin : *L'autorité de l'enseignement divin ou de la révélation, voilà donc l'objet de la foi.* Ainsi la matière de la connaissance par la foi c'est Dieu et tout ce qui le concerne; il faut donc, pour mettre cette matière à la portée de l'esprit humain, que Dieu même l'y élève. Mais il lui donne, pour y monter, un point d'appui, c'est-à-dire *des preuves convaincantes, des marques divines, des merveilles de toute puissance qui accréditent la manifestation d'une vérité souveraine.* (Pascal.) Ce sont ce que les théologiens appellent les *préambules de la foi* et les *motifs de créance*. L'abbé Guthlin ajoute que ces preuves *sont essentiellement du ressort de la science, et appartiennent au double domaine de la philosophie et de l'histoire.*

La science ne dénie nullement à la théologie le droit d'user de sa méthode et de ses conquêtes. Elle lui prête volontiers ses procédés de connaissance et ses notions acquises. Par exemple elle ne voit pas, *a priori*, d'obstacle à ce que les Livres Saints puissent être reconnus authentiques, c'est-à-dire composés par les hommes à qui on les attribue; mais si, après examen, dans ces livres il se rencontre des assertions contraires aux vérités d'ordre scientifique, ce n'est évidemment plus au nom de la science que ces assertions pourront être invoquées en témoignage de l'existence et de l'essence de Dieu. S'agit-il, par exemple, d'un miracle, d'un fait physique contrevenant aux lois de la physique, les savants ne devront l'admettre qu'à la dernière extrémité, s'ils ont pu provoquer ou observer accidentellement un fait semblable. La mer s'est-elle retirée pour livrer passage à un groupe d'hommes; des pains se sont-ils multipliés par la volonté de Dieu prenant la forme humaine, ils répondent : nous le croirions si nous l'avions constaté nous-mêmes, par nos moyens propres d'observation, car il y a plus de chances pour que les récits de ces faits soient légendaires, inexacts (volontairement ou non), qu'il n'y en a pour qu'une loi naturelle soit renversée en faveur de quelques hommes. La méthode scientifique ne permet pas de tenir pour vraie une assertion qui ne peut être scientifiquement contrôlée. A supposer même que le fait affirmé soit réel, sa réalité n'a pas été démontrée scientifiquement et, partant, n'est pas valable pour des savants jusqu'à ce qu'ils aient pu eux-mêmes l'établir. La voie par laquelle M. l'abbé Guthlin arrive à tenir pour vrai ce qui, à leurs yeux, demeure douteux jusqu'à plus ample informé, n'est donc pas la voie scientifique : à moins qu'il ne prête à ce dernier qualificatif un sens différent de celui qu'on y attache communément aujourd'hui.

Les deux voies vers l'inconnu, celle que suit la méthode scientifique et celle que suit l'acte de foi, ne se rencontrent pas et demeurent parallèles ; il est périlleux de les mettre en contact. A cet égard le père de Pascal lui donnait un sage conseil ; par exemple, le savant risquerait de s'égarer s'il empruntait aux Livres Saints quelque témoignage sur un phénomène naturel, et s'il demandait à la théologie le dernier mot des énigmes successives que lui pose le monde phénoménal ; il abandonnerait le domaine de la science, limité à celui-ci, pour entrer dans le domaine de la métaphysique, c'est-à-dire qu'il abdiquerait sa fonction intellectuelle propre et en sacrifierait l'exercice borné mais sûr. D'autre part, le croyant qui demanderait à la critique scientifique un renforcement de sa confiance dans les sources historiques du dogme s'exposerait à une déception, car, à supposer même que l'authenticité des monuments sacrés résistât à cette épreuve et que même la véracité de leurs auteurs fût admise, ils ont pu se tromper ; leur bonne foi a pu être surprise, et si les faits qu'ils rapportent démentaient les vérités acquises par la science positive, celle-ci n'aurait pas le droit de les tenir pour réels et aurait le devoir de considérer comme plus vraisemblables l'illusion, l'erreur, ou la fraude, dont la réalité n'est que trop souvent démontrée. La science devrait, tout au moins, suspendre son adhésion jusqu'à ce que le contrôle expérimental lui fût rendu possible.

Une consultation de la science par la théologie risque de mettre la seconde en demeure ou d'accuser la première de fausseté sacrilège, comme il est arrivé pour la découverte de Galilée, ou de tâcher d'accommoder plus ou moins arbitrairement aux lois démontrées le sens littéral du texte sacré en le dénaturant et le forçant.

L'abbé Guthlin nie le conflit entre la foi et la raison et n'admet point que Pascal l'ait reconnu. Les mystères, selon lui et selon les autres théologiens, ne sont pas contraires à la raison humaine; ils sont seulement au-dessus d'elle; c'est ce que dit Pascal de la foi et des sens :

*La foi dit bien ce que les sens ne disent pas, mais non pas le contraire de ce qu'ils voient. Elle est au-dessus, et non pas contre* (I, 194).

Devant les mystères elle est tenue de s'humilier, non de se suicider. Sans doute, et il ne saurait le nier, dans l'enchaînement logique des *Pensées* arrive un moment où elle se désiste, mais résilier sa fonction c'est pour elle encore l'exercer, car c'est elle-même qui signe son abdication. En un mot c'est par raison que la raison cède le pas à la foi : jusque-là nous sommes d'accord, mais voici où nous nous séparons. La raison seule, à notre avis, confère aux notions un caractère scientifique; la foi adhère, sans le comprendre, au contenu du dogme à la condition que la raison, incapable d'en apercevoir immédiatement la *vérité*, en garantisse du moins la *véracité*. Or les théologiens admettent que, en effet, la critique rationnelle des assises historiques du christianisme leur fournit cette garantie. Mais là est la pierre d'achoppement de leur apologétique; les savants, surtout les Allemands, au milieu du siècle dernier, ont ébranlé la base historique des Livres Saints. C'est précisément de tels assauts qui font le mérite de la foi, qui l'érigent en vertu théologale. Il faut aimer Dieu pour croire quand même; l'acte de foi est un acte de fidélité.

Il s'ensuit que la foi a pour objet, outre le dogme même, le fondement historique du dogme, non pas uniquement les mystères, mais avant tout les récits qui les proposent à la créance; en termes théologiques : les *préambules mêmes de la foi*, et *les motifs mêmes de crédibilité*. Pascal, du moins, l'entendait ainsi, bien que ces préambules et ces motifs relevassent de la critique purement rationnelle. Il reconnaît que l'esprit humain déchu ne les perçoit pas sans aucun nuage. Si, en effet, ils n'étaient en rien douteux, ce serait résister au bon sens que de ne pas croire aux témoignages des Livres Saints reconnus authentiques et divins, en un mot à la révélation; croire ne serait donc pas une vertu. Pascal ne partage nullement la sécurité de l'abbé Guthlin; il sait que le péché originel empêche l'esprit humain de rien tirer au clair en matière religieuse sans le secours de la grâce, la grâce seule lui permet de résoudre les contradictions apparentes et les invraisemblances qui se rencontrent dans les récits bibliques aussi bien que dans les mystères. L'homme possède, selon lui, deux moyens de connaître distincts et irréductibles, la raison et la foi; celle-ci n'a pas besoin, comme celle-là, de démonstration pour adhérer à la vérité. Son apologétique ne s'adresse pas aux croyants, qui n'en ont que faire, mais aux esprits qui doutent sans parti pris de ne pas croire. Quant aux sceptiques, aux incrédules endurcis, il se borne à les pousser vers la table de jeu et à les contraindre d'y jeter les dés pour ou contre le christianisme en leur marquant d'avance les chances de gain ou de perte. La foi *est dans le cœur*, et *fait dire, non* « *Scio* », *mais* « *Credo* » (I, 157). On ne croit pas sans raison, mais cela même qu'on croit échappe aux prises de la raison; si d'ailleurs il y avait de si évidentes raisons de croire qu'il n'y eût plus la moindre place au doute, la foi perdrait son caractère religieux, elle serait comparable à la confiance accordée par le savant aux assertions d'un voyageur probe et sûr, confiance qui est la foi laïque et n'a rien de commun avec la vertu.

L'abbé Guthlin cite, à l'appui de sa thèse, le passage suivant de Pascal où la sagesse divine prend la parole :

« ... *Je n'entends pas que vous soumettiez votre créance à moi sans raison, et ne prétends pas vous assujettir avec tyrannie. Je ne prétends point aussi vous rendre raison de toutes choses; et pour accorder ces contrariétés, j'entends vous faire voir clairement par des preuves convaincantes, des marques divines en moi, qui vous convainquent de ce que je suis, et m'attirent autorité, par des merveilles et des preuves que vous ne puissiez refuser; et qu'ensuite vous croyiez sciemment les choses que je vous enseigne, quand vous n'y trouverez autre sujet de les refuser, sinon que vous ne pouvez pas vous-mêmes connaître si elles sont ou non* (I, 185).

Supposons que, au lieu d'attribuer ces paroles à la sagesse divine, Pascal les ait, en qualité de savant, prêtées à quelque autre savant, et supposons que ce confrère lui soumette un rapport sur des objets ou des phénomènes particuliers à un pays lointain d'où il reviendrait. Pas un mot ne serait à changer dans la *Pensée* précédente, sauf les suivants : *des marques divines*, auxquels on substituerait : *des marques de véracité*, et ceux-ci : *par des merveilles*, auxquels on substituerait : *par la valeur de mes travaux antérieurs*. Cette *Pensée* définit donc, en réalité, l'acte de foi laïque, non pas exactement l'acte de foi religieux.

Il ne faut pas la séparer de celles qui la complètent et que l'abbé Guthlin, du reste, en rapproche dans son édition :

*... Je l'ai abandonné à lui; de sorte qu'aujourd'hui l'homme est devenu semblable aux bêtes, et dans un tel éloignement de moi, qu'à peine lui reste-t-il une lumière confuse de son auteur : tant toutes ses connaissances ont été éteintes ou troublées!* (I, 183).

La sagesse divine semble se contredire ensuite :

*Et ceux qui ont vu la vanité de cette prétention vous ont jetés dans l'autre précipice, en vous faisant entendre que votre nature était pareille à celle des bêtes* (I, 184).

C'est qu'en effet la ressemblance existe, mais en même temps par la grâce est supprimée. Il faut distinguer les deux états. C'est à l'état de grâce que le fragment sur lequel s'appuie l'abbé est applicable, non à l'état de déchéance initiale qui est la situation normale de l'homme après sa chute. Quand Dieu daigne entrer en conversation avec l'homme déchu, c'est par un effet réparateur de sa grâce sur l'intelligence obscurcie qu'il communique avec celle-ci. Pascal le suppose implicitement. Il adresse son apologie aux rationalistes, mais il ne prétend ni n'espère qu'ils accueilleront sa démonstration sans l'aide du Dieu même qu'il veut leur faire reconnaître. Si l'incrédule est rebelle à toute action de la grâce, est endurci, en un mot, il renonce à le conquérir au christianisme autrement que par le calcul purement intéressé des chances dans un pari.

# CHAPITRE V

## LA MÉTHODE DE PASCAL APOLOGISTE CHRÉTIEN.

Pascal[1] projetait une démonstration de la vérité du christianisme. Sa tentative devait nécessairement l'amener à rendre sa croyance plus réfléchie, à examiner pour lui-même la doctrine qu'il se proposait de faire agréer d'autrui. De là vient que nous trouvons dans le recueil des *Pensées*, qui est, en quelque sorte, le chantier de son œuvre ébauchée, des matériaux très divers et parfois discordants, des assertions risquées, dubitatives ou même contradictoires, des objections à ses propres jugements et des jugements définitifs.

Quels qu'ils soient, ces matériaux réunis pêle-mêle, quartiers bruts, pièces à peine dégrossies, morceaux

---

[1]. Ce chapitre a été publié dans le numéro du 1ᵉʳ septembre 1894 de la *Revue de Paris*.

Il pourra sembler tout d'abord au lecteur que la place en était marquée au seuil du livre; nous avons cru devoir le rejeter à la fin. Pour tenter l'enchaînement logique des pensées religieuses de Pascal, nous n'avions qu'à les examiner toutes formées sans nous préoccuper du mode de leur formation, c'est-à-dire de la méthode du penseur. Si nous avions placé ce chapitre au début de notre essai, le lecteur eût été induit à croire que celui-ci était une application de cette méthode; or il est purement dialectique. Au surplus ce que nous appelons la méthode de Pascal n'est pas, comme chez Descartes, un procédé de recherche préconçu et systématisé, c'est sa manière toute spontanée d'aborder, de poser et de résoudre les questions, c'est le concours de ses moyens naturels d'investigation.

achevés, sont tous, ou peu s'en faut, marqués du signe de la croix qui en indique la commune destination.

Nous avons à considérer dans les *Pensées* quatre choses bien distinctes : 1° la méthode, c'est-à-dire l'ensemble des tendances et des principes qui dirigeaient Pascal dans la recherche de la vérité; 2° les résultats de sa méditation pour la découvrir, résultats fragmentaires et incomplets; c'est le recueil même des *Pensées*; 3° l'ordre logique de celles-ci, lequel ne dépend ni de leurs dates relatives dans la vie de Pascal, ni de leur classement accidentel ou arbitraire dans le recueil; 4° leur ordre didactique, projeté seulement, où sa volonté fût intervenue pour accommoder l'ouvrage à l'état moral des lecteurs qu'il visait, la composition, en un mot. De ces quatre choses, la seconde est fournie par d'excellentes éditions avec toute l'exactitude désirable; la première et la troisième ne sont pas impossibles à déterminer. On peut dégager des documents recueillis la façon dont Pascal abordait l'inconnu, et saisir les principaux fils de la trame logique reliant ses *Pensées* les plus importantes. Quant à la quatrième, elle échappe entièrement à notre curiosité; elle est demeurée le secret de l'auteur, qui ne l'avait sans doute pas encore fixée quand il est mort. Ne dit-il pas, en effet : *La dernière chose qu'on trouve en faisant un ouvrage est de savoir celle qu'il faut mettre la première.* Il ne faut pas songer à rétablir le plan du sien d'après ces témoignages épars et tronqués. Il en eût approprié la composition à des circonstances, à des exigences dont beaucoup peut-être demeureront toujours inconnues. Cet arrangement artificiel, on n'oserait le suppléer, faute de renseignements suffisants et d'indications assez précises; on ne peut pas le deviner. Consolons-nous de cette impossibilité : c'est surtout l'absence d'art, gage d'entière sincérité, qui fait le prix des notes fiévreuses dont nous avons à tirer parti; nous y surprenons la pensée de Pascal sans apprêts, toute nue, *de derrière la tête*, qu'il dérobait avec jalousie à la curiosité du vulgaire, et c'en est la genèse qui, surtout, nous intéresse, plus peut-être que la savante ordonnance du livre où il l'eût disciplinée. C'est le premier de ces points, la méthode, que nous examinerons dans les pages qui suivent.

I

Pascal se proposait, dans son ouvrage, de faire pénétrer la croyance chrétienne en ses lecteurs par toutes les ouvertures de l'âme; moins cependant par démonstration que par persuasion, car il est de l'essence de cette religion de se faire accepter par un acte de foi qui domine le consentement rationnel. *Les chrétiens professent une religion dont ils ne peuvent rendre raison* (I, 149), et qui, par cela même, *est proportionnée à tous*, au peuple comme *aux habiles* (I, 70). C'est bien l'entendement qui, le premier, est appelé à lire, ou plutôt à épeler le texte des Livres Saints, mais c'est le cœur qui en pénètre le sens, c'est au cœur qu'en est confiée la plus profonde intelligence. L'âme est ainsi tout entière intéressée dans l'interprétation de ce texte fondamental. Il importe donc qu'elle prenne d'abord conscience et possession de toutes ses ressources pour atteindre la vérité. Ce sera déjà mesurer le champ de ses conquêtes à venir, la portée légitime de ses aspirations vers la connaissance du divin, seule capable de les satisfaire.

Le problème de la certitude et des moyens de l'acquérir, le premier que la pensée rencontre, est la pierre de touche des penseurs. Par l'importance qu'ils y attachent et l'effort qu'ils y consacrent, on peut apprécier l'indépendance d'esprit et le scrupule qu'ils apportent à la recherche de la vérité.

Personne ne fut plus que Pascal tourmenté du besoin de la posséder. A première vue, cependant, il semble attaquer le problème fondamental de la connaissance avec moins de résolution et de puissance que Descartes. Quand il se le pose, sa liberté mentale est déjà aliénée à la foi chrétienne. La méthode cartésienne lui est antipathique, parce qu'elle lui est impraticable. Le doute méprisant qu'il dirige contre la raison n'a rien de commun avec celui de Descartes, inventé en faveur de la raison même; rien, sinon d'être également artificiel. Pour appliquer le doute méthodique, pour ramener la pensée à ce point de départ si lointain, il faut dépouiller tout ce que la tradition, l'éducation et l'acquis personnel ont introduit dans la créance. Or il s'y trouve un résidu indéracinable quand on est né mystique. Le doute méthodique, appliqué dans sa dernière rigueur, est difficile au croyant plus encore qu'à tout autre parce que le croyant porte en lui une confiance innée, une assurance foncière qui le soustrait invinciblement à l'hypothèse du doute universel, condamne celle-ci d'avance et la lui interdit comme tout d'abord évidemment inadmissible.

Peut-être faut-il chercher là l'une des causes de l'instinctive prévention et de la mauvaise humeur de Pascal contre Descartes, en dépit de l'admiration qu'il avait d'abord témoignée pour lui. Vainement le grand métaphysicien donne-t-il des gages de respect envers l'Église en offrant au christianisme, à côté du doute méthodique, une salle d'attente honorable où se remiser jusqu'à ce que la nouvelle philosophie qui marche à sa rencontre l'ait rejoint; cette concession ne peut que paraître insolente et dérisoire au grand chrétien. L'omission, dans le système du monde, de la *chiquenaude* initiale nécessaire à la mise en train du mouvement devait lui sembler un escamotage impie, car c'est le doigt de Dieu qui la donne, et la vérité est indivisible. Il n'accueille pas les avances suspectes du rationalisme cartésien avec l'empressement qu'y mettront les Bossuet, les Fénelon, les Malebranche; il s'en passe, il n'en a pas besoin pour assurer sa foi. En cela il a vu plus juste qu'eux; Spinoza lui a donné raison. La méthode cartésienne conduit-elle l'homme à affirmer l'inconcevable, à confesser la présence de Dieu dans l'hostie? Non. Elle l'oblige donc à douter de la plus importante relation entre l'esprit et la matière. C'est qu'elle ne repose que sur l'entendement, et cela suffit à la condamner. La vraie méthode pour Pascal engage toute l'âme dans la connaissance. Il faut convenir que cette vue est profonde; elle réserve les droits du sens esthétique, peut-être révélateur du divin. Mais il faut convenir aussi que la vraie méthode est alors moins sûre que l'autre, car les apports du cœur à la certitude sont souvent bien fallacieux. Les plus chers préjugés y ont leur racine; or l'objet d'une méthode est précisément de conjurer toute prévention, de libérer et d'assurer à la fois la recherche. De là vient que l'attitude de Pascal en face de l'inconnu tout entier ne nous inspire pas autant de confiance que celle de Descartes. A ses yeux, *Jésus-Christ est l'objet de tout et le centre où tout tend. Qui le connaît, connaît la raison de toutes choses* (I, 154).

Jamais la philosophie naturelle et la spéculation transcendante n'ont reçu plus dédaigneux soufflet. Elles n'en sont pas mortes; elles ont la vie dure, car elles sont plus difficiles à contenter que la religion sur le moyen d'expliquer toutes choses. Mais n'oublions pas qu'il y a deux hommes dans Pascal : le savant sous le chrétien, tous deux, à des titres différents, également avides de certitude. Aussi, bien qu'avec moins de liberté que Descartes, se préoccupe-t-il autant que lui des voies par lesquelles la vérité pénètre dans l'âme. L'étendue et la sécurité du savoir ne le touchent pas moins que Descartes; or elles dépendent des origines de la connaissance. Il se pourrait, en effet, que l'esprit humain se privât des plus importantes vérités par la méconnaissance de leurs titres, par l'ignorance de leurs sources, faute d'avoir fait un recensement de toutes ses avenues sur le double monde matériel et moral, de tous ses moyens de communication avec l'inconnu. Mais il se pourrait aussi qu'il jugeât tout d'abord ce recensement superflu, s'il se reconnaissait incapable de certitude par un vice radical de sa propre nature; si, par exemple, il s'estimait comparable à un miroir brisé, ou courbe, ou coloré, de sorte que toute image, de quelque foyer lumineux qu'elle émanât, y fût déformée et faussée; si même il se croyait miroir sans l'être réellement. En un mot, le pyrrhonisme soulève chez tous les penseurs une question préjudicielle qu'il leur importe de résoudre avant d'entrer dans la discussion des sources de la connaissance. Or, en ce qui touche Pascal, cette question est résolue selon nous. Nous avons dans l'Introduction à cet ouvrage essayé de prouver que le pyrrhonisme a été pour lui une arme seulement, une opinion de combat, qu'il déposait quand il n'avait affaire qu'à lui-même, à son intelligence de géomètre et de physicien. Nous avons constaté que, au pis-aller, son pyrrhonisme, supposé réel, n'eût été que partiel, atteignant sa confiance dans la raison, mais respectant sa foi religieuse; c'est-à-dire que, à proprement parler, il n'était pas pyrrhonien.

Bien qu'il se déclare tel pour désarçonner la raison chez ceux qui voudraient la tourner contre le dogme, ou prétendraient se passer de la révélation chrétienne, il ne laisse pas de raisonner en faveur de sa religion. On peut donc l'interroger sur les origines de la connaissance, sans craindre qu'il oppose la fin de non-recevoir du pyrrhonisme. On trouve effectivement dans ses écrits le souci constant, soit spontané, soit suscité par la polémique, d'examiner les principes de la découverte et de la preuve dans tous les ordres du savoir : en géométrie, pour prendre conscience de sa propre aptitude; en physique, pour combattre un préjugé séculaire et l'abusive autorité des anciens; en morale et en politique, pour expliquer par la corruption originelle l'insolubilité radicale du problème social, l'irrémédiable injustice des institutions humaines; en philosophie, pour humilier la raison présomptueuse; enfin, en religion, pour rallier les incrédules au dogme chrétien en ébranlant leur assurance.

## II

Nous avons reconnu en lui une prédisposition native à croire, un germe de mysticisme héréditaire. Aussi, tout en s'efforçant, dans la recherche de la vérité, de n'apporter aucun préjugé favorable à la religion plus qu'à la philosophie, il devait accueillir plus volontiers une solution religieuse au problème transcendant que laissent entier les sciences positives, et il trouva dans le Christianisme un mode spécial de certitude, la foi, qui satisfaisait précisément son penchant à croire par vénération. La métaphysique, toute réductible à l'affirmation de l'être nécessaire et des catégories vides exprimant les attributs de cet être abstraitement conçu, n'était pas de nature à satisfaire sa piété instinctive. Le cœur n'y trouve pas son compte, et le besoin d'un acte de foi est un besoin du cœur. De là la prévention de tout penseur chrétien contre la pensée même, contre la froide raison, tout au plus bonne pour la géométrie et la physique. Mais la raison, dans l'âme même qui la méprise, n'abdique pas. Comme toutes les autres fonctions de la vie, elle opère inconsciemment; elle sert celui-là même qui la renie, et n'a cure de son ingratitude. Elle ne se venge du chrétien qu'en s'imposant à lui comme intermédiaire indispensable pour tenter la conversion de l'incrédule : Pascal propose à celui-ci un pari rationnel en faveur de l'existence de Dieu. Elle ne se venge du pyrrhonisme qu'en l'obligeant à s'autoriser tacitement d'elle pour la désavouer : car c'est avec des raisons que Pascal humilie la raison. Le *Credo quia absurdum* qu'il épouse est moins un défi de sa foi à sa raison qu'un suprême hommage de son intelligence à l'insondable profondeur de l'essence divine et des dogmes où le mystère en est déposé. L'absurdité qu'il vénère n'est pas la première venue; ce n'est, à coup sûr, ni celle où conduit la fausse hypothèse en géométrie, ni celle où s'engage l'aveugle confiance dans l'autorité des anciens. Il aime à sentir sa raison accablée, écrasée par la majesté divine, mais il la redresse, formidable et railleuse, contre l'absurdité humaine. En face des hommes, il sauvegarde entièrement l'indépendance des jugements individuels : *Tant s'en faut que d'avoir ouï dire une chose soit la règle de votre créance, que vous ne devez rien croire sans vous mettre en l'état comme si jamais vous ne l'aviez ouï. C'est le consentement de vous-même à vous-même, et la voix constante de votre raison, et non des autres qui vous doit faire croire. Le croire est si important* (II, 159). Or, avoir la foi chrétienne, c'est encore, selon lui, consentir soi-même à soi-même, c'est se confier au plus intime garant, qui est le cœur inspiré par Dieu.

Il se tient donc à égale distance du dogmatisme absolu et du pyrrhonisme absolu. Il blâme également celui qui prétend posséder toute la vérité sans en rien devoir au cœur, sans le secours de la foi, et celui qui se donne pour douter de tout : *deux excès : exclure la raison, n'admettre que la raison* (I, 194). Oui, mais ces deux excès, faciles à éviter en géométrie, où le domaine de l'affirmation sans preuves est nettement circonscrit par les postulats, deviennent de plus en plus indiscernables et malaisés à déterminer à mesure que les questions s'élèvent et se compliquent. En matière religieuse, la part de la foi prend une élasticité trop aisément abusive; le cœur s'y permet tout. Pascal physicien pose, il est vrai, une limite à la juridiction du cœur : *La foi dit bien ce que les sens ne disent pas, mais non pas le contraire de ce qu'ils voient. Elle est au-dessus et non pas contre* (I, 194). Malheureusement, ce n'est ni dans la physique, ni dans la géométrie que ses tentatives d'usurpation sont le plus à surveiller. Pascal n'y prend pas garde. Son penchant inné au mysticisme le porte naturellement à placer la foi au-dessus de la raison, à considérer comme beaucoup plus certains les dogmes proposés à la première que les jugements formulés par la seconde. Il reconnaît dans l'âme une prédisposition à recevoir l'enseignement religieux : *Ceux qui croient sans avoir lu les Testaments, c'est parce qu'ils ont une disposition intérieure toute sainte, et que ce qu'ils entendent dire de notre religion y est conforme* (I, 194), Ils pressentent tout ce qui leur sera enseigné : *Il n'en faut pas davantage pour persuader des hommes qui ont cette disposition dans le cœur...* (I, 195). Pascal connaît ces hommes-là par l'exemplaire qu'il en trouve en lui-même. Il constate cette aptitude à la foi et il lui assigne sa place et son rôle dans l'intelligence. Il établit, par l'analyse psychologique, que la pensée ne réside pas tout entière dans l'aptitude à comprendre, mais, pour la meilleure part, dans l'aptitude à croire, c'est-à-dire à sentir l'indémontrable et l'inexplicable.

Il le signale dans les postulats de la géométrie : *on les sent* et, à ce titre, ils sont soustraits à la compétence de la seule raison, ils relèvent de la sensibilité, *du cœur*, comme il le dit formellement, en prêtant à ce mot la signification la plus large. Nous avons commenté précédemment cette acception et cité les textes qui en témoignent. Pourquoi donc la foi, en tant que sentiment, n'aurait-elle pas aussi pour organe une racine du cœur dans la pensée et pour fonction une connaissance intuitive, une conscience des choses divines? Pourquoi n'aurait-elle pas sa méthode aussi? Comme fonction intellectuelle, *le cœur a son ordre* autre que celui de l'esprit *qui est par principe et démonstration* (I, 102). *Cet ordre consiste principalement à la digression sur chaque point, qu'on rapporte à la fin pour la montrer toujours* (I, 102). Tel est l'ordre de l'Écriture.

Pascal institue donc fonction spéciale de la pensée la connaissance par le cœur, et ce mode de connaissance implique l'acte de foi, tout comme l'intuition des postulats géométriques. La raison n'a aucune juridiction sur cette intuition, *et il est aussi inutile et aussi ridicule que la raison demande au cœur des preuves de ses premiers principes, pour vouloir y consentir, qu'il serait ridicule que le cœur demandât à la raison un sentiment de toutes les propositions qu'elle démontre, pour vouloir les recevoir* (I, 119). Cette remarque doit avoir beaucoup d'importance aux yeux de Pascal, parce qu'il se réserve d'en faire bénéficier la foi au même titre que l'intuition scientifique. *Le cœur a ses raisons que la raison ne connaît point...* (II, 88), dit-il autre part, où il ne s'agit plus de l'intuition scientifique, mais de *raisons de croire* propres à la foi. Il est remarquable qu'il place les fondements de la géométrie en dehors de la raison, dans une région intellectuelle voisine de l'instinct, où la pensée confine au sentiment : *les principes se sentent, les propositions se concluent, et le font avec certitude, quoique par différentes voies* (I, 119). Dès lors, il n'est pas surprenant que, sous la commune désignation de *cœur*, il identifie à cette région celle où il place les fondements de la doctrine religieuse. C'est habile et profond. Il rend par là solidaires les deux espèces de croyance qui semblent le plus opposées, l'intuition scientifique et la foi mystique, il perce en réalité la cloison que son père avait interposée dès son enfance entre le domaine de la science et celui de la religion.

L'exemple des martyrs met, il en faut bien convenir, la psychologie au défi de constater moins de confiance chez le croyant dans la vérité des dogmes, que chez le géomètre dans celle des postulats. Il y a de part et d'autre également *credo*, acte de foi. On n'est donc pas plus autorisé à invalider le témoignage du premier en faveur de la religion, que celui du second en faveur de la géométrie. Le fond de cette théorie nous semble incontestable, car, en somme, on ne peut nier chez la plupart des hommes de nos jours, même chez beaucoup qui s'en défendent, l'existence d'un germe de mysticisme absolument invincible, dépôt des antiques terreurs de l'âme en face de la nature mystérieuse et pleine de menaces, auquel s'est greffé le legs des habitudes séculaires que les religions constituées ont fait prendre à la pensée. *La disposition toute sainte* (I, 195) dont parle Pascal, cette aptitude à croire au dogme avant de le connaître et à le reconnaître, n'est pas du tout une chimère. Seulement Pascal abuse, en faveur du dogme chrétien, des résultats vrais de son analyse. Il commet ici la même pétition de principes que dans son fameux pari théologique. Il est certain que nous sommes tous parieurs malgré nous, mais ce n'est pas, comme il le dit, l'existence du Dieu chrétien qui est l'aléa du jeu, comme nous l'avons montré en analysant le pari. De même qu'il est certain que la plupart des hommes sont enclins au mysticisme, ont des sentiments religieux ; mais ce n'est pas, comme il le dit, le dogme chrétien qui en est nécessairement l'objet : l'objet de l'acte de foi reste indéterminé ; toutes les religions ont leurs mystiques, et beaucoup de mystiques s'en tiennent à la religion spontanée.

### III

Pour croire au dogme chrétien, il faut, à coup sûr, être prédisposé à croire, mais cela ne suffit pas ; il faut, en outre, que ce dogme se rende préférable aux autres par ses affinités spéciales avec le tempérament individuel du croyant. Les affinités du christianisme avec l'âme de Pascal sont profondes ; le choix de la religion la plus conforme à son tempérament moral n'est pas laborieux pour lui, d'autant que son éducation a prédéterminé ce choix ; il est donc porté à identifier avec la foi chrétienne le penchant au mysticisme. Il importe cependant de distinguer ces deux choses ; toutes les autres professions religieuses y ont le plus grand intérêt.

Son analyse est encore en défaut à un autre point de vue, parce qu'il y apporte un autre préjugé. Il dit : ... *la foi est un don de Dieu* (II, 158). — *Ne croyez pas que nous disions que c'est un don de raisonnement* (II, 158). — Or il admet que ce caractère est exclusivement propre à la foi chrétienne : *Les autres religions ne disent pas cela de leur foi ; elles ne donnaient que le raisonnement pour y arriver, qui n'y mène pas néanmoins* (II, 158). — *La foi n'est pas en notre puissance comme les œuvres de la loi, et elle nous est donnée d'une autre manière* (II, 179). Elle n'est pas innée en l'homme, elle est acquise; on en reconnaît les signes *au langage nouveau que produit ordinairement le cœur nouveau* (II, 331). — ... *le renouvellement des pensées et des désirs cause celui des discours* (II, 331). En un mot, c'est la grâce, non la nature, qui donne la foi. Ainsi Pascal assigne à la *disposition toute sainte* (I, 195) son siège dans le cœur, comme à l'intuition géométrique, mais il ne lui attribue pas la même origine. Tandis que l'intuition géométrique est innée dans l'âme et héréditaire, la disposition religieuse à croire est au contraire tout à fait indépendante du sang : le péché originel en a destitué tous les fils d'Adam; elle est régie, non par l'hérédité, mais par la prédestination. C'est une faveur divine octroyée aux seuls élus, et qui ajoute une fonction nouvelle aux fonctions de l'intelligence intuitive appelée *cœur* par lui. Il méconnaît donc l'origine du penchant même auquel il obéit; il l'a reçu de la nature par hérédité et il en fait hommage à la grâce. Ce penchant de l'âme au mysticisme relève de l'esthétique, de l'aspiration au divin. Nous inclinons à penser qu'il a une portée objective; mais, quoi qu'il en soit, Pascal, en y cherchant une fonction intellectuelle, se montre encore plus soucieux que Descartes de toutes les sources possibles de la connaissance; il est à la fois plus téméraire et plus profond.

Dans son entretien avec M. de Saci, rapporté par Fontaine, secrétaire de ce saint directeur, il oppose et critique les deux modes extrêmes du jugement, chez Montaigne d'une part et chez Épictète de l'autre, à savoir l'entière instabilité et l'entière assurance. Séparés de la foi, ces deux états de la pensée lui sont également suspects en tant que viciés par les conséquences du péché originel. *C'est donc de ces lumières imparfaites*, dit-il, *qu'il arrive que l'un, connaissant les devoirs de l'homme et ignorant son impuissance, se perd dans la présomption, et que l'autre, connaissant l'impuissance et non le devoir, il s'abat dans la lâcheté; d'où il semble que, puisque l'un est la vérité, l'autre l'erreur, on formerait en les alliant une morale parfaite. Mais, au lieu de cette paix, il ne resterait de leurs assemblages qu'une guerre et qu'une destruction générale : car l'un établissant la certitude et l'autre le doute, l'un la grandeur de l'homme et l'autre sa faiblesse, ils ruinent la vérité aussi bien que la fausseté l'un de l'autre. De sorte qu'ils ne peuvent subsister seuls à cause de leurs oppositions, et qu'ainsi ils se brisent et s'anéantisent pour faire place à la vérité de l'Évangile* (I, cxxxiii). Or la vérité de l'Évangile est l'objet même de la foi; le rôle de la foi dans la connaissance est donc de corriger le vice originel de la pensée déchue; de prévenir l'abus que fait celle-ci, soit de l'affirmation par une présomptueuse confiance, soit du doute par une lâche indifférence. *C'est elle* (la vérité de l'Évangile), ajoute Pascal, *qui accorde les contrariétés par un art tout divin, et, unissant tout ce qui est de vrai et sachant tout ce qu'il y a de faux, elle en fait une sagesse véritablement céleste où s'accordent ces opposés qui étaient incompatibles dans ces doctrines humaines* (I, cxxxiv). C'est donc par l'acte de foi seulement que l'âme peut acquérir, avec cette sagesse surhumaine, l'harmonie et la paix intellectuelles.

En résumé, Pascal, sentant que l'intelligence ne se peut désintéresser d'aucune doctrine, et qu'elle revendique sa part dans l'idéal religieux destiné à l'assouvissement de l'âme entière, a dû chercher à la satisfaire par le dogme chrétien, quelles qu'en fussent les obscurités. Il a fallu, pour y arriver, qu'il la pourvût d'une fonction mixte, indivisément mentale et affective, dont l'intuition géométrique lui a fourni le modèle et le point d'attache, et qui a pour but de suppléer ou d'endormir la raison défaillante ou révoltée. La foi n'a pas d'autre emploi dans le domaine de la connaissance. Cet emploi est, d'ailleurs, le plus haut, car la foi a pour objet la divinité même, c'est-à-dire le suprême postulat explicatif et justificatif du monde phénoménal où germe et se débat la vie. Mais la divinité n'est pas pour Pascal ce qu'elle est pour les philosophes, c'est une divinité spéciale, le Dieu anthropomorphe du christianisme. L'acte de foi est plus nécessaire pour y croire que pour reconnaître l'existence du Dieu purement métaphysique. Aussi la foi chrétienne est-elle un organe de connaissance, non pas seulement supérieur à la raison, mais, en outre, dominateur de la raison : celle-ci doit y sacrifier ses répugnances, et la foi lui rend le sacrifice facile et doux. On devait donc s'attendre à ce qu'il mît humblement, mais résolument, son génie au service du dogme comme un esclave herculéen accompagnant son maître pour lui frayer passage et inviter la foule à le saluer. Si des indifférents, des défiants, ignorent ou contestent les qualités et les titres du maître, l'esclave les proclame. Il les proclame bravement, car il y croit, il marche en avant et ne ment pas. Ainsi le génie sert le dogme avec une entière confiance et une parfaite loyauté, et le reconnaît son supérieur en le servant. Peut-être ces deux alliés d'inégale condition fussent-ils toujours demeurés étrangers l'un à l'autre si les attaques de l'impiété ne les eussent rapprochés. Quoi qu'il en soit, l'esprit tout ensemble le plus lucide et le plus droit, le plus rigoureux et le plus souple, est mis en demeure et se fait gloire de soutenir un dogme religieux dont une longue accoutumance nous empêche seule de sentir toute l'étrangeté.

## IV

Nous allons assister à un phénomène moral des plus curieux, mais tout autre qu'il n'apparaît à ceux qui voient dans Pascal un sceptique aux prises avec la foi. Il ne se passe aucun drame dans son cœur pour le salut de sa croyance, encore moins pour la conquête d'une certitude. Il est assuré d'avance du triomphe de sa foi, car, si sa raison, livrée à elle-même, ne la peut pas servir par une complète adhésion, il n'en sera pas du tout surpris. Il s'y attend et y trouvera une occasion de s'humilier qu'il accueillera sans la moindre amertume; il n'apporte aucune présomption dans son entreprise. Il n'est pas bien fixé sur le degré de compétence de la raison en matière religieuse ; il tergiverse. Il semble d'abord entrer en campagne avec sécurité, faisant tout de suite, en quelque sorte, la part du feu pour se cantonner résolument dans le domaine de la raison : *Je ne parle pas ici des miracles de Moïse, de Jésus-Christ et des apôtres, parce qu'ils ne me paraissent pas d'abord convaincants et que je ne veux que mettre ici en évidence tous les fondements de cette religion chrétienne, qui sont indubitables et qui ne peuvent être mis en doute par quelque personne que ce soit* (I, 198). Puis il en rabat beaucoup, il n'y reconnaît plus de fondements rationnels indubitables : *Les prophéties*, dit-il, *les miracles mêmes et les preuves de notre religion ne sont pas de telle nature qu'on puisse dire qu'ils sont absolument convaincants. Mais ils le sont aussi de telle sorte qu'on ne peut dire que ce soit être sans raison que de les croire. Ainsi il y a de l'évidence et de l'obscurité.... afin qu'il paraisse qu'en ceux qui la suivent, c'est la grâce et non la raison qui fait suivre, et qu'en ceux qui la fuient, c'est la concupiscence et non la raison qui fait fuir* (II, 96). Il lui suffit donc maintenant d'établir qu'on n'est pas insensé en croyant au dogme chrétien ; c'est la moindre ambition qu'il pût avoir. C'est en réalité celle du joueur qui a des chances suffisantes pour parier avec avantage : *S'il ne fallait rien faire que pour le certain, on ne devrait rien faire pour la religion ; car elle n'est pas certaine... il ne faudrait rien faire du tout, car rien n'est certain.* Il prouve, à vrai dire, *qu'il y a plus de certitude à la religion, que non pas que nous voyions le jour de demain* (II, 124). Les fondements en demeurent toutefois aléatoires, si peu que ce puisse être. Enfin, il trouve une formule moyenne, un peu plus réservée que la première et moins dubitative que les suivantes, pour déterminer la juste part que la doctrine chrétienne accorde à la raison ; cette formule est probablement à ses yeux, définitive, car il la met dans la bouche de Dieu même ; c'est la sagesse divine qui parle : *Je n'entends pas que vous soumettiez votre créance à moi sans raison, et ne prétends pas vous assujettir avec tyrannie. Je ne prétends pas aussi vous rendre raison de toutes choses, et, pour accorder ces contrariétés, j'entends vous faire voir clairement, par des preuves convaincantes, des marques divines en moi, qui vous convainquent de ce que je suis, et m'attirent autorité par des merveilles et des preuves que vous ne puissiez refuser, et qu'ensuite vous croyiez sincèrement les choses que je vous enseigne, quand vous n'y trouverez autre sujet de les refuser, sinon que vous ne pouvez par vous-même connaître si elles sont ou non* (I, 185).

Pascal ne s'engage pas à faire plus que la sagesse de Dieu. Il faut bien maintenir une différence entre la certitude rationnelle et la foi. Cette obligation compromet singulièrement la rigueur scientifique de son système. Il s'y résigne maintenant. Il y a eu lutte, angoisse dans son cœur, pendant que le monde disputait son zèle au culte, sans d'ailleurs entamer le fond de sa croyance; mais ce temps est passé. Le phénomène qui nous occupe n'est pas un conflit douloureux; c'est, au contraire, une tentative de haute conciliation entre le dogme et la pensée humaine assistée de toutes ses ressources, œuvre où se complaît le génie laborieux de Pascal. C'est une entreprise audacieuse, d'un intérêt sans égal pour le philosophe malgré l'intervention de la foi, parce que l'attitude de la raison à l'égard de celle-ci y est aussi courageuse que résignée, aussi franche que déférente. Les aveux qu'elle y fait de son impuissance ne sont pas des faiblesses, des lâchetés; tout penseur y souscrirait. Nous la trouvons aux prises avec elle-même, s'efforçant de se satisfaire avec ce qui lui répugne, de surpasser par des élans gigantesques ou de tourner par des manœuvres infiniment subtiles les objections qu'elle pose elle-même à la doctrine qu'elle accepte. Car, dans la recherche de la vérité, rien n'égale la sincérité de Pascal, et aujourd'hui ce spectacle ne nous passionne que par là. Qu'on le suppose dissimulant les difficultés, méconnaissant les révoltes de l'entendement et de la conscience contre le dogme chrétien, et aussitôt l'apologie deviendra, pour ainsi dire, officielle et nous laissera fort indifférents. Mais il procède tout autrement. Il affronte l'absurde, le revendique même pour son *credo* et se fait fort d'en établir la légitimité supérieure. Il reconnaît, il proclame que ni la raison ni la conscience naturelles ne s'accordent avec la foi. Il ne voile pas la blessure faite au sens moral par l'article fondamental de ce *credo*, par le péché originel puni dans l'humanité tout entière, et se fait fort de la panser par un concept surhumain de la Justice. *Le péché originel est folie devant les hommes, mais on le donne pour tel. Vous ne me devez donc pas reprocher le défaut de raison en cette doctrine, puisque je la donne pour être sans raison. Mais cette folie est plus sage que toute la sagesse des hommes* (sapientius est hominibus). *Car, sans cela, que dira-t-on qu'est l'homme? Tout son état dépend de ce point imperceptible. Et comment s'en fût-il aperçu par sa raison, puisque c'est une chose contre la raison, et que sa raison, bien loin de l'inventer par ses voies, s'en éloigne quand on le lui présente?* (I, 185.) (La raison embrasse évidemment ici la conscience, le sentiment de la justice outragée.) C'est que, livrée à elle-même, l'âme humaine ne peut éprouver la valeur des dogmes religieux qu'avec les moyens de contrôle dont elle dispose, c'est-à-dire par les principes innés de la raison et du sens moral. Or ces principes, la vraie religion a précisément pour ministère et pour objet de les soumettre à un contrôle supérieur; elle en récuse donc, par essence, la juridiction. Désabusées des systèmes philosophiques, la raison et la conscience, reniant ainsi leurs propres œuvres, leur propre autorité, par cela même qu'elles font appel aux religions, abdiquent, perdent le droit d'en discuter les dogmes.

Mais alors au moyen de quoi, dira-t-on, par quel organe critique l'âme discernera-t-elle la véritable entre toutes les autres? Personne plus profondément que Pascal n'a senti cette impasse où conduit l'abandon des voies rationnelles et morales ouvertes par la nature et l'impossibilité d'en sortir sans quelque surnaturelle assistance. Cette assistance est la foi : *La foi est différente de la preuve; l'une est humaine, l'autre est un don de Dieu. Justus ex fide vivit. C'est de cette foi que Dieu lui-même met dans le cœur, dont la preuve est souvent l'instrument, fides ex auditu, mais cette foi est dans le cœur et fait dire non scio, mais credo* (I, 156). Aussi la vraie religion a-t-elle ses marques gravées dans ses monuments en caractères divins, reconnaissables à ceux-là seuls qui les y cherchent avec une curiosité digne d'être satisfaite. Cette curiosité-là, exempte de tout orgueil, n'attend que du vrai Dieu la lumière qui doit le révéler. Toutefois, dans cette investigation, le rôle de la raison n'est point du tout annulé, mais il est circonscrit; la raison se borne à servir la foi dans sa sphère selon son « ordre » propre, comme instrument de lecture et de collation appliqué aux textes. Ce n'est pas elle qui en dévoile le sens capital. Elle est le bâton qui sert de guide à l'aveugle dans un sentier mal frayé, tortueux, inégal, jusqu'au seuil d'un temple qui sera celui du vrai Dieu, si l'aveugle, dès qu'il en aura poussé la porte, se sent ébloui de clarté. Il pourra rejeter alors son bâton ou, comme Pascal, le faire servir à d'autres, le leur prêter pour les amener jusqu'où cet auxiliaire l'a conduit lui-même; mais au delà il n'appartient encore qu'à Dieu de dissiper leur cécité. ... *Et c'est pourquoi ceux à qui Dieu a donné la religion par sentiment du cœur sont bien heureux et bien légitimement persuadés. Mais ceux qui ne l'ont pas, nous ne pouvons la (leur) donner que par raisonnement, en attendant que Dieu la leur donne par sentiment du cœur, sans quoi la foi n'est qu'humaine et inutile pour le salut* (I, 120). La foi ne devient foi religieuse, foi proprement dite, qu'inspirée par Dieu même, en répudiant toute origine humaine, c'est-à-dire purement rationnelle.

Nous venons d'étudier le critérium et la méthode fort complexes que Pascal applique à la poursuite de la vérité, de la seule vérité qui, à ses yeux, vaille la peine d'être cherchée. Nous avons examiné dans le présent ouvrage, le résultat de cette poursuite consigné dans l'ensemble de ses *Pensées* les plus saillantes ; nous les avons systématisées, en nous plaçant à l'unique point de vue de leurs relations logiques. Leur enchaînement nécessaire constitue un système arrêté, autonome, indépendant des dates diverses où elles ont été écrites, et soustrait aux grands écarts d'interprétation, tandis que la façon d'exposer ce système, de le présenter, a pu varier dans l'esprit de l'apologiste pour se plier le mieux possible aux prédispositions morales de ceux à qui s'adressait l'ouvrage. Mais quelle qu'en ait pu être la forme projetée, l'essence même n'en a pas été affectée. Celle-ci, nous pouvons l'entrevoir ; elle n'échappe point à toute divination comme celle-là. Aussi nous sommes-nous borné à tenter de classer dans leur succession purement logique, partant la moins arbitraire, les produits fragmentaires de la méditation préparatoire dont nous possédions le monument confus. Nous pouvions ainsi espérer de nous représenter avec quelque vraisemblance, sinon ce que Pascal eût composé, du moins ce qu'il avait conçu. Il se peut qu'il ait eu, comme l'atteste sa sœur, madame Périer, l'intention d'entrer en matière par les miracles, afin, sans doute, de frapper l'imagination et, par cette voie, d'imposer la croyance. Il se pourrait également qu'il eût préféré commencer par secouer l'indifférence en montrant l'inévitable gageure dont l'avenir éternel est l'enjeu ; ou par captiver tout de suite l'attention en dépeignant l'horrible isolement de l'homme suspendu entre les deux infinis ; ou encore par exciter la curiosité en signalant l'étrange contradiction à résoudre entre la grandeur et la bassesse de notre condition sur la terre. Quelle qu'eût été l'entrée par où il eût introduit ses lecteurs dans sa conception du christianisme, celle-ci n'en fût pas moins demeurée la même. Avant qu'il en eût choisi pour eux l'accès le plus convenable, cette conception préexistait dans son cerveau. Notre entreprise a été, certes, téméraire ; elle n'était pas chimérique.

# RÉFLEXIONS FINALES

Peu d'hommes assurément semblent mieux que Pascal désignés pour exercer la méditation du psychologue. D'un côté sa nature propre, son fond inaliénable, en un mot son *originalité* s'accuse impérieusement, comme en témoignent son œuvre et son style, et d'un autre côté, l'action sur lui de la société et du siècle où il vécut, de son *milieu*, a marqué sa personne et sa vie d'une profonde empreinte. Démêler la part respective de ces deux facteurs dans l'histoire de son âme est plus tentant que facile.

## I

Supposons-le né plus tôt, doué de même exactement, mais élevé en Grèce quelques siècles avant Jésus-Christ, avant que la plus transcendante expression de l'idéal religieux eût été réalisée dans l'unité et la perfection de l'essence divine. Sans doute il eût été, comme Socrate, exposé à subir les rigueurs d'un dogmatisme officiel et politique, mais ce dogmatisme, trop évidemment artificiel, n'eût pas plus dominé sa pensée qu'il n'avait régi celle de Socrate, de Platon, ou d'Aristote. Il eût pu spéculer sur l'origine et la fin de l'univers avec une suffisante indépendance; sa vue pénétrante eût bien vite percé le fragile écran de la mythologie interposé entre son génie et le monde réel. Ce génie, libre d'entrave intérieure, n'ayant pas à combattre l'autorité des anciens, prestige qui, de son temps, paralysait encore l'initiative intellectuelle, eût fixé sur l'inconnu tout entier un regard vierge, celui des premiers savants, des Euclide, des Archimède, des Hipparque, et des premiers philosophes. Qui pourrait mesurer la contribution que, dans tous les ordres de la connaissance, eût ajouté aux mouvements de la philosophie et de la science helléniques sa puissance de découverte et d'invention, dont il avait donné dès l'enfance des gages si prodigieux? Son œuvre eût été d'autant plus étendue que la vie au grand air et la culture corporelle qui, sous le ciel de la Grèce, était partie intégrante de l'éducation, eussent équilibré chez lui les dépenses du système nerveux, fortifié ses muscles et préservé son cerveau de l'excessive tension qui prématurément l'éteignit. On pourra objecter que, à l'exemple d'Euclide et d'Archimède, il eût consacré sa pensée exclusivement à la création de la Géométrie et de la Physique, tant il y eût été enclin par son génie spécial et entraîné par l'attrait si puissant de ces deux sciences. Nous sommes plutôt porté à croire que sa vaste curiosité, comme celle des philosophes, en eût dépassé les domaines particuliers et eût interrogé l'univers dans son ensemble pour en sonder les fondements. Nous admettons toutefois qu'il ne possédait pas le sens métaphysique, l'aptitude à ce genre de spéculation, au même degré que Platon, Aristote, Descartes[1] et Spinoza. Nous présumons surtout qu'il

---

1. Il est regrettable que notre éminent géomètre Joseph Bertrand, dans son *Étude sur Pascal* dont, enfant, il se montra le rival en précocité, ait négligé de son sujet la face qu'il pouvait examiner avec le plus de compétence. Combien nous lui aurions su gré de caractériser le génie mathématique de Pascal en le rapprochant de celui de Descartes! Par ces deux beaux exemples et par d'autres tirés de contemporains, tels que Newton et Leibnitz, il nous aurait appris en quoi la faculté d'abstraire et de généraliser chez le mathématicien diffère de cette faculté chez le métaphysicien ; pourquoi cette aptitude peut dans un même esprit se rencontrer appliquée tout ensemble à ces deux disciplines, comme dans la plupart des penseurs grecs de l'antiquité et aussi dans la plupart de ceux du xviie siècle, et pourquoi son application se scinde, au contraire, et se particularise dans d'autres, comme dans ceux de notre temps. Ces derniers, en général, et parmi eux de

n'eût pas apporté à une recherche de cet ordre la sérénité du génie grec. Une inquiétude foncière, que nous aurons à définir, semble inhérente à son tempérament moral. A vrai dire, chez lui cette inquiétude était sans doute héréditaire ; elle a pu germer et longtemps fermenter chez ses ascendants chrétiens avant d'avoir gagné son cerveau ; s'il en était ainsi, il n'y aurait pas lieu d'en tenir compte dans une transposition fictive qui le fait naître antérieurement à Jésus-Christ.

S'il fût né plus tard, au contraire, et d'une mère moins pieuse, s'il eût été contemporain de Voltaire et sans attache avec Port-Royal, peut-être eût-il dirigé contre la doctrine irrationnelle du catholicisme des traits aussi redoutables que ceux dont il cribla la casuistique immorale des Jésuites dans les Provinciales. Nous sommes sûr néanmoins que, tout en vengeant la raison, le sarcasme sur ses lèvres n'eût pas eu le timbre de celui de Voltaire. Quoi qu'il en soit, ce qu'il eût combattu dans le dogme catholique ce n'est pas la religion.

Nous croyons, en effet, que sa raison, en s'exerçant sur l'Univers considéré comme objet de connaissance, y rencontrait bien vite un voile impénétrable, et que l'inconnu dont tout dépend et que rien ne révèle troublait en même temps son cœur. Ce trouble est l'origine du qualificatif *mystérieux* donné à cet inconnu irréductible et constitue l'émotion mystique. Tous les cœurs ne sont pas aptes à le sentir. Est-ce une infériorité ou une supériorité d'y être enclin ? Est-ce une faiblesse à corriger ou, au contraire, un mouvement légitime à diriger ? Précisons le sens du mot *mysticisme* afin d'éclaircir ce point.

La prédisposition que nous signalons dans Pascal lui est commune avec plusieurs savants et manque aux autres, mais tous reconnaissent tacitement ou expressément l'insuffisance de l'esprit humain à résoudre les problèmes fonda-

grands mathématiciens (tels que Bertrand lui-même) demeurent en effet étrangers à la métaphysique et semblent même y répugner. Ces questions mériteraient d'être élucidées.

mentaux, à découvrir quels sont le substratum extrême, la raison d'être, la cause, l'origine et le terme du processus des événements, d'autant qu'une faible partie seulement de ce processus est accessible à l'observation et au jugement de l'homme. La plupart des savants, de peur de s'égarer dans cette recherche transcendante, s'abstiennent de s'y engager; ils acceptent leur ignorance à cet égard, et ne s'en inquiètent ni n'en souffrent. On dit de ceux-là qu'ils n'ont pas de religion. Les philosophes métaphysiciens se préoccupent spécialement de ces hautes questions et ne désespèrent point de les résoudre. Ils construisent des systèmes qui, à leurs yeux, expliquent et justifient l'Univers et ils se complaisent dans ces constructions, ce qui permet à chacun de se contenter de la sienne, bien qu'elles ne s'accordent pas entre elles et que toutes s'excluent les unes les autres. Ces derniers penseurs, pas plus que les précédents, ne sont considérés comme religieux. Lors même qu'ils conçoivent sous la forme d'un Dieu personnel le principe de toutes choses, leur doctrine est une théodicée qui se rapproche d'une religion, mais n'en est pas une encore. Ce sont des théistes ou des déistes, leur dieu ne se révélant à l'homme que par la raison. Pour qu'il y ait religion, au sens propre de ce mot, il faut que le cœur s'en mêle. Le penseur, pour être religieux, ne doit pas seulement reconnaître la nécessité logique d'une cause première, d'un principe générateur et souverain du monde phénoménal, il doit, en outre, *sentir* cette nécessité et se sentir troublé devant le rideau qui voile ce principe, et, pour être une religion, une doctrine ne doit pas seulement professer l'existence de Dieu, elle doit rassurer l'âme dans les ténèbres où elle demeure. L'état moral du penseur religieux est comparable à celui d'un enfant égaré, la nuit, dans un bois : l'absence de la lumière l'inquiète devant les forces cachées qui disposent de lui. N'est-ce point là ce qui distingue du simple inconnu le mystère et de la simple attribution d'une cause première, quelle qu'elle soit, au processus universel, le mysticisme?

Le sentiment qui accompagne celui-ci, cette inquiétude religieuse étant ainsi nettement désignée, on peut essayer de la définir. Est-ce de la pusillanimité, de la poltronnerie? Non, certes. L'enfant qu'épouvante la nuit n'est pas pour cela un poltron; il a seulement plus d'imagination que d'autres enfants incapables de peupler comme lui l'obscurité de fantômes. A mesure qu'il prend des années et que son milieu se précise pour lui il exerce son imagination sur des objets qui ne l'effraient plus et dont il se contente, s'il est artiste ou poète, de combiner à son gré les mutuels rapports. Mais une nouvelle source d'effroi peut naître en lui de sa rencontre avec l'inconnu métaphysique, objet qui n'éveille jamais l'attention spontanée du vulgaire. Parmi toutes les conditions faites à la vie humaine par cet inconnu tout-puissant, c'est même la plus menaçante, à savoir l'isolement de l'individu dans l'abîme muet et sans fond ouvert de tous côtés par l'espace, c'est cette condition pleine de risques impossibles à prévoir qui précisément l'impressionne le moins. La nature paraît lui avoir épargné une appréhension incompatible avec le souci constant de sa subsistance. Aussi pouvoir interroger cet abîme, fût-ce en frissonnant, est-il un signe d'aristocratie intellectuelle et morale. Nous saisissons dès lors ce qui différencie le sentiment religieux de la superstition. Celle-ci caractérise, au contraire, le niveau inférieur ou la défaillance de la pensée; car l'objet que redoute et implore le superstitieux n'est pas l'être infini, absolu, éternel, parfait, l'être métaphysique, en un mot, mais la personnification d'une forme prise dans le monde ambiant, dans le monde phénoménal à laquelle l'ignorance prête une action favorable ou funeste sur la destinée de l'idolâtre. La superstition est un mysticisme élémentaire, barbare dont n'importe quoi peut être l'objet; la religion véritable est le mysticisme né du plus haut besoin de l'intelligence se heurtant à l'impénétrable et se fiant au cœur pour la suppléer par l'aspiration. Tant que l'aspiration ne s'est pas forgé un idéal qui le rassure, le cœur demeure anxieux.

L'abdication de la raison n'est pas toujours complète. Il est permis de supposer que l'acte de foi chez Pascal, par exemple, s'est longtemps efforcé d'être rationnel. De là une contradiction intime dans le fondement même de sa croyance, et par suite dans son âme quelque chose d'agité qui n'a trouvé l'apaisement que dans le renoncement total dont témoigne son amulette. Son culte de la divinité n'est pas exempt de superstition; on ne s'en étonnera pas si l'on considère que le dogme catholique en est imprégné, car le Dieu fait homme reste profondément engagé dans le monde phénoménal par l'incarnation; que même, en tant qu'il est le Dieu de la Bible, il emprunte à la nature humaine les affections, les passions qui suscitent ses actes.

Si l'analyse précédente est exacte, Pascal nous paraît donc être, en effet, un savant greffé sur un mystique au même titre que Pasteur et, comme lui, sachant maintenir séparé du domaine religieux le terrain scientifique, mais avec beaucoup moins de résignation, ou plutôt avec une résignation d'une autre espèce. Le souci de ce qui échappe essentiellement à l'observation n'était pas dominant chez Pasteur : pousser l'observation aussi loin que possible lui suffisait; ainsi la résignation à ignorer le reste lui était-elle facile et son mysticisme, nullement militant ni orageux, se bornait à une foi passive dans une source de connaissances autre que celle où il puisait ses découvertes, en un mot dans la révélation. La foi chez Pascal était, au contraire, devenue très vite active, pareille à une sorte de prurit moral. Certains critiques, même des plus autorisés, ont confondu ce prurit qui ne lui laissait aucun repos avec le doute qui n'en laisse aucun non plus à ses martyrs. C'est que, à vrai dire, le dogme catholique est d'une assimilation laborieuse pour une âme comme celle de Pascal, où la raison n'est pas moins intransigeante que n'est impressionnable le cœur. Il se retournait fiévreux dans son lit, il ne cherchait pas un lit. Le germe du catholicisme avait rencontré en lui un fonds propre à le recevoir et à le développer, un sol plus ou moins mystique, c'est-à-dire une aspiration religieuse innée, antérieure aux pieuses leçons de sa mère et intimement unie à sa vocation scientifique.

Cette aspiration pouvait être d'ailleurs très vague au début; il n'en fallait pas davantage pour alimenter ce germe vivace que la première éducation avait déposé dans l'enfant. L'action du christianisme, tel que l'enseigne l'Église romaine, sur la mentalité la plus robuste est extraordinaire. Cette religion doit d'abord son influence à la séduction de sa morale pure et tendre, comme à l'infinité de ses promesses et surtout de ses menaces pour l'avenir éternel, puis à sa longue durée qui a rendu héréditaire son empreinte dans les âmes; enfin, pour une part qu'on ne saurait exagérer, à la précocité habituelle de son enseignement qui prévient dans ses recrues l'âge de la réflexion critique. Ajoutons que la femme lui est conquise, comme elle le fut dès l'origine à l'ineffable douceur, à la clémence de Jésus, clémence réparatrice d'un avilissement dont l'homme est seul responsable. La mère s'en est souvenue, elle n'est pas ingrate : dès le berceau elle emmaillote tout ensemble l'âme et le corps du nouveau-né, l'âme dans la foi chrétienne en même temps que le corps dans les langes. Mais les langes enserrent sans pénétrer, tandis que la foi s'insinue dans la conscience jusqu'à l'entière assimilation de l'une par l'autre : l'enlacement ne se sent plus, la possession est subie avec délice. Ce qui étonne plus encore que cette action envahissante, c'est que, au temps où elle était générale en Occident, une seule âme ait pu s'y soustraire. Certes, la première qui remua dans une geôle si forte et si douce, ou plutôt la première qui par son propre effort décomposa en elle l'intime combinaison de la conscience et de la foi, fit preuve d'une héroïque volonté, d'un orgueil sans frein, diront les croyants (et Pascal lui-même le pensait). Nous n'oserions assurément pas jurer que la virilité morale (virtus) ait été l'unique principe de cet affranchissement. Impatient du joug que l'Évangile impose aux passions, le vice a dû se révolter sourdement et, de son côté, sous un masque honorable, réclamer sa libération. Il faut le reconnaître ; mais ne faut-il point aussi discerner le bon grain de l'ivraie et saluer la première audace des quelques esprits sincères, avides de clarté, qu'opprimaient des mystères aggravés par l'invraisemblance, et qui tâchèrent, au risque de leur vie, de s'ouvrir un soupirail sur le jour. La lumière à ceux-là fut peut-être aussi indispensable que le pain ; n'est-il pas cruel d'accuser d'orgueil la faim qui cherche à s'assouvir ? L'habitude, la coutume, *la machine* rendent à la croyance de Pascal un service plus grand encore qu'il ne l'apercevait. Les fables de la mythologie font hausser les épaules au chrétien et pourtant aucune des métamorphoses chantées par Ovide n'égale en étrangeté la transsubstantiation pour un esprit non prévenu, libéré du mysticisme traditionnel.

L'insinuante pénétration de la doctrine chrétienne, de ses dogmes dans l'esprit sans défense des enfants est-elle inoffensive pour la santé intellectuelle des adultes ? Cette doctrine est-elle compatible avec l'avancement de la science positive, c'est-à-dire tant rationnelle qu'expérimentale (mathématiques et sciences naturelles) ? Il semble tout d'abord que l'exemple de Pascal réponde affirmativement à cette question.

Pascal est, en effet, un catholique profondément attaché à sa religion et tout ensemble un grand savant, mathématicien et physicien de génie. Mais en y regardant de plus près on s'aperçoit vite qu'il ne fournit pas en sa personne un témoignage vivant et irrécusable de l'esprit religieux catholique fraternisant avec l'esprit scientifique sans préjudice à l'œuvre de celui-ci. Rappelons-nous que, si les deux disciplines qu'il mène de front vivent en paix dans son cerveau, c'est à la condition de ne point communiquer entre elles, de se l'interdire conformément au prudent précepte de son père. Ajoutons que Blaise considérait la géométrie comme un exercice intellectuel d'importance tout à fait secondaire et que, partant, il ne devait pas tenir en plus haute estime la culture des sciences expérimentales, dont la certitude est d'ailleurs moindre.

Tous les savants qu'a vus briller son siècle et qui ont été des croyants chrétiens, les Képler, les Descartes, les Newton, les Leibnitz, ont aussi, avant d'entrer dans leur cabinet de travail, observatoire ou laboratoire, laissé leur *credo* sur le seuil, comme, de nos jours, le faisait, de son propre aveu, notre admirable Pasteur. Ils dressaient tous également une cloison entre le domaine des dogmes consacrés par l'autorité des églises et les propositions démontrées soit par l'induction, qui se fonde sur l'expérience, soit par la déduction, qui se fonde sur les vérités axiomatiques. Mais ils se faisaient illusion sur l'impénétrabilité de cette cloison artificielle ou n'en voulaient pas voir l'insuffisance. En réalité le croyant et le savant ne sont pas comparables à deux hommes qui marchent dans la même rue sans se rencontrer ni se coudoyer ; leurs deux disciplines respectives ne peuvent se développer sans se heurter. Elles se heurtent aussitôt que la théologie cesse de se cantonner dans la spéculation métaphysique. Jusque-là chacune a son objet propre et partant n'a pas lieu de contredire l'autre. Mais il s'en faut de beaucoup que le dogme n'empiète jamais sur le terrain de l'observation. En astronomie, par exemple, Galilée a fait l'épreuve d'un pareil empiétement, et l'esprit scientifique, mis en demeure par les Livres Saints d'admettre la réalité des miracles et l'accomplissement des prophéties, y répugne et tôt ou tard entre en conflit avec l'esprit religieux. Si Pascal, à son époque et dans son milieu, eût pu être impartial, il eût apporté la même audace à critiquer l'autorité de ces Livres qu'à braver celle de l'ancienne Physique : la création *ex nihilo* lui eût semblé aussi absurde que l'horreur du vide. Il se fût montré moins ingrat envers la nature, disons chrétiennement envers Dieu même qui l'avait comblé des aptitudes les plus rares aux sciences diverses ; il n'eût pas déprécié la géométrie où il excellait.

Le génie se reconnaît à l'initiative créatrice qui, dans l'intelligence individuelle, résiste au servage du *sens commun* et l'héroïsme se reconnaît à la force indépendante qui, dans la volonté individuelle, résiste à l'enlisement de l'imitation et de l'habitude, effets de la suggestion et de la sécurité sociales. Le génie et l'héroïsme sont ce reliquat irréductible des fortes individualités qui constitue le ferment du progrès intellectuel et moral chez tout peuple en voie de civilisation. C'est grâce à ce ferment, agitateur sacré des multitudes passives, que Pascal a pu dire : *toute la suite des hommes, pendant le cours de tant de siècles, doit être considérée comme un même homme qui subsiste toujours et qui apprend continuellement* (II, 271). Il n'apprendrait pas continuellement sans les découvertes incessantes du génie. On peut ajouter qu'il ne grandirait pas en moralité sans les exemples de désintéressement héroïque donnés par tous les martyrs des belles causes.

Pascal n'est pas un héros; si la puissance de sa volonté eût égalé celle de son intelligence, celle-ci en eût bénéficié : la force de caractère l'eût entièrement émancipée. Elle eût renversé les barrières de la tradition judæo-chrétienne, barrières dressées par l'imitation et respectées par l'habitude.

L'influence du christianisme sur le progrès des connaissances d'ordre expérimental eût été néfaste assurément, si elle eût duré. Elle l'eût été d'abord par le peu d'importance que l'esprit évangélique attache à ces connaissances, dédain défavorable à leur avancement et propre à enrayer la curiosité scientifique et, en outre, par les erreurs du même ordre qu'eût indéfiniment accréditées l'autorité des Livres Saints. Quant à l'influence morale et sociale de cette religion, il faut, pour l'apprécier avec exactitude, distinguer soigneusement l'esprit évangélique de l'esprit dogmatique : *Aimez-vous les uns les autres. Ne faites pas aux autres ce que vous ne voudriez pas qui vous fût fait.* Voilà des préceptes absolument admirables, qui ont germé dans l'âme des grands prophètes et accompli leur éclosion sublime dans celle de Jésus. Si le genre humain s'y convertissait, l'âpreté féroce des relations économiques et les horreurs de la guerre disparaîtraient. La justice pourrait s'appliquer à la répartition des biens et avantages sociaux non pas, comme aujourd'hui, par à peu près, par présomptions légales très insuffisantes, mais intégralement, attendu que la charité, divinatrice des plus intimes besoins, peut seule instruire le juge entièrement dans les attributions et les partages. Malheureusement l'organisation des églises, d'abord très favorable à la culture et à l'extension de l'esprit évangélique, a pris, de siècle en siècle, par la division des fidèles en clergé et en ouailles, des caractères hiérarchiques de plus en plus accusés et nuisibles à l'égalité primordiale, à l'égalité vraiment fraternelle. Ajoutons que, en dépit de la distinction établie entre le ressort ecclésiastique et le ressort séculier, l'usurpation lente de la puissance spirituelle sur la puissance temporelle dans les monarchies catholiques a peu à peu communiqué aux chefs de l'Église et à l'Église tout entière, dans la sphère politique, un génie dominateur aussi étranger que possible au détachement évangélique. L'humilité individuelle a pu persévérer sous le capuchon, la calotte et même la tiare; l'abnégation de chaque membre du corps ecclésiastique peut encore être intacte et complète à l'égard du prochain et la soumission aux règles de la communauté sans réserve ; mais le corps se développe et croît sans limites au sein de la nation qui l'entretient ; il vise à la subordonner d'abord dans le domaine moral, ensuite dans le domaine politique. L'histoire, du moins, nous semble l'attester. La concorde, à vrai dire, ne pourrait qu'y gagner si le dogme était d'une indiscutable vérité, d'une évidence telle que son contradicteur fût aussi ridicule qu'un fou prétendant que deux et deux font cinq ou que la sphère étoilée tourne autour de la terre pour centre. Mais tant s'en faut! Seules les théories scientifiques livrées au libre examen arrivent soit à s'éliminer, soit à se vérifier par un nombre croissant d'expériences particulières et, dans ce dernier cas, à s'avérer pour tout le monde. Les discussions s'éteignent et une harmonie définitive s'établit entre les esprits. Cette harmonie seconde à merveille la pacification politique, au lieu que l'intransigeance essentielle de chacune des doctrines religieuses tient leurs croyants divers en perpétuel conflit. Combien ne serait-il pas désirable que triomphât l'esprit évangélique, purement chrétien! Il compléterait avec une efficacité supérieure l'œuvre de l'esprit scientifique; il favoriserait d'une façon plus directe que celui-ci la conciliation. L'esprit évangélique, en effet, suscite le désintéressement nécessaire à la vie sociale, laquelle exige sans cesse de chaque citoyen le sacrifice immédiat d'une part de son intérêt personnel à un avantage commun dont la répercussion individuelle est trop souvent aléatoire et lointaine. Loin d'être contraire à la morale chrétienne, l'esprit scientifique ne peut qu'en seconder la pratique : l'intelligence rapproche, c'est le cœur qui noue. Pascal fut très charitable; quand il mourut, il s'endettait par ses aumônes; il était béni des pauvres. De tous ses titres de gloire, il n'estimait plus que celui-là, le moins brillant aux yeux de la foule, mais le seul qui, selon lui, le pût recommander à la clémence divine. Les hommages de la postérité à son intelligence, tout éclatants qu'ils s'annonçaient, ne devaient point lui offrir d'aussi sûres garanties. Des médecins ont fait planer le soupçon sur la santé de son cerveau, et ses admirateurs les plus fidèles n'interprètent pas avec une entière sécurité le monument inachevé de sa méditation supérieure; plus d'un hésite encore à l'affranchir du doute. Nous-même, qui résolument lui reconnaissons la foi, peut-être en essayant de restaurer son apologie du christianisme, l'avons-nous en quelque endroit défigurée. Nous n'avons du moins en rien diminué la valeur morale, c'est-à-dire la noblesse de sa volonté; ce qui par-dessus tout importe à sa mémoire.

## II

Il a pleine conscience de sa supériorité intellectuelle. On le reconnaît à l'accent autoritaire, au tour impérieux de ses *Pensées* notées par lui pour lui seul. Il semble n'être humble qu'autant qu'il y fait attention et s'y applique; il n'en a que la volonté. Il domine de si haut son entourage par son génie qu'il lui est aisé de n'être pas orgueilleux : on ne songe pas à lui disputer le premier rang et il l'occupe sans y songer. Il a d'ailleurs une haute idée de l'âme humaine; aussi ne peut-il s'arranger que de l'humilité chrétienne, seule compatible avec la plus grande estime pour la créature qui couronne la création; cette humilité ne ravale pas l'homme comme le matérialisme. Il est modeste par le sentiment des difficultés que sa perspicace analyse lui permet d'apercevoir en toute question et que ne soupçonne pas le vulgaire, mais sa modestie ne l'assouplit pas; la raideur janséniste lui est naturelle. La courtoisie de son temps confinait toutefois dans les idées l'intransigeance et la dissimulait sous les formes. Même dans les plus ardentes polémiques il reste maître de lui par la conscience de sa force. L'influence de l'intelligence sur le caractère est, d'un autre côté, très sensible chez lui. Il n'est point pusillanime, mais il est capable d'une crainte réfléchie qu'épargne au commun des hommes une vue superficielle de la condition terrestre. Quand il nous les montre tous marqués pour la mort et isolés dans l'infini des espaces dont le silence éternel l'effraie il éprouve la terreur qu'il veut faire naître, sans d'ailleurs y réussir. C'est peut-être le seul homme qui ressente réellement ce genre d'inquiétude, parce que seul il secoue la providentielle indifférence qui paraît être imposée par une loi de la nature à l'unique espèce instruite de la mortalité. Il est vrai que ce n'est pas l'individu, mais l'humanité tout entière qui est isolée avec la terre, ce qui en fait une prison fort peuplée, où la solidarité sociale et l'aiguillon continuel de la faim et des désirs rendent chacun moins sensible aux menaces muettes du gouffre environnant. Ces menaces n'en sont pas moins réelles et l'épouvante de Pascal est, au fond, rationnelle; de sorte qu'il peut passer pour fou par un usage anormal, bien que très légitime, de la raison.

Sully Prudhomme.

Nous relèverons, en outre, dans Pascal l'influence du mysticisme sur la raison même et sur le cœur. Il importe de remarquer que sa foi religieuse favorise singulièrement son doute philosophique. L'acte de foi, étant à ses yeux le plus haut et le seul important moyen de connaissance, lui rend ce doute facile et non douloureux. Son scepticisme, en effet, n'atteint pas en lui le fondement de la connaissance capitale. Il ne veut pas que Dieu soit démontré par le spectacle de la nature, parce que le Dieu des chrétiens ne doit pouvoir être connu que par un acte de foi. Il ne faut pas qu'on puisse se passer de la Sainte Écriture ni de la révélation pour établir l'existence de Dieu. Il se résigne à ne pas le comprendre, mais non à ne pas le posséder. Dieu lui est nécessaire pour combler un vide de son cœur, vide infini qui ne peut être rempli que par un objet infiniment parfait. Il suffit à son intelligence de savoir que cet objet existe, quelle qu'en soit d'ailleurs l'essence incompréhensible; mais ce n'est pas par elle-même que son intelligence le sait, elle reçoit du cœur cette connaissance. Il fallait à Pascal pour être heureux un objet dont la possession ne pût lui être ni disputée par la maladie ou les autres vicissitudes de la condition terrestre ni ravie par la mort. Or l'acte de foi est tout ensemble un acte d'affirmation et de possession du seul bien assuré, à savoir de la vérité souveraine; c'est un cri impérieux du cœur, et le cœur entend directement la réponse à son cri. Les mathématiques et les sciences naturelles n'offrent de la vérité que la part de beaucoup la moins intéressante pour un homme avant tout préoccupé des origines et des fins de son âme, dont ces disciplines ne démontrent même pas l'existence. En sa qualité de savant Pascal connaît à merveille les règles d'une démonstration valable, il est habitué à garantir aux preuves rationnelles toute la force dont elles sont susceptibles en écartant toutes les préventions qui les pourraient affaiblir ou fausser. Il est éminemment logicien, et cette supériorité même risque de l'égarer plus qu'un autre, car si, par hasard, les prémisses qu'il admet sont erronées, il en tire toutes les suites puisées à la plus grande profondeur. Toute la finesse d'esprit, toute la sagacité et la puissance de pénétration qui servent chez lui le savant, il les met au service de l'apologiste du christianisme, mais seulement dans l'interprétation des monuments qui en sont la base, non dans la critique devenue aujourd'hui si minutieuse, et circonspecte, de leur authenticité. Il accepte la tradition avec une sécurité qui surprend, lorsqu'on se rappelle sa défiance de physicien à l'égard des anciens. Il faut assurément prendre en considération l'époque et le milieu où se sont formées ses idées; on n'exige pas d'un homme de génie qu'il en secoue le joug, mais on ne s'étonne pas qu'il le fasse, et l'on regrette malgré soi qu'il ne le fasse point.

Pascal n'est pas égoïste; nous avons rappelé qu'il est mort appauvri par ses aumônes. Il ne supporte pas qu'on préfère son propre bien au bonheur de tout le reste du monde, mais, comme tous les croyants, à propos de la justice divine et de l'éternité des peines infernales il semble dépourvu de la sympathie qui fait imaginer la douleur d'autrui, et, quand elle est imméritée, soulève l'indignation. Telle femme, qui ne tuerait pas une mouche, admet sans frémir pour le pécheur né gourmand et mort sans absolution une cuisson sans fin. L'influence du mysticisme sur le caractère est là très sensible. Pascal n'a pas eu de la justice une conscience assez vive pour sentir jusqu'à la révolte, ni même jusqu'à la pitié, la disproportion scandaleuse entre une peine éternellement atroce et l'offense envers Dieu, laquelle ne doit se mesurer qu'à l'intention de l'offenser. Son zèle religieux refroidit en lui les sentiments naturels et arrête les épanchements du cœur : il désapprouve les caresses de la mère à l'enfant comme suspectes de quelque sensualité. Pour faire, sans effort apparent, une pareille concession à la piété ascétique il n'est sans doute pas fort tendre. Il réserve ses effusions pour la prière; c'est à Dieu seul qu'elles vont; c'est à l'adresse de Jésus-Christ qu'il trouve des paroles où son âme se fond tout entière en amour. En somme l'idéal de la vie chrétienne est pour lui très haut; c'est la constance habituelle dans la pratique du bien, et l'égale aptitude à l'exercice des vertus extrêmes et des vertus opposées (telles que la charitable douceur et l'héroïque fermeté). Cet idéal il ne l'atteint pas toujours; ce n'est pas surprenant.

Si dans cette étude nous avions à examiner toutes ses *Pensées*, nous devrions rechercher si ses idées sur la politique et sur d'autres questions morales n'ont pas subi l'empreinte de ses croyances religieuses. Nous nous bornerons à signaler que sa fierté innée conspire avec l'esprit évangélique pour abaisser les grandeurs sociales de pure institution, pour apprécier « les grands » à leur réelle valeur tout en respectant chez eux la hiérarchie traditionnelle. Il n'est point ce qu'on nomme aujourd'hui un libéral : il accepte l'ordre établi, sans être dupe toutefois des insignes extérieurs de la dignité. Il doute de la justice en tant qu'elle est humaine et n'est pas un principe révélé par la religion. Il remarque en effet que l'intérêt bien entendu peut conseiller l'équité et faire alors *un tableau de la charité* (produire les mêmes résultats qu'elle). A ses yeux la justice politique, très distincte de la vraie justice, qui n'est connue que par la révélation, est, en dernière analyse, le procédé le plus pratique pour instituer la paix. L'inégalité parmi les hommes est d'ailleurs nécessaire et l'idée de la justice varie avec la frontière.

Comment le mysticisme chrétien a-t-il agi sur le sens esthétique de Pascal? Cette question nous intéresse extrêmement; nous l'avons réservée pour la fin de nos réflexions sur son tempérament moral. Et d'abord, qu'est-ce que le Beau pour lui? Nous entendons par le Beau en général l'objet inaccessible, partant indéfinissable, auquel aspirent certaines âmes. L'aspiration vers le Beau n'en procure pas la possession adéquate, mais le pressentiment seul, et, à ce titre, est à la fois mélancolique et délicieuse. C'est cet objet indéterminé, symbole du suprême bonheur, que se propose d'exprimer l'œuvre d'art (plastique, musicale ou littéraire). Tout artiste, en tant que créateur de formes expressives du Beau, est *poète*. Si l'on admet ces définitions, l'on ne refusera certes point à Pascal l'aspiration poétique, sauf à indiquer sous quelle forme il en exprime l'objet. Rien de terrestre ne le satisfait; descendant du premier couple humain, il se sent dépossédé du seul idéal qui soit digne de ce couple avant sa chute. Le seul bonheur qu'il admette et désire, c'est la vie commune avec Dieu, la vie en Dieu et pour Dieu. Le sentiment du divin dans l'homme né religieux, dans le mystique, est inséparable de la délectation sublime que l'âme éprouve à se fondre en cet objet infiniment haut de sa contemplation. Les exercices de la piété, les ravissements de la prière, les sacrements et par excellence l'Eucharistie, sont les prémices de la félicité véritable, de la félicité paradisiaque, fusion de l'âme en son Dieu. Aucun poète ne peut se vanter de placer plus haut l'objet de son aspiration. A cet égard Pascal est indéniablement poète. Si l'on n'accorde ce nom qu'à l'écrivain versificateur, il ne lui convient pas. Ce genre de poètes ne semble même pas lui être sympathique.

Quant aux artistes proprement dits, statuaires, peintres, musiciens, etc., qui sont les poètes soit de la ligne, du relief et des couleurs, soit des sons, toutes formes qui expriment les activités de la nature ou de l'âme, il ne paraît pas avoir compris l'essence et le but de leurs productions. Sa *Pensée* sur la peinture n'en témoigne que trop : *Quelle vanité que la peinture, qui attire l'admiration par la ressemblance des choses dont on n'admire point les originaux!* (I, 105.) Il croit qu'elle a pour objet l'imitation servile et il s'étonne qu'on puisse admirer une copie dont on n'admire pas le modèle. Cet étonnement décèle une singulière méprise. De ce qu'il n'admire pas un fromage, un oignon, un pot de grès ou un lièvre mort, il en conclut que les tableaux de ce genre ne sauraient être admirables. Il oublie que le blanc d'un fromage, la pelure d'un oignon, la couverte d'un pot, le pelage d'un lièvre offrent au regard du coloriste les jouissances les plus délicates et que ces jouissances engendrent un rêve qui n'a rien de commun avec la destination économique de ces humbles choses qui ont servi de modèles au peintre. Il confond le sujet avec le motif et semble ignorer que l'art n'est pas l'imitation purement objective d'une forme extérieure, mais le choix du modèle en vue d'une interprétation personnelle, originale de ce qu'il exprime. Est-ce à dire que Pascal ne soit nullement artiste? Lui dénier tout à fait pour cette erreur l'intelligence de l'objet des beaux-arts serait injuste, car, dans les *Pensées* suivantes, il fait à la fois la part de l'individualité dans la conception du beau et celle de l'aspiration vers un modèle indéterminé dans l'œuvre poétique :

*Il y a certain modèle d'agrément et de beauté qui consiste en un certain rapport entre notre nature, faible ou forte, telle qu'elle est, et la chose qui nous plaît. Tout ce qui est formé sur ce modèle nous agrée : soit maison, chanson, discours, vers, prose, femme, oiseaux, rivières, arbres, chambres, habits, etc. Tout ce qui n'est point fait sur ce modèle déplaît à ceux qui ont le bon goût. Et comme il y a un rapport parfait entre une chanson et une maison qui sont faites sur le bon modèle, parce qu'elles ressemblent à ce modèle unique, quoique chacune selon son genre, il y a de même un rapport parfait entre les choses faites sur le mauvais modèle. Ce n'est pas que le mauvais modèle soit unique, car il y en a une infinité. Mais chaque mauvais sonnet, par exemple, sur quelque faux modèle qu'il soit fait, ressemble parfaitement à une femme vêtue sur ce modèle. Rien ne fait mieux entendre combien un faux sonnet est ridicule que d'en considérer la nature et le modèle, et de s'imaginer ensuite une femme ou une maison faite sur ce modèle-là* (I, 103).

*Comme on dit beauté poétique, on devrait aussi dire beauté géométrique, et beauté médicinale. Cependant on ne le dit point : et la raison en est qu'on sait bien quel est l'objet de la géométrie, et qu'il consiste en preuves, et quel est l'objet de la médecine, et qu'il consiste en la guérison ;*

*mais on ne sait pas en quoi consiste l'agrément, qui est l'objet de la poésie. On ne sait ce que c'est que ce modèle naturel qu'il faut imiter; et, à faute de cette connaissance, on a inventé de certains termes bizarres : « siècle d'or, merveille de nos jours, fatal, etc.; » et on appelle ce jargon beauté poétique. Mais qui s'imaginera une femme sur ce modèle-là, qui consiste à dire de petites choses avec de grands mots, verra une jolie damoiselle toute pleine de miroirs et de chaînes, dont il rira, parce qu'on sait mieux en quoi consiste l'agrément d'une femme que l'agrément des vers. Mais ceux qui ne s'y connaîtraient pas l'admireraient en cet équipage; et il y a bien des villages où on la prendrait pour la reine : et c'est pourquoi nous appelons les sonnets faits sur ce modèle-là les reines de village* (I, 104).

Quelque réserve qu'on puisse légitimement faire sur la compétence de Pascal en matière d'art plastique ou musical, chacun salue sa souveraine maîtrise dans l'art d'écrire. C'est dans le recueil des *Pensées* qu'on surprend le mieux les ressources et les qualités de sa prose. En le lisant on assiste à toutes les phases que traverse la formation de cette prose, vigoureuse, depuis le premier jet, qui est une sorte de notation instantanée de la pensée, jusqu'à l'achèvement soigné de la forme qu'elle revêt, après plusieurs essais de l'expression exacte. La science la plus familière à Pascal nous fournit une image de ce labeur progressif. Il se propose de faire tenir le plus de sens possible dans la phrase la plus concise, de même qu'il y a dans l'étendue à trois dimensions une figure qui offre le plus de contenance sous la moindre surface; c'est la sphère et elle est le plus simple des solides. Il semble proposer cet exemple à son langage : il le modèle peu à peu comme s'il pétrissait et roulait une matière malléable entre ses mains pour l'amener à la forme sphérique. De là, l'ampleur, la plénitude et la simplicité de son style. Mais notre comparaison a besoin d'être complétée, car rien ne ressemble moins à l'uniformité de la sphère que la variété de l'accent dans sa phrase. La matière qu'il y coule est plus ou moins chaude, selon le sujet, scientifique ou moral, qu'il traite, mais elle n'est jamais froide tout en satisfaisant à la condition susdite, qui est précisément celle de toute œuvre d'art parfaite. Il ne travaille donc pas à orner son style, il ne travaille qu'à rendre le plus sobrement possible l'expression adéquate à la pensée. Ce qui fait la vie de ce style, c'est l'activité intellectuelle ou passionnelle qui l'échauffe et par là même le colore. Il cherche l'expression juste et il la trouve si bien qu'elle paraît s'être imposée d'elle-même à la plume. De là vient que dans ses écrits il n'y a nulle apparence d'apprêt, bien que l'art y soit consommé. L'art d'écrire n'est pas dans le style, car celui-ci n'est que l'allure naturelle, toute spontanée, communiquée à la phrase par les mouvements de l'âme; cet art consiste dans le choix des mots que le style dispose et qui ne s'offrent pas toujours du premier coup à la pensée pour la rendre, mais surtout il consiste dans la composition, c'est-à-dire dans l'ordonnance des idées, soit uniquement par amour du vrai, pour la clarté dont le penseur a besoin, soit en vue de l'effet que l'écrivain ou l'orateur se propose de produire sur ses lecteurs ou son auditoire. Dans le recueil des *Pensées*, Pascal, avons-nous dit, consigne le plus souvent pour lui-même, pour lui seul ce qui lui vient à l'esprit, avec l'intention d'introduire plus tard ces fragments appropriés à quelque destination préméditée dans un ouvrage adressé à certains lecteurs, et c'est cette appropriation qui requiert de l'art, qui l'oblige à composer pour présenter ses idées dans l'ordre le plus convenable à son objet. Plusieurs morceaux, très importants, présentent, au milieu des autres, les caractères d'une composition plus ou moins avancée, parfois accomplie. Il y en a qui sont des chefs-d'œuvre, des échantillons typiques de la beauté littéraire au service de la beauté morale, de cette aspiration qui, selon nous, définit la poésie supérieure; or il la doit évidemment à son mysticisme chrétien. Le sentiment religieux en est la source la plus ancienne et la plus haute chez tous les peuples. Leurs poèmes fameux font tous une large part à ce qu'on nomme le *merveilleux*. *Les Provinciales*, ces pages immortelles où Pascal s'est révélé l'un des écrivains fondateurs de la prose française, ajoutent aux divers accents offerts par le style des *Pensées* un ton nouveau, qu'il ne faut pas omettre, le ton spirituel sous forme d'ironie. On ne saurait trop en admirer la finesse et la mesure, on n'y sent rien de l'insolence facile, habituelle aux pamphlétaires, mais le trait aiguisé pénètre à fond et porte plus efficacement que la grossière injure. La raillerie discrète et contenue éclate, chez Pascal, en indignation. Elle engendre ainsi l'éloquence et contribue donc à la beauté de l'ouvrage; à ce titre elle s'élève et participe de cette beauté complexe.

Les *Pensées* suivantes de Pascal relatives au style justifient ce que nous venons de rappeler du sien :

*Quand un discours naturel peint une passion, ou un effet, on trouve dans soi-même la vérité de ce qu'on entend, laquelle on ne savait pas qu'elle y fût, en sorte qu'on est porté à aimer celui qui nous le fait sentir; car il ne nous a pas fait montre de son bien, mais du nôtre; et ainsi ce bienfait nous le rend aimable : outre que cette communauté d'intelligence que nous avons avec lui incline nécessairement le cœur à l'aimer* (I, 104).

*Il faut de l'agréable et du réel; mais il faut que cet agréable soit lui-même pris du vrai* (I, 104).

« *J'ai l'esprit plein d'inquiétude.* » *Je suis plein d'inquiétude, vaut mieux* (II, 154).

« *Éteindre le flambeau de sédition.* » *Trop luxuriant.*
« *L'inquiétude de son génie.* » *Trop de deux mots hardis* (II, 154).

*L'éloquence continue ennuie.*

*Les princes et rois jouent quelquefois. Ils ne sont pas toujours sur leurs trônes; ils s'y ennuient. La grandeur a besoin d'être quittée pour être sentie. La continuité dégoûte en tout. Le froid est agréable, pour se chauffer* (I, 84).

*Quand on voit le style naturel, on est tout étonné et ravi; car on s'attendait de voir un auteur, et on trouve un* homme. *Au lieu que ceux qui ont le goût bon, et qui en voyant un livre croient trouver un homme, sont tout surpris de trouver un auteur :* « Plus poetice quam humane locutus es ». *Ceux-là honorent bien la nature, qui lui apprennent qu'elle peut parler de tout, et même de théologie* (I, 105).

*La dernière chose qu'on trouve en faisant un ouvrage est de savoir celle qu'il faut mettre la première* (I, 105).

*Un même sens change selon les paroles qui l'expriment. Les sens reçoivent des paroles leur dignité, au lieu de la leur donner. Il en faut donner des exemples...* (I, 105).

*La vraie éloquence se moque de l'éloquence* (I, 106).

*L'éloquence est un art de dire les choses de telle façon, 1° que ceux à qui l'on parle puissent les entendre sans peine, et avec plaisir; 2° qu'ils s'y sentent intéressés, en sorte que l'amour-propre les porte plus volontiers à y faire réflexion. Elle consiste donc dans une correspondance qu'on tâche d'établir entre l'esprit et le cœur de ceux à qui l'on parle d'un côté, et de l'autre les pensées et les expressions dont on se sert; ce qui suppose qu'on aura bien étudié le cœur de l'homme, pour en savoir tous les ressorts, et pour trouver ensuite les justes proportions du discours qu'on veut y assortir. Il faut se mettre à la place de ceux qui doivent nous entendre, et faire essai sur son propre cœur du tour qu'on donne à son discours, pour voir si l'un est fait pour l'autre, et si l'on peut s'assurer que l'auditeur sera comme forcé de se rendre. Il faut se renfermer, le plus qu'il est possible, dans le simple naturel; ne pas faire grand ce qui est petit ni petit ce qui est grand. Ce n'est pas assez qu'une chose soit belle, il faut qu'elle soit propre au sujet, qu'il n'y ait rien de trop ni rien de manque* (II, 123).

*L'éloquence est une peinture de la pensée; et ainsi ceux qui, après avoir peint, ajoutent encore, font un tableau, au lieu d'un portrait* (II, 123).

*Éloquence, qui persuade par douceur, non par empire; en tyran, non en roi* (II, 176).

Ce que dit Pascal de l'éloquence concerne évidemment les écrits comme la parole.

Nos remarques précédentes ne sont que des indications très sommaires, aussi bien ne prétendons-nous pas grossir d'un examen qui relève de la critique d'art une étude spécialement consacrée à l'apologétique de Pascal et déjà trop longue, mais nous devions rappeler ce que doit en lui le caractère de l'écrivain au souffle religieux qui anima tout l'homme.

### III

La religion catholique ne pouvait rencontrer un apologiste mieux doué que Pascal pour rendre inattaquables les preuves qui doivent la faire accepter. Si elle est vraie aux yeux d'un pareil penseur, comment pour n'importe quel autre homme serait-elle erronée ou douteuse? Aucun des instruments humains de la connaissance ne lui fait défaut; il les possède tous et tous à un degré culminant. Son intelligence est d'une rare sagacité et singulièrement profonde; elle surprend et saisit les rapports à la fois les plus abstraits et les plus lointains. A cet égard il peut être égalé aux promoteurs fameux des sciences tant exactes qu'expérimentales. Mais, en outre, il jouit d'une aptitude refusée même à beaucoup des plus grands, à Laplace, par exemple. Il est capable de sentir combien la connaissance purement scientifique, telle que l'observation et la logique humaines peuvent la constituer, serait loin encore d'expliquer l'ensemble des phénomènes qui lui sont accessibles, à supposer même qu'elle fût achevée. Il ne peut se défendre de songer à l'inconnu métaphysique déterminant l'existence et la nature non pas seulement du monde phénoménal observable à l'homme, mais du reste aussi, en un mot, de l'Univers accidentel tout entier. Se résigner à ne le pas interroger est assurément plus sage, étant donné l'invincible obstacle que rencontre à tout pénétrer l'intelligence finie de l'homme. Il ne s'ensuit pas que ce soit plus digne, car c'est abolir l'aspiration. La curiosité de Pascal demeure inassouvie, et rôde affamée autour de l'éternel inconnu. Or cet inconnu n'est pas uniquement pour lui ce qu'il ignore, c'est, en outre, ce qu'il redoute, c'est quelque chose de sacré, le mystère. Ce que nous qualifions de *sacré*, de *mystérieux*, c'est ce qui, sans révéler sa nature, soustraite à l'analyse, impose le respect et par là entre en relation avec la sensibilité morale, avec le cœur plus qu'avec l'intelligence. Le principe de la morale, celui de l'esthétique sont sacrés. Mêlé d'effroi dans Pascal, ce respect dont la cause est indéfinissable, indéterminée, mais n'est nullement irrationnelle, est ce que nous avons appelé le mysticisme. Un esprit qui n'est en rien mystique se soumet aveuglément à l'instinct conservateur qui voile l'abîme final aux hommes comme aux bêtes, à ce titre il demeure encore engagé dans la brute, si compréhensif et inventif qu'il puisse être d'ailleurs. Le vrai sentiment religieux n'est pas autre chose que l'appétit supérieur de l'intelligence ressenti par le cœur qui place la félicité dans la suprême connaissance. En tant que religion le dogme catholique trouva donc en Pascal une âme prédisposée à l'accueillir avec voracité. Comme, au surplus, les autres religions n'offensent pas moins la raison par quelque endroit sans susciter un appareil de preuves aussi imposant, on conçoit que Pascal se soit précipité d'abord dans les bras de Jésus, sauf à justifier ensuite, avec toutes les ressources de son génie, l'accaparement et la constitution dogmatique de la doctrine évangélique par les organisateurs de l'Église catholique. Tolstoï, de nos jours, a cédé, lui aussi, à ce premier entraînement si légitime vers la morale chrétienne, mais il s'est arrêté tout de suite au seuil de la théologie dogmatique, livrée, en dehors de l'Église catholique, à une dispute séculaire, origine de mainte hérésie, et peu à peu déterminée par les Conciles, dont l'infaillibilité n'a pas conservé l'unanime adhésion des chrétiens. Certes, l'assentiment d'un Pascal est bien propre à rallier toutes les âmes, même les plus récalcitrantes, à la foi catholique. Pourquoi donc tant d'esprits, qui s'avouent de beaucoup inférieurs à ce remueur d'idées aussi puissant qu'intègre, renoncent-ils à le suivre? Les croyants répondront que, malgré cet aveu, ces esprits sont dominés par des passions qui les égarent et que, s'ils luttaient contre ces passions, s'ils s'exerçaient à la vertu comme Pascal, ils sentiraient la force démonstrative de son apologétique. Tout en tenant compte de cette réponse, peu modeste au fond, les chercheurs inquiets répliqueront que malheureusement cette apologétique pourrait bien pécher par excès de confiance dans la véracité des documents qui en sont la base, car l'histoire et la légende y sont si intimement confondues que la critique la plus sagace est impuissante à les distinguer et les dégager nettement. Pour peu que cette critique soit influencée par des penchants innés, des préjugés héréditaires et une éducation qui les favorisent, il devient presque impossible qu'elle ne dévie pas du sentier si étroit qui mène à la vérité. Pascal, outre qu'il avait été élevé dans le sens de sa prédisposition religieuse, n'était pas muni de la méthode et des moyens d'investigation dont dispose aujourd'hui l'exégèse. Aussi les pierres fondamentales, les assises mêmes de son bel édifice, ne sont-elles pas inébranlables. Quiconque veut à bon escient choisir entre les religions celle qui fait valoir à la raison les meilleurs arguments en faveur de la foi, ne saurait se soustraire à l'obligation d'examiner les titres de cette religion à sa créance. De même un géographe, pour s'éclairer sur une lointaine région qu'il ne peut visiter lui-même, ne s'en rapporte pas indistinctement à n'importe quelles relations de voyage qui la décrivent, mais ne se fie qu'au récit de l'explorateur dont la véracité lui offre d'irrécusables garanties. Il rejette tous les autres où il a surpris des contradictions, des anachronismes, quelque vice qui les infirme ou les rend suspects. C'est une enquête préalable de ce genre qu'entreprend aujourd'hui la critique historique et rationnelle des monuments sur lesquels se fonde le Catholicisme. Ses adeptes, baptisés dès leur naissance, lui appartiennent avant l'âge du discernement réfléchi, et peuvent ainsi le représenter dans les statistiques sans croire à ses dogmes. Parmi la foule des âmes qui ont reçu inconsciemment sa marque, il y a plusieurs classes à distinguer. Premièrement : les âmes éminemment enclines au mysticisme, nées avec un sentiment religieux qui les tourmente s'il n'est satisfait par un culte défini. Ce ne sont pas les plus nombreuses, mais ce sont les plus utiles à la propagation de la doctrine. Chez elles se recrutent spontanément la partie saine et sincère du clergé et toute la population des couvents, toutes les congrégations. Secondement : les prêtres dont la foi chancelle, parmi ceux que leurs parents pauvres, paysans pour la plupart, ont dirigés vers le sacerdoce pour les mettre à l'abri du besoin et leur assurer par une instruction à la fois élevée et peu coûteuse un avenir honorable. La vocation de ceux-là n'est pas toujours spontanée et risque d'être illusoire, bien que, dans les séminaires, ils soient exhortés par leurs maîtres à s'interroger très attentivement avant de faire le pas décisif : le désistement est une grosse affaire. Cependant quelques-uns reculent, les autres s'engagent avec plus ou moins de témérité. Troisièmement : les laïques pratiquants que leur éducation traditionnelle, la longue observance des rites, une curiosité peu vive, et une docilité naturelle, due à la conscience de leur incompétence, inclinent à croire sans examen. Ces croyants-là subissent l'ascendant et le prestige de l'Église enseignante. Ils sont très nombreux et les femmes en constituent la majorité. Quatrièmement : les tièdes, indolents par nature ou intéressés à ne pas souhaiter que leur religion soit démontrée, parce qu'elle professe une morale et promulgue une sanction pénale fort gênantes pour leurs passions et leurs vices. Cinquièmement : nous opposerons à ceux-là d'excellents catholiques d'une foi à toute épreuve, mystiques sans fanatisme, qui sont restés dans le siècle par devoir, parce qu'ils n'ont pas osé se faire prêtres, ou par scrupule, par crainte de ne pouvoir se rendre assez dignes de l'être, détestant leurs imperfections et leurs fautes, modèles de droiture et de probité, commandant la plus haute estime à tous égards. Sixièmement : les baptisés qui par le seul exercice de leur raison sont arrivés à douter ou même à ne plus rien croire des dogmes formulés dans les canons de l'Église.

Nous sommes certain qu'il en est parmi eux d'une honnêteté parfaite, aussi rigide et aussi délicate que celle des croyants précédents et qui, déplorant comme ceux-ci leurs faiblesses, désirent s'en corriger et s'efforcent de les combattre. Ce sont des philosophes anxieusement épris de la vérité, mystiques aussi, dans le sens large que nous prêtons à ce mot, c'est-à-dire aspirant à justifier l'univers autant qu'à l'expliquer. Pour cela leur cœur réclame l'existence d'un principe suprême, quelle qu'en soit l'indéfinissable nature, source de l'ordre, du Beau, de ce qu'on nomme l'Idéal, révélé et exprimé par certaines perceptions sensibles, par certaines qualités de la forme. Pour ces philosophes l'Esthétique et l'Ethique identifiées fournissent au sentiment religieux son objet. Cet objet, ils l'appellent Dieu. La religion de ces déistes spiritualistes est sans autel. Leur Dieu, celui de Jean-Jacques Rousseau, diffère peu du Dieu des bonnes gens prôné par Béranger, en ce qu'il est sous la forme d'un excellent père doué des vertus humaines poussées à l'infini. A cet égard il est aussi anthropomorphe que le Jéhovah judæo-chrétien. Les mystiques de grande imagination, les artistes, les poètes l'adoptent volontiers parce que son assimilation à l'homme favorise sa communication avec l'âme et permet de remonter par lui à la source du Vrai, du Beau, du Bien, de concentrer, à l'état virtuel, dans sa puissance créatrice, les types, les modèles de toutes les formes réalisables, d'objectiver, en un mot, l'Idéal. Septièmement : les savants, dont la plupart, il nous semble, considèrent exclusivement les lois du monde phénoménal, et s'ils parlent de masse et d'énergie, avouent en ignorer la nature intime. Ce sont à leurs yeux des substrata dont l'existence et les actes nécessités par des conditions intrinsèques ne requièrent, pour s'expliquer, nulle autre condition qui leur serait imposée du dehors. La méthode de Bacon, en les conduisant au déterminisme, oblitère chez ceux-là le penchant mystique à la vénération. Mais d'illustres exemples témoignent qu'il n'en subsiste pas moins chez d'autres. Huitièmement : les philosophes métaphysiciens dont Spinoza est le type. Leur Dieu, perdant toute individualité, n'est plus que la substance universelle avec ses attributs d'inconditionnement extérieur, d'éternité, d'infinité qui se déduisent de sa nécessité. La pierre d'achoppement de tous les systèmes métaphysiques est leur impuissance à expliquer la diversité et le nombre, c'est-à-dire, au fond, le monde phénoménal. Les modes et les accidents sont des faits irréductibles au principe essentiellement unitaire de l'être en soi et par soi.

Enfin comment nommer le groupe de chercheurs dont se réclame l'auteur du présent ouvrage, si tant est que, bien involontairement, il se trouve enrôlé dans une école? A son avis l'Univers, tel qu'il se manifeste à ses sens et à sa conscience, est un monstre pour l'homme qui l'interroge et le juge ; un monstre, parce que l'être de cet univers, son fondement métaphysique impose à l'intelligence certains concepts en contradiction avec le possible et le réel. Par exemple, le concept de l'être nécessaire est incompatible avec la possibilité du changement lequel néanmoins constitue la réalité phénoménale; l'évolution des formes, le devenir en un mot est une contradiction permanente qui se résout sans cesse par l'activité, mais pour avoir à se résoudre il faut qu'elle existe et dure, si peu que ce soit. L'intelligence humaine est incapable de la concevoir. Le cœur, c'est-à-dire le sens humain du beau, du bien, du juste n'est pas moins offensé par l'immoralité ou l'absence de moralité que supposent les actes de l'être nécessaire. Par exemple, le sanguinaire sacrifice de la vie à l'entretien de la vie sur la terre, l'immolation inévitable et révoltante des faibles par les forts. En présence de ces absurdités qui nous confondent et de ces horreurs qui nous indignent, nous voudrions bien les croire seulement apparentes. Mais la douleur ne s'y trompe pas; elle crie. Accueillir ses cris par une exhortation à la patience et à l'espoir ne l'empêche pas d'exister et par cela même de protester contre l'existence présente d'une infinie bonté. Si Dieu ne pouvait accorder le vrai bonheur à l'homme que sous forme de récompense, à la condition que la libre vertu le méritât et, par conséquent, sans permettre une préalable souffrance, ne valait-il pas mieux s'abstenir de créer cet être passionné, ne pas poser l'insoluble problème pour une telle créature, de concilier le bonheur avec la dignité et pour lui-même de rendre possible le mal tout en demeurant infiniment bon? Mais afin de n'être point mis par le spectacle du monde en demeure de blasphémer, nous préférons ne pas nous prononcer sur la personnalité et les attributs de sa cause première. Nous nous résignons à ignorer ce qu'elle est. Nous ne pourrions, sans manquer de sincérité, la déclarer parfaite; nous fausserions le sens ordinaire de ce mot. Il semble même, au premier abord, qu'on ait le droit de dire : Moins un homme sage, droit et tendre, un père de famille économe, de bonnes vie et mœurs compare à lui-même cette cause, moins difficilement il s'en explique l'œuvre déconcertante, à la fois minutieuse et grandiose, odieuse et attrayante, épouvantable et sublime.

Il doit néanmoins considérer que lui-même il est partie intégrante de l'univers, et que, après des siècles innombrables de tâtonnements et d'ébauches, après le refroidissement et la formation progressive de sa planète, c'est de la cause première, ou plutôt éternelle, que d'infiniment loin, procèdent toutes ses qualités morales. Elles s'y trouvaient enveloppées à l'état potentiel, attendant, pour être déterminées et individualisées en lui, les conditions de milieu requises. Assurément cette cause est également mère de tous les vices comme de toutes les laideurs. En vain supposerait-on, comme les sectateurs du parsisme, deux principes distincts, l'un du bien, l'autre du mal, personnifiés dans Ormuzd et Ahriman, en lutte perpétuelle pour la prédominance. Ils ne pourraient se combattre sans communiquer entre eux, ni communiquer sans avoir dans leurs êtres respectifs quelque chose de commun, à savoir, au fond, ce que les métaphysiciens appellent la substance. C'est la substance unique du monde phénoménal tout entier qui implique en son activité deux tendances divergentes entraînant l'évolution dans une voie mixte qui est la résultante de leurs directions respectives.

Le pessimisme est une philosophie démentie par l'expérience, car c'est un superlatif qui ne répond pas exactement à la réalité. L'éclosion d'une fleur ou d'un sourire suffit à le réfuter. La laideur et la beauté, le mal et le bien se disputent l'Univers et, en outre, celui-ci est visiblement en travail. Il semble n'être jamais content de lui-même, car jamais il ne se repose. La terre offre un spécimen de ce tourment. D'une part ses volcans et ses tremblements, les convulsions belliqueuses de ses plus hauts produits vivants attestent son douloureux labeur, mais d'autre part la fécondité de sa surface végétale, la fondation de l'ordre social, l'avancement du savoir et le progrès de la sympathie dans les foyers conscients et aimants qu'elle allume, obligent à reconnaître le principe d'une victoire évolutive, lente, mais constante, du mieux sur l'état précédent. Ce germe suffit pour autoriser l'espoir; il interdit à la volonté la défaillance, justifie et rend même obligatoire l'effort individuel et collectif pour concourir à son développement. Rétrograder ou seulement s'arrêter c'est donc trahir la nature dans son aspiration foncière. Un avenir inconnu fermente dans le présent; or le présent préexistait virtuellement dans le passé, auquel nous le jugeons préférable. Le processus accompli jusqu'ici est donc propre à nous rassurer plutôt qu'à nous inquiéter au sujet du processus futur. Nous devons raisonnablement garder en face du monde où nous luttons l'attitude du colon devant la plantation qu'il entretient, dirige et exploite. Pour la faire croître et fructifier, le labour, les engrais qu'il a inventés, les arrosages qu'il répand, les serres qu'il chauffe, l'émondage et la taille qu'il opère, en un mot tous ses apports et ses soins collaborent avec la triple action du soleil, de l'air et du terrain. Parmi ses plants, les uns réussissent, les autres échouent, les uns le nourrissent lui et son entourage, les autres ne profiteront qu'à ses descendants :

> Mes arrière-neveux me devront cet ombrage.

Tous l'intéressent et l'attachent à la vie.

Ainsi en dépit des soubresauts, des retours qui en retardent et traversent le progrès ascensionnel, l'évolution, qui est indéniable, explique le mouvement cosmique, et prête un sens au devenir. Dans le *Cosmos* la mécanique travaille pour la sensibilité, et une créature éminemment impressionnable, l'espèce humaine, par la conscience et l'initiative dont elle est douée, contribue à la marche en avant de la vie et participe de la finalité latente qui semble aiguillonner l'activité universelle. Le bonheur, objet de cette tendance, lui demeure caché derrière l'horizon comme, du quai d'embarquement, la plage où abordera le navigateur est dérobée encore à ses yeux par la forme arrondie du globe où il rampe. Pascal n'a pas aperçu, ou du moins, n'a pas formulé l'évolution progressive du monde phénoménal. Mais, dans le beau morceau où il définit le progrès des connaissances humaines, il a exprimé admirablement une loi qui régit également tous les autres modes de l'activité vitale. D'une manière générale il eût pu dire : Toute la suite des vivants terrestres, dont peu à peu la conscience s'est enrichie, individuellement d'abord par acquisitions accidentelles, spécifiquement ensuite par l'hérédité des caractères acquis, doit être considérée comme un même vivant qui subsiste toujours et qui se perfectionne continuellement. Dès lors il apparaît que le succès de la tendance améliorante n'est pas seulement une série accidentelle, fortuite de rencontres heureuses, aboutissant à la formation définitive d'une multitude d'espèces qui seraient nées indépendamment les unes des autres. On surprend, au contraire, entre les espèces une relation de progrès organique des unes sur les autres, par la division du travail fonctionnel, et le progrès se constate des espèces paléontologiques à celles d'aujourd'hui. Il est donc vraisemblable, nous l'accordons volontiers, qu'il y a dans le cosmos un facteur, quel qu'il soit, d'évolution organisatrice de la conscience. L'aptitude à sentir croît avec l'aptitude à connaître. Mais, d'une part, pouvoir sentir davantage n'est pas nécessairement jouir davantage, et, d'autre part, à supposer même que, dans la balance, des plaisirs et des peines, des joies et des douleurs, le plateau du bonheur l'emportât sur celui du malheur, ce serait bien la condamnation du pessimisme, mais ce ne serait pas encore l'absolution de la cause souveraine et première. Les souffrances présentes et passées auraient beau être compensées amplement par des délices sans mélange dévolues à une espèce future privilégiée, à une sorte de surhumanité, le triomphe de cette suprême espèce ne devant exister qu'au prix d'une telle rançon immense et vraiment atroce, serait tout à fait incompatible avec l'attribution d'une infinie bonté à sa cause. Pourquoi donc torturer le sens convenu des mots, se leurrer soi-même et fausser le langage pour soutenir une thèse qu'une mouche, si peu sensible qu'elle soit, renverse du léger coup de son aile palpitante dans les filets et sous le suçoir d'une araignée. N'est-il pas plus franc, plus digne de notre espèce, reine misérable d'un astre, et plus conforme à sa grandeur tragique, si profondément sentie par Pascal, d'avouer qu'elle rampe dans l'ignorance de son origine et de sa fin ? L'homme ne perçoit que son existence, et les modifications de son être, absolument rien de son être même. Les sens qui le font communiquer avec son milieu sont à ce point imparfaits qu'il lui faut un microscope pour voir une cellule, c'est-à-dire un monde de constellations qu'il nomme des molécules et dont pourtant chacune est elle-même un monde d'atomes. Depuis son apparition sur la terre, depuis des milliers de siècles il respire dans l'air l'oxygène, l'azote, l'acide carbonique, l'argon, d'autres gaz encore, et c'est hier seulement qu'il a fini par s'en apercevoir. Dans la lenteur de cette découverte ce n'est pas son intelligence qui a trahi sa curiosité, ce sont les moyens d'observation dont il dispose qui ont trahi son intelligence ; mais elle-même n'a qu'un horizon borné, clos par d'infranchissables murailles. Quant à nous, après nous y être en vain heurté le front en soupirant, nous attendons avec humilité la réponse de la tombe à notre anxieuse interrogation.

Cependant la vie nous met en demeure d'agir, et notre incertitude ne serait qu'un tourment stérile si elle ne nous fournissait elle-même une règle de conduite ; or elle nous dicte la prudence. Voici ce qu'elle nous conseille : en toutes circonstances agis de manière à n'être pas victime de ton ignorance des choses métaphysiques, c'est-à-dire de manière à n'avoir aucune déchéance ni aucune expiation à subir dans le cas où ta conscience de la dignité humaine, de ton libre arbitre et, par suite, de ta responsabilité ne serait pas illusoire et où réellement existeraient la justice infaillible et la sanction inéluctable réclamées en toi sous la forme du remords. C'est, au fond, le pari de Pascal, établi sur des données purement psychologiques. Notre raison avare ne nous accorde rien de plus ; du moins la condition minima, fondamentale de la vie sociale est assurée, car nous affirmons qu'il convient d'agir comme si l'obligation morale dans les rapports humains était démontrée. Mais nous ne saurions (l'auteur parle ici en son nom) nous contenter de ce pauvre pis-aller. Nous avons besoin non pas uniquement de courir le moins de risques possible, mais aussi de valoir. Les mots *dignité, devoir, mérite, faute, dégradation*, en dépit de notre impuissance à en rendre rationnelle la signification, nous forcent par un invincible prestige à dépasser, dans notre règle de conduite (si peu que nous sachions, hélas ! nous y conformer), le point de vue de notre intérêt personnel, pour nous élever jusqu'à la sphère métaphysique de l'impératif absolu, du devoir sans nulle visée égoïste. Il est remarquable que la métaphysique et la poésie, telles que nous les avons définies, se rencontrent ici. L'objet suprême de l'aspiration, c'est-à-dire la perfection esthétique et éthique, la finalité paradisiaque, et celui de l'intelligence, c'est-à-dire la perfection ontologique, l'être nécessaire, absolu, éternel, infini, s'identifient dans l'être parfait, mais sont également inaccessibles, indéfinissables et même, pour l'esprit humain, inconciliables. Néanmoins le premier idéal domine et guide la vie morale, comme le second impose ses catégories à la vie mentale, à toutes les spéculations intellectuelles. Nous sommes mis *rationnellement* en demeure de douter de ces divers principes recteurs à cause des contradictions qu'impliquent leurs formules humaines, et pourtant nous n'arrivons pas à en douter *réellement*. L'injonction de la dialectique n'a aucune prise sur notre croyance intuitive. Nous présumons sans trop de témérité que beaucoup d'autres partagent notre condition. Dans tous les cas, avant que la science ait achevé son œuvre, il faut bien que l'espèce humaine agisse pour vivre et durer; or toutes ses démarches présupposent des raisons d'agir, lesquelles ne peuvent donc être provisoirement que des actes de foi, religieux ou non.

# APPENDICE

### CRITIQUE DES FORMULES DOGMATIQUES PAR LES RÈGLES DE PASCAL POUR LES DÉFINITIONS.

Dans la quatrième partie (chapitre III) de ce livre nous avons invité le lecteur à contrôler notre assertion relative au caractère contradictoire des formules dogmatiques, composées par les théologiens catholiques, en y appliquant les règles données par Pascal pour les définitions dans son opuscule intitulé *de l'Esprit géométrique*. Nous avions mentionné à ce sujet une étude, fort incomplète d'ailleurs, où nous avions nous-même tenté de le faire et qui, poussée à fond, aurait pris les proportions d'un livre. Voici cette étude, simple ébauche, qui néanmoins pour cette critique fournira peut-être quelques indications utiles.

## I

Les règles de Pascal pour les démonstrations ne sont pas spéciales à la géométrie : *Je ne puis faire mieux entendre la conduite qu'on doit garder pour rendre les démonstrations convaincantes, qu'en expliquant celle que la géométrie observe.*

[*Mon objet*] *est bien plus de réussir à l'une qu'à l'autre, et je n'ai choisi cette science pour y arriver que parce qu'elle seule sait les véritables règles du raisonnement* (II, 279). Ces règles régissent l'expression de toute pensée par le langage : *Il faut seulement prendre garde qu'on n'abuse de la liberté qu'on a d'imposer des noms, en donnant le même à deux choses différentes.*

*Ce n'est pas que cela ne soit permis, pourvu qu'on n'en confonde pas les conséquences, et qu'on ne les étende pas de l'une à l'autre.*

*Mais si l'on tombe dans ce vice, on peut lui opposer un remède très sûr et très infaillible : c'est de substituer mentalement la définition à la place du défini, et d'avoir toujours la définition si présente que, toutes les fois qu'on parle, par exemple, de nombre pair, on entende précisément que c'est celui qui est divisible en deux parties égales, et que ces deux choses soient tellement jointes et inséparables dans la pensée, qu'aussitôt que le discours en exprime l'une, l'esprit y attache immédiatement l'autre* (II, 281). On ne saurait mieux dire, mais il nous semble que, chez Pascal, le chrétien fausse compagnie au géomètre et néglige à tort ses recommandations tout aussi valables pour les articles de foi que pour les spéculations mathématiques. Si l'on critique, en effet, d'après ses propres principes les formules dogmatiques des mystères, on est conduit à en définir l'incompréhensibilité tout autrement qu'il ne le faisait lui-même d'après leur définition générale reproduite par le catéchisme du diocèse de Paris. On est obligé de reconnaître que ces formules ne se peuvent comprendre, non pas parce qu'elles désignent un objet qui dépasse la portée de la raison humaine, mais parce que les significations respectives de leurs termes consécutifs sont incompatibles entre elles et que par suite le groupement de ces termes est dépourvu de sens. La relation entre le sujet et le prédicat ne comporte aucune affirmation rationnelle ni aucun acte de foi, parce que, en réalité, cette relation fait défaut; elle n'est pas obscure, elle n'est pas non plus transcendante; elle n'existe pas. C'est ce que nous allons essayer de mettre en lumière.

## II

La majorité des théologiens admet comme mystères : la Trinité, la Création, le Péché originel, l'Incarnation, la Rédemption, les Sacrements, la Prédestination et les Fins dernières.

L'Église seule a qualité pour définir les dogmes chrétiens; nous en acceptons les formules telles que nous les trouvons dans les ouvrages autorisés par son approbation. Voici en quels termes le catéchisme du diocèse de Paris définit le mystère de la Trinité : *C'est le mystère d'un seul Dieu en trois personnes distinctes, qui sont : le Père, le Fils et le Saint-Esprit. — Le Père est Dieu, le Fils est Dieu, le Saint-Esprit est Dieu. — Ce ne sont pas trois Dieux. Le Père, le Fils et le Saint-Esprit ne sont qu'un seul et même Dieu, parce qu'ils n'ont qu'une seule et même substance, et par conséquent qu'une seule et même divinité. — Aucune de ces trois personnes n'est plus ancienne, ni plus puissante que les autres. — Ces trois personnes sont égales en toutes choses.*

Cette formule s'adressant à notre créance, nous sommes en

droit de demander qu'elle ait un sens quelconque. Assurément il ne s'agit pas pour nous de pouvoir expliquer le fait énoncé, car s'il nous était explicable il ne serait pas mystérieux ; il s'agit simplement d'examiner si la formule propose réellement quelque chose à notre créance. Pour qu'elle le fasse il faut que chacun des mots qui la composent soit attaché à un objet plus ou moins défini, réel ou imaginaire, mais, dans tous les cas, assez nettement indiqué pour ne pouvoir être confondu avec nul autre. Le mot *Dieu*, dans la religion chrétienne, signifie : un esprit infiniment parfait, créateur et conservateur de l'Univers. Qu'un pareil esprit existe ou non dans la réalité, il nous suffit ici de constater le sens attaché par l'Église au mot *Dieu*. Quel est le sens du mot *personne* : que signifie-t-il ? La formule même du mystère le définit : une chose d'essence spirituelle et d'une individualité distincte ; cette formule, en effet, déclare expressément que chacun des objets signifiés par le mot *personne* est d'essence divine et ne se confond avec aucun des deux autres. Donc, *conformément à l'indication même de l'objet ainsi nommé*, et en y appliquant le contrôle conseillé par Pascal pour assurer le respect de cette convention, contrôle qui consiste à substituer mentalement la définition au défini, dire qu'il y a trois personnes en Dieu c'est dire qu'il y a en Dieu trois individualités distinctes. D'autre part, cependant, la formule du mystère déclare qu'il n'y en a qu'une, celle de Dieu même : le Père est Dieu ; le Fils également ; le Saint-Esprit également ; les trois personnes divines ne sont qu'un seul et même être individuel.

Dès lors, de deux choses l'une : ou bien le mot *personne* change implicitement d'acception dans la même formule, et alors la règle de Pascal, à savoir qu'*il faut seulement prendre garde qu'on n'abuse de la liberté qu'on a d'imposer des noms, en donnant le même à deux choses différentes* (II, 281) est violée ; ou bien, si l'on prétend que ce mot n'y est pris que dans une seule acception, il faut reconnaître qu'il n'y est effectivement pris dans aucune, car on lui impose de signifier une individualité distincte et non distincte en même temps, ce qui est annuler la chose à signifier, autrement dit ne rien signifier du tout. Le mot *personne* est alors destitué de toute signification, et par suite la formule du mystère n'a aucun sens. Elle n'est pas, à proprement parler, au-dessus de la raison humaine, elle ne propose rien à n'importe quelle intelligence. L'adhésion de Pascal à cette formule, son acte de foi n'a donc pas même d'objet. Le *symbole d'Athanase* qui formule définitivement le mystère de la Trinité, dogme dont les éléments essentiels ont été tirés de l'ouvrage de saint Augustin *de Trinitate*, ne date que du vi[e] siècle. Depuis les judéo-chrétiens jusqu'aux chrétiens de cette époque les textes sacrés où se trouvent épars les rudiments de la doctrine ont été interprétés et synthétisés progressivement par la spéculation théologique ; c'est l'œuvre des conciles qui a précisé et fixé les objets de la croyance pour les ériger en articles de foi.

Considérons maintenant le mystère de la création è *nihilo*. L'Église enseigne que Dieu a tiré le monde du néant. Substituons aux définis les définitions : l'expression *tirer de* signifie un contenu qu'on extrait d'un contenant, et l'expression *le néant* signifie le non-être. Or évidemment ce qui n'existe pas ne peut contenir quoi que ce soit, même à l'état virtuel. Prise à la lettre, cette formule est trop manifestement contradictoire. Pour la critiquer avec loyauté nous devons nous rendre compte de ce qu'elle signifie au fond. Dans le langage précis des sciences expérimentales on nomme *cause* d'un événement la condition qui suffit pour le déterminer en venant s'ajouter aux conditions qui se bornent à y contribuer. Si, comme il arrive toujours dans le champ de l'expérience, cette cause est elle-même causée, les philosophes l'appellent *cause seconde*, ils appellent *cause première* celle qu'ils conçoivent comme existant sans le secours d'aucune autre chose, en un mot : par soi. Nous supposerons admises ces définitions soit de choses, soit de mots. D'autre part donc, d'après le mystère de la création è *nihilo*, Dieu est la cause du monde : en tant qu'existant par soi il en est la cause première et, comme, avant la création, rien n'existait que lui, il en est la cause unique. Mais, d'autre part, en quoi consiste l'efficience d'une cause première et unique ? Pour la raison humaine son efficience consiste à réaliser son effet en le constituant d'une portion de ce qui la constitue elle-même, en cédant (nécessairement ou librement) quelque chose d'elle-même. Prétendre que son effet a procédé d'elle sans lui rien emprunter, c'est articuler un énoncé dépourvu de sens, inintelligible parce qu'il est, non pas supérieur, mais contraire à la raison. Or, d'après le dogme de la création è *nihilo*, une volition divine a suffi pour que le monde existât (que la lumière soit ! et la lumière fut) sans que Dieu cédât rien de son propre être, sans qu'il en communiquât rien à la créature. Il s'ensuit que ce mystère met l'esprit en demeure de se faire de la cause première et unique une idée incompatible avec l'idée qu'il s'en fait logiquement, c'est-à-dire de se mettre en contradiction avec lui-même.

Ce mystère est, certes, des plus choquants, mais rien n'importe davantage aux chrétiens que d'y croire pour fuir le panthéisme. Avant la création Dieu, étant seul, était tout. S'il avait tiré de soi ses créatures, il n'eût pas cessé d'être substantiellement tout ; la somme des êtres eût été Dieu. Par la création le panthéisme se fût substitué au monothéisme et rien ne répugne davantage à l'esprit chrétien. Il a donc fallu admettre que Dieu n'a pas tiré de soi ses créatures; comme d'ailleurs il existait seul, il a donc dû les tirer du néant.

Passons au mystère du péché originel. Le catéchisme le formule ainsi : *Le péché d'Adam s'est communiqué à tous ses descendants, en sorte qu'ils naissent coupables du péché de leur premier père et sujets aux mêmes misères que lui.* Or, d'après le sens conventionnel du mot, ce qui fait la *culpabilité*, c'est l'intention. Comme nous ne pouvons avoir aucune intention avant d'exister, nous n'avons pu naître coupables de quoi que ce fût. Le dogme de la chute, si selon la règle de Pascal on y substitue la définition de la culpabilité au mot qui la signifie, peut donc se traduire comme il suit : la postérité d'Adam a eu l'intention de mal faire avant d'exister, c'est-à-dire sans avoir eu l'intention de mal faire; suite de mots dont les sens respectifs en se contredisant s'annulent.

Le mystère de l'Incarnation est formulé comme il suit par le catéchisme : *C'est le mystère du Fils de Dieu (c'est-à-dire de la seconde personne de la Trinité) fait homme. — En disant que le Fils de Dieu s'est fait homme, j'entends qu'ils a pris un corps et une âme semblables aux nôtres dans le sein de la bienheureuse Vierge Marie. — Ce mystère s'est accompli par l'opération du Saint-Esprit, c'est-à-dire par un miracle de la toute-puissance de Dieu. — Le fils de Dieu s'est fait homme pour nous racheter de l'esclavage du péché, nous délivrer des peines de l'enfer et nous mériter la vie éternelle. — Le Fils de Dieu s'appelle Jésus-Christ (Jésus veut dire Sauveur, Christ signifie Sacré ou qui a reçu une onction sainte). — Il y a deux natures en Jésus-Christ : la nature divine puisqu'il est Dieu, et la nature humaine puisqu'il est homme. — Il n'y a en Jésus-Christ qu'une personne, qui est la personne du Fils de Dieu. — La sainte Vierge est véritablement mère de Dieu, puisqu'elle est la mère de Jésus-Christ qui est Dieu. — Saint Joseph était l'époux de la sainte Vierge et le père adoptif de Notre-Seigneur Jésus-Christ. — En disant que Jésus-Christ est notre Seigneur, j'entends que nous lui appartenons non seulement parce qu'il nous a créés, mais encore parce qu'il nous a rachetés.*

Il est facile, en appliquant la même règle, de montrer que chaque article de ce chapitre du catéchisme cache une contradiction. D'abord le dogme de la Trinité est la condition fondamentale du présent dogme, et il implique une contradiction relevée plus haut, qui suffirait à infirmer celui-ci, à en annuler le sens. Nous nous bornerons à critiquer les articles qui en dominent toute l'économie, ceux qui concernent les deux natures et l'indivisible personne de Jésus-Christ.

La définition canonique, citée plus haut, du mystère de la Trinité nous a indiqué le sens du mot *personne*. Il nous sera toutefois utile de nous rendre compte par nous-même du sens que les philosophes attachent à ce mot, pour critiquer l'énoncé dogmatique du mystère de l'Incarnation.

Dans un sens général, la *nature* d'une chose signifie tout ce qu'elle est, mais, dans un sens plus étroit et le plus usité, ce mot signifie ce qui lui est exclusivement propre, ce qui, en la distinguant des autres choses, la *caractérise*. La nature d'une chose c'est ici soit son caractère distinctif, soit l'ensemble de ses caractères distinctifs, selon qu'elle est simple ou qu'elle est composée. Dans ce dernier cas, qui est de beaucoup le plus fréquent, cet ensemble est ce qu'on appelle une *synthèse*, association de caractères par quelque chose qui les met en rapport, les fait communiquer entre eux et confère à leur relation cette unité qu'on nomme *l'individualité*. Un ensemble de caractères distinctifs représente donc un individu. Le principe de l'individualité est métaphysique ; on l'appelle : chez les corps bruts *cohésion, attraction, gravitation, affinité*, chez les corps organisés *vie, principe vital*, sans savoir précisément ce qu'on dit. Quand ce principe est supposé psychique, de nature analogue à ce qui sent, pense et veut chez l'homme, l'individu est dit une *personne*.

Si ces définitions sont acceptées par les théologiens (et rien ne s'y oppose), il s'ensuit que le dogme de l'Incarnation est contradictoire, et n'offre donc nul sens à l'esprit humain. En effet, substituons dans la formule de ce dogme, les définitions aux mots qui les signifient. Nous obtenons les conséquences que voici. Jésus-Christ est composé de deux synthèses de caractères distinctifs : d'une part, celle dont le principe métaphysique constitue l'unité, appelée *l'homme*, et d'autre part, celle dont le principe métaphysique s'appelle Dieu. Le principe synthétique humain se dédouble et se compose d'un principe physiologique et d'un principe psychique temporairement associés. Considérons le psychique : les caractères qu'il associe sont finis (la sensibilité, l'intelligence, la volonté, comme l'énergie musculaire qu'elle développe ont des limites). Ces mêmes caractères, synthétisés par le principe divin, sont, au contraire, infinis, sans limites. Or il n'y a en Jésus-Christ qu'une personne, la seconde de la Trinité. Le dogme nous met donc en demeure de concevoir un seul et même principe synthétique tel que, tout en demeurant unique, il soit à la fois apte et inapte à sentir, comprendre et pouvoir infiniment. C'est proposer à notre esprit une donnée contradictoire, c'est donc ne rien lui proposer.

L'Incarnation est motivée par la Rédemption, dont la formule orthodoxe est la suivante : *Le mystère de la Rédemption est le mystère de Jésus-Christ, mort sur la croix pour racheter tous les hommes.* — En *disant que Jésus-Christ est mort, j'entends que l'âme de Jésus-Christ a été séparée de son corps, quoique la divinité soit demeurée unie à l'âme et au corps séparés l'un de l'autre. — Jésus-Christ nous a rachetés en souffrant la mort pour nous, comme homme, et en donnant, comme Dieu, un prix infini à ses souffrances.* Ainsi en Jésus-Christ le principe qui synthétise les caractères divins et celui qui synthétise les caractères humains ne font en réalité qu'un seul et même principe. Donc ce qui est infiniment heureux et éternel en même temps souffre et meurt : contradiction flagrante. Ce n'est pas tout : Sa mort nous a rachetés. Était-il nécessaire que Jésus-Christ souffrît tous ses tourments pour nous racheter? Le catéchisme répond : *Non, mais il a voulu les souffrir pour satisfaire à la justice de son père d'une manière surabondante, nous témoigner davantage son amour et nous inspirer plus d'horreur du péché.* En effet la moindre action expiatoire de Jésus-Christ eût suffi, car tout de lui est d'une valeur infinie, mais une réparation infinie, quelle qu'elle fût, était-elle donc nécessaire? « Oui[1], répond l'Église enseignante, car l'étendue d'une offense se mesure à la condition de la personne offensée et à la bassesse de la personne qui commet l'offense. L'homme, simple créature finie, offensant par Adam Dieu qui est infini, lui devait une réparation infinie. » Or cette sentence n'est pas conforme à l'idée de justice : en toute faute c'est l'intention qui fait la culpabilité. Celle-ci ne croît avec la dignité de l'offensé qu'autant que l'offenseur, à supposer qu'il eût conscience du degré de cette dignité, a voulu la méconnaître ; or quand un homme commet un péché (excepté le blasphème réfléchi), il n'a pas d'autre intention que de satisfaire un de ses désirs et la vivacité même de celui-ci l'empêche de penser à autre chose qu'à l'objet désiré. Mais admettons qu'il pense à Dieu et mesure l'offense faite par lui à la dignité divine : cette dignité, étant infinie comme la nature de Dieu même, ne peut être représentée dans l'imagination finie de l'homme : l'offenseur ne peut donc s'en faire une idée adéquate, une idée assez consciente pour conférer l'infinité à l'offense et par là justifier l'infinie durée, c'est-à-dire l'éternité de la peine. Comment une pareille disproportion a-t-elle pu échapper à un esprit exact et à un sens moral délicat? C'est que, en obligeant les croyants à concilier la choquante organisation de la vie terrestre, la loi inique et dure du combat pour l'existence entre les espèces vivantes, avec la bonté et la justice infinie du Créateur, la foi catholique oblitère en eux le sens naïf de la bonté et de la justice, tout en affinant le scrupule à l'excès chez les âmes timorées ou éprises de perfection.

---

1. *Cours d'Instruction religieuse*, par M<sup>gr</sup> Caubry, approuvé par l'archevêque de Reims (p. 68).

Pascal a relevé les abus de la casuistique chez les Jésuites; il n'a pas critiqué chez les Jansénistes la moralité non moins scabreuse de la Prédestination ni, en général, l'économie juridique des Fins dernières, toutes questions relatives aux récompenses et aux peines éternelles, aux élus et aux damnés. Or la croyance en la prédestination est radicalement incompatible avec l'intuition du libre arbitre, raison d'être des Fins dernières. Ce sont deux actes de foi contradictoires qui font un non-sens du dogme qu'ils professent. Les Fins dernières sont des mystères parce que, selon l'Église enseignante, ils surpassent l'intelligence humaine, mais en réalité ils ne s'adressent à aucune intelligence, car ils mettent en contradiction les idées de bonté et de justice, appliquées aux œuvres divines et ces mêmes idées appliquées aux œuvres humaines, de sorte que, en poussant à l'infini ces vertus humaines pour les rendre divines, le croyant les dénature et, en plaçant sous les mêmes mots des choses différentes, il retire à ces mots tout sens général pour n'importe quelle intelligence. Au point de vue purement matériel et dans l'état actuel des sciences naturelles, la résurrection des morts, leur rassemblement final dans la vallée de Josaphat, etc., présentent un caractère de contradiction dans certains cas indéniable, comme dans ce dernier où une certaine étendue superficielle serait capable de contenir plus de parties déterminées qu'elles n'en peut contenir, et, dans les autres cas, un caractère qu'on peut prétendre seulement miraculeux, comme celui de la conception virginale de Jésus-Christ. Nous n'entrerons pas dans l'examen de tous ces mystères.

Quant aux sacrements, nous dépasserions aussi les limites que nous pouvons assigner à ce chapitre en discutant chacun d'eux. Notre objet n'est d'ailleurs pas de critiquer à fond les dogmes catholiques, mais seulement de montrer par quelques exemples saillants combien Pascal en les acceptant a été infidèle à ses propres règles de critique rationnelle. Les sacrements, au nombre de sept, sont, d'après le catéchisme, *des signes sacrés, institués par Notre-Seigneur Jésus-Christ pour produire la grâce dans nos âmes et nous sanctifier*. Bien qu'ils importent tous au salut, il en est deux dont il semble que l'homme puisse le moins se passer, d'abord le Baptême, qui le fait chrétien, puis l'Eucharistie, qui *continue le sacrifice de la croix* et l'en fait bénéficier par la communion. Le Baptême, en effaçant le péché originel, loin de faire violence à la raison, répare la violence faite à celle-ci par ce péché; mais donné à l'enfant, incapable encore de choisir entre les croyances que la tradition lui propose, le baptême l'engage à son insu, au mépris de son discernement propre. Il y a, par là même, de la part du croyant, illogisme inconscient à traiter l'incrédulité comme une forfaiture. L'apostasie peut très bien n'être chez le renégat que la légitime reprise et l'exercice de ses droits au libre examen. Il suffit pour le reconnaître de rappeler ce que signifient ces mots *renégat, apostasie* et *forfaiture* et de le leur substituer sur les lèvres mêmes du croyant.

Le mystère de l'Eucharistie présente dans sa formule des contradictions du même genre, mais plus aisées encore à mettre en évidence que celles du mystère de l'Incarnation. *L'Eucharistie*, dit le catéchisme, *est un sacrement qui contient réellement et substantiellement le corps, le sang, l'âme et la divinité de Notre-Seigneur Jésus-Christ, sous les espèces ou apparences du pain et du vin*. La seule différence qu'il y ait entre le sacrifice opéré par la Messe et le sacrifice de la Croix, *consiste en ce que, sur la croix, Jésus-Christ s'est offert lui-même en répandant son sang ; au lieu qu'à la Messe, il s'offre par le ministère des prêtres sans répandre son sang*. Cette assimilation ne nous laisse plus à signaler qu'une contradiction propre à ce mystère. Par la pensée substituons encore les définitions aux mots. La formule précédente veut-elle dire que les apparences du pain et du vin, c'est-à-dire les signes sensibles de ces deux corps, leurs représentations en nous sont purement subjectives, illusoires, et que, en réalité, ce sont le corps, le sang, l'âme et la divinité mêmes de Jésus-Christ qui impressionnent nos nerfs de la vue, du toucher et du goût? Oui, d'une part, puisque ces objets sont *réellement* et *substantiellement* présents dans l'Eucharistie ; non, d'autre part. En effet, d'après le catéchisme, *Notre-Seigneur a institué la Sainte Eucharistie sous les espèces du pain et du vin pour nous montrer qu'il veut être la nourriture de nos âmes par la communion, comme le pain et le vin sont la nourriture de nos corps. — Communier, c'est recevoir Notre-Seigneur Jésus-Christ dans le sacrement de l'Eucharistie. — Or ce qu'on y reçoit, c'est le même Corps que Jésus-Christ a pris dans le sein de sa très sainte Mère, le même qui a été attaché à la croix*, avec cette seule différence que ce corps *est maintenant dans un état ressuscité, glorieux et caché à nos sens*. Que faut-il donc entendre par le mot *recevoir* dans ces formules? C'est tout au moins pour l'homme établir, dans l'espace et le temps, quelque relation entre la nature de l'Homme-Dieu et la sienne, en un mot une *communication* entre ces deux natures. Selon le dogme, cette communication s'établit au moyen des sens, par la bouche et l'estomac. Mais selon le même dogme, cela ne se peut pas, car l'impression de l'Homme-Dieu sur les nerfs sensitifs se traduit dans le communiant par une image de pain et de vin, laquelle, n'ayant aucun des caractères distinctifs du corps, du sang, de l'âme et de la divinité de Jésus-Christ, ne saurait s'assimiler ni par suite représenter en rien ces trois données et ne peut que révéler simplement à la conscience l'existence de quelque chose dans le monde extérieur. La nature du communiant demeure donc intégralement extérieure à celle de Jésus-Christ. Les caractères distinctifs du premier ne se sont en rien assimilé ceux du second. Encore moins les substances respectives de l'un et de l'autre ont-elles pu s'identifier, même partiellement. La transsubstantiation, c'est-à-dire le changement d'une substance en une autre substance n'est pas un fait miraculeux, c'est l'énoncé contradictoire d'un fait essentiellement impossible, comme, par exemple, construire un cercle carré. En effet : d'une part, le concept de substance est né de l'impossibilité pour l'esprit de concevoir l'anéantissement total de l'univers, et, d'autre part, *changement* implique anéantissement de ce qui est remplacé dans la chose qui change. Une chose dont rien ne serait anéanti demeurerait telle qu'elle est, *la même* en tout. Or ce qu'on nomme *la substance* c'est précisément ce qui ne comporte aucun anéantissement ni total ni partiel et par suite n'est susceptible d'aucun changement. Énoncer la transsubstantiation c'est donc dire changement d'une chose en une autre, toutes deux demeurant les mêmes; en d'autres termes : changement sans changement. — Les deux dogmes conjugués du sacrement de l'Eucharistie et de la Communion impliquent donc contradiction pour l'esprit qui a souci de définir exactement les mots par les caractères distinctifs des choses et, pour éviter les confusions et les malentendus, se conforme à la règle de Pascal : ne jamais perdre de vue ces caractères en nommant ces choses.

La grâce, qui est l'effet de la prière et des sacrements, entre en conflit avec le libre arbitre : la coexistence de la première avec le second apparaît contradictoire .... *comme provenant d'une impulsion divine, elle* (la grâce) *parvient sans contrainte, mais d'une manière infaillible, au terme que Dieu lui a marqué...* (t. II, question 112, p. 509, ouvrage cité plus haut, p. 210 : *Petite Somme théologique de saint Thomas d'Aquin*, etc., par l'abbé F. Lebrethon[1]). L'auteur ajoute en note : *Il est de foi que, même alors, la volonté de l'homme conserve sa liberté et qu'elle peut obéir ou résister à la grâce, lui donner ou lui refuser sa coopération. Comment la grâce sait-elle se combiner avec notre libre arbitre, tout en arrivant infailliblement à ses fins? C'est le secret de Dieu.* C'est, en réalité, poser une contradiction.

Ajoutons que la grâce par son action s'accommode mal aux conditions requises pour qu'il y ait valeur personnelle, mérite, et par sa répartition offense le sens moral, le sentiment de l'équité.

---

1. Toutes les citations que nous aurons dans les pages suivantes à faire de la *Somme* de saint Thomas d'Aquin seront tirées de ce même ouvrage.

Plus l'homme, en effet, sera aidé à faire son salut, moins il le devra à lui-même, et sa dignité y perdra d'autant. Comme, par son seul mérite, l'âme ne peut gagner le paradis, celui-ci est beaucoup plus une faveur qu'une récompense. Dès lors l'arbitraire semble altérer la justice en Dieu au profit de sa bonté : là *conscience humaine* n'en serait nullement choquée, si la bonté divine répartissait impartialement ses bienfaits, si, du moins, la justice distributive était observée par elle, mais l'inégalité des dons moraux, tant de la nature que de la grâce, est évidente et n'apparaît point motivée chez les individus, tous passibles néanmoins, au même titre et partant au même degré, des suites du péché originel. La parabole de l'ouvrier de la dernière heure est nettement contraire à la justice distributive.

Le problème de l'origine et de la justification du mal, que la doctrine chrétienne et, spécialement, les dogmes catholiques se proposent de résoudre, demeure une énigme impénétrable. Comment Dieu, l'être parfait à tous égards, a-t-il pu tirer de soi et rendre même seulement éventuel le mal qui est la négation de son essence? Il l'a tiré, non de soi, mais du néant, répondra-t-on. La réponse admet la création *è nihilo*, concept contradictoire. Mais à supposer que ce concept fût rationnel, encore est-il que Dieu a, du moins, préconçu l'idée du mal ; or cette idée n'est-elle pas tout aussi incompatible avec l'essence divine que la réalisation même du mal? Vainement alléguerait-on que la valeur morale, la *dignité*, pour se réaliser chez l'homme par l'accomplissement méritoire du bien, requérait la possibilité du mal ; le problème de la conception de l'imparfait chez un être dont l'essence est la réalisation intégrale du parfait et en est par conséquent l'affirmation exclusive, absolue, demeure entier. *A priori* l'on peut dire qu'une chose ayant pour condition la possibilité du mal ne saurait procéder de l'être parfait. Tant pis pour la dignité, si elle ne peut exister qu'à ce prix. Au surplus, si elle est solidaire du libre arbitre, elle en partage la fortune et sera d'autant plus amoindrie que l'opération de la grâce se substituera davantage à l'œuvre de la volonté chez l'homme.

III

A la critique précédente des formules dogmatiques on répondra tout d'abord que le catéchisme est un exposé trop succinct de la doctrine catholique pour fournir les explications propres à prévenir les difficultés que nous avons soulevées. Ces prétendus non-sens, dira-t-on, sont uniquement imputables à notre ignorance : ils naissent de ce que nous donnons de certains mots employés dans ces formules des définitions inexactes ou incomplètes. Nous n'acceptons pas cette fin de non-recevoir. Parmi nos définitions les unes concordent avec celles des théologiens ou y sont équivalentes, les autres, au contraire des leurs, expriment la nature réelle des choses.

Commençons par examiner les premières. Dans le mystère de la Trinité, pour *la personne* nous avons adopté la définition même qu'en donne le catéchisme. Or on lit dans la Somme de saint Thomas (t. I, q. 29, p. 249) : *Une personne est une substance individuelle de nature raisonnable*, définition que saint Thomas emprunte à Boëce et qu'il accepte. L'unité synthétique est appelée substance, mais notre définition (celle que nous donnons pour critiquer le mystère de l'Incarnation), laissant indéterminé ce en quoi consiste le lien qui fait cette unité, n'exclut pas la substance et, partant, ne contredit pas à la définition dogmatique. Quelle que soit donc la nature du lien synthétique, notre raisonnement subsiste dans son intégrité. La différence faite par saint Thomas (t. I, q. 39, p. 278) entre *la distinction de raison*, qui serait celle des trois personnes, et *la distinction réelle* est incompatible avec l'assertion suivante du saint docteur : ... *on peut signifier par les noms qui expriment l'essence* (divine) *l'une ou plusieurs* (des personnes divines) (t. I, q. 39, p. 281), car si les mêmes noms peuvent être donnés indifféremment à chacune et à toutes, et si, d'ailleurs, leur distinction n'est pas réelle, elles ne sauraient être qu'identiques. En outre, *nous lisons dans le symbole de saint Athanase : Les trois personnes sont coéternelles et égales* (t. I, q. 42, p. 290). Or, comme, d'autre part, elles ne constituent pas trois réalités distinctes, il faut donc qu'elles soient identiques. Nous ne voyons pas qu'une explication plus analytique, ajoutée à l'énoncé succinct du catéchisme, le sauve ici de la contradiction.

Dans le mystère de la création *è nihilo*, notre définition de la *cause première* concorde exactement avec celle de saint Thomas (t. I, q. 2, p. 119).

Dans le mystère du péché originel, notre définition de la culpabilité est également orthodoxe. Nous lisons, en effet : *la persuasion extérieure* (par l'homme ou par le démon) *n'a pas une influence irrésistible sur notre raison. L'appétit sensitif ne meut pas non plus avec nécessité la raison et la volonté. Par conséquent, les causes extérieures ne produisent pas le péché par elles-mêmes. La seule cause efficace qui l'accomplit, c'est la volonté* (t. II, q. 75, p. 317) ... *on peut poser comme certain que le sujet des péchés, c'est d'abord la volonté elle-même, ensuite toutes les facultés qu'elle meut, soit en les excitant, soit en les arrêtant. Ces facultés sont, effectivement, le sujet d'habitudes bonnes ou mauvaises* (t. II, q. 74, p. 310). Ces principes affirment la responsabilité individuelle : la volonté, *l'intention* (t. II, q. 12, p. 67) d'un homme ne peut se substituer immédiatement à celle d'un autre homme dans la détermination des actes de celui-ci; il peut seulement lui proposer des motifs d'agir. Le problème est de concilier la responsabilité individuelle avec la transmission du péché originel. Or, selon saint Thomas : *La foi catholique oblige à croire que le premier péché du premier homme passe originellement à ses descendants... Avec la nature de notre premier père, qui nous est communiquée par la génération, la faute héréditaire dont elle est entachée nous est transmise; nous sommes des enfants qui partageons l'ignominie imprimée à notre race par l'un de nos ancêtres* (t. II, q. 81, p. 337). On ne saurait nier plus nettement la responsabilité individuelle après l'avoir affirmée. *Le péché originel consiste matériellement dans la concupiscence et formellement dans la perte de la justice primitive.* Aucun de ces deux facteurs du péché originel ne suppose la responsabilité. Comment donc saint Augustin a-t-il pu dire : *La concupiscence est la punition du péché originel ?* (T. II, q. 82, p. 342.)

Pour le mystère de l'Incarnation, notre critique repose sur notre définition de la personne, définition qui concorde avec celle qu'en donne saint Thomas, comme nous l'avons fait observer plus haut.

Le mystère de la Rédemption, ceux de la Prédestination et des Fins dernières, et la répartition de la grâce mettent en cause l'idée de justice. Or nous entendons la justice de la même façon que saint Thomas qui la définit comme il suit : *La justice est une volonté habituelle, constante et perpétuelle de rendre à chacun son droit* (t. III, q. 58, p. 249).

Dans le sacrement du Baptême nous nous sommes borné à relever une violation du droit de l'enfant au respect du libre choix qu'il ne peut faire encore entre les diverses croyances, nous nous sommes borné à une application de l'idée de justice.

C'est au sujet de l'Eucharistie que nous donnons de la substance une définition différente de celle qu'ont imaginée les théologiens, mais nous ne l'en croyons pas moins exacte et complète. Elle n'a rien d'arbitraire, et nous rencontrons ici l'occasion d'appliquer aux énoncés des dogmes les observations si utiles de Pascal lui-même encore sur les définitions et sur la distinction établie par les logiciens entre les définitions de chose et les définitions de nom : *On ne reconnaît*, dit-il, *en géométrie que les seules définitions que les logiciens appellent définitions de nom, c'est-à-dire que les seules impositions de nom aux choses qu'on a clairement désignées en termes parfaitement connus, et je ne parle que de celles-là seulement. Leur utilité et leur usage est d'éclaircir et d'abréger le discours, en exprimant par le seul nom qu'on impose ce qui ne pourrait se dire qu'en plusieurs termes : en sorte néanmoins que le nom imposé demeure dénué de tout autre sens, s'il en a, pour n'avoir plus que celui auquel on le destine uniquement. D'où il paraît que les définitions sont très libres, et qu'elles ne sont jamais sujettes à être contredites, car il n'y a rien de plus permis que de donner à une chose qu'on a clairement désignée un nom tel qu'on voudra. Il faut seulement prendre garde qu'on n'abuse de la liberté qu'on a d'imposer des noms en donnant le même à deux choses différentes* (II, 280, 281).

Ici Pascal recommande de substituer mentalement la définition au défini.

Voici les règles qu'il prescrit relativement aux définitions et aux axiomes :

Règles pour les définitions. — *1. N'entreprendre de définir aucune des choses tellement connues d'elles-mêmes, qu'on n'ait point de termes plus clairs pour les expliquer. — 2. N'omettre aucun des termes un peu obscurs ou équivoques, sans définition. — 3. N'employer dans la définition des termes que des mots parfaitement connus, ou déjà expliqués.*

Règles pour les axiomes. — *1. N'omettre aucun des principes nécessaires sans avoir demandé si on l'accorde, quelque clair et évident qu'il puisse être. — 2. Ne demander, en axiomes, que des choses parfaitement évidentes d'elles-mêmes* (II, 301).

*Cette judicieuse science* (la géométrie) *est bien éloignée de définir ces mots primitifs, espace, temps, mouvement, égalité, majorité, diminution, tout, et les autres que le monde entend de soi-même. Mais, hors ceux-là, le reste des termes qu'elle emploie y sont tellement éclaircis et définis, qu'on n'a pas besoin de dictionnaire pour en entendre aucun ; de sorte qu'en un mot tous ces termes sont parfaitement intelligibles, ou par la lumière naturelle ou par les définitions qu'elle en donne* (II, 286).

*..... Combien y en a-t-il... qui croient avoir défini le mouvement quand ils ont dit : « Motus nec simpliciter actus, nec mera potentia est, sed actus entis in potentia! » Et cependant s'ils laissent au mot de mouvement son sens ordinaire comme ils font, ce n'est pas une définition, mais une proposition ; et, confondant ainsi les définitions qu'ils appellent définitions de nom, qui sont les véritables définitions libres, permises et géométriques, avec celles qu'ils appellent définitions de chose, qui sont proprement des propositions nullement libres, mais sujettes à contradiction, ils s'y donnent la liberté d'en former aussi bien que des autres ; et chacun définissant les mêmes choses à sa manière, par une liberté qui est aussi défendue dans ces sortes de définitions que permise dans les premières, ils embrouillent toutes choses, et perdant tout ordre et toute lumière, ils se perdent eux-mêmes et s'égarent dans des embarras inexplicables.*

*On n'y tombera jamais en suivant l'ordre de la géométrie.*

D'après ces observations la définition de la substance n'est pas pour nous une de ces définitions libres qui n'ont d'autre valeur que celle des propositions susceptibles d'être contestées, car nous imposons le nom de *substance*, non pas à une chose qui n'existe que dans l'esprit, à un simple concept, mais à une chose qui existe hors de l'esprit. Nous appelons de ce nom une chose donnée hors de nous ainsi qu'en nous comme condition nécessaire du monde phénoménal, accidentel, lequel, n'existant pas par soi, requiert pour exister un antécédent existant *par soi*. Mais pour le théologien ce qui existe par soi ne pouvant être que Dieu même, et l'être de Dieu n'appartenant en rien au monde accidentel tiré du néant, l'être de ce monde, l'être qui le conditionne n'existe pas par soi, nécessairement. Œuvre arbitraire de son créateur, il pourrait aussi bien n'exister pas qu'exister. De là, la nécessité d'établir certaines distinctions dans le sens du mot *substance*. Il résulte des définitions données par saint Thomas (t. I, q. 3, p. 127; — q. 4, p. 129; — q. 25, p. 245; — q. 29, p. 250 et 251), qu'il applique ce vocable à diverses choses. Il y a selon lui diverses substances : 1° les *substances*, en général, les *suppôts*, qui soutiennent et individualisent les accidents; 2° les *substances premières* ou *hypostases*, lesquelles s'individualisent par elles-mêmes, non par quelque autre substance. En tant qu'elles n'existent pas dans autre chose, qu'elles existent *en elles-mêmes*, elles sont encore appelées *subsistances*; 3° la substance qui existe non pas seulement en elle-même, mais, en outre, *par elle-même, l'être par soi* (Dieu), subsistance unique en son genre. Or cette dernière définition remplit seule les conditions de la définition proprement dite, tandis que la seconde est une simple proposition. Il s'agit de savoir si cette distinction de la substance *en soi* et de la substance *par soi* a son fondement dans la réalité. Tout l'ensemble des accidents, toute la nature phénoménale peut-elle être soutenue par quelque chose, exister dans quelque chose qui n'existe pas par soi, c'est-à-dire nécessairement? On ne saurait l'admettre que si l'on accorde la création *è nihilo*; car, si on ne l'accorde pas, c'est que l'esprit ne peut concevoir que l'univers ait eu un commencement et soit susceptible d'un complet anéantissement; ce qui est y reconnaître et y exiger quelque chose d'éternel, partant de nécessaire.

Il résulte de l'examen précédent que la définition orthodoxe de la substance est une définition de mot, non de chose et, par suite, une simple proposition, l'affirmation d'un fait dont la réalité demeure problématique.

Pour le dogme de l'Eucharistie, si l'on consulte les premiers textes où il est formulé, on constate que le principe de contradiction y est applicable, quelque définition de la substance qu'on adopte. En effet, voici la formule édictée par le Concile de Trente (*Précis de la Doctrine catholique par le R. P. Wilmers, S. J., théologien au Concile du Vatican, chez Mame, Tours*) : *Jésus-Christ est présent dans la Sainte Eucharistie par transsubstantiation, c'est-à-dire par le changement de la substance entière du pain et du vin en son corps et en son sang.* Substance entière, cela signifie qu'ici le changement est la conversion de tout ce que sont le pain et le vin en ce qui constitue le corps et le sang de Jésus-Christ. Or une pareille conversion est, en réalité, la substitution d'une chose à une autre, substitution qui n'est réalisée qu'autant que la seconde s'est anéantie pour faire place à la première. *La cessation des substances*, dit le R. P. Wilmers (p. 376), *ne doit pas être considérée comme une annihilation, mais comme un vrai changement, et parce qu'elle n'a pas pour terme un néant, mais une autre substance, et parce que les espèces du pain et du vin restent telles qu'elles étaient avant le changement de substance.* Il est évident que le pain et le vin, aliénant leur substance entière, n'en gardent rien et par conséquent s'anéantissent. Quant à la persistance de leurs apparences ou espèces, il est évident aussi qu'elle est incompatible avec cet anéantissement (elle est miraculeuse, de l'aveu même de l'auteur). La formule dogmatique revient donc à dire : « Jésus-Christ est présent dans un néant de pain et de vin », assertion contradictoire, quelle que soit la substance de ces aliments.

Nous allons maintenant susciter à notre critique des formules dogmatiques, fondée sur le principe de contradiction, certaines objections qui pourraient ne pas venir spontanément à l'esprit de tous les lecteurs, de ceux que l'objet métaphysique n'a pas spécialement préoccupés.

## IV

Pascal n'eût pas été surpris que les vérités religieuses parussent répugner à la raison et il a prévenu lui-même que les principes énoncés par lui dans son opuscule *De l'Esprit géométrique* ne concernent pas la démonstration de ces vérités. Il dit, en effet :

*Je ne parle pas ici des vérités divines, que je n'aurais garde de faire tomber sous l'art de persuader, car elles sont infiniment au-dessus de la nature ; Dieu seul peut les mettre dans l'âme, et par la manière qu'il lui plaît. Je sais qu'il a voulu qu'elles entrent du cœur dans l'esprit, et non pas de l'esprit dans le cœur, pour humilier cette superbe puissance du raisonnement, qui prétend devoir être juge des choses que la volonté choisit, et pour guérir cette volonté infirme, qui s'est toute corrompue par ses sales attachements. Et de là vient qu'au lieu qu'en parlant des choses humaines, on dit qu'il faut les connaître avant que de les aimer, ce qui a passé en proverbe, les saints au contraire disent, en parlant des choses divines, qu'il faut les aimer pour les connaître, et qu'on n'entre dans la vérité que par la charité, dont ils ont fait une de leurs plus utiles sentences. En quoi il paraît que Dieu a établi cet ordre surnaturel, et tout contraire à l'ordre qui devait être naturel aux hommes dans les choses naturelles. Ils ont néanmoins corrompu cet ordre en faisant des choses profanes ce qu'ils devaient faire des choses saintes, parce qu'en effet nous ne croyons presque que ce qui nous plaît. Et de là vient l'éloignement où nous sommes de consentir aux vérités de la religion chrétienne, tout opposée à nos plaisirs. Dites-nous des choses agréables et nous vous écouterons, disaient les Juifs à Moïse; comme si l'agrément devait régler la créance! Et c'est pour punir ce désordre par un ordre qui lui est conforme, que Dieu ne verse ses lumières dans les esprits qu'après avoir dompté la rébellion de la volonté par une douceur toute céleste qui la charme et qui l'entraîne.*

*Je ne parle donc que des vérités de notre portée; et c'est d'elles que je dis que l'esprit et le cœur sont comme les portes par où elles sont reçues dans l'âme, mais que bien peu entrent par l'esprit, au lieu qu'elles y sont introduites en foule par les caprices téméraires de la volonté, sans le conseil du raisonnement* (II, 296-297).

On voit par cette citation que, pour Pascal, les vérités divines répugnent à la raison humaine, non point parce qu'elles y sont contraires, mais parce qu'elles en dépassent la portée et sont infiniment au-dessus de la nature, c'est-à-dire de toute intelligence créée. De cette disproportion il résulte que la tentative de les exprimer humainement aboutit toujours à une formule contradictoire. Pascal l'a implicitement reconnu comme nous allons le rappeler. Sans doute il n'avait pas songé qu'on pourrait appliquer sa propre règle à la critique des dogmes catholiques, mais, s'il en eût été averti, nous avons lieu de penser qu'il n'eût pas été étonné que cette règle y décelât des contradictions. Nous savons, en effet, qu'il avait pressenti les antinomies propres aux jugements métaphysiques. On en trouve le témoignage dans sa *Pensée* déjà citée : *Incompréhensible que Dieu soit et incompréhensible qu'il ne soit pas* (II, 126). Ces antinomies, signalées par Kant, ont été contestées par plus d'un métaphysicien, mais non par des arguments assez péremptoires pour n'avoir laissé aucune inquiétude dans l'esprit des autres penseurs. Aussi, après avoir relevé les contradictions impliquées dans les énoncés dogmatiques et en avoir inféré avec tant d'assurance que toute signification y est abolie, tout sens annulé, serions-nous bien téméraire et coupable d'une insigne légèreté, si nous n'étions pas en mesure de justifier une pareille assertion en prouvant que ces énoncés ne peuvent bénéficier de l'exceptionnelle invalidité du principe de contradiction appliqué aux jugements métaphysiques. Les dogmes doivent être critiqués avec beaucoup de précaution, car un grand nombre d'esprits considérables y sont attachés. Nous allons donc nous expliquer aussi clairement qu'il nous sera possible sur ce point capital.

Ainsi les croyants, mis en demeure d'avouer que les énoncés des dogmes catholiques sont contradictoires pour l'esprit qui les analyse, ne seront pas désarçonnés s'ils peuvent invoquer l'argument suivant : Lors même qu'une donnée métaphysique n'est pas illusoire, lors même qu'elle est réelle, elle ne peut être conçue et formulée par l'esprit humain qu'en termes incompatibles, contradictoires, comme si l'homme était averti par là qu'il abuse de sa puissance intellectuelle limitée en l'exerçant sur des objets qui en passent la portée. Cette proposition nous l'accordons, et pour fixer les idées du lecteur nous allons fournir nous-même divers exemples des singularités qu'elle vise.

Tout d'abord citons l'incompatibilité entre le concept fondamental de l'être nécessaire, en métaphysique, et la constatation empirique de son perpétuel changement d'état, manifesté par le Cosmos, par le monde phénoménal. Logiquement la nécessité de l'être en implique l'immutabilité; or l'expérience dément la logique. A ce sujet, rappelons les antinomies mises en évidence par Kant; et entre autres celle qu'il signale entre l'affirmation rationnelle et la négation non moins rationnelle d'un commencement au processus universel, au *devenir* cosmique. Autant que l'origine, l'essence du devenir confond la raison humaine. Assurément ce qui existe à l'état de devenir n'est pas rien, mais lorsqu'on tente de le définir, on ne le peut qu'en l'affirmant comme l'état d'une chose qui n'existe pas encore sans toutefois être nulle, comme un milieu contradictoire entre la non-existence et l'existence. Ainsi, dans l'expression mathématique du *devenir*, l'infiniment petit, grandeur non réalisée, mais en formation et qui, à ce titre, n'est pas zéro, n'est pourtant pas susceptible de diminution, car il a pour propriété d'être moindre que toute grandeur assignable[1]. Citons, dans l'ordre moral, le libre arbitre : il est attesté réel par la conscience; néanmoins il suppose un acte non prescrit par la nature de l'agent, c'est-à-dire un acte indépendant de ce qu'est l'agent. Spinoza évite la contradiction en admettant, au contraire, qu'un agent se sent d'autant moins contraint et par suite d'autant plus libre que ses actes sont plus adéquats à sa nature. Cette adéquation même rend inconsciente chez l'agent

---

1. Pour le rendre représentable, les mathématiciens y substituent l'*indéfiniment* petit, qui est une variable finie équivalant à l'infiniment petit par la propriété de décroître au-dessous de toute valeur finie assignable.

les causes qui le déterminent et par là crée en lui l'illusion d'une initiative indéterminée, de ce qu'on appelle le libre arbitre. Nous avons, dans une étude intitulée *Le Problème des Causes finales* [1], cité plusieurs autres exemples de propositions contradictoires résultant de l'application de la pensée humaine à des données métaphysiques.

Nous sommes donc tout disposé à admettre qu'il ne suffit pas de relever des contradictions dans un énoncé dogmatique relatif à la divinité, objet métaphysique par excellence, pour être en droit d'en inférer que le dogme ne répond à aucune réalité. Mais dans ce même opuscule nous avons distingué avec soin le cas où la contradiction décèle une réalité métaphysique du cas où elle dénonce l'absence de toute réalité : « Est métaphysique, y disons-nous, toute donnée reconnue inaccessible soit aux sens, soit à la conscience, soit à l'observation externe, soit à l'observation interne. » Ajoutons qu'une telle donnée est inaccessible à ces moyens de connaître, quelle que soit d'ailleurs la puissance propre de ceux-ci. De ce qu'un astre échappe au regard par sa distance de la terre on ne saurait conclure qu'il est métaphysique à ce titre et qu'il cesserait de l'être si le télescope était perfectionné. La raison pourquoi la donnée métaphysique est inaccessible à l'observation humaine est essentielle : c'est qu'une telle donnée n'est pas du ressort de celle-ci. L'être, en effet, considéré en soi, abstraction faite de ses actes, n'impressionne pas notre sensibilité (soit physiologique, soit morale), et ses actes, qui seuls l'impressionnent, se bornent à permettre à la conscience éveillée par eux d'en inférer qu'il existe.

Si la distinction que nous venons d'établir est acceptée, elle est inquiétante pour le croyant, car elle infirme l'argument que lui offrait le caractère métaphysique des dogmes catholiques, caractère qui rendrait inapplicable à leurs énoncés le *criterium* du principe de contradiction. Il lui faut reconnaître, en effet, que tout n'est pas métaphysique dans le concept de la divinité chrétienne, du Dieu fait homme, attendu que ce Dieu est une entité métaphysique sur laquelle se greffent des attributs empruntés à l'essence humaine observée dans ses manifestations empiriques. Dès lors le principe de contradiction appliqué à cette annexe est valable pour ruiner le concept dogmatique de la divinité et les autres dogmes qui s'y rattachent. Nous savons ce que c'est que la bonté, ce que c'est que la justice ; il suffit que

1. Ce petit livre est un échange de lettres avec M. Charles Richet, professeur à l'École de Médecine de Paris (Paris, Félix Alcan, 1903). Voir la dernière lettre.

la conduite d'un être vivant contredise le sens que la conscience humaine assigne aux mots *bonté, justice* pour que nous ne puissions attribuer ces qualités à cet être dans quelque mesure que ce soit. En les attribuant, poussées jusqu'à l'infini, au Dieu chrétien, on les rend plus inconciliables avec les actes qui lui sont prêtés par les dogmes.

Pascal admet évidemment sans discussion que toutes les données des dogmes (mystères et sacrements) sont au même titre métaphysiques et réelles comme les choses qu'il cite : *Le nombre infini. Un espace infini, égal au fini* (I, 189); aussi prétend-il que la répugnance à croire au dogme est imputable à *la vue de notre bassesse.* Tandis qu'elle l'est à une vue tout autre.

*Incroyable que Dieu s'unisse à nous. — Cette considération n'est tirée que de la vue de notre bassesse. Mais si vous l'avez bien sincère, suivez-la aussi loin que moi, et reconnaissez que nous sommes en effet si bas, que nous sommes par nous-mêmes incapables de connaître si sa miséricorde ne peut pas nous rendre capables de lui. Car je voudrais savoir d'où cet animal, qui se reconnaît si faible, a le droit de mesurer la miséricorde de Dieu, et d'y mettre les bornes que sa fantaisie lui suggère. Il sait si peu ce que c'est que Dieu, qu'il ne sait pas ce qu'il est lui-même : et, tout troublé de la vue de son propre état, il ose dire que Dieu ne le peut pas rendre capable de sa communication ! Mais je voudrais lui demander si Dieu demande autre chose de lui, sinon qu'il l'aime en le connaissant ; et pourquoi il croit que Dieu ne peut se rendre connaissable et aimable à lui, puisqu'il est naturellement capable d'amour et de connaissance. Il est sans doute qu'il connait au moins qu'il est, et qu'il aime quelque chose. Donc s'il voit quelque chose dans les ténèbres où il est, et s'il trouve quelque sujet d'amour parmi les choses de la terre, pourquoi, si Dieu lui donne quelque rayon de son essence, ne sera-t-il pas capable de le connaître et de l'aimer en la manière qu'il lui plaira se communiquer à nous ? Il y a donc sans doute une présomption insupportable dans ces sortes de raisonnements, quoiqu'ils paraissent fondés sur une humilité apparente, qui n'est ni sincère, n*[i] *raisonnable, si elle ne nous fait confesser que, ne sachant de nous-mêmes qui nous sommes, nous ne pouvons l'apprendre que de Dieu* (I, 189).

Nous ne croyons pas son indignation justifiée.

V

Une dernière objection s'élève contre notre critique des formules dogmatiques ; nous la trouvons indiquée dans la question suivante de saint Thomas : *Les mêmes expressions s'entendent-elles de Dieu et des créatures dans le même sens ? — Les expressions communes à Dieu et aux créatures ne s'entendent ni dans le même sens ni dans un sens opposé ;*

*mais leur signification est basée sur l'analogie. Voilà ce qu'il faut expliquer. On ne peut rien affirmer de Dieu et des créatures absolument dans le même sens. Si un effet ne demande pas pour sa production toute la vertu de sa cause, il n'en reçoit qu'une ressemblance défectueuse; de sorte que ce qui est multiple et divisé dans les effets peut former dans sa cause une étroite et simple unité...* Cependant elles (les expressions susdites) *ne changent pas essentiellement de signification en changeant de sujet, comme quelques-uns l'ont prétendu : autrement, il serait impossible de rien connaître sur Dieu et de prouver son existence par les créatures. On tomberait à chaque instant dans le sophisme appelé « ambiguïté » des termes. Le Philosophe lui-même s'élèverait contre une pareille doctrine, lui qui a démontré sur Dieu beaucoup de vérités, et saint Paul n'aurait pas pu dire : Les perfections invisibles de Dieu sont devenues visibles par les choses qu'il a faites* (Rom., I, 20). — *Il faut donc enseigner que les noms et les qualificatifs que l'on applique tour à tour à Dieu et aux créatures ne sont ni purement « univoques », ni purement « équivoques ».* — *Que sont-ils? Ils sont « analogues »; ou, en d'autres termes, ils se disent, avec proportion, de la cause et de l'effet.* — *Nous ne pouvons nommer Dieu que par les créatures, comme nous l'avons fait observer plus haut. Dès lors tout ce que nous en disons est fondé sur les rapports des créatures avec leur principe et leur cause, où se trouvent réunies dans une seule et même unité, qui est Dieu même, les perfections de tous les êtres* (t. I, q. 13, p. 173, 174, 175). Ce chapitre de la *Somme*, concernant les noms qui conviennent à Dieu, commence par ces mots : *Pouvons-nous nommer Dieu? .... les noms que nous lui donnerons n'expliqueront pas parfaitement son essence qui est « au-dessus » de tout ce que nous pouvons concevoir par la pensée et exprimer par nos paroles*, et se termine ainsi : *Peut-on former sur Dieu des propositions affirmatives?* — *Une multitude de propositions affirmatives sont de foi, telles que celles-ci : « Dieu est un en trois personnes. — Dieu est tout-puissant. » Donc on peut former des propositions affirmatives sur Dieu.* — *Dieu est simple en lui-même, cela est vrai; mais notre esprit, qui ne peut le saisir tel qu'il est dans son essence, est contraint de le concevoir par des idées multiples. Comme nous n'ignorons pas que la diversité de nos idées se rapporte à une substance une et simple, nous sommes préservés de toute erreur à cet égard, lorsque nous formulons les propositions affirmatives dont nous parlons.*

Ces déclarations sont précieuses et d'une importance capitale. Elles condamnent d'avance tout essai d'exprimer dans le langage humain avec précision et clarté en quoi consiste l'essence divine, parce que les seules idées que puisse exprimer ce langage sont humaines et à ce titre ne sauraient être adéquates à cette essence. Tout au plus, en pareil cas, un homme peut-il par la parole indiquer aux autres l'objet de sa pensée, orienter la leur vers Dieu, les laissant communiquer avec lui par eux-mêmes, s'ils y sont aptes. Les philosophes ne font pas davantage quand ils spéculent sur l'être en soi et par soi. En inférant du concept de cet être qu'il n'a ni limites, ni conditions, ni commencement, ni fin, en d'autres termes : qu'il est infini, absolu, nécessaire, éternel, ils ne nous révèlent en rien de quoi il est constitué, en quoi il consiste, si même il est personnel. Libre à nous de combler cet abîme à notre gré selon nos penchants ou nos besoins moraux ; mais nous sommes avertis que, si nous le remplissons de notre propre moi exalté et élargi, d'attributs humains poussés jusqu'à l'infini, nous nous exposons à composer arbitrairement une immense idole dont les antinomies fondamentales impliquées dans l'être en soi et par soi se compliquent de contradictions accessoires d'ordre empirique et par suite incompatibles avec l'existence même de cette idole. Jugée de ce point de vue, l'extase mystique, c'est-à-dire le simple abandon de l'âme à l'attrait exercé sur elle par la cause ignorée qui explique et justifie l'univers, sans tenter de la définir ni même d'en rien apercevoir distinctement, se laissant pénétrer et envahir par la certitude immédiate qu'elle existe et tient toute chose sous sa dépendance, cette extase est à la fois plus prudente et plus satisfaisante, plus religieuse aussi que la dogmatique la plus subtile. Saint Thomas constate (I, q. 12, p. 159) que : ... *il y a en nous un désir naturel de connaître la cause des effets qui ravissent notre admiration*, et il ajoute : *Il est impossible qu'un tel désir soit vain*... Hélas! nous ne partageons pas son assurance, mais il caractérise par ce désir ce que nous appelons l'aspiration, élan esthétique de l'âme vers un objet d'une perfection indéfinissable. A cette hauteur, où l'homme remonte à la source de sa plus noble émotion, le rêve est également pieux chez le croyant et chez le philosophe devenu poète à son insu. La religion, dans son essence foncière, c'est la métaphysique intéressant le cœur par ce qu'elle lui permet d'espérer et l'oblige à craindre. Toutes les écoles philosophiques, toutes les églises communient par cette définition première et pourraient y trouver un motif profond sinon de conciliation, du moins de tolérance. Comme la divergence des rayons du cercle, celle des doctrines transcendantes témoigne qu'il existe un point de rencontre central où elles convergent toutes. Le fanatisme consiste à l'oublier, à ne sentir que l'écart des professions de foi. Aussi n'attachons-nous qu'une importance secondaire, si grande qu'elle puisse être, aux contradictions que nous avons relevées dans les formules dogmatiques. La foi du chrétien catholique a réellement pour objet, non pas ce que la lettre du dogme offre et refuse en même temps à l'intelligence humaine, expression inévitablement défectueuse, mais l'esprit qui vit sous la lettre et ne peut rien y communiquer de sa substance. La vocation religieuse est la même sous toutes les latitudes : partout vivace dans son germe inné, elle s'attache, sans choix, à la première religion qu'elle rencontre, indépendamment des dogmes, qui varient, comme les cultes, d'une église à l'autre. Elle se rit des exigences de la raison et en déjoue les attaques, invincible et indéracinable. C'est elle qui engendre cet état contemplatif qu'on nomme l'*extase*, où l'âme s'aliène à ce qui demeure, à l'être en soi et par soi, seul éternel, seul immuable, origine et fin de tout ce qui passe, seul objet qui puisse, en se laissant posséder, assouvir le besoin d'une félicité durable et sans trouble. Une telle possession ne se réalise entièrement que pour le mystique. Pour le rationaliste pur, elle est réduite à son minimum, elle se borne au simple concept de l'être métaphysique. Elle s'accroît pour le penseur artiste qui, en outre, perçoit la beauté dans les formes expressives que fait évoluer la virtualité de cet être, cause première de tout le monde phénoménal, c'est-à-dire de cette part du monde accidentel qui tombe sous nos sens et s'y traduit par des apparences. L'homme religieux, qui appelle Dieu la cause première, confère un caractère sacré à son aspiration, laquelle confine à la possession paradisiaque pour le mystique, religieux par excellence.

L'extase n'est pas le privilège d'une des religions; elle est un genre de félicité que toutes procurent, quels que soient leurs dogmes. La foi, condition et ferment du ravissement extatique, dépasse toute formule imposée à son indéfinissable objet et ne gagne rien à la tentative de le représenter. Plus l'essence et la vie divines sont indéterminées, plus aisément le mystique se les approprie et se les rend assimilables. Cette indétermination, au surplus, ne porte que sur la manière d'être, sur la forme (au sens scolastique du mot), non sur l'existence du principe originel de toutes choses. Qu'on lui prête les qualités humaines ou qu'on s'abstienne de le définir, on n'en reconnaît pas moins qu'il existe. Aussi la racine du sentiment religieux, ce qui fournit à l'adoration son objet divin, est-ce une donnée réelle, indéniable. Les croyants qui se représentent Dieu comme un père plein de sollicitude pour sa progéniture sont les plus heureux des hommes. Incrédule sur ce point, le poète en nous les envie. Il en a le droit, car il n'a pas les mêmes obligations que les philosophes et les savants de profession dont la raison d'être est de chercher la vérité et qui, partant, la doivent aux autres comme à eux-mêmes; sa fonction normale est d'oublier et de faire oublier l'odieux de la réalité. Aussi bien ses ressources pour créer sont plus larges, car, si l'intelligence a des bornes, l'on ne saurait en assigner à la sensibilité non plus qu'à l'imagination inventive. Son œuvre, en outre, est bienfaisante sans mélange; il procure, en effet, par le rêve l'illusion d'un bonheur supra-terrestre, laquelle, aussi longtemps qu'elle dure, est indiscernable de ce bonheur même, et l'industrie n'emploie les inventions poétiques à fabriquer ni des poisons ni des explosifs meurtriers.

# ANNEXE

EXAMEN DU DISCOURS SUR LES PASSIONS DE L'AMOUR[1].

Ce fut un grand émoi dans le monde des philosophes et des lettrés lorsque, en 1842, Cousin tira d'un sommeil de deux cents ans et publia dans la *Revue* le *Discours sur les passions de l'amour*. On sait qu'il ne s'agit nullement d'un discours au sens qu'on attache le plus souvent à ce mot aujourd'hui, c'est-à-dire d'une suite ordonnée de réflexions visant un même objet ; il s'agit d'un groupe fort confus de pensées et d'observations sur des matières qui, sans être, au fond, étrangères les unes aux autres, ne se rapportent pas toutes directement à l'amour. Le nœud qui lie ces fragments entre eux est parfois lâche, dissimulé, d'ailleurs, par le pêle-mêle qui les sépare ou les rapproche au hasard. Le manuscrit original a disparu ; Cousin n'en a trouvé qu'une copie dans un recueil où ils sont attribués à Pascal. Peut-être Pascal les avait-il écrits sur des lambeaux de papier réunis sans ordre, comme ses autres pensées, et le copiste les aurait reproduits dans leur succession chaotique. Peut-être aussi Pascal les avait-il rédigés sur un même cahier, mais sans composition, à mesure que les idées lui venaient à l'esprit. Quoi qu'il en soit, tels que nous les lisons, ces fragments sont comparables aux pièces brouillées d'un jeu de patience, dont l'arrangement rétabli représenterait un

---

1. Article de la *Revue des Deux Mondes*, numéro du 15 juillet 1890.

visage. Il y a plus : si, examinant les sujets distincts que Pascal y aborde, on est curieux de reconstituer sur chacun d'eux sa doctrine, il en faut aller chercher les éléments épars, non pas dans les seuls morceaux qui concernent spécialement le sujet considéré, mais jusque dans des parcelles de certains autres qui n'y touchent qu'incidemment par quelque point. Encore doit-on être attentif à ne pas altérer le sens de ces parcelles en les transposant. C'est ce travail assez minutieux que nous avons tenté, avec un scrupule égal à notre défiance de nos forces, avec un intérêt qui récompensait notre effort.

N'aurions-nous pas été dupe de nos soins? Ce discours est-il réellement l'œuvre de Pascal? On a douté qu'il le fût; de graves esprits en doutent encore. L'autorité de Cousin même ne suffit point à les rassurer. Les raisons sur lesquelles il s'appuie pour en affirmer l'authenticité sont, de leur propre aveu, très spécieuses. Toutefois, l'auteur d'une trouvaille si importante est naturellement enclin à n'en pas suspecter la valeur; à son insu, sa bonne foi a pu se laisser séduire par son attachement paternel à sa découverte. Mais d'autres maîtres, de la plus haute compétence, partagent l'avis de Cousin. Pour n'en citer qu'un, Ernest Havet, dont le témoignage est considérable ici, n'hésite point à épouser l'affirmation de l'illustre philosophe. Alors même que de tels garants ne nous imposeraient pas leur sécurité, et que nous en fussions réduit à notre propre critique, l'origine de ce discours nous apparaîtrait encore avec une pleine évidence. Nous n'y pouvons relever une seule phrase, un seul mot qui ne sente la façon de Pascal. Cependant, nous sacrifierions volontiers cet argument tiré du style; dans les productions de l'art, les parfaites ressemblances fortuites sont rares, mais les habiles pastiches ne manquent pas, et nous sommes obligé de convenir que les qualités de forme ne sont pas des marques de fabrique indiscutables; en peinture, par exemple, de fréquents débats l'attestent suffisamment. Encore moins alléguerions-nous la répétition, dans ce discours, de certaines sentences du recueil des *Pensées*; on nous répondrait qu'un faussaire ne devait pas négliger ce facile moyen de faire illusion. Nous nous en tiendrions au signe le plus intime, le seul inimitable, de l'individualité, au caractère de la pensée même. Enfin, dût-on nous contester ce gage encore, nous nous consolerions de notre erreur par le profitable commerce que nous aurions eu avec un penseur qui serait le sosie de Pascal, avec un esprit jumeau de son génie; nous nous résignerions à n'avoir été mystifié que par son égal.

Voici, en langage moderne, les sujets dont il est question dans le *Discours sur les passions de l'amour* : les fins de la vie humaine, les éléments et l'idéal du bonheur; la définition générale et le classement fondamental des passions, les caractères de l'amour humain, le rôle que la pensée y joue; la beauté corporelle et ses rapports avec l'âme, la physionomie; le beau et la grâce en général; le goût, l'idéal de la beauté pour l'individu; l'œuvre d'art; comment naît et se communique l'amour.

*L'homme est né pour penser* (II, 251)[1]. — *Qui doute... si nous sommes au monde pour autre chose que pour aimer?* (II, 253.) — *L'homme est né pour le plaisir; il le sent, il n'en faut point d'autres preuves* (II, 254).

Ainsi, penser, aimer, prendre du plaisir, telle est, selon Pascal, la triple fin de la vie humaine. S'y conformer, c'est donc *suivre la raison* (II, 254), comme c'est faire son bonheur.

Voilà la passion légitimée au même titre que l'effort intellectuel, excusée d'ailleurs par son essence même : *elle ne peut pas être sans excès; de là vient qu'on ne se soucie plus de ce que dit le monde, que l'on sait déjà ne devoir pas condamner notre conduite puisqu'elle vient de la raison* (II, 259).

Ces trois éléments du bonheur de l'homme sont liés entre eux. D'une part, en effet, l'exercice *uni* et tendu de la *pensée pure* ne suffit pas à le contenter, *il est nécessaire qu'il soit quelquefois agité de passion, dont il sent dans son cœur des*

[1]. Nos citations sont tirées de la grande édition d'Ernest Havet.

*sources si vives et si profondes* (II, 251). D'autre part, si l'amour était *aveugle* comme le font *les poètes* (II, 260), si l'on en pouvait exclure l'intelligence, *nous serions des machines très désagréables* (II, 260). L'amour applique donc à son objet la pensée. Il l'y applique d'une façon qui lui est propre, d'une façon partiale et *précipitée*; il n'en est pas moins intellectuel et affectif indivisément; au fond *l'amour et la raison n'est qu'une même chose* (II, 259). Enfin, le plaisir qui ne doit rien ni à l'esprit ni au cœur, la simple sensation agréable, n'est pas celui que vise ici Pascal. Il distingue, en effet, le plaisir vrai du plaisir faux; l'un ou l'autre *peut remplir également l'esprit, car qu'importe que ce plaisir soit faux, pourvu qu'on soit persuadé qu'il est vrai ?* (II, 254.) Il est évident que cette distinction est inapplicable à la volupté et qu'elle convient seulement à la joie. Il n'y a pas joie sans jugement qui la détermine, lequel peut être vrai ou faux. Pascal remarque que la joie dépend, non de la vérité du jugement, mais de la foi qu'on y accorde.

Bien que solidaires, les trois éléments du bonheur : pensée, amour, plaisir, ne coexistent pas toujours. Ils ne se rencontrent simultanément que chez les âmes médiocres, et alors sans plénitude, car ces âmes-là *sont machines partout* (II, 252). Une âme supérieure, au contraire, ne peut pas satisfaire à la fois les deux passions qui se la partagent, *l'amour et l'ambition* (II, 251) (cette ambition, qui est la pensée et l'action, se proposant les plus vastes et les plus hauts objets). Ces deux passions, en effet, sont incompatibles, même lorsque leurs objets s'identifient : *Quand on aime une dame sans égalité de condition, l'ambition peut accompagner le commencement de l'amour, mais en peu de temps il devient le maître,.. il faut que toutes les passions ploient et lui obéissent* (II, 255). L'âme, si étendue qu'en soit la capacité, ne peut contenir qu'une grande passion. *C'est pourquoi, quand l'amour et l'ambition se rencontrent, elles ne sont grandes que de la moitié de ce qu'elles seraient s'il n'y avait que l'une ou l'autre* (II, 251), en d'autres termes, moins géométriques, elles se partagent l'âme aux dépens l'une de l'autre. Force est donc à ces deux passions, pour s'y épanouir entièrement, de s'y succéder, encore qu'elles soient l'une et l'autre de tous les âges à partir de la vingtième année. *L'amour n'a point d'âge, il est toujours naissant* (II, 255). La vie ne compte, aux yeux de Pascal, que depuis la parfaite éclosion de la raison, *devant ce temps on est enfant...* (II, 252). Quand l'amour possède une grande âme, il la possède donc exclusivement tout entière. Mais il a dû la prendre de force et, une fois qu'il y est, il y reste. *Les grandes âmes ne sont pas celles qui aiment le plus souvent; c'est d'un amour violent que je parle, il faut une inondation de passion pour les ébranler et pour les remplir. Mais quand elles commencent à aimer, elles aiment beaucoup mieux* (II, 260).

*Qu'une vie est heureuse quand elle commence par l'amour et finit par l'ambition!* (II, 252.) — *C'est l'état le plus heureux dont la nature humaine est capable* (II, 252).

Voilà donc l'idéal du bonheur pour Pascal, tel, du moins, qu'il l'a senti et conçu pendant quelques mois vers l'âge de trente ans, au contact brûlant du monde. Ce cri dans sa bouche étonne et, à coup sûr, il eût été impossible de le lui prêter par simple induction avant la mise au jour du document que nous étudions. Quelle fortune de surprendre ce songeur, austère jusqu'à l'ascétisme, dans le seul moment, peut-être, de toute sa vie où tout l'homme en lui a été rendu à lui-même, à la nature, qui n'avait encore pleinement possédé que le physicien !

Des deux passions antagonistes qui, opportunément satisfaites, concourent au bonheur, c'est l'amour seul que Pascal considère dans ce précieux document. Aussi bien l'amour est *la passion la plus naturelle à l'homme* (II, 255), et Pascal y est tellement prédisposé qu'il suffit, selon lui, d'en parler pour le sentir. Mais qu'est-ce qu'une passion ? *Les passions ne sont que des sentiments et des pensées qui appartiennent purement à l'esprit (à l'âme), quoiqu'elles soient occasionnées par le corps* (II, 252). Ce sont des sentiments, en effet, car elles sont irréductibles pour la conscience à la sensation qui procède immédiatement des nerfs. Ce sont aussi des pensées, car elles impliquent jugement; on ne craint ni n'espère sans motifs, on prise ce qu'on aime. Elles ont toutefois une origine corporelle, un antécédent physique, intermédiaire entre l'âme et le monde extérieur, à savoir l'impression, qui, traduite en sensations, les fait communiquer avec leur objet, ou, traduite en besoins, leur en suggère du moins la recherche.

La définition de Pascal est donc très complète. Il distingue deux espèces contraires de passions : *Il y a des passions qui resserrent l'âme et la rendent immobile, et il y en a qui l'agrandissent et la font répandre au dehors* (II, 259). L'homme qu'animent celles-ci s'oublie par attachement à ce qu'il aime. *L'on devient magnifique sans l'avoir jamais été. Un avaricieux même qui aime devient libéral et il ne se souvient pas d'avoir jamais eu une habitude opposée* (II, 259). Ce n'est d'ailleurs pas toujours le besoin d'aimer qui, même en amour, nous met en campagne, ce peut être une ambitieuse présomption : *Nous avons une source d'amour-propre qui nous représente à nous-mêmes comme pouvant remplir plusieurs places au dehors; c'est ce qui est cause que nous sommes bien aises d'être aimés* (II, 255). Pascal range sans doute parmi les premières passions l'effroi stupéfiant, la défiance hésitante et, en général, toutes celles où l'égoïsme rappelle l'âme à elle-même et la met sur ses gardes. Les secondes, *les passions de feu* (II, 252), correspondraient à l'amour, à la charité, à ce qu'Auguste Comte a nommé *l'altruisme*, et, en outre, à l'ambition dans le sens d'ardente aspiration vers tous les objets de l'activité humaine. Cette distinction est profonde, car elle repose sur la plus essentielle activité de l'âme, sur son double mouvement dans ses rapports avec le monde, mouvement d'expansion ou de retraite, d'exploration ou de recul.

Pascal a dit ailleurs : *L'homme n'est ni ange ni bête...* (I, 100). L'amour, par son origine, n'est pas platonique, *il se détermine autre part que dans la pensée* (II, 261). Le sexe y règle les démarches : *Ce n'est point un effet de la cou-*

*tume, c'est une obligation de la nature que les hommes fassent les avances pour gagner l'amitié des dames* (II, 259), selon Montaigne rappelé par Pascal. En tant que passion, l'amour est *occasionné par le corps* (II, 261); mais il n'en est pas moins, au même titre de passion, un sentiment, et comme tel, tout psychique. C'est l'état de l'âme, l'affection purement morale que Pascal envisage dans l'amour et qui est pour lui l'amour *humain, la passion la plus convenable à l'homme* (II, 251), être pensant. A ce point de vue restreint, *l'amour ne consiste que dans un attachement de pensée* (II, 261). C'est-à-dire dans une pensée non pas seulement *attentive* à son objet, ce qui ne serait encore qu'intellectuel, mais *attachée* à lui, ce qui suppose un lien affectif. *L'homme seul est quelque chose d'imparfait; il faut qu'il trouve un second pour être heureux* (II, 255). Pascal tire immédiatement de cette définition de l'amour humain une conséquence intéressante : *L'amour ne consistant que dans un attachement de pensée, il est certain qu'il doit être le même par toute la terre. Il est vrai que, se déterminant autre part que dans la pensée, le climat peut ajouter quelque chose, mais ce n'est que dans le corps* (II, 261).

La fonction de la pensée dans l'amour, le tribut de l'esprit au cœur, préoccupent tout spécialement Pascal; on serait bien étonné qu'il s'y montrât indifférent. C'est, en effet, d'après sa définition même de la passion, l'esprit qui présente au cœur son objet. On conçoit dès lors que *la netteté de l'esprit cause aussi la netteté de la passion. Un esprit grand et net aime avec ardeur. A mesure qu'on a plus d'esprit, les passions sont plus grandes,.. les passions de feu,.. car pour les autres elles se mêlent souvent ensemble et causent une confusion très incommode, mais ce n'est jamais dans ceux qui ont de l'esprit. Dans une grande âme tout est grand... Quand on a plus de vue, on aime jusqu'aux moindres choses, ce qui n'est pas possible aux autres. Il faut être bien fin pour remarquer cette différence* (II, 252). — Il convient de rapprocher de cette observation cette autre *Pensée* de Pascal, qui n'appartient pas au présent discours :

*A mesure qu'on a plus d'esprit, on trouve qu'il y a plus d'hommes originaux. Les gens du commun ne trouvent pas de différence entre les hommes* (I, 95).

La personne aimée ne ressemble à aucune autre. On la préfère aux autres précisément parce qu'elle en diffère, et l'esprit s'ingénie à découvrir les différences qui justifient la préférence du cœur et constituent l'originalité de cette personne aimée. Mais le cœur, dès qu'il aime, ne permet plus à l'esprit de s'occuper d'autres originalités, d'en apercevoir d'autres ailleurs et de les dégager ; ce qui fait dire à Pascal dans notre discours : *A mesure qu'on a plus d'esprit, l'on trouve plus de beautés originales, mais il ne faut pas être amoureux, car quand l'on aime, l'on n'en trouve qu'une* (II, 256). — Cette admiration exclusive ne languit pas, grâce à l'activité de l'esprit qu'elle exerce sans cesse : *Le secret d'entretenir une passion, c'est d'occuper toujours l'esprit de son objet* (II, 257). Et cette occupation fournit à l'amant plus de ressources pour faire sa cour : *Quoique ce soit une même passion, il y faut de la nouveauté; l'esprit s'y plaît, et qui sait se la procurer sait se faire aimer* (II, 257). La passion, aiguisée par l'esprit, le stimule à son tour, parce que c'est de lui qu'elle reçoit son objet : *L'amour donne de l'esprit parce qu'il faut de l'adresse pour réussir, pour se renouveler et plaire. Il faut plaire, et on plaît* (II, 255).

Pascal ne se contente pas de signaler l'importance de l'esprit en amour, il recherche quelles aptitudes intellectuelles y trouvent spécialement leur emploi. C'est *l'esprit de finesse* (II, 252), *l'esprit de géométrie, la délicatesse* (II, 252-256). Or il suffit de bien entendre les définitions qu'il donne de ces trois modes de la pensée pour reconnaître que, selon lui, l'amour exerce l'intelligence tout entière, dans sa puissance d'intuition et de logique, d'analyse et de synthèse. Toutefois, dans un entretien d'amour si redevable au cerveau, qu'on ne s'alarme pas pour la grâce et la chaleur du langage! En effet : « *Quand on a l'un et l'autre esprit tout ensemble* (de géométrie et de finesse), *que l'amour donne de plaisir! Car on possède à la fois la force et la flexibilité de l'esprit, qui est très nécessaire pour l'éloquence de deux personnes* (II, 252). Si l'on rapproche ce fragment du suivant : *En amour un silence vaut mieux qu'un langage; il est bon d'être interdit...* (II, 258), on ne voit pas tout de suite le moyen de les concilier; mais on reconnaît vite que dans le premier cas il s'agit de plaire, de remporter des victoires sur le cœur dans des escarmouches brillantes ou des rencontres heureusement ménagées, et, dans le second cas, d'assurer à son propre cœur sa conquête, d'en fixer l'étendue et d'en faire accepter les conséquences. Il y a loin encore de s'être rendu agréable à s'être rendu cher; il ne faut pas s'y tromper, toute méprise serait un recul, une défaite. Le silence est expressif sans rien compromettre. On ne risque l'aveu qu'après en avoir préparé le succès par la persuasion. L'esprit de géométrie vient à la rescousse; moins insinuant, il est plus pressant, il convainc. *Il a des vues lentes, dures et inflexibles* (II, 252). De sorte qu'il pousse à merveille dans leurs derniers retranchements tous les faux-fuyants dilatoires. Il investit la place et l'enveloppe de ses parallèles progressives et sûres jusqu'à ce qu'elle se rende.

La dialectique est d'autant plus puissante en amour qu'elle a l'amour même pour complice, ce qui la dispense d'être aussi rigoureuse que pour démontrer le théorème du carré de l'hypoténuse; elle a tout le prestige de sa fonction sans en assumer tous les devoirs. L'amoureux, en effet, ne lui demande guère que de spécieux sophismes, et elle excelle à lui en fournir. Un géomètre qui se prendrait trop au sérieux se fourvoierait, car la coquetterie élude les définitions trop exactes qui la déconcertent et les déductions trop serrées qui l'engagent, et l'ingénuité démonte les syllogismes. Ajoutons que, en amour, quand on a convaincu géométriquement, rien n'est fait si l'on n'est point en voie de plaire; le consentement se dérobe, s'échappe par la tangente, et le solide édifice des arguments demeure debout, inébranlable mais désert. Conquérir la volonté ne sert même de rien. La meilleure volonté d'aimer ne fait pas aimer.

Toute consultation sur ce sujet est vaine : *L'on demande s'il faut aimer. Cela ne se doit pas demander, on le doit sentir. L'on ne délibère pas là-dessus, l'on y est porté, et l'on a le plaisir de se tromper quand on consulte* (II, 252). La femme doit être déjà persuadée pour consentir à se laisser convaincre ; elle y consent alors volontiers, car on lui rend le service de motiver ses entraînements par des raisons, ce qui rassure sa conscience.

Persuader, au fond, c'est plaire. Or pour découvrir les moyens de plaire, il faut pénétrer dans l'âme du sujet afin de lui faire honneur de ses qualités, de flatter au besoin ses défauts. La même sagacité est nécessaire pour interpréter un sourire ou une larme que pour instituer la théorie de l'arc-en-ciel ou de la rosée. C'est le même *esprit de finesse* (II, 252), propre au physicien, qui démêle les choses de l'amour ; il ne fait que changer d'objet, car, après tout, il s'agit, dans un cas comme dans l'autre, de bien analyser, puis de synthétiser les éléments fournis par l'analyse de manière à reconstituer leur ordre naturel. On n'a pas seulement affaire, comme en géométrie, à des suites logiques d'idées abstraites, mais bien à des trames de faits particuliers et concrets. Il ne s'agit plus de définir et de déduire, mais d'observer et d'induire. On doit d'abord embrasser le phénomène physique ou l'état moral qu'on étudie dans toute la complexité de ses conditions, afin de ne rien laisser échapper qui puisse servir à l'expliquer. On doit ensuite l'expliquer, c'est-à-dire découvrir autant par divination que par méthode comment se combinent les conditions pour le déterminer. Dans la première opération, l'esprit est tenu d'apporter *une souplesse de pensée qu'il applique en même temps aux diverses parties aimables de ce qu'il aime* (II, 252). Dans la seconde : *Des yeux l'esprit va jusques au cœur, et par le mouvement du dehors, il connaît ce qui se passe au dedans* (II, 252). Il faut qu'il ait le flair du voleur en présence d'une maison close dont la façade trahit la disposition intérieure, les moyens d'y entrer et d'en sortir Il en est, au contraire, de la géométrie comme d'une maison à construire; on n'y peut procéder que dans deux directions, de bas en haut et de long en large, et chaque étage trouve ses assises prédéterminées par le niveau supérieur de l'étage précédemment bâti.

L'esprit de finesse s'attache à découvrir les mobiles secrets du cœur, à comprendre le caractère de la personne aimée. Il saisit toutes les nuances de l'âme; mais c'est ce même esprit, poussé jusqu'au raffinement, c'est la délicatesse qui choisit parmi les découvertes de la finesse celles dont peut profiter l'amour pour les mettre en lumière et en valeur. *Les femmes aiment à apercevoir une délicatesse dans les hommes; et c'est, ce me semble, l'endroit le plus tendre pour les gagner; l'on est bien aise de voir que mille autres sont méprisables et qu'il n'y a que nous d'estimable* (II, 256). Quand on raffine sur les choses de l'esprit, on est raffiné en amour : *Quand un homme est délicat en quelque endroit de son esprit, il l'est en amour* (II, 255). Les répugnances de son intelligence déterminent des aversions dans son cœur. En présence de quelque objet susceptible de l'émouvoir, *s'il y a quelque chose qui répugne à ses idées, il s'en aperçoit et il le fuit* (II, 256). Dans l'amoureux, Pascal compare entre eux la délicatesse ainsi définie et le sens de la beauté corporelle : *Pour la beauté, chacun a sa règle souveraine et indépendante de celle des autres* (II, 256), tandis qu'il y a, au contraire, un critérium commun, absolu, pour la délicatesse. La règle n'en est pas arbitraire, car elle est d'ordre intellectuel, elle *dépend d'une raison pure, noble, sublime* (II, 256). Ces épithètes indiquent qu'il s'agit d'une règle esthétique autant qu'intellectuelle, la règle rationnelle du goût dans les choses de l'esprit, dans le monde immatériel. Il en résulte qu'on peut faillir de bonne foi à cette règle, *se croire délicat sans qu'on le soit effectivement, et les autres ont le droit de nous condamner* (II, 256). Toutefois il semble dur à Pascal de ne tenir aucun compte de l'intention en pareille matière, car il y a déjà quelque délicatesse à se soucier d'être délicat, c'est un raffinement. *Entre être délicat et ne l'être point du tout, il faut demeurer d'accord que, quand on souhaite d'être délicat, l'on n'est pas loin de l'être absolument* (II, 256). Il y a d'ailleurs des degrés dans la délicatesse, car c'est *un don de nature* (II, 256) capable de perfectionnement, comme toutes les qualités de l'esprit.

Ainsi l'esprit, par toutes ses aptitudes, est le condiment essentiel de l'amour. Il l'est, en outre, de la beauté qui le fait naître, il la fait valoir : *Le sujet le plus propre pour la soutenir, c'est une femme. Quand elle a de l'esprit, elle l'anime et la relève merveilleusement. Si une femme veut plaire et qu'elle possède les avantages de la beauté, ou du moins une partie, elle y réussira; et même, si les hommes y prenaient tant soit peu garde, quoiqu'elle n'y tâchât point, elle s'en ferait aimer. Il y a une place d'attente dans leur cœur; elle s'y logerait* (II, 254).

Rien n'a donc échappé à Pascal de la stratégie et des manèges de l'amour. S'ensuit-il que sa vie mondaine ait été celle d'un galantin? Nous sommes bien loin de le supposer. Il a été, croyons-nous, observateur tour à tour de lui-même et des autres, et il importe de distinguer, dans tout ce qu'il a observé, ce qui lui est propre de ce qui lui est étranger. Nous avons des motifs d'admettre qu'il était, en pareille matière, praticien novice, et, comme en toute chose, investigateur expert. Tout devenait sous ses yeux objet de méditation et de science; il a pu chercher, dans les distractions du monde, une diversion salutaire à ses maux, mais il est tout à fait invraisemblable qu'il se soit si vite transformé en un Lauzun. Il était assez perspicace pour tout deviner de ce qu'il entrevoyait. Nous essaierons, plus loin, de dégager de ses réflexions le fruit de son expérience personnelle.

Nous avons déjà rencontré en lui, à propos de l'amour, quelques vues sur le sens de la beauté physique et sur le goût qui est le sens du beau moral, mais qu'il ne désigne par aucun nom spécial. Il ne s'en tient pas à ces premiers aperçus; obéissant à son génie scrutateur, il pénètre plus avant dans l'esthétique générale, et il en pose les fondements en deux pages très importantes.

Il considère d'abord la beauté morale engagée dans la matière, exprimée par celle-ci, sous le nom d'*agréable;* ce mot n'a pas chez lui l'acception étroite de ce qui plaît aux sens, mais désigne ce qui séduit l'âme par les dehors. Il reconnaît tout de suite que, dans la forme matérielle expressive, le moral et le physique s'identifient. *C'est d'une beauté morale que j'entends parler, qui consiste dans les paroles et dans les actions du dehors. L'on a bien une règle pour devenir agréable; cependant la disposition du corps* (la bonne grâce du corps, comme l'entend E. Havet) *y est nécessaire, mais elle ne peut s'acquérir* (II, 260). — Ainsi, la beauté morale n'est pas seulement adjointe au signe physique, parole et geste, elle y a passé, elle s'y est fondue en devenant l'agréable. *L'agréable et le beau n'est qu'une même chose* (II, 260). Et il ajoute : *Tout le monde en a l'idée* (II, 260). C'est, en effet, la fonction même du signe expressif de révéler immédiatement la chose signifiée. Remarquons que, dans les deux fragments précédents, Pascal ne vise pas la beauté purement plastique, c'est-à-dire celle qui n'exprime aucun état de l'âme et demeure indépendante de la volonté. Il ne considère de cette beauté que la grâce mobile employée à l'expression des sentiments distingués; il ne s'occupe encore que de la beauté psychique exprimée par la forme en action, par le mouvement de la parole et du geste. Il s'ensuit que le rôle de la volonté y peut être excessif et abusif. *Les hommes ont pris plaisir à se former une idée de l'agréable si élevée, que personne n'y peut atteindre* (II, 260). Il affranchit l'agréable de cet arbitraire compromettant et lui rend la spontanéité : *Jugeons-en mieux, et disons que ce n'est que le naturel, avec une facilité et une vivacité d'esprit, qui surprennent* (II, 260). Et, au point de vue de l'amour dont il traite, il ajoute : *Dans l'amour, ces deux qualités sont nécessaires : il ne faut rien de force et cependant il ne faut rien de lenteur* (II, 260). C'est là une élégante définition de la grâce qui exprime l'usage aisé de la vie. Mais il ne la nomme pas et termine par ces mots : *L'habitude donne le reste* (II, 260). L'habitude acquise au commerce du monde choisi, sans doute, car ce passage fait suite à un fragment sur la vie des hommes de cour.

L'expression gracieuse de la beauté psychique par les belles manières, mimique des sentiments délicats qui est la politesse exquise, est bien loin de représenter toute l'esthétique de l'amour, et représente encore moins l'esthétique générale. Pascal ne s'y tient pas. Il signale en nous une prédisposition native à reconnaître et à aimer le beau non plus seulement dans l'âme humaine et dans la forme qui l'exprime et la révèle, mais dans la nature entière. Il y a donc, d'après lui, un sens du beau en général, ce que nous appelons *le goût*, qui se forme en même temps que l'intelligence et s'exerce sur toutes choses spontanément, à notre insu même et sans cesse, comme une fonction essentielle de la vie morale. *Nous naissons avec un caractère d'amour dans nos cœurs, qui se développe à mesure que l'esprit se perfectionne, et qui nous porte à aimer ce qui nous paraît beau sans que l'on nous ait jamais dit ce que c'est. Qui doute, après cela, si nous sommes au monde pour autre chose que pour aimer? En effet, on a beau se cacher, l'on aime toujours. Dans les choses mêmes où il semble que l'on ait séparé l'amour, il s'y trouve secrètement et en cachette, et il n'est pas possible que l'homme puisse vivre un moment sans cela* (II, 253). D'où vient que l'homme recherche ainsi par instinct hors de lui cet objet d'amour? Comment se fait, pour le discerner, l'éducation du goût? Où l'homme prend-il la règle du goût, le modèle auquel il compare les choses pour les juger belles ou laides? Pascal répond brièvement à ces questions que nous suggère le fragment précédent. Il a déjà signalé dans l'âme un mouvement passionnel qui *la fait répandre au dehors* (II, 259). Il le surprend ici. L'homme cherche ailleurs qu'en soi de quoi aimer, parce qu'il *n'aime pas à demeurer seul avec soi* (II, 253), et que *cependant il aime* (II, 253).

Or *il ne peut trouver de quoi aimer que dans la beauté* (affirmation qui semblera téméraire, peut-être, car l'amour souvent se contente de moins, mais qui n'étonne point de la part de Pascal), et c'est en soi-même seulement qu'il trouve *le modèle de cette beauté qu'il cherche au dehors* (II, 253), car *il est la plus belle créature que Dieu ait jamais formée.* — *Chacun peut en remarquer en soi-même les premiers rayons; et selon que l'on s'aperçoit que ce qui est au dehors y convient ou s'en éloigne, on se forme les idées de beau ou de laid sur toutes choses* (II, 253). Mais ce n'est point assez qu'il y ait *convenance* (II, 253), il faut encore qu'il y ait *ressemblance* (II, 253) de la chose avec le type humain pour que l'homme puisse la trouver belle d'une beauté qui le *contente*, car *il a le cœur trop vaste*, il n'y a que lui-même, idéal sexué de la beauté créée, qui puisse *remplir le grand vide qu'il a fait en sortant de soi-même* (II, 253). Ainsi l'esthétique n'est, au fond, que l'anthropomorphisme masculin et féminin appliqué à l'univers. Cette vue, singulièrement hardie et neuve du temps de Pascal, lui semble toute simple : *La nature a si bien imprimé cette vérité dans nos âmes, que nous trouvons cela tout disposé; il ne faut point d'art ni d'étude; il semble même que nous ayons une place à remplir dans nos cœurs et qui se remplit effectivement. Mais on le sent mieux qu'on ne le peut dire. Il n'y a que ceux qui savent brouiller et mépriser leurs idées qui ne le voient pas* (II, 253).

L'idéal esthétique défini, Pascal se préoccupe naturellement de concilier la légitime diversité des préférences individuelles avec ce principe général et fixe du choix, avec cet immuable parangon dont l'esquisse au moins est déposée au fond de toutes les âmes et qui admet tous les goûts, mais dans la juste mesure du goût. La difficulté n'est pas mince; il s'en tire habilement : *Quoique cette idée générale de la beauté soit gravée dans le fond de nos âmes avec des caractères ineffaçables, elle ne laisse pas de recevoir de très grandes différences dans l'application particulière, mais c'est seulement pour la manière d'envisager ce qui plaît. Car l'on ne souhaite pas nûment une beauté, mais l'on y désire mille circonstances qui dépendent de la disposition où l'on se trouve; et c'est en ce sens que l'on peut dire que chacun a l'original de sa beauté, dont il cherche la copie dans le grand monde* (II, 253). Et, ne perdant point de vue le sujet spécial de sa méditation, il explique très finement l'influence des femmes sur la formation de cet original et comment il est malléable et variable sous leur impression. *Néanmoins les femmes déterminent souvent cet original. Comme elles ont un empire absolu sur l'esprit des hommes, qu'elles y dépeignent ou les parties des beautés qu'elles ont, ou celles qu'elles estiment, et elles ajoutent par ce moyen ce qui leur plaît à cette beauté radicale. C'est pourquoi il y a un siècle pour les blondes, un autre pour les brunes... La mode même et les pays règlent souvent ce qu'on appelle la beauté. C'est une chose étrange que la coutume se mêle si fort de nos passions. Cela n'empêche pas que chacun n'ait son idée de beauté sur laquelle il juge les autres, et à laquelle il les rapporte. C'est sur ce principe qu'un amant trouve sa maîtresse plus belle, et qu'il la propose comme exemple* (II, 254). Il y aurait donc, en dernière analyse, dans la composition d'un idéal individuel, trois éléments superposés : d'abord le type général de la forme humaine accomplie; ensuite le type accidentel plus restreint, fourni par la mode et le pays; enfin le type particulier, très divers, déterminé par le tempérament de l'individu et préféré par lui.

Pascal a donc parfaitement reconnu l'influence du tempérament individuel sur le jugement esthétique, bien qu'il admette que celui-ci ne soit pas uniquement dicté par le premier, que la forme humaine, pour être belle, doive remplir certaines conditions fondamentales dont l'idée, plus ou moins nette, est indépendante du tempérament de chacun. N'est-il pas étrange que, après avoir fait si expressément la part de l'individualité dans sa conception du beau, il en ait totalement méconnu l'importance dans l'œuvre d'art? Il lui a échappé que, placés devant un même modèle, des artistes différents le jugent de façons différentes, selon leurs tempéraments respectifs, et que le jugement esthétique de chacun dirige son regard; que son goût fait sa manière de voir. C'est pourtant cette vision propre qui constitue l'originalité de l'artiste et l'intérêt de son œuvre. Aussi ressent-on un désappointement pénible, une vraie blessure en trouvant dans le recueil des *Pensées* de Pascal cette réflexion singulièrement naïve : *Quelle vanité que la peinture qui attire l'admiration par la ressemblance des choses dont on n'admire point les originaux* (I, 105). D'abord ne fait pas ressemblant qui veut; ensuite la communication intime qui s'établit entre l'aptitude de l'artiste à sympathiser et son modèle, pour la recherche des traits caractéristiques de celui-ci; la sélection de ces traits par le tempérament de l'artiste, tout cela, imprimé dans son œuvre, y est très digne d'attention. Ce n'est pas la ressemblance même qu'on y admire, mais l'interprétation de la nature par un homme.

Nous venons de parler de l'aptitude de l'artiste à sympathiser. Cette faculté est si importante en esthétique que nous ne pouvons nous dispenser d'examiner si Pascal s'en est occupé. Rappelons en quoi elle consiste. La physionomie d'un enfant réfléchit celle des gens qu'il voit converser avec animation, ou même exprime les sentiments décrits dans un récit. Cette mimique involontaire est vive chez l'enfant, atténuée par les convenances sociales chez l'adulte; elle est l'effet de la sympathie qui nous fait, en quelque sorte, devenir autrui en le substituant à nous-même dans notre propre conscience. Sans cette aptitude, la physionomie ne pourrait être interprétée et il ne pourrait y avoir aucune communication des âmes entre elles. L'auteur dramatique et le comédien doivent éprouver, à l'état sympathique en eux, les émotions représentées, le premier afin d'en contracter le vrai langage, et, le second, afin d'en mieux imaginer l'accent et le geste. Pascal ne nomme nulle part cette aptitude exercée sur les perceptions esthétiques. Il dit d'abord : *Nous connaissons l'esprit des hommes, et par conséquent leurs passions, par la comparaison que nous faisons de nous-mêmes avec les autres* (II, 259). Il s'agit précisément de savoir comment, par quelle espèce de communication, nous pouvons établir cette comparaison. Comme nous n'avons aucune vue directe dans l'âme d'autrui, il faut que nous en trouvions l'image dans la nôtre, c'est-à-dire que ses passions y retentissent sympathiquement par l'intermédiaire de la physionomie. Or, Pascal ne semble pas d'abord admettre cette aptitude de l'âme à s'aliéner, car il dit encore : *Les auteurs ne peuvent pas bien dire les mouvements de l'amour de leurs héros; il faudrait qu'ils fussent héros eux-mêmes* (II, 258). Mais il dit plus loin : *L'on ne peut faire semblant d'aimer que l'on ne soit bien près d'être amant, ou du moins que l'on n'aime en quelque endroit; car il faut avoir l'esprit et les pensées de l'amour pour ce semblant, et le moyen de bien parler sans cela?* (II, 261.) Il admet donc que simuler un sentiment (c'est ici l'amour) incline à l'éprouver et qu'on ne l'exprime fidèlement qu'autant qu'on en a l'esprit et la pensée. Or, avoir l'esprit et la pensée d'un sentiment, ce n'est pas l'éprouver; mais ce n'est pas non plus y être entièrement étranger, car c'est se le représenter, et comment, sinon dans son propre cœur? C'est donc en être affecté sympathiquement. Le mot n'y est pas, mais la chose est indiquée. Seulement, au lieu d'être volontaire, comme Pascal le suppose dans le passage cité, au lieu d'être une feinte, la mimique expressive qui dérive de la sympathie est indépendante de la volonté, elle est instinctive ou plutôt réflexe. Il suffit au comédien de ressentir sympathiquement pour mimer naturellement. Ce sont deux choses qu'il ne divise pas en étudiant un rôle; il ne cherche qu'à sympathiser; dès qu'il y réussit, le signe expressif s'impose à sa physionomie. Les auteurs n'ont besoin que de sympathiser avec les états moraux de leurs personnages; cela leur suffit pour bien décrire *les mouvements de l'amour de leurs héros* (II, 258). C'est assez, selon Pascal lui-même, qu'ils aient *l'esprit et la pensée* de l'amour, pour en bien parler; il se contredit donc en leur en refusant la possibilité.

Nous avons essayé de dégager la théorie de l'amour et l'esthétique impliquées dans le *Discours sur les passions de l'amour*, en recherchant les rapports latents ou lointains capables de relier entre elles les idées qui y sont jetées pêle-mêle et dont la synthèse n'apparaît pas tout d'abord. Les fragments distincts dont ce discours se compose ne contribuent pas tous à la reconstitution de ces deux doctrines. Il y en a d'indépendants qui consistent en observations irréductibles et ne sauraient être rattachés à aucun principe général. On peut toutefois grouper ceux-ci par analogie des sujets traités sous diverses rubriques telles que : les effets de l'amour, la fidélité, etc. Mais c'est un classement qui se fait de lui-même et n'offre d'ailleurs aucun intérêt doctrinal.

Il serait plus intéressant de grouper ces fragments dans un ordre historique, c'est-à-dire dans l'ordre naturel où naissent, progressent et se succèdent les émotions diverses que Pascal amoureux reconnaît au fond de son propre cœur et dont il analyse chacune séparément sans se préoccuper du lien qui les enchaîne. Ce serait faire l'histoire psychologique de la passion qui l'occupait alors et dont l'objet comme le roman nous demeurent inconnus. Cet amour est d'une qualité curieuse : il est à la fois fier et piteux. Le génie du penseur s'y sent embarrassé, engagé dans une entreprise qui n'est pas toute de son ressort, où la grâce a le pas sur l'autorité, où le charme prévaut sur le mérite. Les gens de cour y réussissent mieux que les hommes de cabinet; Pascal en trahit quelque dépit.... *C'est de là que ceux de la cour sont mieux reçus dans l'amour que ceux de la ville, parce que les uns sont tout de feu, et que les autres mènent une vie dont l'uniformité n'a rien qui frappe; la vie de tempête surprend, frappe et pénètre* (II, 260). Il se pourrait toutefois qu'il y eût plus de réelle tempête dans les mouvements contenus d'une âme supérieure, mais discrète, que dans les démonstrations superficielles des âmes médiocres. Aussi Pascal prend-il sa revanche dans ce fragment déjà cité : *Les grandes âmes ne sont pas celles qui aiment le plus souvent.... Mais quand elles commencent à aimer, elles aiment beaucoup mieux* (II, 260). Son naïf idéal d'amour triomphe même plus qu'il ne le croit dans ces salons mêmes où il l'égare. La candeur, le timide respect, qu'apporte à la conquête d'un cœur un cœur tremblant, loin d'y être méconnus, y servent de modèles, inimitables d'ailleurs, aux manèges de la galanterie élégante et de la coquetterie, aux combats simulés des précieuses avec leurs servants. Pour donner le ton au langage et le pli aux manières de l'amour qu'il affinait, l'hôtel de Rambouillet n'avait-il pas dû les apprendre de la nature, même quand il en vint à les outrer? L'affectation est, au fond, un hommage à la nature, elle ne l'altère qu'en l'exagérant. Ce qui était culte, délicatesse, réserve dans les procédés de Pascal avait fini par n'être plus, dans ceux des grands autour de lui, que fade servage, mièvrerie, feints scrupules, mais n'en était pas moins la contrefaçon des égards, des empressements et des alarmes propres au noble amour. Le pays de Tendre, avec son fleuve glissant, ses contre-allées, ses détours, ses ombreuses cachettes, n'offrait que des pentes, des barrières et des surprises artificielles; la carte n'en était pourtant pas arbitrairement dressée. La véritable tendresse, seule facile à effaroucher, à ramener, à entraîner, seule ingénieuse aussi, en avait fourni les lignes essentielles. Il ne manquait à l'imitation que celle des larmes, plus malaisées à jouer que le soupir. Aussi faut-il bien se garder d'attribuer uniquement à l'influence du milieu ce qu'il y a de subtil et de ténu dans l'analyse que fait Pascal des passions de l'amour. On y trouve tout simplement la sagacité coutumière de son esprit, appliquée aux choses de l'amour au lieu de l'être à la physique, et ce n'est pas de l'hôtel de Rambouillet qu'il tenait, par exemple, la délectable finesse de ses vues en hydrostatique. Ses observations sur les troubles ingénus de son cœur procurent à l'amoureux qui se souvient la même jouissance qu'au physicien son traité de l'équilibre des liqueurs ; c'est dans les deux cas la nature merveilleusement pénétrée, sans maîtres. Le moraliste, dans ces pages, n'a pas abdiqué le souci du savant ; il tient à prévenir toute défiance touchant la rigueur de son intime examen : *L'on écrit souvent des choses que l'on ne prouve qu'en obligeant tout le monde à faire réflexion sur soi-même et à trouver la vérité dont on parle. C'est en cela que consiste la force des preuves de ce que je dis* (II, 255). Il sent toujours le besoin d'*obliger par des preuves*, alors même qu'il ne peut que nous inviter à nous reconnaître en lui. A vrai dire, la psychologie n'a pas d'autre fondement à ses témoignages que la vérification de ceux-ci dans la conscience de chacun et présume ainsi la conformité de toutes les consciences, qui lui fournissent à la fois sa matière et son contrôle. Pascal, en passant, lui assigne avec précision son caractère.

Pour clore cette étude, esquissons rapidement, en ordonnant et résumant les aveux mêmes de Pascal, la genèse intime de l'amour qui les lui dicte.

On cherche quelquefois bien au-dessus de sa condition *le second* dont on a besoin pour être heureux et *l'on sent le feu s'agrandir, quoiqu'on n'ose pas le dire à celle qui le cause* (II, 255). Pascal a profondément décrit ce début de l'amour qui se voile. L'ambition est vite dominée et absorbée par l'amour, *c'est un tyran qui ne souffre pas de compagnon* (II, 255). Il suffit au cœur : *Une haute amitié remplit bien mieux qu'une commune et égale le cœur de l'homme,... il n'y a que les grandes choses qui y demeurent* (II, 255). — *Le premier effet de l'amour est d'inspirer un grand respect ; l'on a de la vénération pour ce qu'on aime. Il est bien juste ; on ne reconnaît rien au monde de grand comme cela* (II, 258). Ce respect doit néanmoins trouver ses limites dans l'amour même. *Le respect et l'amour doivent être si bien proportionnés qu'ils se soutiennent sans que ce respect étouffe l'amour* (II, 260). Dès qu'on aime, on se sent transformé. On s'imagine *que tout le monde s'en aperçoit* (II, 258), il n'en est rien ; mais c'est un effet de la passion qui borne la vue de la raison, et l'incertitude à cet égard engendre une *défiance* continuelle. On a peur de se trahir, parce que *l'on se persuade qu'on découvrirait la passion d'un autre* (II, 258). *Le plaisir d'aimer sans l'oser dire a ses peines, mais aussi il a des douceurs* (II, 257) L'on jouit du désintéressement de son culte ; on jouit de l'avoir si bien placé. Avant tout engagement, Pascal est déjà fidèle ; la fidélité n'a pas, à ses yeux, le serment pour condition : *L'on adore souvent ce qui ne croit pas être adoré et l'on ne laisse pas de lui garder une fidélité inviolable, quoiqu'il n'en sache rien. Mais il faut que l'amour soit bien fin et bien pur* (II, 259). — *L'égarement à aimer en divers endroits est aussi monstrueux que l'injustice dans l'esprit* (II, 258). C'est l'illogisme du cœur ; Pascal ne conçoit pas qu'on puisse se dire amoureux quand on ne se donne pas exclusivement à qui l'on aime. Remarquons toutefois que cette sévérité ne concerne pas les femmes, car il dit ailleurs : *Ne semble-t-il pas qu'autant de fois qu'une femme sort d'elle-même pour se caractériser dans le cœur des autres, elle fait une place vide pour les autres dans le sien ? Cependant, j'en connais qui disent que cela n'est pas vrai. Oserait-on appeler cela injustice ? Il est naturel de rendre autant qu'on a pris* (II, 256). Ainsi le cœur d'une femme serait débiteur envers notre sexe autant de fois qu'elle est aimée. C'est peut-être pousser bien loin l'esprit d'équité. Mais ne tranchons pas cette question délicate et revenons à l'amour exclusif auquel se tient Pascal. Il est si scrupuleux sur le chapitre de la fidélité qu'il déplore la détente imposée par la nature à la pensée attachée au même objet : *Ce n'est pas commettre une infidélité, car l'on n'en aime pas d'autre ; c'est reprendre des forces pour mieux aimer ; cela se fait sans que l'on y pense... Il faut pourtant avouer que c'est une misérable suite de la nature humaine* (II, 256). Dans cette première phase de l'amour, *l'on s'étudie tous les jours pour trouver les moyens de se découvrir* (II, 257). On y passe autant de temps que si l'on devait se déclarer ; mais, bien

*qu'on voulût avoir cent langues pour le faire connaître on se
réduit par timidité à l'éloquence de l'action* (II, 257). Jusque-
là on n'a que de la joie; cette occupation continuelle de la
pensée entretient le feu du cœur. Cependant l'esprit ne *peut
pas durer longtemps* (II, 257), dans cet état. L'amour exige
deux acteurs; s'il n'y en a qu'un, *il est difficile qu'il
n'épuise bientôt tous les mouvements dont il est agité*
(II, 257). — *Cette plénitude quelquefois diminue, et, ne
recevant point de secours du côté de la source,* livre le
cœur en proie aux *passions ennemies* qui le *déchirent en
mille morceaux* (II, 257). L'on décline misérablement. —
*Quoique les maux se succèdent ainsi les uns aux autres, on
ne laisse pas de souhaiter la présence de sa maîtresse par
l'espérance de moins souffrir; cependant, quand on la voit,
on croit souffrir plus qu'auparavant. Les maux passés ne
frappent plus, les présents touchent, et c'est sur ce qui
touche que l'on juge... Un amant dans cet état n'est-il pas
digne de compassion?* (II, 262.) *Néanmoins, un rayon
d'espérance, si bas que l'on soit, relève aussi haut qu'on
était auparavant. C'est quelquefois un jeu auquel les dames
se plaisent; mais quelquefois, en faisant semblant d'avoir
compassion, elles l'ont pour tout de bon. Que l'on est heureux quand cela arrive!* (II, 257.) Cela est-il arrivé à
Pascal? Nous n'avons aucune raison de supposer que ce
cri cache un soupir et n'est pas, comme tout ce qui précède, l'expression de sa propre expérience. Mais encore
faut-il braver le péril d'une déclaration plus ou moins
expresse. Sinon, il ne servirait de rien que les deux personnes fussent *de même sentiment,* car il y en a toujours
une qui *n'entend pas* ou *n'ose entendre* (II, 258), ce que
veut l'autre. Voici le progrès des aveux! *Un amour ferme
et solide commence toujours par l'éloquence d'action; les
yeux y ont la meilleure part. Néanmoins, il faut deviner
mais bien deviner* (II, 258). Ah! c'est là le danger. Il faut
être attentif, et point n'est besoin de se hâter : *Tant plus le
chemin est long en amour, tant plus un esprit délicat sent
de plaisir* (II, 258). Il n'y a que *les esprits grossiers qui ne*

*peuvent pas résister longtemps aux difficultés; ceux-là aiment plus vite, avec plus de liberté et finissent bientôt* (II, 258). Ajoutons que, en amour, *il est bon d'être interdit. Il y a une éloquence de silence qui pénètre plus que la langue ne saurait faire. Qu'un amant persuade bien quand il est interdit et que, d'ailleurs, il a de l'esprit! Quelque vivacité que l'on ait, il est bon dans certaines rencontres qu'elle s'éteigne* (II, 258). On serait tenté de croire que Pascal ici perd sa candeur et qu'il entre du calcul dans sa conduite; non, il n'est qu'observateur de mouvements spontanés, car il dit aussitôt : *Tout cela se passe sans règle et sans réflexion, et quand l'esprit le fait, il n'y pensait pas auparavant. C'est par nécessité que cela arrive.* Il arrive ainsi que l'aveu se fait involontairement : *La vérité des passions ne se déguise pas si aisément que les vérités sérieuses. Il faut du feu, de l'activité et un feu d'esprit naturel et prompt pour la première; les autres se cachent avec la lenteur et la souplesse, ce qui est plus aisé de faire.* L'aveu ouvert, la déclaration est le pas délicat à franchir, même quand on peut se sentir encouragé : *Il n'y a rien de si embarrassant que d'être amant et de voir quelque chose en sa faveur sans l'oser croire; l'on est également combattu de l'espérance et de la crainte. Mais enfin la dernière devient victorieuse de l'autre* (II, 261). Il s'agit de découvrir le biais pour s'insinuer et de surprendre le moment opportun, si fugitif, pour frapper le dernier coup. C'est très périlleux : *Dans l'amour on n'ose hasarder, parce que l'on craint de tout perdre; il faut pourtant avancer, mais qui peut dire jusqu'où? L'on tremble toujours jusqu'à ce que l'on ait trouvé ce point* (II, 261). Mais alors la tentation de se déclarer devient irrésistible et le sort en est jeté. *La prudence ne fait rien pour s'y maintenir quand on l'a trouvé* (II, 261). Il est permis de conjecturer que Pascal ne sait pas cela seulement par ouï-dire. Il semble, du reste, nous livrer un peu le secret de sa conquête dans le fragment suivant où l'exclamation ne saurait partir que d'un cœur comblé : *Quand on aime fortement c'est toujours une nou-*

*veauté de voir la personne aimée. Après un moment d'absence, on la trouve de manque dans son cœur. Quelle joie de la retrouver! l'on sent aussitôt une cessation d'inquiétudes* (II, 262). Notons ce qu'il ajoute et qui témoigne que cette joie n'est pas purement contemplative : *Il faut pourtant que cet amour soit déjà bien avancé; car quand il est naissant et que l'on n'a fait aucun progrès, on sent bien une cessation d'inquiétudes, mais il en survient d'autres* (II, 262). Ces textes ne permettent aucune induction précise; la prudence même du critique le dispense d'être indiscret. Tout ce qu'on peut croire sans témérité, c'est que, dans sa dernière expérience de l'amour, Pascal, s'il fut heureux, ne le fut pas au point d'en perdre tout souci du bonheur céleste et d'y sacrifier longtemps le soin de son salut éternel.

Ici se termine notre essai d'un commentaire et d'une organisation du discours de Pascal sur les passions de l'amour. Nous n'avons certes pas à craindre d'avoir jamais dépassé la portée de ses vues; nous sommes bien plutôt, sans aucun doute, demeuré beaucoup en deçà, et il a dû nous arriver plus d'une fois de mal dégager sa pensée trop impliquée pour nous. Que son ombre nous le pardonne en faveur de notre pieux effort pour le comprendre, en faveur de notre humble hommage à son multiple génie, où la nature semble avoir allumé autant de flambeaux qu'elle a de provinces mystérieuses, depuis l'espace infini où gravite la matière jusqu'aux abîmes de la conscience humaine!

# TABLE DES MATIÈRES

Avant-propos........................................................... v
Introduction........................................................... 1

## PREMIÈRE PARTIE
### PREUVES PSYCHOLOGIQUES ET HISTORIQUES DU CHRISTIANISME

#### LIVRE I
#### Preuves psychologiques du christianisme.

Chapitre premier. — Isolement de l'homme dans l'abîme infini. — Son aspiration invincible, foncière au bonheur. — Définition et condition du vrai bien........................................... 51

Chapitre II. — Pour connaître son vrai bien l'homme a besoin de se connaître. — Analyse des aptitudes de l'âme. — La pensée. — Les sens. — La sensibilité morale. — L'imagination. — La volonté. — L'habitude. — Le libre arbitre. — La conscience morale. — Infirmité des aptitudes de l'âme; disproportion entre la portée de chacune et son objet; chacune est source d'erreur. — Inconstance, ennui, inquiétude. — Divertissement. — Amour-propre et vanité. — Grandeur et petitesse de l'homme. — Problème des contrariétés de sa nature........................................... 59

Chapitre III. — Question de l'immortalité de l'âme. — Importance de cette question. — Monstruosité du repos dans l'ignorance de la destinée d'outre-tombe. — Ressources pour en sortir........ 81

Chapitre IV. — Examen des doctrines philosophiques intéressant la question du bonheur. — Elles ne s'accordent pas sur la définition du souverain bien capable de le procurer. — Erreur des philosophes en ce qu'ils ont cru cette question et celle de l'immortalité de l'âme indépendantes l'une de l'autre. — Insuffisance du concept rationnel de la divinité pour répondre à l'aspiration du cœur. — Critique des preuves métaphysiques et des preuves cosmiques de la divinité. — Incompétence de la raison pour connaître l'existence de la divinité objet de religion ; le cœur la sent une et personnelle et tend vers elle par l'amour comme vers le seul recours de l'homme isolé dans l'infini. — Le sentiment religieux ou religion spontanée. — La religion naturelle............................................................ 85

Chapitre V. — Le sentiment religieux prend naissance. — Pascal est amené à examiner les religions. — Premières conditions requises pour qu'une religion soit la véritable.................... 97

Chapitre VI. — Le premier critérium de la vérité en matière religieuse, à savoir la profession d'un dieu personnel unique, élimine du premier coup toutes les religions polythéistes et sert à condamner les incrédules. — Pascal distingue plusieurs types d'incrédules sous la commune dénomination d'athées. — Son horreur pour le déisme. — Épictète et Montaigne. — Aucune doctrine philosophique n'explique les contrariétés de la nature humaine. — Ces contrariétés sont des signes certains de déchéance............................................................ 101

## LIVRE II

### Preuves historiques du christianisme.

CHAPITRE PREMIER. — Pascal examine d'abord quelle religion se recommande avant toutes les autres à la croyance par ses témoignages authentiques d'ancienneté et de pérennité. — C'est la religion judæo-chrétienne. — Il faut en outre que cette religion prouve son origine divine par quelque caractère surnaturel............................................................ 113

CHAPITRE II. — Le surnaturel en général. — Désignation de la chose à définir : mots qui désignent le miracle dans l'ancien et le nouveau testament............................................. 118

CHAPITRE III. — Définition progressive du miracle par sa raison d'être. — Cette définition est finalement impliquée dans celle qu'en a donnée Pascal. — Son objet essentiel : fournir une preuve valable en tout temps et pour tous de la vraie religion. — Caractère de la valeur probante du miracle. — Le vrai miracle ne porte pas en soi la marque de sa véracité doctrinale............................................................ 127

CHAPITRE IV. — Discernement des miracles. — La doctrine est discernée tout d'abord par le surnaturel historique, miracle général et fondamental, exempt de tout caractère subjectif, puis, une fois prouvée ainsi, elle discerne les miracles proprement dits, qui sont des faits particuliers et transitoires. — Utilité des miracles................................................ 137

CHAPITRE V. — Continuité de la tradition du judæo-christianisme. — Fidélité des juifs à la conservation d'un livre qui témoigne de leur ingratitude et à une religion d'une observance tyrannique. — Fidélité des chrétiens à une croyance ennemie des instincts, des appétits et des passions chez l'homme. — Caractères véridiques et divins de la religion judæo-chrétienne..... 150

CHAPITRE VI. — La mission de Jésus-Christ. — Efforts de Pascal pour identifier le Christ avec le Messie et pour rapprocher de l'esprit évangélique le véritable esprit de la religion juive.... 158

CHAPITRE VII. — Nécessité d'admettre que les textes sacrés relatifs au messie comportent deux interprétations différentes; qu'ils ont à la fois un sens littéral, tout matériel, et un sens spirituel; il faut, en un mot, que les prophéties soient figuratives. — Importance de la personne et de la mission de Jésus-Christ. — Il résulte du caractère figuratif des prophéties une extension dans le passé, une préexistence virtuelle du christianisme à son avènement déclaré et visible. — Caractère miraculeux et d'autant plus probant des prophéties figuratives....... 167

CHAPITRE VIII. — Figures et prophéties invoquées en témoignage dans les pensées de Pascal.................................. 175

CHAPITRE IX. — Ordre des pensées qui établissent la relation entre les figures et les prophéties....................................... 181

CHAPITRE X. — Ordre des pensées de Pascal qui manifestent les degrés d'importance qu'il attribuait aux prophéties, aux figures et aux miracles................................................. 191

## DEUXIÈME PARTIE

### EN QUOI CONSISTE ET COMMENT S'OPÈRE LA RÉDEMPTION

CHAPITRE PREMIER. — L'homme déchu peut néanmoins opérer son salut. — Définition logique de la grâce et de la nature. — En quoi consiste la rédemption. — Théorie de la grâce selon saint Augustin et selon saint Thomas. — Le dogme de la grâce consacré par le concile de Trente. — L'enseignement orthodoxe confirme les définitions purement logiques de la grâce. — Le dogme, humainement irrationnel, n'est pas par cela seul inadmissible. — La prédestination; les rapports de la grâce et du libre arbitre demeurent indéterminés; source d'hérésies....... 201

CHAPITRE II. — Examen des pensées relatives aux causes et aux effets de la grâce, à la déchéance, à la réhabilitation de l'homme déchu. — Sur le péché originel Pascal ne semble pas adopter sans réserve la doctrine janséniste de Port-Royal............. 212

CHAPITRE III. — Sur la double personne, divine et humaine, de Jésus. — Comment il se manifeste aux hommes : par quels témoignages. — Proportion de l'éclat et de l'obscurité où il a vécu. — Psychologie de Jésus : trois ordres irréductibles de valeur : les choses corporelles, la pensée, la charité. — La nature et la mission de Jésus correspondent à la grandeur et à la misère de l'homme déchu. — La responsabilité du libérateur dans le dogme de la rédemption........................................ 226

## TROISIÈME PARTIE

### RECENSEMENT COMPLET DES MARQUES DE LA VRAIE RELIGION PREUVE DU CHRISTIANISME PAR LE JEU DES PARTIS. — LA MACHINE

CHAPITRE PREMIER. — Recensement complet des marques de la vraie religion. — Sept conditions requises pour qu'une religion soit la vraie; la religion chrétienne les remplit. — Paralogisme de Pascal relatif au fondement de la morale. — L'ensemble des preuves du christianisme n'est pas infirmé par ce paralogisme. 235

CHAPITRE II. — La preuve du christianisme par le jeu des partis : Les sceptiques par prudence et les incrédules par attachement au vice, que n'auraient pu convaincre les preuves psychologiques et historiques précédemment exposées, sont mis par Pascal en demeure de parier pour ou contre l'existence du Dieu des chrétiens et obligés de reconnaître que leur intérêt bien entendu est de pratiquer cette religion, ce qui les amènera peu à peu à y croire.................................................. 264

Chapitre III. — Du sens qu'il convient d'attacher aux mots : la machine, l'automate, s'abêtir, dans les *Pensées* de Pascal...... 293

## QUATRIÈME PARTIE

### ÉTUDE PSYCHOLOGIQUE
### LE PENSEUR ET LE CROYANT CHEZ PASCAL

Chapitre premier. — Examen critique de la doctrine de Pascal sur les moyens dont l'homme dispose pour atteindre la vérité. — Le cœur, fonction intellectuelle affectée à l'intuition, opposé à la raison. — La part de la volonté dans le jugement. — La foi; son caractère essentiel dans la religion chrétienne. — La foi telle que l'entend Pascal.............................................. 301

Chapitre II. — La divinité selon Pascal. — Ce qui explique et justifie l'univers s'impose et se refuse en même temps à l'esprit et au cœur; c'est Dieu. — Pascal sent dans son âme un vide à combler : il incline vers le Dieu chrétien qui par son incarnation se met à la portée de l'homme. — Le Dieu métaphysique conçu par l'intelligence et le Dieu anthropomorphe senti par le cœur paraissent étrangers l'un à l'autre, inconciliables. Pascal subordonne le premier au second par l'acte de foi. — Il s'explique pourquoi Dieu est voilé à l'homme................................. 312

Chapitre III. — Le sens du mot *incompréhensible* dans les *Pensées* relatives aux mystères. — Définition orthodoxe du mystère. Cette définition, qui est d'accord avec l'idée que se fait Pascal du mystère, ne s'accorde pas avec la formule dogmatique de chaque mystère, laquelle n'énonce réellement pas un fait inexplicable, mais est contradictoire..... ..................... 322

Chapitre IV. — Relation de la foi et de la science. — Le domaine de la théologie, en tant qu'il est métaphysique, demeure entièrement séparé du domaine de la science. — Le fondement historique du dogme relève de la foi au même titre que le dogme même................................................................ 327

Chapitre V. — La méthode de Pascal apologiste chrétien........ 337

Réflexions finales................................................. 357

Appendice. — Critique des formules dogmatiques par les règles de Pascal pour les définitions..................................... 391

Annexe. — Examen du *Discours sur les passions de l'amour*...... 415

# FÉLIX ALCAN, Éditeur
### ANCIENNE LIBRAIRIE GERMER BAILLIÈRE ET C<sup>ie</sup>

## PHILOSOPHIE — HISTOIRE

## CATALOGUE
### DES
# Livres de Fonds

| Pages. | | Pages. |
|---|---|---|
| BIBLIOTHÈQUE DE PHILOSOPHIE CONTEMPORAINE. | | RECUEIL DES INSTRUCTIONS DIPLOMATIQUES... 19 |
| Format in-12... 2 | | INVENTAIRE ANALYTIQUE DES ARCHIVES DU MINISTÈRE DES AFFAIRES ÉTRANGÈRES... 19 |
| Format in-8... 5 | | REVUE PHILOSOPHIQUE... 20 |
| COLLECTION HISTORIQUE DES GRANDS PHILOSOPHES... 11 | | REVUE GERMANIQUE... 20 |
| Philosophie ancienne... 11 | | JOURNAL DE PSYCHOLOGIE... 20 |
| Philosophie moderne... 11 | | REVUE HISTORIQUE... 20 |
| Philosophie anglaise... 12 | | ANNALES DES SCIENCES POLITIQUES... 20 |
| Philosophie allemande... 12 | | REVUE DE L'ÉCOLE D'ANTHROPOLOGIE... 20 |
| Philosophie anglaise contemporaine... 13 | | ANNALES DES SCIENCES PSYCHIQUES... 20 |
| Philosophie allemande contemporaine... 13 | | REVUE ÉCONOMIQUE INTERNATIONALE... 20 |
| Philosophie italienne contemporaine... 13 | | SOCIÉTÉ POUR L'ÉTUDE PSYCHOLOGIQUE DE L'ENFANT... 20 |
| LES GRANDS PHILOSOPHES... 13 | | BIBLIOTHÈQUE SCIENTIFIQUE INTERNATIONALE... 21 |
| MINISTRES ET HOMMES D'ÉTAT... 13 | | Par ordre d'apparition... 21 |
| BIBLIOTHÈQUE GÉNÉRALE DES SCIENCES SOCIALES... 14 | | Par ordre de matières... 24 |
| BIBLIOTHÈQUE D'HISTOIRE CONTEMPORAINE... 15 | | RÉCENTES PUBLICATIONS NE SE TROUVANT PAS DANS LES COLLECTIONS PRÉCÉDENTES... 25 |
| PUBLICATIONS HISTORIQUES ILLUSTRÉES... 17 | | BIBLIOTHÈQUE UTILE... 30 |
| BIBLIOTHÈQUE DE LA FACULTÉ DES LETTRES DE PARIS... 18 | | TABLE DES AUTEURS... 31 |
| TRAVAUX DE L'UNIVERSITÉ DE LILLE... 18 | | TABLE DES AUTEURS ÉTUDIÉS... 32 |
| ANNALES DE L'UNIVERSITÉ DE LYON... 19 | | |

*On peut se procurer tous les ouvrages qui se trouvent dans ce Catalogue par l'intermédiaire des libraires de France et de l'Étranger.*

*On peut également les recevoir franco par la poste, sans augmentation des prix désignés, en joignant à la demande des* TIMBRES-POSTE FRANÇAIS *ou un* MANDAT *sur Paris.*

### 108, BOULEVARD SAINT-GERMAIN, 108
Au coin de la rue Hautefeuille

### PARIS, 6ᵉ

## DÉCEMBRE 1904

**F. ALCAN.**

Les titres précédés d'un *astérisque* sont recommandés par le Ministère de l'Instruction publique pour les Bibliothèques des élèves et des professeurs et pour les distributions de prix des lycées et collèges.

## BIBLIOTHÈQUE DE PHILOSOPHIE CONTEMPORAINE
### Volumes in-12, brochés, à 2 fr. 50.
Cartonnés toile, 3 francs. — En demi-reliure, plats papier, 4 francs.

La *psychologie*, avec ses auxiliaires indispensables, l'*anatomie* et la *physiologie du système nerveux*, la *pathologie mentale*, la *psychologie des races inférieures et des animaux*, les *recherches expérimentales des laboratoires*; — la *logique*; — les *théories générales fondées sur les découvertes scientifiques*; — l'*esthétique*; — les *hypothèses métaphysiques*; — la *criminologie* et la *sociologie*; — l'*histoire des principales théories philosophiques*; tels sont les principaux sujets traités dans cette Bibliothèque.

ALAUX, professeur à la Faculté des lettres d'Alger. **Philosophie de V. Cousin.**
ALLIER (R.). *La Philosophie d'Ernest Renan. 2ᵉ édit. 1903.
ARRÉAT (L.). * La Morale dans le drame, l'épopée et le roman. 2ᵉ édition.
— *Mémoire et imagination (Peintres, Musiciens, Poètes, Orateurs). 2ᵉ édit.
— Les Croyances de demain. 1898.
— Dix ans de philosophie. 1900.
— Le Sentiment religieux en France. 1903.
BALLET (G.). Le Langage intérieur et les diverses formes de l'aphasie. 2ᵉ édit.
BAYET (A.). La morale scientifique. 1905.
BEAUSSIRE, de l'Institut. * Antécédents de l'hégél. dans la philos. française.
BERGSON (H.), de l'Institut, professeur au Collège de France. *Le Rire. Essai sur la signification du comique. 3ᵉ édition. 1904.
BERSOT (Ernest), de l'Institut. * Libre philosophie.
BERTAULD. De la Philosophie sociale.
BINET (A.), directeur du lab. de psych. physiol. de la Sorbonne. **La Psychologie du raisonnement**, expériences par l'hypnotisme. 3ᵉ édit.
BLONDEL. Les Approximations de la vérité. 1900.
BOS (C.), docteur en philosophie. * Psychologie de la croyance. 2ᵉ édit. 1905.
BOUCHER (M.). L'hyperespace, le temps, la matière et l'énergie. 1903.
BOUGLÉ, prof. à l'Univ. de Toulouse. Les Sciences sociales en Allemagne. 2ᵉ éd. 1902.
BOURDEAU (J.). Les Maîtres de la pensée contemporaine. 3ᵉ édit. 1904.
BOUTROUX, de l'Institut. * De la contingence des lois de la nature. 4ᵉ éd. 1902.
BRUNSCHVICG, professeur au lycée Henri IV, docteur ès lettres. *Introduction à la vie de l'esprit. 1900.
CANUS (P.). * Le Problème de la conscience du moi, trad. par M. A. MONOD.
COQUEREL FILS (Ath.). Transformations historiques du christianisme.
COSTE (Ad.). Dieu et l'âme. 2ᵉ édit. précédée d'une préface par R. Worms. 1903.
CRESSON (A.), docteur ès lettres. La Morale de Kant. 2ᵉ édit. (Cour. par l'Institut.)
DANVILLE (Gaston). Psychologie de l'amour. 3ᵉ édit. 1903.
DAURIAC (L.). La Psychologie dans l'Opéra français (Auber, Rossini, Meyerbeer).
DUGAS, docteur ès lettres. * Le Psittacisme et la pensée symbolique. 1896.
— La Timidité. 3ᵉ éd. 1903.
— Psychologie du rire. 1902.
— L'absolu. 1904.
DUNAN, docteur ès lettres. La théorie psychologique de l'Espace.
DUPRAT (G.-L.), docteur ès lettres. Les Causes sociales de la Folie. 1900.
— Le Mensonge, *Étude psychologique*. 1903.
DURAND (de Gros). * Questions de philosophie morale et sociale. 1902.
DURKHEIM (Émile), chargé du cours de pédagogie à la Sorbonne.* **Les règles de la méthode sociologique**. 3ᵉ édit. 1904.
D'EICHTHAL (Eug.). Les Problèmes sociaux et le Socialisme. 1899.

Suite de la *Bibliothèque de philosophie contemporaine*, format in-12, à 2 fr. 50 le vol.

ENCAUSSE (Papus). L'occultisme et le spiritualisme. 2e édit. 1903.
ESPINAS (A.), prof. à la Sorbonne. * La Philosophie expérimentale en Italie.
FAIVRE (E.). De la Variabilité des espèces.
FÉRÉ (Ch.). Sensation et Mouvement. Étude de psycho-mécanique, avec fig. 2e éd.
— Dégénérescence et Criminalité, avec figures. 3e édit.
FERRI (E.). *Les Criminels dans l'Art et la Littérature. 2e édit. 1902.
FIERENS-GEVAERT. Essai sur l'Art contemporain. 2e éd. 1903. (Cour. par l'Ac. fr.).
— La Tristesse contemporaine, essai sur les grands courants moraux et intellectuels du XIXe siècle. 4e édit. 1904. (Couronné par l'Institut.)
— * Psychologie d'une ville. *Essai sur Bruges*. 2e édit. 1902.
— Nouveaux essais sur l'Art contemporain. 1903.
FLEURY (Maurice de). L'Ame du criminel. 1898.
FONSEGRIVE, professeur au lycée Buffon. La Causalité efficiente. 1893
FOUILLÉE (A.), de l'Institut. La propriété sociale et la démocratie. 4e éd. 1904.
FOURNIÈRE (E.). Essai sur l'individualisme. 1901.
FRANCK (Ad.), de l'Institut. * Philosophie du droit pénal. 5e édit.
— Philosophie du droit ecclésiastique. (*Rapports de la religion et de l'État.*)
GAUCKLER. Le Beau et son histoire.
GOBLOT (E.), professeur à l'Université de Caen. Justice et liberté. 1902.
GRASSET (J.), professeur à la Faculté de médecine de Montpellier. Les limites de la biologie. 2e édit. 1903.
GREEF (de). Les Lois sociologiques. 3e édit.
GUYAU. * La Genèse de l'idée de temps. 2e édit.
HARTMANN (E. de). La Religion de l'avenir. 5e édit.
— Le Darwinisme, ce qu'il y a de vrai et de faux dans cette doctrine. 6e édit.
HERBERT SPENCER. * Classification des sciences. 6e édit.
— L'Individu contre l'État. 5e édit.
HERCKENRATH. (C.-R.-C.) Problèmes d'Esthétique et de Morale. 1897.
JAELL (Mme). * La Musique et la psycho-physiologie. 1895.
— L'intelligence et le rythme dans les mouvements artistiques, avec fig. 1904.
JAMES (W.). La théorie de l'émotion, préf. de G. Dumas, chargé de cours à la Sorbonne. Traduit de l'anglais. 1902.
JANET (Paul), de l'Institut. * La Philosophie de Lamennais.
LACHELIER, de l'Institut. Du fondement de l'induction, suivi de psychologie et métaphysique. 4e édit. 1902.
LAISANT (C.). L'Éducation fondée sur la science. Préface de A. NAQUET. 2e éd. 1905.
LAMPÉRIÈRE (Mme A.). * Rôle social de la femme, son éducation. 1898.
LANDRY (A.), agrégé de philos., docteur ès lettres. La responsabilité pénale. 1902.
LANESSAN (J.-L. de). La Morale des philosophes chinois. 1896.
LANGE, professeur à l'Université de Copenhague. * Les Émotions, étude psychophysiologique, traduit par G. Dumas. 2e édit. 1902.
LAPIE, maître de conf. à l'Univ. de Bordeaux. La Justice par l'État. 1899.
LAUGEL (Auguste). L'Optique et les Arts.
LE BON (Dr Gustave). * Lois psychologiques de l'évolution des peuples. 7e édit.
— * Psychologie des foules. 9e édit.
LÉCHALAS. * Etude sur l'espace et le temps. 1895.
LE DANTEC, chargé du cours d'Embryologie générale à la Sorbonne. Le Déterminisme biologique et la Personnalité consciente. 2e édit.
— * L'Individualité et l'Erreur individualiste. 1898.
— Lamarckiens et Darwiniens, 2e édit. 1904.
LEFÈVRE (G.), prof. à l'Univ. de Lille. Obligation morale et idéalisme. 1895.
LEVALLOIS (Jules). Déisme et Christianisme.
LIARD, de l'Institut, vice-recteur de l'Académie de Paris. * Les Logiciens anglais contemporains. 4e édit.
— Des définitions géométriques et des définitions empiriques. 3e édit.
LICHTENBERGER (Henri), professeur à l'Université de Nancy. * La philosophie de Nietzsche. 3e édit. 1904.
— * Friedrich Nietzsche. Aphorismes et fragments choisis. 3e édit. 1905.

**F. ALCAN.**

Suite de la *Bibliothèque de philosophie contemporaine*, format in-12, à 2 fr. 50 le vol.

LOMBROSO. L'Anthropologie criminelle et ses récents progrès. 4ᵉ édit. 1901.
— Nouvelles recherches d'anthropologie criminelle et de psychiatrie. 1892.
— Les Applications de l'anthropologie criminelle. 1892
LUBBOCK (Sir John). * Le Bonheur de vivre. 2 volumes. 5ᵉ édit.
— *L'Emploi de la vie. 3ᵉ éd. 1901.
LYON (Georges), recteur de l'Académie de Lille. * La Philosophie de Hobbes.
MARGUERY (E.). L'Œuvre d'art et l'évolution. 2ᵉ édit. 1905
MARIANO. La Philosophie contemporaine en Italie.
MARION professeur à la Sorbonne. *J. Locke, sa vie, son œuvre. 2ᵉ édit.
MAUXION, professeur à l'Université de Poitiers. * L'éducation par l'instruction et les *Théories pédagogiques de Herbart*. 1900.
— Essai sur les éléments et l'évolution de la moralité. 1904.
MILHAUD (G.), professeur à l'Université de Montpellier. * Le Rationnel. 1898.
— *Essai sur les conditions et les limites de la Certitude logique. 2ᵉ édit. 1898.
MOSSO. *La Peur. Étude psycho-physiologique (avec figures) 2ᵉ édit.
— * La Fatigue intellectuelle et physique, trad. Langlois. 3ᵉ édit.
MURISIER (E.), professeur à la Faculté des lettres de Neuchâtel (Suisse). Les Maladies du sentiment religieux. 2ᵉ édit. 1903.
NAVILLE (E.), doyen de la Faculté des lettres et sciences sociales de l'Université de Genève. Nouvelle classification des sciences. 2ᵉ édit. 1901.
NORDAU (Max). *Paradoxes psychologiques, trad. Dietrich. 5ᵉ édit. 1904.
— Paradoxes sociologiques, trad. Dietrich. 4ᵉ édit. 1904.
— * Psycho-physiologie du Génie et du Talent, trad. Dietrich. 3ᵉ édit. 1902.
NOVICOW (J.). L'Avenir de la Race blanche. 2ᵉ édit. 1903.
OSSIP-LOURIÉ, lauréat de l'Institut. Pensées de Tolstoï. 2ᵉ édit. 1902.
— * Nouvelles Pensées de Tolstoï. 1903.
— * La Philosophie de Tolstoï. 2ᵉ édit. 1903.
— * La Philosophie sociale dans le théâtre d'Ibsen. 1900.
— Le Bonheur et l'Intelligence. 1904.
PALANTE (G.), agrégé de l'Université. Précis de sociologie. 2ᵉ édit. 1903.
PAULHAN (Fr.). Les Phénomènes affectifs et les lois de leur apparition. 2ᵉ éd. 1901.
— * Joseph de Maistre et sa philosophie. 1893.
— *Psychologie de l'invention. 1900.
— * Analystes et esprits synthétiques. 1903.
— La fonction de la mémoire et le souvenir affectif. 1904.
PHILIPPE (J.). L'Image mentale, avec fig. 1903.
PILLON (F.). * La Philosophie de Ch. Secrétan. 1898.
PILO (Mario). * La psychologie du Beau et de l'Art, trad. Aug. Dietrich.
PIOGER (Dʳ Julien). Le Monde physique, essai de conception expérimentale. 1893.
QUEYRAT, prof. de l'Univ. * L'Imagination et ses variétés chez l'enfant. 2ᵉ édit.
— *L'Abstraction, son rôle dans l'éducation intellectuelle. 1894.
— * Les Caractères et l'éducation morale. 2ᵉ éd. 1901.
— * La logique chez l'enfant et sa culture. 1902.
— Les jeux des enfants. 1905.
REGNAUD (P.), professeur à l'Université de Lyon. Logique évolutionniste. *L'Entendement dans ses rapports avec le langage.* 1897.
— Comment naissent les mythes. 1897.
RÉMUSAT (Charles de), de l'Académie française. * Philosophie religieuse.
RENARD (Georges), professeur au Conservatoire des arts et métiers. Le régime socialiste, *son organisation politique et économique*. 4ᵉ édit. 1903.
RÉVILLE (A.), professeur au Collège de France. Histoire du dogme de la Divinité de Jésus-Christ. 3ᵉ édit.
RIBOT (Th.), de l'Institut, professeur honoraire au Collège de France, directeur de la *Revue philosophique*. La Philosophie de Schopenhauer. 9ᵉ édition.
— * Les Maladies de la mémoire. 16ᵉ édit.
— * Les Maladies de la volonté. 19ᵉ édit.
— * Les Maladies de la personnalité. 9ᵉ édit.
— * La Psychologie de l'attention. 5ᵉ édit.

**F. ALCAN.**

Suite de la *Bibliothèque de philosophie contemporaine*, format in-12 à 2 fr. 50 le vol.

RICHARD (G.), chargé du cours de sociologie à l'Université de Bordeaux. * **Socialisme et Science sociale.** 2° édit.
RICHET (Ch.). **Essai de psychologie générale.** 5° édit. 1903.
ROBERTY (E. de). L'Inconnaissable, sa métaphysique, sa psychologie.
— L'Agnosticisme. Essai sur quelques théories pessim. de la connaissance. 2° édit.
— La Recherche de l'Unité. 1893.
— Auguste Comte et Herbert Spencer. 2° édit.
— * Le Bien et le Mal. 1896.
— Le Psychisme social. 1897.
— Les Fondements de l'Ethique. 1898.
— Constitution de l'Éthique. 1901.
ROISEL. De la Substance.
— L'Idée spiritualiste. 2° éd. 1901.
ROUSSEL-DESPIERRES. L'Idéal esthétique. *Philosophie de la beauté.* 1904.
SAISSET (Émile), de l'Institut. * L'Ame et la Vie.
SCHOPENHAUER. * Le Fondement de la morale, trad. par M. A. Burdeau. 7° édit.
— * Le Libre arbitre, trad. par M. Salomon Reinach, de l'Institut. 8° éd.
— Pensées et Fragments, avec intr. par M. J. Bourdeau. 18° édit.
SELDEN (Camille). La Musique en Allemagne, étude sur Mendelssohn.
SOLLIER (Dr P.). Les Phénomènes d'autoscopie, avec fig. 1903.
STUART MILL. * **Auguste Comte et la Philosophie positive.** 6° édit.
— * L'Utilitarisme. 3° édit.
— Correspondance inédite avec Gust. d'Eichthal (1828-1842)—(1864-1871). 1898. Avant-propos et trad. par Eug. d'Eichthal.
SULLY PRUDHOMME, de l'Académie française, et Ch. RICHET, professeur à l'Université de Paris. Le problème des causes finales. 2° édit. 1904.
SWIFT. L'Éternel conflit. 1901.
TANON (L.). * L'Évolution du droit et la Conscience sociale. 1900.
TARDE, de l'Institut. **La Criminalité comparée.** 5° édit. 1902.
— * Les Transformations du Droit. 2° édit. 1899.
— * Les Lois sociales. 4° édit. 1904.
THAMIN (R.), recteur de l'Acad. de Bordeaux. * **Éducation et Positivisme** 2° édit.
THOMAS (P. Félix). * La suggestion, son rôle dans l'éducation. 2° édit. 1898.
— * Morale et éducation, 1899.
TISSIÉ. * Les Rêves, avec préface du professeur Azam. 2° éd. 1898.
VIANNA DE LIMA. L'Homme selon le transformisme.
WECHNIAKOFF. Savants, penseurs et artistes, publié par Raphael Petrucci.
WUNDT. Hypnotisme et Suggestion. Étude critique, traduit par M. Keller 2° édit. 1902.
ZELLER. Christian Baur et l'École de Tubingue, traduit par M. Ritter.
ZIEGLER. La Question sociale est une Question morale, trad. Palante. 3° édit.

## BIBLIOTHÈQUE DE PHILOSOPHIE CONTEMPORAINE
### Volumes in-8.

Br. à 3 fr. 75, 5 fr., 7 fr. 50, 10 fr., 12 fr. 50 et 15 fr.; Cart. angl., 1 fr. en plus par vol.;
Demi-rel. en plus 2 fr. par vol.

ADAM (Ch.), recteur de l'Académie de Nancy. * **La Philosophie en France** (première moitié du XIX° siècle). 7 fr. 50
AGASSIZ.* **De l'Espèce et des Classifications.** 5 fr.
ALENGRY (Franck), docteur ès lettres, inspecteur d'académie. *Essai historique et critique sur la Sociologie chez Aug. Comte. 1900. 10 fr.
ARNOLD (Matthew). La Crise religieuse. 7 fr. 50
ARRÉAT. * Psychologie du peintre. 5 fr.
AUBRY (Dr P.). La Contagion du meurtre. 1896. 3° édit. 5 fr.
BAIN (Alex.). La Logique inductive et déductive. Trad. Compayré. 2 vol. 3° éd. 20 fr.
— * Les Sens et l'Intelligence. 1 vol. Trad. Cazelles. 3° édit. 10 fr.
BALDWIN (Mark), professeur à l'Université de Princeton (États-Unis). **Le Développement mental chez l'enfant et dans la race.** Trad. Nourry. 1897. 7 fr. 50

**F. ALCAN.**

Suite de la *Bibliothèque de philosophie contemporaine*, format in-8.

BARTHÉLEMY-SAINT-HILAIRE, de l'Institut. La Philosophie dans ses rapports avec les sciences et la religion. 5 fr.
BARZELOTTI, prof. à l'Univ. de Rome. *La Philosophie de H. Taine. 1900. 7 fr. 50
BERGSON (H.), de l'Institut, professeur au Collège de France. * Matière et mémoire, essai sur les relations du corps à l'esprit. 2e édit. 1900. 5 fr.
— Essai sur les données immédiates de la conscience. 4e édit. 1901. 3 fr. 75
BERTRAND, prof. à l'Université de Lyon. * L'Enseignement intégral. 1898. 5 fr.
— Les Études dans la démocratie. 1900. 5 fr.
BOIRAC (Émile), recteur de l'Académie de Dijon. * L'Idée du Phénomène. 5 fr.
BOUGLÉ, prof. à l'Univ. de Toulouse. *Les Idées égalitaires. 1899. 3 fr. 75
BOURDEAU (L.). Le Problème de la mort. 4e édition. 1904. 5 fr.
— Le Problème de la vie. 1 vol. in-8. 1901. 7 fr. 50
BOURDON, professeur à l'Université de Rennes. *L'Expression des émotions et des tendances dans le langage. 7 fr. 50
BOUTROUX (Em.), de l'Institut. Etudes d'histoire de la philosophie. 2e édition. 1901. 7 fr. 50
BRAY (L.). Du beau. 1902. 5 fr.
BROCHARD (V.), de l'Institut. De l'Erreur. 1 vol. 2e édit. 1897. 5 fr.
BRUNSCHVICG (E.), prof. au lycée Henri IV, docteur ès lettres. *Spinoza. 3 fr. 75
— La Modalité du jugement. 5 fr.
CARRAU (Ludovic), professeur à la Sorbonne. La Philosophie religieuse en Angleterre, depuis Locke jusqu'à nos jours. 5 fr.
CHABOT (Ch.), prof. à l'Univ. de Lyon. *Nature et Moralité. 1897. 5 fr.
CLAY (R.). * L'Alternative, *Contribution à la Psychologie.* 2e édit. 10 fr.
COLLINS (Howard). *La Philosophie de Herbert Spencer, avec préface de Herbert Spencer, traduit par H. de Varigny. 4e édit. 1904. 10 fr.
COMTE (Aug.). La Sociologie, résumé par E. Rigolage. 1897. 7 fr. 50
CONTA (B.). Théorie de l'ondulation universelle. 1894. 3 fr. 75
COSTE. Les Principes d'une sociologie objective. 3 fr. 75
— L'Expérience des peuples et les prévisions qu'elle autorise. 1900. 10 fr.
CRÉPIEUX-JAMIN. L'Écriture et le Caractère. 4e édit. 1897. 7 fr. 50
CRESSON, doct. ès lettres. La Morale de la raison théorique. 1903. 5 fr.
DAURIAC (L.). Essai sur l'esprit musical. 1904. 5 fr.
DE LA GRASSERIE (R.), lauréat de l'Institut. Psychologie des religions. 1899. 5 fr.
DEWAULE, docteur ès lettres. *Condillac et la Psychol. anglaise contemp. 5 fr.
DRAGHICESCO. L'Individu dans le déterminisme social. 1904. 7 fr. 50
DUMAS (G.), chargé de cours à la Sorbonne. *La Tristesse et la Joie. 1900. 7 fr. 50
DUPRAT (G. L.), docteur ès lettres. L'Instabilité mentale 1899. 5 fr.
DUPROIX (P.), professeur à l'Université de Genève. * Kant et Fichte et le problème de l'éducation. 2e édit. 1897. (Ouvrage couronné par l'Académie française.) 5 fr.
DURAND (de Gros). Aperçus de taxinomie générale. 1898. 5 fr.
— Nouvelles recherches sur l'esthétique et la morale. 1 vol. in-8. 1899. 5 fr.
— Variétés philosophiques. 2e édit. revue et augmentée. 1900. 5 fr.
DURKHEIM, chargé du cours de pédagogie à la Sorbonne. * De la division du travail social 2e édit. 1901. 7 fr. 50
— Le Suicide, *étude sociologique.* 1897. 7 fr. 50
— * L'année sociologique : 7 années parues.

1re Année (1896-1897). — Durkheim : La prohibition de l'inceste et ses origines. — G. Simmel : Comment les formes sociales se maintiennent. — *Analyses* des travaux de sociologie publiés du 1er Juillet 1896 au 30 Juin 1897. 1 v. in-8. 10 fr.
2e Année (1897-1898). — Durkheim : De la définition des phénomènes religieux. — Hubert et Mauss : Essai sur la nature et la fonction du sacrifice. — *Analyses*. 1 vol in-8. 10 fr.
3e Année (1898-1899). — Ratzel : Le sol, la société, l'État. — Richard : Les crises sociales et la criminalité. — Steinmetz : Classification des types sociaux. — *Analyses*. 1 vol. in-8. 10 fr.
4e Année (1899-1900). — Bouglé : Remarques sur le régime des castes. — Durkheim : Deux lois de l'évolution pénale. — Charmont : Notes sur les causes d'extinction de la propriété corporative. *Analyses*. 1 vol. in-8. 10 fr.
5e Année (1900-1901). — F. Simiand : Remarques sur les variations du prix du charbon

**F. ALCAN.**

Suite de la *Bibliothèque de philosophie contemporaine*, format in-8.

au XIXᵉ siècle. — DURKHEIM : Sur le Totémisme. — *Analyses*. 1 vol. in-8.   10 fr.
6ᵉ Année (1901-1902). — DURKHEIM et MAUSS : De quelques formes primitives de classification. Contribution à l'étude des représentations collectives. — BOUGLÉ : Revue générale des théories récentes sur la division du travail. — *Analyses*. 1 vol. in-8.   12 fr. 50
7ᵉ Année (1902-1903). — H. HUBERT et M. MAUSS : Esquisse d'une théorie générale de la magie. — *Analyses*. 1 vol. in-8.   12 fr. 50
EGGER (V.), professeur à la Faculté des lettres de Paris. **La parole intérieure.** *Essai de psychologie descriptive.* 2ᵉ édit. 1904.   5 fr.
ESPINAS (A.), professeur à la Sorbonne. *La Philosophie sociale du XVIIIᵉ siècle et la Révolution française. 1898.   7 fr. 50
FERRERO (G.). Les Lois psychologiques du symbolisme. 1895.   5 fr.
FERRI (Louis) La Psychologie de l'association, depuis Hobbes.   7 fr. 50
FLINT, prof. à l'Univ. d'Edimbourg. * La Philos. de l'histoire en Allemagne.   7 fr. 50
FONSEGRIVE, prof. au lycée Buffon. * Essai sur le libre arbitre. 2ᵉ édit. 1895.   10 fr.
FOUCAULT, docteur ès lettres. La psychophysique. 1903. 1 vol. in-8.   7 fr. 50
FOUILLÉE (Alf.), de l'Institut. *La Liberté et le Déterminisme. 5ᵉ édit.   7 fr. 50
— Critique des systèmes de morale contemporains. 4ᵉ édit.   7 fr. 50
— *La Morale, l'Art, la Religion, d'après GUYAU. 4ᵉ édit. augm.   3 fr. 75
— L'Avenir de la Métaphysique fondée sur l'expérience. 2ᵉ édit.   5 fr.
— * L'Évolutionnisme des idées-forces. 3ᵉ édit.   7 fr. 50
— * La Psychologie des idées-forces. 2 vol. 2ᵉ édit.   15 fr.
— * Tempérament et caractère. 3ᵉ édit.   7 fr. 50
— Le Mouvement positiviste et la conception social. du monde. 2ᵉ édit. 7 fr. 50
— Le Mouvement idéaliste et la réaction contre la science posit. 2ᵉ édit. 7 fr. 50
— * Psychologie du peuple français. 3ᵉ édit.   7 fr. 50
— *La France au point de vue moral. 2ᵉ édit.   7 fr. 50
— Esquisse psychologique des peuples européens. 2ᵉ édit. 1903.   10 fr.
— Nietzsche et l'immoralisme. 2ᵉ édit. 1903.   5 fr.
FOURNIÈRE (E.). Les théories socialistes au XIXᵉ siècle. De BABEUF à PROUDHON. 1904. 1 vol. in-8.   7 fr. 50
FULLIQUET. Essai sur l'Obligation morale. 1898.   7 fr. 50
GAROFALO, prof. à l'Université de Naples. La Criminologie. 5ᵉ édit. refondue. 7 fr. 50
— La Superstition socialiste. 1895.   5 fr.
GÉRARD-VARET, prof. à l'Univ. de Dijon. L'Ignorance et l'Irréflexion. 1899.   5 fr.
GLEY (Dʳ E.), professeur agrégé à la Faculté de médecine de Paris. Etudes de psychologie physiologique et pathologique, avec fig. 1903.   5 fr.
GOBLOT (E.), Prof. à l'Université de Caen. * Classification des sciences. 1898.   5 fr.
GODFERNAUX (A.), docteur ès lettres. * Le Sentiment et la pensée. 2ᵉ édit. 1905. 5 fr.
GORY (G.). L'Immanence de la raison dans la connaissance sensible.   5 fr.
GREEF (de), prof. à la nouvelle Université libre de Bruxelles. **Le Transformisme social.** Essai sur le progrès et le regrès des sociétés. 2ᵉ éd. 1901.   7 fr. 50
— La sociologie économique. 1904. 1 vol. in-8.   3 fr. 75
GROOS (K.), prof. à l'Université de Bâle. *Les jeux des animaux. 1902.   7 fr. 50
GURNEY, MYERS et PODMORE. Les Hallucinations télépathiques, traduit et abrégé des « *Phantasms of The Living* » par L. MARILLIER, préf. de CH. RICHET. 3ᵉ éd.   7 fr. 50
GUYAU (M.). * La Morale anglaise contemporaine. 6ᵉ édit.   7 fr. 50
— Les Problèmes de l'esthétique contemporaine. 6ᵉ édit.   5 fr.
— Esquisse d'une morale sans obligation ni sanction. 5ᵉ édit.   5 fr.
— L'Irréligion de l'avenir, étude de sociologie. 7ᵉ édit.   7 fr. 50
— * L'Art au point de vue sociologique. 5ᵉ édit.   7 fr. 50
— *Education et Hérédité, étude sociologique. 5ᵉ édit.   5 fr.
HALÉVY (Élie), docteur ès lettres, professeur à l'École des sciences politiques. *La Formation du radicalisme philosophique, 3 vol., chacun   7 fr. 50
HANNEQUIN, prof. à l'Univ. de Lyon. L'hypothèse des atomes. 2ᵉ édit. 1899. 7 fr. 50
HARTENBERG (Dʳ Paul). Les Timides et la Timidité. 2ᵉ édit. 1904.   5 fr.
HERBERT SPENCER. *Les premiers Principes. Traduc. Cazelles. 9ᵉ éd.   10 fr.
— * Principes de biologie. Traduct. Cazelles. 4ᵉ édit. 2 vol.   20 fr.
— * Principes de psychologie. Trad. par MM. Ribot et Espinas. 2 vol.   20 fr.

**F. ALCAN.** — 8 —

Suite de la *Bibliothèque de philosophie contemporaine*, format in-8.

HERBERT SPENCER. *Principes de sociologie. 4 vol., traduits par MM. Cazelles et Gerschel : tome I. 10 fr. — Tome II. 7 fr. 50. — Tome III. 15 fr. — Tome IV. 3 fr. 75
— * Essais sur le progrès. Trad. A. Burdeau. 5° édit. 7 fr. 50
— Essais de politique. Trad. A. Burdeau. 4° édit. 7 fr. 50
— Essais scientifiques. Trad. A. Burdeau. 3° édit. 7 fr. 50
— * De l'Education physique, intellectuelle et morale. 10° édit. (Voy. p. 3, 20, 21 et 32.) 5 fr.
HIRTH (G.). *Physiologie de l'Art. Trad. et introd. de L. Arréat. 5 fr.
HÖFFDING, prof. à l'Univ. de Copenhague. Esquisse d'une psychologie fondée sur l'expérience. Trad. L. POITEVIN. Préf. de Pierre JANET. 2° éd. 1903. 7 fr. 50
IZOULET (J.), prof. au Coll. de France. * La Cité moderne. (*nouv. éd. sous presse*).
JACOBY (D' P.). Études sur la sélection chez l'homme. 2° édition. Préface de G. TARDE, de l'Institut, avec planches en couleurs hors texte. 1904. 10 fr.
JANET (Paul), de l'Institut. * Les Causes finales. 4° édit. 10 fr.
— * Œuvres philosophiques de Leibniz. 2° édit. 2 vol. 1900. 20 fr.
JANET (Pierre), professeur au Collège de France. * L'Automatisme psychologique, essai sur les formes inférieures de l'activité mentale. 4° édit. 7 fr. 50
JAURÈS (J.), docteur ès lettres. De la réalité du monde sensible. 2° éd. 1902. 7 fr. 50
KARPPE (S.), docteur ès lettres. Essais de critique d'histoire et de philosophie. 1902. 3 fr. 75
LALANDE (A.), docteur ès lettres, *La Dissolution opposée à l'évolution, dans les sciences physiques et morales. 1 vol. in-8. 1899. 7 fr. 50
LANG (A.). * Mythes, Cultes et Religion. Traduit par MM. Marillier et Dirr, introduction de Léon Marillier. 1896. 10 fr.
LAPIE (P.), maît. de conf. à l'Univ. de Bordeaux. Logique de la volonté 1902. 7 fr. 50
LAUVRIÈRE, docteur ès lettres, prof. au lycée Charlemagne. Edgar Poë. *Sa vie et son œuvre. Essai de psychologie pathologique.* 1904. 10 fr.
LAVELEYE (de). *De la Propriété et de ses formes primitives. 5° édit. 10 fr.
— * Le Gouvernement dans la démocratie. 2 vol. 3° édit. 1896. 15 fr.
LE BON (D' Gustave). *Psychologie du socialisme. 3° éd. refondue. 1902. 7 fr. 50
LECHALAS (G.). Études esthétiques. 1902. 5 fr.
LECHARTIER (G.). David Hume, moraliste et sociologue. 1900. 5 fr.
LECLÈRE (A.), docteur ès lettres. Essai critique sur le droit d'affirmer. 1901. 5 fr.
LE DANTEC (F.), chargé de cours à la Sorbonne. L'unité dans l'être vivant. 1902. 7 fr. 50
— Les Limites du connaissable, *la vie et les phénom. naturels.* 2° éd. 1904. 3 fr. 75
LÉON (Xavier). *La philosophie de Fichte, *ses rapports avec la conscience contemporaine*, Préface de E. BOUTROUX, de l'Institut. 1902. (Couronné par l'Institut.) 10 fr.
LÉVY (A.), docteur ès lettres. La philosophie de Feuerbach. 1904. 10 fr.
LÉVY-BRUHL (L.), chargé de cours à la Sorbonne. *La Philosophie de Jacobi. 1894. 5 fr.
— *Lettres inédites de J.-S. Mill à Auguste Comte, *publiées avec les réponses de Comte et une introduction.* 1899. 10 fr.
— * La Philosophie d'Auguste Comte. 2° édit. 1905 7 fr. 50
— La Morale et la Science des mœurs. 2° édit. 1905. 5 fr.
LIARD, de l'Institut, vice-recteur de l'Acad. de Paris. *Descartes, 2° éd. 1903. 5 fr.
— * La Science positive et la Métaphysique, 5° édit. 7 fr. 50
LICHTENBERGER (H.), professeur à l'Université de Nancy. Richard Wagner, poète et penseur. 3° édit. 1902. (Couronné par l'Académie française.) 10 fr.
LOMBROSO. * L'Homme criminel (criminel-né, fou-moral, épileptique), précédé d'une préface de M. le docteur LETOURNEAU. 3° éd. 2 vol. et atlas. 1895. 36 fr.
LOMBROSO ET FERRERO. La Femme criminelle et la prostituée. 15 fr.
LOMBROSO et LASCHI. Le Crime politique et les Révolutions. 2 vol. 15 fr.
LUBAC, prof. au lycée de Constantine. Esquisse d'un système de psychologie rationnelle. Préface de H. BERGSON. 1904. 3 fr. 75
LYON (Georges), recteur de l'Académie de Lille. * L'Idéalisme en Angleterre au XVIII° siècle. 7 fr. 50
MALAPERT (P.), docteur ès lettres, prof. au lycée Louis-le-Grand. * Les Éléments du caractère et leurs lois de combinaison. 1897. 5 fr.
MARION (H.), prof. à la Sorbonne. *De la Solidarité morale. 6° édit. 1897. 5 fr.
MARTIN (Fr.), docteur ès lettres, prof. au lycée Saint-Louis. * La Perception extérieure et la Science positive, essai de philosophie des sciences. 1894. 5 fr.

**F. ALCAN.**

Suite de la *Bibliothèque de philosophie contemporaine*, format in-8.

MAX MULLER, prof. à l'Université d'Oxford. *Nouvelles études de mythologie, trad. de l'anglais par L. Job, docteur ès lettres. 1898. 12 fr. 50
MAXWELL (J.), docteur en médecine, avocat général près la Cour d'appel de Bordeaux. Les Phénomènes psychiques. Recherches, Observations, Méthodes. Préface de Ch. Richet. 2° édit. 1904. 5 fr.
MYERS. La personnalité humaine. *Sa survivance après la mort, ses manifestations supra-normales.* Traduit par le docteur Jankélivitch. 1905. 7 fr. 50
NAVILLE (E.), correspondant de l'Institut. La Physique moderne. 2° édit. 5 fr.
— *La Logique de l'hypothèse. 2° édit. 5 fr.
— *La Définition de la philosophie. 1894. 5 fr.
— Le libre Arbitre. 2° édit. 1898. 5 fr.
— Les Philosophies négatives. 1899. 5 fr.
NORDAU (Max). *Dégénérescence. Tome I. 7 fr. 50. Tome II. 7° éd. 1904. 2 vol. 10 fr.
— Les Mensonges conventionnels de notre civilisation. 7° édit. 1904. 5 fr.
— *Vus du dehors. *Essais de critique sur quelques auteurs français contemporains.* 1903. 5 fr.
NOVICOW. Les Luttes entre Sociétés humaines. 3° édit. 10 fr.
— *Les Gaspillages des sociétés modernes. 2° édit. 1899. 5 fr.
OLDENBERG, professeur à l'Université de Kiel. *Le Bouddha, *sa Vie, sa Doctrine, sa Communauté,* trad. par P. Foucher, maître de conférences à l'École des Hautes Études. Préf. de Sylvain Lévi, prof. au Collège de France. 2° éd. 1903. 7 fr. 50
— La religion du Véda. Traduit par V. Henry, prof. à la Sorbonne. 1903. 10 fr.
OSSIP-LOURIÉ. La philosophie russe contemporaine. 1902. 5 fr.
OUVRÉ (H.), professeur à l'Université de Bordeaux. *Les Formes littéraires de la pensée grecque. 1900. (Ouvrage couronné par l'Académie française et par l'Association pour l'enseignement des études grecques.) 10 fr.
PALANTE (G.). Combat pour l'individu. 1904. 1 vol. in-8. 3 fr. 75
PAULHAN, L'Activité mentale et les Éléments de l'esprit. 10 fr.
— Les Types intellectuels : esprits logiques et esprits faux. 1896. 7 fr. 50
— *Les Caractères. 2° édit. 5 fr.
PAYOT (J.), Recteur de l'Académie de Chambéry. La croyance. 2° édit. 1905. 5 fr.
— *L'Éducation de la volonté. 20° édit. 1905. 5 fr.
PÉRÈS (Jean), professeur au lycée de Toulouse. L'Art et le Réel. 1898. 3 fr. 75
PÉREZ (Bernard). Les Trois premières années de l'enfant. 5° édit. 5 fr.
— L'Éducation morale dès le berceau. 4° édit. 1901. 5 fr.
— *L'Éducation intellectuelle dès le berceau. 2° éd. 1901. 5 fr.
PIAT (C.). La Personne humaine. 1898. (Couronné par l'Institut). 7 fr. 50
— *Destinée de l'homme. 1898. 5 fr.
PICAVET (E.), maître de conférences à l'École des hautes études. *Les Idéologues. (Ouvr. couronné par l'Académie française.) 10 fr.
PIDERIT. La Mimique et la Physiognomonie. Trad. par M. Girot. 5 fr.
PILLON (F.).*L'Année philosophique. 12 années : 1890, 1891, 1892, 1893 (épuisée), 1894, 1895, 1896, 1897, 1898, 1899, 1900, 1901, 1902 et 1903. 13 vol. Ch. vol. sép. 5 fr.
PIOGER (J.). La Vie et la Pensée, essai de conception expérimentale. 1894. 5 fr.
— La Vie sociale, la Morale et le Progrès. 1894. 5 fr.
PREYER, prof. à l'Université de Berlin. **Éléments de physiologie.** 5 fr.
PROAL, conseiller à la Cour de Paris. *Le Crime et la Peine. 3° édit. (Couronné par l'Institut.) 10 fr.
— *La Criminalité politique. 1895. 5 fr.
— Le Crime et le Suicide passionnels. 1900. (Couronné par l'Ac. française.) 10 fr.
RAUH, chargé de cours à la Sorbonne. *De la méthode dans la psychologie des sentiments. 1899. (Couronné par l'Institut.) 5 fr.
— L'Expérience morale. 1903. 3 fr. 75
RÉCÉJAC, doct. ès lett. Les Fondements de la Connaissance mystique. 1897. 5 fr.
RENARD (G.), professeur au Conservatoire des arts et métiers. *La Méthode scientifique de l'histoire littéraire. 1900. 10 fr.
RENOUVIER (Ch.) de l'Institut. *Les Dilemmes de la métaphysique pure. 1900. 5 fr.
— *Histoire et solution des problèmes métaphysiques. 1901. 7 fr. 50
— Le personnalisme, suivi d'une étude sur *la perception externe et la force.* 1903. 10 fr.

**F. ALCAN.**

Suite de la *Bibliothèque de philosophie contemporaine*, format in-8.

RIBÉRY, docteur ès lettres. Essai de classification naturelle des caractères. 1903. 3 fr. 75
RIBOT (Th.), de l'Institut. * **L'Hérédité psychologique.** 5ᵉ édit. 7 fr. 50
— *: La Psychologie anglaise contemporaine. 3ᵉ édit. 7 fr. 50
— * La Psychologie allemande contemporaine. 5ᵉ édit. 7 fr. 50
— La Psychologie des sentiments. 4ᵉ édit. 1903. 7 fr. 50
— L'Évolution des idées générales. 2ᵉ édit. 1903. 5 fr.
— * Essai sur l'Imagination créatrice. 2ᵉ édit. 1905. 5 fr.
— La logique des sentiments. 1905. 1 vol. in-8. 3 fr. 75
RICARDOU (A.), docteur ès lettres. * De l'Idéal. (Couronné par l'Institut.) 5 fr.
RICHARD (G.), chargé du cours de sociologie à l'Univ. de Bordeaux. *L'idée d'évolution dans la nature et dans l'histoire. 1903. (Couronné par l'Institut.) 7 fr. 50
ROBERTY (E. de). L'Ancienne et la Nouvelle philosophie. 7 fr. 50
— *La Philosophie du siècle (positivisme, criticisme, évolutionnisme). 5 fr.
— Nouveau Programme de sociologie. 1904. 5 fr.
ROMANES. * L'Évolution mentale chez l'homme. 7 fr. 50
RUYSSEN (Th.), chargé de cours à l'Université d'Aix. Essai sur l'évolution psychologique du jugement. 1 vol. in-8. 5 fr.
SABATIER (A.), doyen de la Faculté des sciences de Montpellier. — *Philosophie de l'effort. Essais philosophiques d'un naturaliste. 1903. 7 fr. 50
SAIGEY (É.). *Les Sciences au XVIIIᵉ siècle La Physique de Voltaire. 5 fr.
SAINT-PAUL (Dʳ G.). Le Langage intérieur et les paraphasies. 1904. 5 fr.
SANZ Y ESCARTIN. L'Individu et la Réforme sociale, trad. Dietrich. 7 fr. 50
SCHOPENHAUER. Aphor. sur la sagesse dans la vie. Trad. Cantacuzène. 7ᵉ éd. 5 fr.
— * Le Monde comme volonté et comme représentation. Traduit par M. A. Burdeau. 3ᵉ ed. 3 vol. Chacun séparément. 7 fr. 50
SÉAILLES (G.), prof. à la Sorbonne. Essai sur le génie dans l'art. 2ᵉ édit. 5 fr.
SIGHELE (Scipio). La Foule criminelle. 2ᵉ édit. 1901. 5 fr.
SOLLIER. Le Problème de la mémoire. 1900. 3 fr. 75
— Psychologie de l'idiot et de l'imbécile, avec 12 pl. hors texte. 2ᵉ éd. 1902. 5 fr.
SOURIAU (Paul), prof. à l'Univ. de Nancy. L'Esthétique du mouvement. 5 fr.
— * La Suggestion dans l'art. 5 fr.
— La Beauté rationnelle. 1904. 10 fr.
STEIN (L.), professeur à l'Université de Berne. *La Question sociale au point de vue philosophique. 1900. 10 fr.
STUART MILL. * Mes Mémoires. Histoire de ma vie et de mes idées. 3ᵉ éd. 5 fr.
— * Système de Logique déductive et inductive. 4ᵉ édit. 2 vol. 20 fr.
— * Essais sur la Religion. 3ᵉ édit. 5 fr.
— Lettres inédites à Aug. Comte et réponses d'Aug. Comte, 1899. 10 fr.
SULLY (James). Le Pessimisme. Trad. Bertrand. 2ᵉ édit. 7 fr. 50
— * Études sur l'Enfance. Trad. A. Monod, préface de G. Compayré. 1898. 10 fr.
— Essai sur le rire. Trad. Terrier. 1904. 7 fr. 50
TARDE (G.), de l'Institut, prof. au Coll.de France. *La Logique sociale. 3ᵉ éd. 1898. 7 fr. 50
— *Les Lois de l'imitation. 3ᵉ édit. 1900. 7 fr. 50
— L'Opposition universelle. *Essai d'une théorie des contraires.* 1897. 7 fr. 50
— *L'Opinion et la Foule. 2ᵉ édit. 1904. 5 fr.
— * Psychologie économique. 1902. 2 vol. in-8. 15 fr.
TARDIEU (E.). L'Ennui. *Etude psychologique.* 1903. 5 fr.
THOMAS (P.-F.), docteur ès lettres. Pierre Leroux, sa philosophie. 1904. 5 fr.
— *L'Éducation des sentiments. (Couronné par l'Institut.) 3ᵉ édit. 1904. 5 fr.
THOUVEREZ (Émile), professeur à l'Université de Toulouse. Le Réalisme métaphysique 1894. (Couronné par l'Institut.) 5 fr.
VACHEROT (Et.), de l'Institut. * Essais de philosophie critique. 7 fr. 50
— La Religion. 7 fr. 50
WEBER (L.). Vers le positivisme absolu par l'idéalisme. 1903. 7 fr. 50

## COLLECTION HISTORIQUE DES GRANDS PHILOSOPHES
### PHILOSOPHIE ANCIENNE

ARISTOTE (Œuvres d'), traduction de J. BARTHÉLEMY-SAINT-HILAIRE, de l'Institut.
— *Rhétorique. 2 vol. in-8. 16 fr.
— *Politique. 1 vol. in-8... 10 fr.
— Métaphysique. 3 vol. in-8. 30 fr.
— De la Logique d'Aristote, par M. BARTHÉLEMY-SAINT-HILAIRE. 2 vol. in-8............. 10 fr.
— Table alphabétique des matières de la traduction générale d'Aristote, par M. BARTHÉLEMY-SAINT-HILAIRE, 2 forts vol. in-8. 1892............ 30 fr.
— L'Esthétique d'Aristote, par M. BÉNARD. 1 vol. in-8. 1889. 5 fr.
— La Poétique d'Aristote, par HATZFELD (A.), prof. hon. au Lycée Louis-le-Grand et M. DUFOUR, prof. à l'Univ. de Lille. 1 vol. in-8 1900............... 6 fr.

SOCRATE. *La Philosophie de Socrate, p. A. FOUILLÉE. 2 v. in-8 16 fr.
— Le Procès de Socrate, par G. SOREL. 1 vol. in-8...... 3 fr. 50

PLATON. *Platon, sa philosophie, sa vie et de ses œuvres, par CH. BÉNARD. 1 vol. in-8. 1893. 10 fr.
— La Théorie platonicienne des Sciences, par ÉLIE HALÉVY. In-8 1895................. 5 fr.
— Le dieu de Platon, par P. BOVET. 1 vol. in-8......... 4 fr.
— Œuvres, traduction VICTOR COUSIN revue par J. BARTHÉLEMY-SAINT-HILAIRE : Socrate et Platon ou le Platonisme — Eutyphron —

Apologie de Socrate — Criton — Phédon. 1 vol. in-8. 1896. 7 fr. 50

ÉPICURE. *La Morale d'Épicure et ses rapports avec les doctrines contemporaines, par M. GUYAU. 1 volume in-8. 5e édit...... 7 fr. 50

BÉNARD. La Philosophie ancienne, ses systèmes. La Philosophie et la Sagesse orientales.— La Philosophie grecque avant Socrate. Socrate et les socratiques. — Les sophistes grecs. 1 v. in-8.. 9 fr.

FAVRE (Mme Jules), née VELTEN. La Morale de Socrate. In-18. 3 50
— La Morale d'Aristote. In-18. 3 fr. 50

GOMPERZ. Les penseurs de la Grèce. I. La philosophie antésocratique. Préface de A. CROISET, de l'Institut. 1 vol. in-8.... 10 fr.

OGEREAU. Système philosophique des stoïciens. In-8..... 5 fr.

RODIER (G.). *La Physique de Straton de Lampsaque. In-8. 3 fr.

TANNERY (Paul). Pour la science hellène. In-8........ 7 fr. 50

MILHAUD (G.).*Les origines de la science grecque. In-8. 1893. 5 fr.
— *Les philosophes géomètres de la Grèce. 1 vol. in-8. 1900. (Couronné par l'Institut.) .. 6 fr.

FABRE (J.). La Pensée antique. De Moïse à Marc-Aurèle. 2e éd. In-8. 5 f.
— La Pensée chrétienne. Des Évangiles à l'Imitation de J.-C. In-8. 10 f.

LAFONTAINE (A.). Le Plaisir, d'après Platon et Aristote. In-8. 6 fr

### PHILOSOPHIE MODERNE

*DESCARTES, par L. LIARD. 1 vol. in-8................. 5 fr.
— Essai sur l'Esthétique de Descartes, par E. KRANTZ. 1 vol. in-8. 2e éd. 1897............ 6 fr.
— Descartes, directeur spirituel, par V. de SWARTE. Préface de E. BOUTROUX. 1 vol. in-16 avec pl. (Couronné par l'Institut). 4 50

LEIBNIZ. *Œuvres philosophiques, pub. p. P. JANET. 2e éd. 2 v. in-8. 20 f.
— *La logique de Leibniz, par L. COUTURAT. 1 vol. in-8.. 12 fr.
— Opuscules et fragments inédits de Leibniz, par L. COUTURAT. 1 vol. in-8............ 25 fr.

PICAVET. Histoire comparée des philosophies médiévales. 1 vol. in-8................ 7 fr. 50

SPINOZA. Benedicti de Spinoza opera, quotquot reperta sunt, recognoverunt J. Van Vloten et J.-P.-N. Land, 2 forts vol. in-8 sur papier de Hollande........... 45 fr.
Le même en 3 volumes. 18 fr.

SPINOZA. Inventaire des livres formant sa bibliothèque, publié d'après un document inédit avec des notes et une introduction par A.-J. SERVAAS VAN RVOIJEN. 1 v. in-4 sur papier de Hollande.... 15 fr.

— La Doctrine de Spinoza, exposée à la lumière des faits scientifiques, par E. FERRIÈRE. 1 vol. in-12. 3 fr. 50

— Spinoza, par E. BRUNSCHVICG. In-8................ 3 fr. 75

FIGARD (L.), docteur ès lettres. Un Médecin philosophe au XVIe siècle. *La Psychologie de Jean Fernel* 1 v. in-8. 1903. 7 fr. 50

GEULINCK (Arnoldi). **Opera philosophica** recognovit J.-P.-N. LAND, 3 volumes, sur papier de Hollande, gr. in-8. Chaque vol... 17 fr. 75

GASSENDI. **La Philosophie de Gassendi**, par P.-F. THOMAS. In-8 1889................ 6 fr.

LOCKE. *Sa vie et ses œuvres, par MARION. In-18. 3ᵉ éd... 2 fr. 50

MALEBRANCHE. * **La Philosophie de Malebranche**, par OLLÉ-LAPRUNE, de l'Institut. 2 v. in-8. 16 fr.

PASCAL. *Études sur le scepticisme de Pascal*, par DROZ. 1 vol. in-8.............. 6 fr.

VOLTAIRE. **Les Sciences au XVIIIᵉ siècle**. Voltaire physicien, par Em. SAIGEY. 1 vol. in-8. 5 fr.

FRANCK (Ad.), de l'Institut. **La Philosophie mystique en France au XVIIIᵉ siècle.** In-18. 2 fr. 50

DAMIRON. **Mémoires pour servir à l'histoire de la philosophie au XVIIIᵉ siècle.** 3 vol. in-8. 15 fr.

J.-J. ROUSSEAU***Du Contrat social**, édition comprenant avec le texte définitif les versions primitives de l'ouvrage d'après les manuscrits de Genève et de Neuchâtel, avec introduction par EDMOND DREYFUS-BRISAC. 1 fort volume grand in-8. 12 fr.

ÉRASME. **Stultitiæ laus des. Erasmi Rot. declamatio.** Publié et annoté par J.-B. KAN, avec les figures de HOLBEIN. 1 v. in-8. 6 fr. 75

## PHILOSOPHIE ANGLAISE

DUGALD STEWART. *Éléments de la philosophie de l'esprit humain. 3 vol. in-12.... 9 fr.

BACON. *Étude sur François Bacon*, par J. BARTHÉLEMY-SAINT-HILAIRE. In-18....... 2 fr. 50

— * **Philosophie de François Bacon**, par CH. ADAM. (Couronné par l'Institut). In-8.... 7 fr. 50

BERKELEY. **Œuvres choisies** *Essai d'une nouvelle théorie de la vision. Dialogues d'Hylas et de Philonoüs.* Trad. de l'angl. par MM. BEAULAVON (G.) et PARODI (D.). In-8. 1895. 5 fr.

## PHILOSOPHIE ALLEMANDE

FEUERBACH. **Sa philosophie**, par C. LÉVY. 1 vol. in-8..... 10 fr.

KANT. **Critique de la raison pratique**, traduction nouvelle avec introduction et notes, par M. PICAVET. 2ᵉ édit. 1 vol. in-8.. 6 fr.

— *Critique de la raison pure*, trad. par MM. PACAUD et TREMESAYGUES. Préface de M. HANNEQUIN. 1 vol. in-8 (*sous presse*).

— **Éclaircissements sur la Critique de la raison pure**, trad. TISSOT. 1 vol. in-8....... 6 fr.

— **Doctrine de la vertu**, traduction BARNI. 1 vol. in-8........ 8 fr.

— * **Mélanges de logique**, traduction TISSOT. 1 v. in-8.... 6 fr.

— * **Prolégomènes à toute métaphysique future qui se présentera comme science**, traduction TISSOT. 1 vol. in-8........ 6 fr.

— * **Anthropologie**, suivie de divers fragments, traduction TISSOT. 1 vol. in-8............. 6 fr.

—***Essai critique sur l'Esthétique de Kant**, par V. BASCH. 1 vol. in-8. 1896....... 10 fr.

— **Sa morale**, par CRESSON. 2ᵉ éd. 1 vol. in-12........ 2 fr. 50

— **L'Idée ou critique du Kantisme**, par C. PIAT, Dʳ ès lettres. 2ᵉ édit. 1 vol. in-8....... 6 fr.

KANT et FICHTE et le **problème de l'éducation**, par PAUL DUPROIX. 1 vol. in-8. 1897....... 5 fr.

SCHELLING. **Bruno**, ou du principe divin. 1 vol. in-8....... 3 fr. 50

HEGEL. ***Logique**. 2 vol. in-8. 14 fr.
— * **Philosophie de la nature**. 3 vol. in-8.............. 25 fr.
— * **Philosophie de l'esprit**. 2 vol. in-8................ 18 fr.
— * **Philosophie de la religion**. 2 vol. in-8............ 20 fr.
— **La Poétique**, trad. par M. Ch. BÉNARD. Extraits de Schiller, Gœthe, Jean-Paul, etc., 2 v. in-8. 12 fr.
— **Esthétique**. 2 vol. in-8, trad. BÉNARD................ 16 fr.
— **Antécédents de l'hégélianisme dans la philosophie française**, par E. BEAUSSIRE. 1 vol. in-18.......... 2 fr. 50
— **Introduction à la philosophie de Hegel**, par VÉRA. 1 vol. in-8. 2ᵉ édit.............. 6 fr. 10
—***La logique de Hegel**, par EUG. NOEL. In-8. 1897......... 3 fr.

HERBART. * **Principales œuvres pédagogiques**, trad. A. PINLOCHE. In-8. 1894............. 7 fr. 50

**La métaphysique de Herbart et**

la critique de Kant, par M. MAUXION. 1 vol. in-8... 7 fr. 50
MAUXION (M.). L'éducation par l'instruction et les théories pédagogiques de Herbart. 1 vol. in-12. 1901............ 2 fr. 50
RICHTER (Jean-Paul-Fr.). Poétique ou Introduction à l'Esthétique. 2 vol. in-8. 1862....... 15 fr.
SCHILLER Sa Poétique, par V. BASCH. 1 vol. in-8. 1902... 4 fr.
Essai sur le mysticisme spéculatif en Allemagne au XIV° siècle, par DELACROIX (H.), Maître de conf. à l'Univ. de Montpellier. 1 vol. in-8, 1900.. 5 fr.

## PHILOSOPHIE ANGLAISE CONTEMPORAINE
(Voir *Bibliothèque de philosophie contemporaine*, pages 2 à 10.)

ARNOLD (Matt.). — BAIN (Alex.). — CARRAU (Lud.). — CLAY (R.). — COLLINS (H.). — CARUS. — FERRI (L.). — FLINT. — GUYAU. — GURNEY, MYERS et PODMORE. — HALÉVY (E.). — HERBERT SPENCER. — HUXLEY. — JAMES (William). — LIARD. — LANG. — LUBBOCK (Sir John). — LYON (Georges). — MARION. — MAUDSLEY. — STUART MILL (John). — RIBOT. — ROMANES. — SULLY (James).

## PHILOSOPHIE ALLEMANDE CONTEMPORAINE
(Voir *Bibliothèque de philosophie contemporaine*, pages 2 à 10.)

BOUGLÉ. — GROOS. — HARTMANN (E. de). — LÉON (Xavier). — LÉVY (A.). — LÉVY-BRUHL. — MAUXION. — NORDAU (Max). — NIETZSCHE. — OLDENBERG. — PIDERIT. — PREYER. — RIBOT. — SCHMIDT (O.). — SCHOPENHAUER. — SELDEN (C.). — WUNDT. — ZELLER. — ZIEGLER.

## PHILOSOPHIE ITALIENNE CONTEMPORAINE
(Voir *Bibliothèque de philosophie contemporaine*, pages 2 à 10.)

BARZELOTTI. — ESPINAS. — FERRERO. — FERRI (Enrico). — FERRI (L.). — GAROFALO. — LOMBROSO. — LOMBROSO et FERRERO. — LOMBROSO et LASCHI. — MOSSO. — PILO (Mario). — SERGI. — SIGHELE.

# LES GRANDS PHILOSOPHES
### Publié sous la direction de M. C. PIAT
Agrégé de philosophie, docteur ès lettres, professeur à l'École des Carmes.

Chaque étude forme un volume in-8° carré de 300 pages environ, dont le prix varie de 5 francs à 7 fr. 50.

*Kant, par M. RUYSSEN, maître de conférences à la Faculté des lettres d'Aix. 2° édition. 1 vol. in-8. (Couronné par l'Institut.) 7 fr. 50
*Socrate, par l'abbé C. PIAT. 1 vol. in-8. 5 fr.
*Avicenne, par le baron CARRA DE VAUX. 1 vol. in-8. 5 fr.
*Saint Augustin, par l'abbé JULES MARTIN. 1 vol. in-8. 5 fr.
*Malebranche, par Henri JOLY. 1 vol. in-8. 5 fr.
*Pascal, par A. HATZFELD. 1 vol. in-8. 5 fr.
*Saint Anselme, par DOMET DE VORGES. 1 vol. in-8. 5 fr.
Spinoza, par P.-L. COUCHOUD, agrégé de l'Université. 1 vol. in-8 (*Couronné par l'Académie Française*). 5 fr.
Aristote, par l'abbé C. PIAT. 1 vol. in-8. 5 fr.
Gazali, par le baron CARRA DE VAUX. 1 vol. in-8. 5 fr.

# MINISTRES ET HOMMES D'ÉTAT

HENRI WELSCHINGER. — *Bismarck. 1 vol. in-16. 1900...... 2 fr. 50
H. LÉONARDON. — *Prim. 1 vol. in-16. 1901........... 2 fr. 50
M. COURCELLE. — *Disraëli. 1 vol. in-16. 1901.......... 2 fr. 50
M. COURANT. — Okoubo. 1 vol. in-16, avec un portrait. 1904.. 2 fr. 50
A. VIALLATE. — Chamberlain. 1 vol. in-16............ 2 fr. 50

**F. ALCAN.** — 14 —

## BIBLIOTHÈQUE GÉNÉRALE
### des
# SCIENCES SOCIALES

**SECRÉTAIRE DE LA RÉDACTION:** DICK MAY, Secrétaire général de l'École des Hautes Études sociales.

**L'Individualisation de la peine**, par R. SALEILLES, professeur à la Faculté de droit de l'Université de Paris. 1 vol. in-8, cart. 6 fr.
**L'Idéalisme social**, par Eugène FOURNIÈRE. 1 vol. in-8, cart. 6 fr.
* **Ouvriers du temps passé** (XV° et XVI° siècles), par H. HAUSER, professeur à l'Université de Dijon. 1 vol. in-8, cart. 6 fr.
* **Les Transformations du pouvoir**, par G. TARDE, de l'Institut, professeur au Collège de France. 1 vol. in-8, cart. 6 fr.
**Morale sociale**. Leçons professées au Collège libre des Sciences sociales, par MM. G. BELOT, MARCEL BERNÈS, BRUNSCHVICG, F. BUISSON, DARLU, DAURIAC, DELBET, CH. GIDE, M. KOVALEVSKY, MALAPERT, le R. P. MAUMUS, DE ROBERTY, G. SOREL, le PASTEUR WAGNER. Préface de M. EMILE BOUTROUX, de l'Institut. 1 vol. in-8, cart. 6 fr.
**Les Enquêtes**, pratique et théorie, par P. DU MAROUSSEM. (Ouvrage couronné par l'Institut.) 1 vol. in-8, cart. 6 fr.
* **Questions de Morale**, leçons professées à l'École de morale, par MM. BELOT, BERNÈS, F. BUISSON, A. CROISET, DARLU, DELBOS, FOURNIÈRE, MALAPERT, MOCH, PARODI, G. SOREL. 1 vol. in-8, cart. 6 fr.
**Le développement du Catholicisme social depuis l'encyclique** *Rerum novarum*, par Max TURMANN. 1 vol. in-8, cart. 6 fr.
* **Le Socialisme sans doctrines**. *La Question ouvrière et la Question agraire en Australie et en Nouvelle-Zélande*, par Albert MÉTIN, agrégé de l'Université, professeur à l'École Coloniale. 1 vol. in-8, cart. 6 fr.
* **Assistance sociale**. *Pauvres et mendiants*, par PAUL STRAUSS, sénateur. 1 vol. in-8, cart. 6 fr.
* **L'Éducation morale dans l'Université**. (*Enseignement secondaire*.) Conférences et discussions, sous la prèsid. de M. A. CROISET, doyen de la Faculté des lett. de Paris. (*Ecole des Hautes Etudes soc.*, 1900-1901). In-8, cart. 6 fr.
* **La Méthode historique appliquée aux Sciences sociales**, par Charles SEIGNOBOS, maître de conf. à l'Université de Paris. 1 vol. in-8, cart. 6 fr.
**L'Hygiène sociale**, par E. DUCLAUX, de l'Institut, directeur de l'Institut Pasteur. 1 vol. in-8, cart. 6 fr.
**Le Contrat de travail**. *Le rôle des syndicats professionnels*, par P. BUREAU, prof. à la Faculté libre de droit de Paris. 1 vol. in-8, cart. 6 fr.
* **Essai d'une philosophie de la solidarité**. Conférences et discussions sous la présidence de MM. Léon BOURGEOIS, député, ancien président du Conseil des ministres, et A. CROISET, de l'Institut, doyen de la Faculté des lettres de Paris. (*Ecole des Hautes Etudes sociales*, 1901-1902.) 1 vol. in-8, cart. 6 fr.
* **L'exode rural et le retour aux champs**, par E. VANDERVELDE, professeur à l'Université nouvelle de Bruxelles. 1 vol. in-8, cart. 6 fr.
* **L'Education de la démocratie**. Leçons professées à l'École des Hautes Études sociales, par MM. E. LAVISSE, A. CROISET, Ch. SEIGNOBOS, P. MALAPERT, G. LANSON, J. HADAMARD. 1 vol. in-8, cart. 6 fr.
* **La Lutte pour l'existence et l'évolution des sociétés**, par J.-L. DE LANNESSAN, député, prof. agr à la Fac. de méd. de Paris. 1 vol in-8, cart. 6 fr.
**La Concurrence sociale et les devoirs sociaux**, par le MÊME. 1 vol. in-8, cart. 6 fr.
**L'Individualisme anarchiste**, Max Stirner, par V. BASCH, professeur à l'Université de Rennes. 1 vol. in-8, cart. 6 fr.
**La démocratie devant la science**, par C. BOUGLÉ, prof. de philosophie sociale à l'Université de Toulouse. 1 vol. in-8, cart. 6 fr.
**Les Applications sociales de la solidarité**, par MM. P. BUDIN, Ch. GIDE, H. MONOD, PAULET, ROBIN, SIEGFRIED, BROUARDEL. Préface de M. Léon BOURGEOIS (*Ecole des Hautes Etudes soc.*, 1902-1903). 1 vol. in-8, cart. 6 fr.
**La Paix et l'enseignement pacifiste**, par MM. Fr. PASSY, Ch. RICHET, d'ESTOURNELLES DE CONSTANT, E. BOURGEOIS, A. WEISS, H. LA FONTAINE, G LYON (*Ecole des Hautes Etudes soc.*, 1902-1903). 1 vol. in-8, cart. 6 fr.
**Etudes sur la philosophie morale au XIX° siècle**, par MM. BELOT, A. DARLU, M. BERNÈS, A. LANDRY, Ch GIDE, E. ROBERTY, R. ALLIER, H. LICHTENBERGER, L BRUNSCHVICG (*Ecole des Hautes Etudes soc.*, 1902-1903). 1 vol. in-8, cart. 6 fr.
**Enseignement et démocratie**, par MM. APPELL, J. BOITEL, A. CROISET, A. DEVINAT, Ch.-V. LANGLOIS, G. LANSON, A. MILLERAND, Ch. SEIGNOBOS (*Ecole des Hautes Etudes soc.*, 1903-1904). 1 vol. in-8, cart. 6 fr.

**F. ALCAN.**

# BIBLIOTHÈQUE
# D'HISTOIRE CONTEMPORAINE

Volumes in-12 brochés a 3 fr. 50. — Volumes in-8 brochés de divers prix

### EUROPE

DEBIDOUR, inspecteur général de l'Instruction publique. * Histoire diplomatique de l'Europe, de 1815 à 1878. 2 vol in-8. (Ouvrage couronné par l'Institut.) 18 fr.

DOELLINGER (I. de). La papauté, ses origines au moyen âge, son influence jusqu'en 1870. Traduit par A. GIRAUD-TEULON, 1904. 1 vol. in-8. 7 fr.

SYBEL (H. de). * Histoire de l'Europe pendant la Révolution française, traduit de l'allemand par M<sup>lle</sup> DOSQUET. Ouvrage complet en 6 vol. in-8. 42 fr.

### FRANCE

AULARD, professeur à la Sorbonne. * Le Culte de la Raison et le Culte de l'Être suprême, étude historique (1793-1794). 2° édit. 1 vol. in-12. 3 fr. 50

— * Études et leçons sur la Révolution française 4 vol in-12. Chacun. 3 fr. 50

CAHEN (L.), agrégé d'histoire, docteur ès lettres. Condorcet et la Révolution française. 1 vol. in-8. 10 fr.

DESPOIS (Eug.). * Le Vandalisme révolutionnaire. Fondations littéraires, scientifiques et artistiques de la Convention. 4° éd. 1 vol. in-12. 3 fr. 50

DEBIDOUR, inspecteur général de l'instruction publique. * Histoire des rapports de l'Église et de l'État en France (1789-1870). 1 fort vol. in-8. 1898. (Couronné par l'Institut.) 12 fr.

MATHIEZ (A.), agrégé d'histoire, docteur ès lettres. La théophilanthropie et le culte décadaire, 1796-1801. 1 vol. in-8. 12 fr.

ISAMBERT (G.). * La vie à Paris pendant une année de la Révolution (1791-1792). 1 vol. in-12. 1896. 3 fr 50

MARCELLIN PELLET, ancien député. Variétés révolutionnaires. 3 vol. in-12. précédés d'une préface de A. RANC. Chaque vol. séparém. 3 fr 50

DRIAULT (E.), professeur au lycée de Versailles. La politique orientale de Napoléon. Sébastiani et Gardane (1806-1808). 1 vol. in-8 (Récompensé par l'Institut.) 7 fr.

SILVESTRE, professeur à l'Ecole des sciences politiques. De Waterloo à Sainte-Hélène (20 Juin-16 Octobre 1815). 1 vol. in-16. 3 fr. 50

BONDOIS (P.), agrégé de l'Université. * Napoléon et la société de son temps (1793-1821). 1 vol. in-8. 7 fr.

CARNOT (H.), sénateur. * La Révolution française, résumé historique. 1 volume in-12. Nouvelle édit. 3 fr. 50

ROCHAU (M. de). Histoire de la Restauration, 1 vol. in-12. 3 fr. 50

WEILL (G.), docteur ès lettres, agrégé de l'Université. Histoire du parti républicain en France, de 1814 a 1870. 1 vol. in-8. 1900. (Récompensé par l'Institut.) 10 fr.

— Histoire du mouvement social en France (1852-1902). 1 v. in-8. 1905. 7 fr.

BLANC (Louis). * Histoire de Dix ans (1830-1840). 5 vol. in-8. 25 fr.

GAFFAREL (P.), professeur à l'Université d'Aix. * Les Colonies françaises. 1 vol. in-8. 6° édition revue et augmentée. 5 fr.

LAUGEL (A.). * La France politique et sociale. 1 vol. in-8. 5 fr.

SPULLER (E.), ancien ministre de l'Instruction publique. * Figures disparues, portraits contemp., littér. et politiq. 3 vol. in-12. Chacun. 3 fr. 50

— Hommes et choses de la Révolution. 1 vol. in-12. 1896. 3 fr. 50

TAXILE DELORD. * Histoire du second Empire (1848-1870). 6 v. in-8. 42 fr.

POULLET. La Campagne de l'Est (1870-1871). In-8 avec cartes. 7 fr.

VALLAUX (C.). * Les campagnes des armées françaises (1792-1815). 1 vol. in-12, avec 17 cartes dans le texte. 3 fr. 50

ZEVORT (E.), recteur de l'Académie de Caen. Histoire de la troisième République:
  Tome I. * La présidence de M. Thiers. 1 vol. in-8. 2° édit. 7 fr.
  Tome II. * La présidence du Maréchal. 1 vol. in-8. 2° édit. 7 fr.
  Tome III. La présidence de Jules Grévy. 1 vol. in-8. 2° édit. 7 fr.
  Tome IV. La présidence de Sadi Carnot. 1 vol. in-8. 7 fr.

WAHL, inspect. général honoraire de l'Instruction publique aux colonies, et A. BERNARD, professeur à la Sorbonne. * L'Algérie. 1 vol. in-8. 4° édit., 1903. (Ouvrage couronné par l'Institut.) 5 fr.

LANESSAN (J.-L. de). * L'Indo-Chine française. Étude économique, politique et administrative. 1 vol. in-8, avec 5 cartes en couleurs hors texte. 15 fr.

**F. ALCAN.** — 16 —

PIOLET (J.-B.). La France hors de France, notre émigration, sa nécessité, ses conditions 1 vol. in-8. 1900. (Couronné par l'Institut.) 10 fr.
LAPIE (P.), chargé de cours à l'Université de Bordeaux. * Les Civilisations tunisiennes (Musulmans, Israélites, Européens). 1 vol. in-12. 1898. (Couronné par l'Académie française.) 3 fr. 50
WEILL (Georges), professeur au lycée Louis-le-Grand. L'Ecole saint-simonienne, son histoire, son influence jusqu'à nos jours. 1 vol. in-12. 1896. 3 fr. 50
— Histoire du mouvement social en France. 1852-1902. 1 vol. in-8. 7 fr.
LEBLOND (M.-A.). La société française sous la troisième République. 1905. 1 vol. 5 fr.

### ANGLETERRE

LAUGEL (Aug.). * Lord Palmerston et lord Russell. 1 vol. in-12. 3 fr. 50
SIR CORNEWAL LEWIS. * Histoire gouvernementale de l'Angleterre, depuis 1770 jusqu'à 1830. Traduit de l'anglais. 1 vol. in-8. 7 fr.
REYNALD (H.), doyen de la Faculté des lettres d'Aix. * Histoire de l'Angleterre, depuis la reine Anne jusqu'à nos jours. 1 vol. in-12. 2° éd. 3 fr. 50
MÉTIN (Albert), Prof. à l'Ecole Coloniale. * Le Socialisme en Angleterre. 1 vol. in-12. 3 fr. 50

### ALLEMAGNE

VÉRON (Eug.). * Histoire de la Prusse, depuis la mort de Frédéric II. 1 vol. in-12. 6° édit. 3 fr. 50
— * Histoire de l'Allemagne, depuis la bataille de Sadowa jusqu'à nos jours. 1 vol. in-12. 3° éd., mise au courant des événements par P. Bondois. 3 fr. 50
ANDLER (Ch.), prof. à la Sorbonne. *Les origines du socialisme d'État en Allemagne. 1 vol. in-8. 1897. 7 fr.
GUILLAND (A), professeur d'histoire à l'Ecole polytechnique suisse. * L'Allemagne nouvelle et ses historiens. (Niebuhr, Ranke, Mommsen, Sybel, Treitschke.) 1 vol. in-8. 1899. 5 fr.
*MILHAUD (G.), professeur à l'Université de Genève. La Démocratie socialiste allemande. 1 vol. in-8. 1903. 10 fr.
*MATTER (P.), doct. en droit, substitut au tribunal de la Seine. La Prusse et la révolution de 1848. 1 vol. in-12. 1903. 3 fr. 50

### AUTRICHE-HONGRIE

BOURLIER (J.). * Les Tchèques et la Bohême contemporaine. 1 vol. in-12. 1897. 3 fr. 50
AUERBACH, professeur à l'Université de Nancy. *Les races et les nationalités en Autriche-Hongrie. In-8. 1898 5 fr.
SAYOUS (Ed.), professeur à la Faculté des lettres de Besançon. Histoire des Hongrois et de leur littérature politique, de 1790 à 1815. 1 vol. in-12. 3 fr. 50
*RECOULY (R.), agrégé de l'Univ. Le pays magyar. 1903. 1 v. in-12. 3 fr. 50

### ITALIE

SORIN (Élie). *Histoire de l'Italie, depuis 1815 jusqu'à la mort de Victor-Emmanuel. 1 vol. in-12. 1888. 3 fr. 50
GAFFAREL (P.), professeur à l'Université d'Aix. *Bonaparte et les Républiques italiennes (1796-1799). 1895. 1 vol. in-8. 5 fr.
BOLTON KING (M. A.). *Histoire de l'unité italienne. Histoire politique de l'Italie, de 1814 à 1871, traduit de l'anglais par M. Macquart; introduction de M. Yves Guyot. 1900. 2 vol. in-8. 15 fr.

### ESPAGNE

REYNALD (H.). * Histoire de l'Espagne, depuis la mort de Charles III 1 vol. in-12. 3 fr. 50

### ROUMANIE

DAMÉ (Fr.). * Histoire de la Roumanie contemporaine, depuis l'avènement des princes indigènes jusqu'à nos jours. 1 vol. in-8. 1900. 7 fr.

### SUISSE

DÆNDLIKER. *Histoire du peuple suisse. Trad. de l'allem. par M^me Jules Favre et précédé d'une Introduction de Jules Favre. 1 vol. in-8. 5 fr.

### SUÈDE

SCHEFER (C.). * Bernadotte roi (1810-1818-1844). 1 vol. in-8. 1899. 5 fr.

### GRÈCE, TURQUIE, ÉGYPTE

BÉRARD (V.), docteur ès lettres. * La Turquie et l'Hellénisme contemporain. (Ouvrage cour. par l'Acad. française.) 1 v. in-12 5° éd. 3 fr. 50
RODOCANACHI (E.). *Bonaparte et les îles Ioniennes, (1797-1816). 1 volume in-8. 1899. 5 fr.

— 17 —  F. ALCAN.

*MÉTIN (Albert), professeur à l'École coloniale. La Transformation de l'Egypte. 1 vol. in-12. 1903. (Cour. par la Soc. de géogr. comm.) 3 fr. 50

### CHINE

CORDIER (H.), professeur à l'École des langues orientales. *Histoire des relations de la Chine avec les puissances occidentales (1860-1902), avec cartes. 3 vol. in-8, chacun séparément. 10 fr.
— L'Expédition de Chine de 1857-58. Histoire diplomatique, notes et documents. 1905. 1 vol. in-8. 7 fr.
COURANT (M.), maître de conférences à l'Université de Lyon. En Chine. Mœurs et institutions. Hommes et faits. 1 vol. in-16. 3 fr. 50

### AMÉRIQUE

DEBERLE (Alf.). * Histoire de l'Amérique du Sud, in-12. 3ᵉ éd. 3 fr. 50

BARNI (Jules). * Histoire des idées morales et politiques en France au XVIIIᵉ siècle. 2 vol. in-12. Chaque volume. 3 fr. 50
— * Les Moralistes français au XVIIIᵉ siècle. 1 vol. in-12 3 fr. 50
BEAUSSIRE (Émile), de l'Institut. La Guerre étrangère et la Guerre civile 1 vol. in-12. 3 fr. 50
LOUIS BLANC. Discours politiques (1848-1881). 1 vol. in-8. 7 fr. 50
BONET-MAURY. *Histoire de la liberté de conscience (1598-1870). In-8. 1900. 5 fr.
BOURDEAU (J.). *Le Socialisme allemand et le Nihilisme russe. 1 vol. in-12. 2ᵉ édit. 1894. 3 fr. 50
— *L'évolution du Socialisme. 1901. 1 vol. in-16. 3 fr. 50
D'EICHTHAL (Eug.). Souveraineté du peuple et gouvernement. 1 vol. in-12 1895. 3 fr. 50
DESCHANEL (E.), sénateur, professeur au Collège de France. *Le Peuple et la Bourgeoisie. 1 vol. in-8. 2ᵉ édit. 5 fr.
DEPASSE (Hector). Transformations sociales. 1894. 1 vol. in-12. 3 fr. 50
— Du Travail et de ses conditions (Chambres et Conseils du travail). 1 vol. in-12. 1895. 3 fr. 50
BRIAULT (E.), prof. agr. au lycée de Versailles. *Les problèmes politiques et sociaux à la fin du XIXᵉ siècle. In-8. 1900. 7 fr.
— *La question d'Orient, préface de G. Monod, de l'Institut. 1 vol. in-8. 3ᵉ édit. 1905. (Ouvrage couronné par l'Institut.) 7 fr.
DU CASSE. Les Rois frères de Napoléon Iᵉʳ. 1 vol. in-8. 10 fr.
GUÉRAULT (G.) * Le Centenaire de 1789, 1 vol. in-12. 1889. 3 fr. 50
HENRARD (P.). Henri IV et la princesse de Condé. 1 vol. in-8. 6 fr.
LAVELEYE (E. de), correspondant de l'Institut. Le Socialisme contemporain. 1 vol. in-12. 11ᵉ édit. augmentée. 3 fr. 50
LICHTENBERGER (A.). *Le Socialisme utopique, étude sur quelques précurseurs du Socialisme. 1 vol. in-12. 1898. 3 fr. 50
— * Le Socialisme et la Révolution française. 1 vol. in-8. 5 fr.
MATTER (P.). La dissolution des assemblées parlementaires, étude de droit public et d'histoire. 1 vol. in-8. 1898. 5 fr.
NOVICOW. La Politique internationale. 1 vol. in-8. 7 fr.
PAUL LOUIS. L'ouvrier devant l'État. Étude de la législation ouvrière dans les deux mondes. 1904. 1 vol. in-8. 7 fr.
PHILIPPSON. La Contre-révolution religieuse au XVIᵉ s. In-8. 10 fr.
REINACH (Joseph). Pages républicaines. 1 vol. in-12. 3 fr 50
— *La France et l'Italie devant l'histoire. 1 vol. in-8. 5 fr.
SPULLER (E.).* Éducation de la démocratie. 1 vol. in-12. 1892. 3 fr. 50
— L'Évolution politique et sociale de l'Église. 1 vol. in-12 1893 3 fr. 50

## PUBLICATIONS HISTORIQUES ILLUSTRÉES

*DE SAINT-LOUIS A TRIPOLI PAR LE LAC TCHAD, par le lieutenant-colonel MONTEIL. 1 beau vol. in-8 colombier, précédé d'une préface de M. DE VOGÜÉ, de l'Académie française, illustrations de RIOU. 1895. Ouvrage couronné par l'Académie française (Prix Montyon), broché 20 fr., relié amat., 28 fr.

*HISTOIRE ILLUSTRÉE DU SECOND EMPIRE, par Taxile DELORD. 6 vol. in-8, avec 500 gravures. Chaque vol. broché, 8 fr.

HISTOIRE POPULAIRE DE LA FRANCE, depuis les origines jusqu'en 1815. — 4 vol. in-8, avec 1323 gravures. Chacun, 7 fr. 50

**F. ALCAN.**

## BIBLIOTHÈQUE DE LA FACULTÉ DES LETTRES DE L'UNIVERSITÉ DE PARIS

### HISTOIRE et LITTÉRATURE ANCIENNES

*De l'authenticité des épigrammes de Simonide, par H. HAUVETTE, maître de conférences à la Sorbonne, 1 vol. in-8. 5 fr.
*Les Satires d'Horace, par M. le Prof. A. CARTAULT. 1 vol. in-8. 11 fr.
*De la flexion dans Lucrèce, par M. le Prof. A. CARTAULT, 1 v. in-8. 4 fr.
*La main-d'œuvre industrielle dans l'ancienne Grèce, par M. le Prof. GUIRAUD. 1 vol. in-8 7 fr.
*Recherches sur le Discours aux Grecs de Tatien, suivies d'une traduction française du discours, avec notes, par A. PUECH, maître de conférences à la Sorbonne. 1 vol. in-8. 1913. 6 fr.
Les « Métamorphoses » d'Ovide et leurs modèles grecs, par A. LAFAYE, maître de conférences à la Sorbonne. 1 vol. in-8. 1904. 8 fr. 50

### MOYEN AGE

*Premiers mélanges d'histoire du Moyen Age, par MM. le Prof. A. LUCHAIRE, DUPONT-FERRIER et POUPARDIN. 1 vol. in-8. 3 fr. 50
Deuxièmes mélanges d'histoire du Moyen âge, publiés sous la direct. de M. le Prof. A. LUCHAIRE, par MM. LUCHAIRE, HALPHEN et HUCKEL. 1 vol. in-8. 6 fr.
Troisièmes mélanges d'histoire du Moyen âge, par MM. LUCHAIRE, BEYSSIER, HALPHEN et CORDEY. 1 vol. in-8. 8 fr. 50
*Essai de restitution des plus anciens Mémoriaux de la Chambre des Comptes de Paris, par MM. J. PETIT, GAVRILOVITCH, MAURY et TÉODORU, préface de M. CH.-V. LANGLOIS, prof. adjoint. 1 vol. in-8. 9 fr.
Constantin V, empereur des Romains (740-775). Étude d'histoire byzantine, par A. LOMBARD, licencié ès lettres. Préface de M. Ch. DIEHL, maître de conférences. 1 vol. in-8. 6 fr.
Étude sur quelques manuscrits de Rome et de Paris, par M. le Prof. A. LUCHAIRE, membre de l'Institut. 1 vol. in-8. 6 fr.

### PHILOLOGIE et LINGUISTIQUE

*Le dialecte alaman de Colmar (Haute-Alsace) en 1870, grammaire et lexique, par M. le Prof. VICTOR HENRY. 1 vol. in-8. 8 fr.
*Études linguistiques sur la Basse-Auvergne, phonétique historique du patois de Vinzelles (Puy-de-Dôme), par ALBERT DAUZAT, préface de M. le Prof. ANT. THOMAS. 1 vol. in-8. 6 fr.
*Antinomies linguistiques, par M. le Prof. VICTOR HENRY, 1 v. in-8. 2 fr.
Mélanges d'étymologie française, par M. le Prof. A. THOMAS. In-8. 7 fr.

### PHILOSOPHIE

L'imagination et les mathématiques selon Descartes, par P. BOUTROUX, licencié ès lettres. 1 vol. in-8. 2 fr.

### GÉOGRAPHIE

La rivière Vincent-Pinzon. Étude sur la cartographie de la Guyane, par M. le Prof. VIDAL DE LA BLACHE. In-8, avec grav. et planches hors texte. 6 fr.

### HISTOIRE CONTEMPORAINE

*Le treize vendémiaire an IV, par HENRY ZIVY. 1 vol. in-8. 4 fr.

## TRAVAUX DE L'UNIVERSITÉ DE LILLE

PAUL FABRE. La polyptyque du chanoine Benoît, in-8. 3 fr. 50
MÉDÉRIC DUFOUR. Sur la constitution rythmique et métrique du drame grec. 1re série, 4 fr. ; 2e série, 2 fr. 50 ; 3e série, 2 fr. 50.
A. PINLOCHE. * Principales œuvres de Herbart. 7 fr. 50
A. PENJON. Pensée et réalité, de A. SPIR, trad. de l'allem. in-8. 10 fr.
G. LEFÈVRE. Les variations de Guillaume de Champeaux et la question des Universaux. Étude suivie de documents originaux. 1898. 3 fr.
A. PENJON. L'énigme sociale. 1902. 1 vol. in-8. 2 fr. 50

**F. ALCAN.**

## ANNALES DE L'UNIVERSITÉ DE LYON

**Lettres intimes de J.-M. Alberoni adressées au comte J. Bocca**, par Emile BOURGEOIS, 1 vol. in-8. 10 fr.
**La républ. des Provinces-Unies, France et Pays-Bas espagnols, de 1630 à 1650**, par A. WADDINGTON. 2 vol. in-8. 12 fr.
**Le Vivarais**, essai de géographie régionale, par BURDIN. 1 vol. in-8. 6 fr.

## *RECUEIL DES INSTRUCTIONS
### DONNÉES AUX AMBASSADEURS ET MINISTRES DE FRANCE
DEPUIS LES TRAITÉS DE WESTPHALIE JUSQU'A LA RÉVOLUTION FRANÇAISE

Publié sous les auspices de la Commission des archives diplomatiques
au Ministère des Affaires étrangères.

Beaux vol. in-8 rais., imprimés sur pap. de Hollande, avec Introduction et notes.

I. — **AUTRICHE**, par M. Albert SOREL, de l'Académie française. *Épuisé*.
II. — **SUÈDE**, par M. A. GEFFROY, de l'Institut................. 20 fr.
III. — **PORTUGAL**, par le vicomte DE CAIX DE SAINT-AYMOUR..... 20 fr.
IV et V. — **POLOGNE**, par M. Louis FARGES. 2 vol............. 30 fr.
VI. — **ROME**, par M. G. HANOTAUX, de l'Académie française..... 20 fr.
VII. — **BAVIÈRE, PALATINAT ET DEUX-PONTS**, par M. André LEBON. 25 fr.
VIII et IX. — **RUSSIE**, par M. Alfred RAMBAUD, de l'Institut. 2 vol.
 Le 1er vol. 20 fr. Le second vol....................... 25 fr.
X. — **NAPLES ET PARME**, par M. Joseph REINACH............. 20 fr.
XI. — **ESPAGNE** (1649-1750), par MM. MOREL-FATIO et LÉONARDON (t. I). 20 fr.
XII et XII bis. — **ESPAGNE** (1750-1789) (t. II et III), par les mêmes.... 40 fr.
XIII. — **DANEMARK**, par M. A. GEFFROY, de l'Institut........... 14 fr.
XIV et XV. — **SAVOIE-MANTOUE**, par M. HORRIC de BEAUCAIRE. 2 vol. 40 fr.
XVI. — **PRUSSE**, par M. A. WADDINGTON. 1 vol. (Couronné par l'Institut.) 28 fr.

## *INVENTAIRE ANALYTIQUE
### DES ARCHIVES DU MINISTÈRE DES AFFAIRES ÉTRANGÈRES
Publié sous les auspices de la Commission des archives diplomatiques

**Correspondance politique de MM. de CASTILLON et de MARILLAC, ambassadeurs de France en Angleterre (1537-1542)**, par M. JEAN KAULEK, avec la collaboration de MM. Louis Farges et Germain Lefèvre-Pontalis. 1 vol. in-8 raisin.............. 15 fr.
**Papiers de BARTHÉLEMY, ambassadeur de France en Suisse, de 1792 à 1797** par M. Jean KAULEK. 4 vol. in-8 raisin.
 I. Année 1792, 15 fr. — II. Janvier-août 1793, 15 fr. — III. Septembre 1793 à mars 1794, 18 fr. — IV. Avril 1794 à février 1795. 20 fr.
**Correspondance politique de ODET DE SELVE, ambassadeur de France en Angleterre (1546-1549)**, par M. G. LEFÈVRE-PONTALIS. 1 vol. in-8 raisin............................ 15 fr.
**Correspondance politique de GUILLAUME PELLICIER, ambassadeur de France à Venise (1540-1542)**, par M. Alexandre TAUSSERAT-RADEL. 1 fort vol. in-8 raisin................ 40 fr.

**Correspondance des Deys d'Alger avec la Cour de France (1759-1833)**, recueillie par Eug. PLANTET, attaché au Ministère des Affaires étrangères. 2 vol. in-8 raisin avec 2 planches en taille-douce hors texte. 30 fr.
**Correspondance des Beys de Tunis et des Consuls de France avec la Cour (1577-1830)**, recueillie par Eug. PLANTET, publiée sous les auspices du Ministère des Affaires étrangères. 3 vol. in-8 raisin. TOME I (1577-1700).
 *Épuisé.* — TOME II (1700-1770). 20 fr. — TOME III (1770-1830). 20 fr.

**Les Introducteurs des Ambassadeurs (1589-1900).** 1 vol. in-4, avec figures dans le texte et planches hors texte. 20 fr.

## *REVUE PHILOSOPHIQUE
### DE LA FRANCE ET DE L'ÉTRANGER

Dirigée par Th. RIBOT, Membre de l'Institut, Professeur honoraire au Collège de France.
(30ᵉ année, 1905.) — Paraît tous les mois.
**Abonnement :** Un an : Paris, **30 fr.** — Départements et Etranger, **33 fr.**
La livraison, **3 fr.**
Les années écoulées, chacune **30 francs**, et la livraison, **3 fr.**
*Tables des matières* (1876-1887), in-8...... **3 fr.** — (1888-1895), in-8...... **3 fr.**

## REVUE GERMANIQUE (ALLEMAGNE — ANGLETERRE / ÉTATS-UNIS — PAYS SCANDINAVES)

Première année, 1905. — Paraît tous les deux mois (*Cinq numéros par an*).
*Secrétaire général* : M. H. LICHTENBERGER, professeur à l'Université de Nancy.
*Secrétaire de la rédaction* : M. AYNARD, agrégé d'anglais.
**Abonnement :** Paris, **14 fr.** — Départements et Etranger, **16 fr.**
La livraison, **4 fr.**

## Journal de Psychologie Normale et Pathologique
### DIRIGÉ PAR LES DOCTEURS

Pierre JANET    et    Georges DUMAS
Professeur au Collège de France.    Chargé de cours à la Sorbonne.
(2ᵉ année, 1905.) — Paraît tous les deux mois.
**Abonnement :** France et Etranger, **14 fr.** — La livraison, **2 fr. 60.**
*Le prix d'abonnement est de 12 fr. pour les abonnés de la Revue philosophique.*

## *REVUE HISTORIQUE

Dirigée par G. MONOD, Membre de l'Institut, Professeur à la Sorbonne,
Président de la section historique et philologique à l'École des hautes études.
(30ᵉ année, 1905.) — Paraît tous les deux mois.
**Abonnement :** Un an : Paris, **30 fr.** — Départements et Etranger, **33 fr.**
La livraison, **6 fr.**
Les années écoulées, chacune **30 fr.**; le fascicule, **6 fr.** Les fascicules de la 1ʳᵉ année, **9 fr.**
TABLES GÉNÉRALES DES MATIÈRES
I. 1876 à 1880. 3 fr.; pour les abonnés, 1 fr. 50 | III. 1886 à 1890. 5 fr.; pour les abonnés, 2 fr. 50
II. 1881 à 1885. 3 fr.;    1 fr. 50 | IV. 1891 à 1895. 3 fr.;    1 fr. 50
V. 1896 à 1900. 3 fr.; pour les abonnés, 1 fr. 50

## ANNALES DES SCIENCES POLITIQUES

Revue bimestrielle publiée avec la collaboration des professeurs
et des anciens élèves de l'Ecole libre des Sciences politiques
(20ᵉ année, 1905.)
*Rédacteur en chef :* M. A. VIALLATE, Prof. à l'Ecole.
**Abonnement.** — Un an : Paris, **18 fr.**; Départements et Etranger, **19 fr.**
La livraison, **3 fr. 50.**
*Les trois premières années* (1886-1887-1888), *chacune* **16** *francs; les livraisons, chacune 5 francs; la quatrième* (1889) *et les suivantes, chacune* **18** *francs; les livraisons, chacune 3 fr. 50.*

## Revue de l'École d'Anthropologie de Paris

Recueil mensuel publié par les professeurs. — (15ᵉ année, 1905).
**Abonnement :** France et Étranger, **10 fr.** — Le numéro, **1 fr.**
TABLE GÉNÉRALE DES MATIÈRES, 1891-1900. . . . **2 fr.**

## ANNALES DES SCIENCES PSYCHIQUES

Dirigées par le Dr DARIEX
(15ᵉ année, 1905.) — Paraissent tous les deux mois.
**Abonnement :** France et Etranger, **12 fr.** — Le numéro, **2 fr. 50.**

## REVUE ÉCONOMIQUE INTERNATIONALE
### Mensuelle

**Abonnement :** Un an, France et Belgique, **50 fr.**; autres pays, **56 fr.**

## Bulletin de la Société libre
## POUR L'ÉTUDE PSYCHOLOGIQUE DE L'ENFANT

10 numéros par an. — Abonnement du 1ᵉʳ octobre : **3 fr.**

F. ALCAN.

# BIBLIOTHÈQUE SCIENTIFIQUE
## INTERNATIONALE

**Publiée sous la direction de M. Émile ALGLAVE**

Les titres marqués d'un astérisque * sont adoptés par le *Ministère de l'Instruction publique de France* pour les bibliothèques des lycées et des collèges.

## LISTE DES OUVRAGES

103 VOLUMES IN-8, CARTONNÉS A L'ANGLAISE, OUVRAGES A 6, 9 ET 12 FR.

1. TYNDALL (J.). * **Les Glaciers et les Transformations de l'eau**, avec figures. 1 vol. in-8. 7ᵉ édition. 6 fr.
2. BAGEHOT. * **Lois scientifiques du développement des nations** dans leurs rapports avec les principes de la sélection naturelle et de l'hérédité. 1 vol. in-8. 6ᵉ édition. 6 fr.
3. MAREY. * **La Machine animale**, locomotion terrestre et aérienne, avec de nombreuses fig. 1 vol. in-8. 6ᵉ édit. augmentée. 6 fr.
4. BAIN. * **L'Esprit et le Corps**. 1 vol. in-8. 6ᵉ édition. 6 fr.
5. PETTIGREW. * **La Locomotion chez les animaux**, marche, natation et vol. 1 vol. in-8, avec figures. 2ᵉ édit. 6 fr.
6. HERBERT SPENCER. * **La Science sociale**. 1 v. in-8. 13ᵉ édit. 6 fr.
7. SCHMIDT (O.). * **La Descendance de l'homme et le Darwinisme**. 1 vol. in-8, avec fig. 6ᵉ édition. 6 fr.
8. MAUDSLEY. * **Le Crime et la Folie**. 1 vol. in-8. 7ᵉ édit. 6 fr.
9. VAN BENEDEN. * **Les Commensaux et les Parasites dans le règne animal**. 1 vol. in-8, avec figures. 4ᵉ édit. 6 fr.
10. BALFOUR STEWART. * **La Conservation de l'énergie**, suivi d'une *Étude sur la nature de la force*, par M. P. de SAINT-ROBERT, avec figures. 1 vol. in-8. 6ᵉ édition. 6 f.
11. DRAPER. **Les Conflits de la science et de la religion**. 1 vol. in-8. 10ᵉ édition. 6 fr.
12. L. DUMONT. * **Théorie scientifique de la sensibilité. Le plaisir et la douleur**. 1 vol. in-8. 4ᵉ édition. 6 fr.
13. SCHUTZENBERGER. * **Les Fermentations**. 1 vol. in-8, avec fig. 6ᵉ édit. 6 fr.
14. WHITNEY. * **La Vie du langage**. 1 vol. in-8. 4ᵉ édit. 6 fr.
15. COOKE et BERKELEY. * **Les Champignons**. 1 vol. in-8, avec figures. 4ᵉ édition. 6 fr.
16. BERNSTEIN. * **Les Sens**. 1 vol. in-8, avec 91 fig. 5ᵉ édit. 6 fr.
17. BERTHELOT. * **La Synthèse chimique**. 1 vol. in-8. 8ᵉ édit. 6 fr.
18. NIEWENGLOWSKI (H.). * **La photographie et la photochimie**. 1 vol. in-8, avec gravures et une planche hors texte. 6 fr.
19. LUYS. * **Le Cerveau et ses fonctions**. *Épuisé*.
20. STANLEY JEVONS. * **La Monnaie et le Mécanisme de l'échange**. 1 vol. in-8. 5ᵉ édition. 6 fr.
21. FUCHS. * **Les Volcans et les Tremblements de terre**. 1 vol. in-8, avec figures et une carte en couleurs. 5ᵉ édition. 6 fr.
22. GÉNÉRAL BRIALMONT. * **Les Camps retranchés et leur rôle dans la défense des États**, avec fig. dans le texte et 2 planches hors texte. 3ᵉ édit. *Épuisé*.
23. DE QUATREFAGES. * **L'Espèce humaine**. 1 v. in-8. 13ᵉ édit. 6 fr.
24. BLASERNA et HELMHOLTZ. * **Le Son et la Musique**. 1 vol. in-8. avec figures. 5ᵉ édition. 6 fr.

**F. ALCAN.**

25. ROSENTHAL. * **Les Nerfs et les Muscles.** 1 vol. in-8, avec 75 figures. 3ᵉ édition. *Épuisé.*
26. BRUCKE et HELMHOLTZ. * **Principes scientifiques des beaux-arts.** 1 vol. in-8, avec 39 figures. 4ᵉ édition. 6 fr.
27. WURTZ. * **La Théorie atomique.** 1 vol. in-8. 8ᵉ édition. 6 fr.
28-29. SECCHI (le père). * **Les Étoiles.** 2 vol. in-8, avec 63 figures dans le texte et 17 pl. en noir et en couleurs hors texte. 3ᵉ édit. 12 fr.
30. JOLY. * **L'Homme avant les métaux.** 1 v. in-8, avec fig. 4ᵉ éd. *Épuisé.*
31. A. BAIN. * **La Science de l'éducation.** 1 vol. in-8. 9ᵉ édit. 6 fr.
32-33. THURSTON (R.). * **Histoire de la machine à vapeur,** précédée d'une Introduction par M. HIRSCH. 2 vol. in-8, avec 140 figures dans le texte et 16 planches hors texte. 3ᵉ édition. 12 fr.
34. HARTMANN (R.). * **Les Peuples de l'Afrique.** 1 vol. in-8, avec figures. 2ᵉ édition. *Épuisé.*
35. HERBERT SPENCER. * **Les Bases de la morale évolutionniste.** 1 vol. in-8. 6ᵉ édition. 6 fr.
36. HUXLEY. * **L'Écrevisse,** introduction à l'étude de la zoologie. 1 vol. in-8, avec figures. 2ᵉ édition. 6 fr.
37. DE ROBERTY. * **La Sociologie.** 1 vol. in-8. 3ᵉ édition. 6 fr.
38. ROOD. * **Théorie scientifique des couleurs.** 1 vol. in-8, avec figures et une planche en couleurs hors texte. 2ᵉ édition. 6 fr.
39. DE SAPORTA et MARION. * **L'Évolution du règne végétal** (les Cryptogames). 1 vol. in-8, avec figures. 6 fr.
40-41. CHARLTON BASTIAN. * **Le Cerveau, organe de la pensée chez l'homme et chez les animaux.** 2 vol. in-8, avec figures. 2ᵉ éd. 12 fr.
42. JAMES SULLY. * **Les Illusions des sens et de l'esprit.** 1 vol. in-8, avec figures. 3ᵉ édit. 6 fr.
43. YOUNG. * **Le Soleil.** 1 vol. in-8, avec figures. *Épuisé.*
44. DE CANDOLLE. * **L'Origine des plantes cultivées.** 4ᵉ éd. 1 v in-8. 6 fr.
45-46. SIR JOHN LUBBOCK. * **Fourmis, abeilles et guêpes.** 2 vol. in-8, avec 65 figures dans le texte et 13 planches hors texte, dont 5 coloriées. *Épuisé.*
47. PERRIER (Edm.). **La Philosophie zoologique avant Darwin.** 1 vol. in-8. 3ᵉ édition. 6 fr.
48. STALLO. * **La Matière et la Physique moderne.** 1 vol. in-8. 3ᵉ éd., précédé d'une Introduction par CH. FRIEDEL. 6 fr.
49. MANTEGAZZA. **La Physionomie et l'Expression des sentiments.** 1 vol. in-8. 3ᵉ édit., avec huit planches hors texte. 6 fr.
50. DE MEYER. * **Les Organes de la parole et leur emploi pour la formation des sons du langage.** 1 vol. in-8, avec 51 figures, précédé d'une Introd. par M. O. CLAVEAU. 6 fr.
51. DE LANESSAN. * **Introduction à l'Étude de la botanique** (le Sapin). 1 vol. in-8. 2ᵉ édit., avec 143 figures. 6 fr.
52-53. DE SAPORTA et MARION. * **L'Évolution du règne végétal** (les Phanérogames). 2 vol. in-8, avec 136 figures. 12 fr.
54. TROUESSART. * **Les Microbes, les Ferments et les Moisissures.** 1 vol. in-8. 2ᵉ édit., avec 107 figures. 6 fr.
55. HARTMANN (R.). * **Les Singes anthropoïdes.** *Épuisé.*
56. SCHMIDT (O.). * **Les Mammifères dans leurs rapports avec leurs ancêtres géologiques.** 1 vol. in-8, avec 51 figures. 6 fr.
57. BINET et FÉRÉ. **Le Magnétisme animal.** 1 vol. in-8. 4ᵉ édit. 6 fr.
58-59. ROMANES. * **L'Intelligence des animaux.** 2 v. in-8. 3ᵉ édit. 12 fr.
60. LAGRANGE (F.). **Physiol. des exerc. du corps.** 1 v. in-8. 7ᵉ éd. 6 fr.
61. DREYFUS. * **Évol. des mondes et des sociétés.** 1 v. in-8 3ᵉ édit. 6 fr.
62. DAUBRÉE * **Les Régions invisibles du globe et des espaces célestes.** 1 vol. in-8, avec 85 fig. dans le texte. 2ᵉ édit. 6 fr.
63-64. SIR JOHN LUBBOCK. * **L'Homme préhistorique.** 2 vol. in-8, avec 228 figures dans le texte. 4ᵉ édit. 12 fr.

65. RICHET (Ch.). **La Chaleur animale.** 1 vol. in-8, avec figures.  6 fr.
66. FALSAN (A.). *****La Période glaciaire.** 1 vol. in-8, avec 105 figures et 2 cartes. *Épuisé*.
67. BEAUNIS (H.). **Les Sensations internes.** 1 vol. in-8.  6 fr.
68. CARTAILHAC (E.). **La France préhistorique**, d'après les sépultures et les monuments. 1 vol. in-8, avec 162 figures. 2ᵉ édit.  6 fr.
69. BERTHELOT. *****La Révol. chimique, Lavoisier.** 1 vol. in-8. 2ᵉ éd. 6 fr.
70. SIR JOHN LUBBOCK. * **Les Sens et l'instinct chez les animaux**, principalement chez les insectes. 1 vol. in-8, avec 150 figures.  6 fr.
71. STARCKE. *****La Famille primitive.** 1 vol. in-8.  6 fr.
72. ARLOING. * **Les Virus.** 1 vol. in-8, avec figures.  6 fr.
73. TOPINARD. * **L'Homme dans la Nature.** 1 vol. in-8, avec fig.  6 fr.
74. BINET (Alf.). *****Les Altérations de la personnalité.** 1 vol. in-8, avec figures. 2ᵉ édit.  6 fr.
75. DE QUATREFAGES (A.). *****Darwin et ses précurseurs français.** 1 vol. in-8. 2ᵉ édition refondue.  6 fr.
76. LEFÈVRE (A.). * **Les Races et les langues.** 1 vol. in-8.  6 fr.
77-78. DE QUATREFAGES (A.). *****Les Émules de Darwin.** 2 vol. in-8, avec prefaces de MM. E. PERRIER et HAMY.  12 fr.
79. BRUNACHE (P.). *****Le Centre de l'Afrique. Autour du Tchad.** 1 vol. in-8, avec figures.  6 fr.
80. ANGOT (A.). *****Les Aurores polaires.** 1 vol. in-8, avec figures.  6 fr.
81. JACCARD. *****Le pétrole, le bitume et l'asphalte** au point de vue géologique. 1 vol. in-8, avec figures.  6 fr.
82. MEUNIER (Stan.). *****La Géologie comparée.** 2ᵉ éd. In-8, avec fig.  6 fr.
83. LE DANTEC. *****Théorie nouvelle de la vie.** 3ᵉ éd. 1 v. in-8, avec fig.  6 fr.
84. DE LANESSAN.* **Principes de colonisation.** 1 vol. in-8.  6 fr.
85. DEMOOR, MASSART et VANDERVELDE. *****L'évolution régressive en biologie et en sociologie.** 1 vol. in-8, avec gravures.  6 fr.
86. MORTILLET (G. de). *****Formation de la Nation française.** 2ᵉ édit. 1 vol. in-8, avec 150 gravures et 18 cartes.  6 fr.
87 ROCHÉ (G.). *****La Culture des Mers** (piscifacture, pisciculture, ostréiculture). 1 vol. in-8, avec 81 gravures.  6 fr.
88. COSTANTIN (J.). *****Les Végétaux et les Milieux cosmiques** (adaptation, évolution). 1 vol. in-8, avec 171 gravures.  6 fr.
89. LE DANTEC. **L'évolution individuelle et l'hérédité.** 1 vol. in-8.  6 fr.
90. GUIGNET et GARNIER. *****La Céramique ancienne et moderne.** 1 vol., avec grav.  6 fr.
91. GELLÉ (E.-M.). * **L'audition et ses organes.** 1 v. in-8, avec gr.  6 fr.
92. MEUNIER (St.). *****La Géologie expérimentale.** 2ᵉ éd. In-8, av. gr.  6 fr.
93. COSTANTIN (J.). *****La Nature tropicale.** 1 vol. in-8, avec grav  6 fr.
94. GROSSE (E.). *****Les débuts de l'art.** Introduction de L. MARILLIER. 1 vol in-8, avec 32 gravures dans le texte et 3 pl. hors texte.  6 fr.
95. GRASSET (J.). **Les Maladies de l'orientation et de l'équilibre.** 1 vol. in-8, avec gravures.  6 fr.
96. DEMENŸ (G.). *****Les bases scientifiques de l'éducation physique.** 1 vol. in-8, avec 198 gravures. 2ᵉ édit.  6 fr.
97. MALMÉJAC (F.). *****L'eau dans l'alimentation.** 1 v. in-8, av. grav. 6 fr.
98. MEUNIER (Stan.). *****La géologie générale.** 1 v. in-8, av. grav.  6 fr.
99. DEMENŸ (G.). **Mécanisme et éducation des mouvements.** 2ᵉ édit. 1 vol. in-8, avec 565 gravures.  9 fr.
100. BOURDEAU (L.). **Histoire de l'habillement et de la parure.** 1 vol. in-8  6 fr.
101. MOSSO (A.). **Les exercices physiques et le développement intellectuel.** 1 vol. in-8,  6 fr.
102. LE DANTEC (F.). **Les lois naturelles.** 1 vol. in-8. avec grav. 6 fr.
103. NORMAN LOCKYER. **L'évolution inorganique.** 1 vol. in-8, avec gravures.  6 fr.

LISTE PAR ORDRE DE MATIÈRES DES VOLUMES
COMPOSANT LA
# BIBLIOTHÈQUE
# SCIENTIFIQUE INTERNATIONALE
(103 volumes parus)

### PHYSIOLOGIE
Le Dantec. Théorie nouvelle de la vie.
Gellé (E.-M.). L'audition et ses organes, ill.
Binet et Féré. Le Magnétisme animal, illustré.
Binet. Les Altérations de la personnalité, illustré.
Bernstein. Les Sens, illustré.
Marey. La Machine animale, illustré.
Pettigrew. La Locomotion chez les animaux, ill.
James Sully. Les Illusions des sens et de l'esprit, illustré.
De Meyer. Les Organes de la parole, illustré.
Lagrange. Physiologie des exercices du corps.
Richet (Ch.). La Chaleur animale, illustré.
Beaunis. Les Sensations internes.
Arloing. Les Virus, illustré.
Demeny. Bases scientifiques de l'éducation physique, illustré. 9 fr.
Demeny. Mécanisme et éducation des mouvements, illustré.

### PHILOSOPHIE SCIENTIFIQUE
Romanes. L'Intelligence des animaux. 2 vol. illust.
Luys. Le Cerveau et ses fonctions, illustré.
Charlton Bastian. Le Cerveau et la Pensée chez l'homme et les animaux. 2 vol. illustrés.
Bain. L'Esprit et le Corps.
Maudsley. Le Crime et la Folie.
Léon Dumont. Théorie scientifique de la sensibilité.
Perrier. La Philosophie zoologique avant Darwin.
Stallo. La Matière et la Physique moderne.
Mantegazza. La Physionomie et l'Expression des sentiments, illustré.
Dreyfus. L'Évolution des mondes et des sociétés.
Lubbock. Les Sens et l'Instinct chez les animaux, illustré.
Le Dantec. L'évolution individuelle et l'hérédité.
Le Dantec. Les lois naturelles, illustré.
Grasset. Les maladies de l'orientation et de l'équilibre, illustré.
Norman Lockyer. L'évolution inorganique.

### ANTHROPOLOGIE
Mortillet (G. de). Formation de la nation française, illustré.
De Quatrefages. L'Espèce humaine.
Lubbock. L'Homme préhistorique. 2 vol. illustrés.
Cartailhac. La France préhistorique, illustré.
Topinard. L'Homme dans la nature, illustré.
Lefèvre. Les Races et les langues.
Brunache. Le Centre de l'Afrique. Autour du Tchad, illustré.

### ZOOLOGIE
Roché (G.). La Culture des mers, illustré.
Schmidt. Les Mammifères dans leurs rapports avec leurs ancêtres géologiques, illustré.
Schmidt. Descendance et Darwinisme, illustré.
Huxley. L'Écrevisse (Introduction à la zoologie), illustré.
Van Beneden. Les Commensaux et les Parasites du règne animal, illustré.
Lubbock. Fourmis, Abeilles et Guêpes. 2 vol. illustrés.
Troussart. Les Microbes, les Ferments et les Moisissures, illustré.
Hartmann. Les Singes anthropoïdes et leur organisation comparée à celle de l'homme, illustré.
De Quatrefages. Darwin et ses précurseurs français.
De Quatrefages. Les Émules de Darwin. 2 vol.

### BOTANIQUE — GÉOLOGIE
De Saporta et Marion. L'Évolution du règne végétal (les Cryptogames), illustré.
De Saporta et Marion. L'Évolution du règne végétal (les Phanérogames). 2 vol. illustrés.
Cooke et Berkeley. Les Champignons, illustré.
De Candolle. Origine des plantes cultivées.
De Lanessan. Le Sapin (Introduction à la botanique), illustré.
Fuchs. Volcans et Tremblements de terre, illustré.
Daubrée. Les Régions invisibles du globe et des espaces célestes, illustré.
Jaccard. Le Pétrole, l'Asphalte et le Bitume, ill.
Meunier (St.). La Géologie comparée, illustré.
Meunier (St.). La Géologie expérimentale, ill.
Meunier (St.). La Géologie générale, illustré.
Costantin (J.) Les Végétaux et les milieux cosmiques, illustré.
Costantin (J.). La Nature tropicale, illustré.

### CHIMIE
Wurtz. La Théorie atomique.
Berthelot. La Synthèse chimique.
Berthelot. La Révolution chimique : Lavoisier.
Schutzenberger. Les Fermentations, illustré.
Malméjac. L'Eau dans l'alimentation, illustré.

### ASTRONOMIE — MÉCANIQUE
Secchi (le Père). Les Étoiles. 2 vol. illustrés.
Young. Le Soleil, illustré.
Angot. Les Aurores polaires, illustré.
Thurston. Histoire de la machine à vapeur. 2 v. ill.

### PHYSIQUE
Balfour Stewart. La Conservation de l'énergie, illustré.
Tyndall. Les Glaciers et les Transformations de l'eau, illustré.

### THÉORIE DES BEAUX-ARTS
Grosse. Les débuts de l'art, illustré.
Guignet et Garnier. La Céramique ancienne et moderne, illustré.
Brucke et Helmholtz. Principes scientifiques des beaux-arts, illustré.
Rood. Théorie scientifique des couleurs, illustré.
P. Blaserna et Helmholtz. Le Son et la Musique, illustré.

### SCIENCES SOCIALES
Herbert Spencer. Introduction à la science sociale.
Herbert Spencer. Les Bases de la morale évolutionniste.
A. Bain. La Science de l'éducation.
De Lanessan. Principes de colonisation.
Demoor, Massart et Vandervelde. L'Évolution régressive en biologie et en sociologie, illustré.
Bagehot. Lois scientifiques du développement des nations.
De Roberty. La Sociologie.
Draper. Les Conflits de la science et de la religion.
Stanley Jevons. La Monnaie et le Mécanisme de l'échange.
Whitney. La Vie du langage.
Starcke. La Famille primitive, ses origines, son développement.
Bourdeau. Hist. de l'habillement et de la parure.
Mosso (A.). Les exercices physiques et le développement intellectuel.

Tous les volumes 6 fr., sauf Démeny. Mécanisme, à 9 fr.

# RÉCENTES PUBLICATIONS
## HISTORIQUES, PHILOSOPHIQUES ET SCIENTIFIQUES
### qui ne se trouvent pas dans les collections précédentes.

ALAUX. **Esquisse d'une philosophie de l'être.** In-8. 1 fr.
— **Les Problèmes religieux au XIX° siècle.** 1 vol. in-8. 7 fr. 50
— **Philosophie morale et politique.** In-8. 1893. 7 fr. 50
— **Théorie de l'âme humaine.** 1 vol. in-8. 1895. 10 fr. (Voy. p. 2.)
— **Dieu et le Monde.** *Essai de phil. première.* 1901. 1 vol. in 12. 2 fr. 50
ALTMEYER. **Les Précurs. de la réforme aux Pays-Bas** 2 v. in-8. 12 fr.
AMIABLE (Louis). **Une loge maçonnique d'avant 1789.** 1 v. in-8. 6 fr.
**Annales de sociologie et mouvement sociologique** Première année, 1900-1901), publ. par la Soc. belge de Sociologie. 1 vol. in-8. 1903. 12 fr.
ANSIAUX (M.). **Heures de travail et salaires.** In-8. 1896. 5 fr.
ARNAUNE (A.), directeur de la Monnaie. **La monnaie, le crédit et le change,** 2ᵉ édition, revue et augmentée. 1 vol. in-8. 1902. 8 fr.
ARRÉAT. **Une Éducation intellectuelle.** 1 vol. in-18. 2 fr. 50
— **Journal d'un philosophe.** 1 vol. in-18. 3 fr. 50 (Voy. p. 2 et 5.)
**Autour du monde,** par les BOURSIERS DE VOYAGE DE L'UNIVERSITÉ DE PARIS. (*Fondation Albert Kahn*). 1 vol. gr. in-8. 1904. 10 fr.
AZAM. **Hypnotisme et double conscience.** 1 vol. in-8. 9 fr.
BAISSAC (J.). **Les Origines de la religion.** 2 vol. in-8. 12 fr.
BALFOUR STEWART et TAIT. **L'Univers invisible.** 1 vol. in-8. 7 fr.
BARTHÉLEMY-SAINT-HILAIRE. (Voy. pages 6 et 11, ARISTOTE.)
— *Victor Cousin, sa vie, sa correspondance. 3 vol. in-8. 1895. 30 fr.
BERNATH (de). **Cléopâtre.** *Sa vie, son règne.* 1 vol in-8. 1903. 8 fr.
BERTAULD (P.-A.). **Positivisme et philos. scientif.** In-12. 1899. 3 fr. 50
BERTON (H.), docteur en droit. **L'évolution constitutionnelle du second empire.** Doctrines, textes, histoire. 1 fort vol. in-8. 1900. 12 fr.
BLONDEAU (C.). **L'absolu et sa loi constitutive.** 1 vol. in-8. 1897. 6 fr.
*BLUM (E.), agrégé de philosophie. **La Déclaration des Droits de l'homme.** Texte et commentaire. Préface de M. G. COMPAYRÉ, recteur de l'Académie de Lyon. Récomp. par l'Institut. 2ᵉ édit. 1 vol. in-8. 1902. 3 fr. 75
BOILLEY (P.). **La Législation internationale du travail.** In-12. 3 fr.
— **Les trois socialismes** : anarchisme, collectivisme, réformisme. 3 fr. 50
— **De la production industrielle.** In-12. 1899. 2 fr. 50
BOURDEAU Louis). **Théorie des sciences.** 2 vol. in-8. 20 fr.
— **La Conquête du monde animal.** In-8. 5 fr.
— **La Conquête du monde végétal.** In-8. 1893. 5 fr.
— **L'Histoire et les historiens.** 1 vol. in-8. 7 fr. 50
— *Histoire de l'alimentation. 1894. 1 vol. in-8. 5 fr. (V. p. 6.)
BOUTROUX (Em.). *De l'idée de loi naturelle dans la science et la philosophie. 1 vol. in-8. 1895. 2 fr. 50 (V. n. /2 et 6.)
BRANDON-SALVADOR (Mᵐᵉ). **A travers les moissons.** *Ancien Test. Talmud. Apocryphes. Poètes et moralistes juifs du moyen âge.* In-16. 1903. 4 fr.
BRASSEUR. **La question sociale.** 1 vol. in-8 1900. 7 fr. 50
BROOKS ADAMS. **Loi de la civilisat. et de la décad.** In-8. 1899. 7 fr. 50
BROUSSEAU (K.). **L'éducation des nègres aux États-Unis.** 1904. 1 vol. in-8. 7 fr. 50
BUCHER Karl). **Études d'histoire et d'économie polit.** In-8. 1901. 6 fr.
BUNGE (N.-Ch.). **Littérature poli-économique.** 1 vol. in-8. 1898. 7 fr. 50
BUNGE (C. O.). **Psychologie individuelle et sociale.** In-16. 1904. 3 fr.
CANTON (G.). **Napoléon antimilitariste.** 1902. 1 vol. in-12. 3 fr. 50
CARDON (G.). *Les Fondateurs de l'Université de Douai. In-8. 10 fr.
CELS (A.). **Science de l'homme et anthropologie.** 1904. 1 vol. in-8. 7 fr. 50
CLAMAGERAN **La Réaction économique et la démocratie.** In-18. 1 fr. 25
— **La lutte contre le mal.** 1 vol. in-18. 1897. 3 fr. 50
— **Études politiques, économiques et administratives.** Préface de M. BERTHELOT. 1 vol. in-8. 1904. 10 fr.

**F. ALCAN.** — 26 —

COMBARIEU (J.). *Les rapports de la musique et de la poésie considérés au point de vue de l'expression. 1 vol. in-8. 1893.　　7 fr. 50

Congrès :
**Éducation sociale** (Congrès de l'), Paris 1900. 1 vol. in-8. 1901.　10 fr.
**Psychologie** (IVe Congrès international), Paris 1900. 1 vol in-8. 1901. 20 fr.
**Sciences sociales (Premier Congrès de l'enseignement des).** Paris 1900. 1 vol. in-8. 1901.　　7 fr. 50
COSTE (Ad.). **Hygiène sociale contre le paupérisme.** In-8.　6 fr.
— **Nouvel exposé d'économie politique et de physiologie sociale.** In-18.　　3 fr. 50 (Voy. p. 2, 6 et 30.)
COUTURAT (Louis). *De l'infini mathématique. In-8. 1896.　12 fr.
DANY (G.), docteur en droit. *Les Idées politiques en Pologne à la fin du XVIIIe siècle. La Constit. du 3 mai 1793, in-8, 1901. 6 fr.
DAREL (Th.). **La Folie.** Ses causes. Sa thérapeutique. 1901, in-12. 4 fr.
— **Le peuple-roi.** Essai de sociologie universaliste. In-8. 1904. 3 fr. 50
DAURIAC. **Croyance et réalité.** 1 vol. in-18. 1889.　　3 fr. 50
— **Le Réalisme de Reid.** In-8.　　1 fr. (V. p. 2 et 6.)
DAUZAT A.), docteur en droit. **Du Rôle des Chambres en matière de traités internationaux.** 1 vol. grand in-8. 1899. 5 fr. (V. p. 18.)
DEFOURNY (M.). **La sociologie positiviste.** Auguste Comte. In-8. 1902. 6 fr.
DÉRAISMES (Mlle Maria). **Œuvres complètes.** 4 vol. Chacun.　3 fr. 50
DESCHAMPS. **Principes de morale sociale.** 1 vol. in-8. 1903. 3 fr. 50.
DESPAUX. **Genèse de la matière et de l'énergie.** In-8. 1900.　4 fr.
DOLLOT (R.), docteur en droit. **Les origines de la neutralité de la Belgique** (1609-1830). 1 vol. in-8. 1902.　　10 fr.
DOUHÉRET. *Idéologie, discours sur la philos. prem. In-18. 1900. 1 fr. 25
DROZ (Numa). **Etudes et portraits politiques.** 1 vol. in-8. 1895. 7 fr. 50
— **Essais économiques.** 1 vol. in-8. 1896.　　7 fr. 50
— **La démocratie fédérative et le socialisme d'État.** In-12.　1 fr.
DUBUC (P.). *Essai sur la méthode en métaphysique. 1 vol. in-8. 5 fr.
DUGAS (L.). *L'amitié antique. 1 vol. in-8. 1895.　7 fr. 50 (V. p. 2.)
DUNAN. *Sur les formes à priori de la sensibilité. 1 vol. in-8. 5 fr.
— **Zénon d'Élée et le mouvement.** In-8.　　1 fr. 50 (V. p. 2.)
DUNANT (E.). **Les relations diplomatiques de la France et de la République helvétique** (1798-1803). 1 vol. in-8. 1902.　20 fr.
DU POTET. **Traité complet de magnétisme.** 5e éd. 1 vol in-8.　8 fr.
— **Manuel de l'étudiant magnétiseur.** 6e éd., gr. in-18, avec fig. 3 fr. 50
— **Le magnétisme opposé à la médecine.** 1 vol. in-8.　　6 fr.
DUPUY (Paul). **Les fondements de la morale.** In-8. 1900.　5 fr.
— **Méthodes et concepts.** 1 vol. in-8. 1903.　　5 fr.
*Entre Camarades. Ouvr. publié par la Soc. des anciens élèves de la Faculté des lettres de l'Univ. de Paris. *Histoire, littératures ancienne, française, étrangère, philologie, philosophie, journalisme.* 1901, in-8. 10 fr.
ESPINAS (A.). *Les Origines de la technologie. 1 vol. in-8. 1897. 5 fr.
FEDERICI. **Les Lois du progrès.** 2 vol. in-8. Chacun.　　6 fr.
FERRÈRE (F.). **La situation religieuse de l'Afrique romaine depuis la fin du IVe siècle jusqu'à l'invasion des Vandales.** 1 v. in-8. 1898. 7 fr. 50
FERRIÈRE (Em.). **Les Apôtres**, essai d'histoire religieuse. 1 vol. in-12. 4 fr. 50
— **L'Ame est la fonction du cerveau.** 2 volumes in-18.　7 fr.
— **Le Paganisme des Hébreux.** 1 vol. in-18.　　3 fr. 50
— **La Matière et l'Énergie.** 1 vol. in-18.　　4 fr. 50
— **L'Ame et la Vie.** 1 vol. in-18.　　4 fr. 50
— **Les Mythes de la Bible.** 1 vol. in-18. 1893.　3 fr. 50
— **La Cause première d'après les données expérim.** In-18. 1896. 3 fr. 50
— **Étymologie de 400 prénoms.** In-18. 1898. 1 fr. 50 (V. p. 11 et 30).
FLEURY (M. de). **Introd. à la méd. de l'Esprit.** In-8. 6e éd. 7 fr. 50 (V. p. 3).
FLOURNOY. **Des phénomènes de synopsie.** In-8. 1893.　6 fr.
— **Des Indes à la planète Mars.** 1 vol. in-8, avec grav. 3e éd. 1900. 8 fr.
— **Nouv. observ sur un cas de somnambulisme.** In-8. 1902.　5 fr.
**Fondation universitaire de Belleville (La).** Ch. GIDE. *Travail intellect.*

et tr. manuel. —J BARDOUX. *Prem. efforts et prem. année.* In-16. 1 fr. 50
GELEY (V.). **Les preuves du transformisme et les enseignements de la doctrine évolutionniste.** 1 vol. in-8. 1901. 6 fr.
GOBLET D'ALVIELLA. **L'Idée de Dieu**, d'après l'anthr. et l'histoire. In-8. 6 fr.
— **La représentation proportionnelle en Belgique**, 1900. 4 fr. 50
GOURD. **Le Phénomène.** 1 vol. in-8. 7 fr. 50
GREEF (Guillaume de). **Introduction à la Sociologie.** 2 vol. in-8. 10 fr.
—**L'évol. des croyances et des doctr. polit.** In-12. 1895. 4 fr. (V. p. 3 et 7.)
GRIMAUX (Ed.). \***Lavoisier** (1748-1794), d'après sa correspondance et divers documents inédits. 1 vol. gr. in-8, avec gravures. 3ᵉ éd. 1898. 15 fr.
GRIVEAU (M.). **Les Éléments du beau.** In-18. 4 fr. 50
— **La Sphère de beauté**, 1901. 1 vol. in-8. 10 fr.
GUYAU. **Vers d'un philosophe.** In-18. 3ᵉ édit. 3 fr. 50 (Voy. p. 3, 7 et 11.)
GYEL (Dʳ E.). **L'être subconscient.** 1 vol. in-8. 1899. 4 fr.
HALLEUX (J.). **Les principes du positivisme contemporain**, exposé et critique. (Ouvrage récompensé par l'Institut). 1 vol. in-12. 1895. 3 fr. 50
— **L'Évolutionnisme en morale** (*H. Spencer*). In-12. 1901. 3 fr. 50
HARRACA (J.-M.). **Contribution à l'étude de l'Hérédité et des principes de la formation des races.** 1 vol. in-18. 1898. 2 fr.
HENNEGUY (Félix). **Le Sphinx.** Poèmes dramatiques. 1 v. in-18. 1899. 3 fr. 50
— **Les Aïeux.** Poèmes dramatiques. 1 vol. in-18. 1901. 3 fr. 50
HIRTH (G.). **La Vue plastique, fonction de l'écorce cérébrale.** In-8. Trad. de l'allem. par L. ARRÉAT, avec grav. et 34 pl. 8 fr. (Voy. p. 8.)
— **Pourquoi sommes-nous distraits?** 1 vol. in-8. 1895. 2 fr.
HOCQUART (E.). **L'Art de juger le caractère des hommes sur leur écriture**, préface de J. CRÉPIEUX-JAMIN. Br. in-8. 1898. 1 fr.
HORVATH, KARDOS et ENDRODI. \***Histoire de la littérature hongroise**, adapté du hongrois par J. KONT. Gr. in-8, avec gr. 1900. Br. 10 fr. Rel. 15 fr.
ICARD. **Paradoxes ou vérités.** 1 vol. in-12. 1895. 3 fr. 50
JANSSENS. **Le néo-criticisme de Ch. Renouvier.** In-16. 1904. 3 fr. 50
JOURDY (Général). **L'instruction de l'armée française**, de 1815 à 1902. 1 vol. in-16. 1903. 3 fr. 50
JOYAU. **De l'Invention dans les arts et dans les sciences.** 1 v. in-8. 5 fr.
— **Essai sur la liberté morale.** 1 vol. in-18. 3 fr. 50
KARPPE (S.), docteur ès lettres. **Les origines et la nature du Zohar**, précédé d'une *Etude sur l'histoire de la Kabbale.* 1901. In-8. 7 fr. 50
KAUFMANN. **La cause finale et son importance.** In-12. 2 fr. 50
KINGSFORD (A.) et MAITLAND (E.). **La Voie parfaite ou le Christ ésotérique**, précédé d'une préface d'Edouard SCHURÉ. 1 vol. in-8. 1892. 6 fr.
KOSTYLEFF. **L'Esquisse d'une évolution dans l'histoire de la philosophie.** 1 vol. in-16. 1903. 2 fr. 50
KUFFERATH (Maurice). **Musiciens et philosophes.** (Tolstoï, Schopenhauer, Nietzsche, Richard Wagner). 1 vol. in-12. 1899. 3 fr. 50
LAFONTAINE. **L'art de magnétiser.** 7ᵉ édit. 1 vol. in-8. 5 fr.
— **Mémoires d'un magnétiseur.** 2 vol. gr. in-18. 7 fr.
LANESSAN (de). **Le Programme maritime de 1900-1906.** In-12. 2ᵉ éd. 1903. 3 fr. 50
LAVELEYE (Em. de). **De l'avenir des peuples catholiques.** In-8. 25 c.
— **Essais et Études.** Première série (1861-1875). — Deuxième série (1875-1882) — Troisième série (1892-1894). Chaque vol. in-8. 7 fr. 50
LEMAIRE (P.). **Le cartésianisme chez les Bénédictins.** In-8. 6 fr. 50
LEMAITRE (J.), professeur au Collège de Genève. **Audition colorée et Phénomènes connexes observés chez des écoliers.** In-12. 1900. 4 fr.
LETAINTURIER (J.). **Le socialisme devant le bon sens.** In-18. 1 fr. 50
LEVI (Eliphas). **Dogme et rituel de la haute magie.** 3ᵉ édit. 2 vol. in-8, avec 24 figures. 18 fr.
— **Histoire de la magie.** Nouvelle édit. 1 vol. in-8, avec 90 fig. 12 fr.
— **La clef des grands mystères.** 1 vol. in-8, avec 22 pl. 12 fr.
— **La science des esprits.** 1 vol. 7 fr.
LÉVY (Albert). \***Psychologie du caractère.** In-8. 1896. 5 fr.

LÉVY-SCHNEIDER (L.), docteur ès lettres. **Le conventionnel Jean-bon Saint-André (1749-1813).** 1901. 2 vol. in-8. 15 fr.
LICHTENBERGER (A.). **Le socialisme au XVIIIᵉ siècle.** In-8. 1895. 7 fr. 50
MABILLEAU (L.). *****Histoire de la philos. atomistique.** In-8. 1895. 12 fr.
MAINDRON (Ernest) *****L'Académie des sciences** (Histoire de l'Académie; fondation de l'Institut national; Bonaparte, membre de l'Institut). In-8 cavalier, 53 grav., portraits, plans. 8 pl. hors texte et 2 autographes. 12 fr.
MALCOLM MAC COLL. **Le Sultan et les grandes puissances.** In-8. 5 fr.
MANACÉINE (Marie de). **L'anarchie passive et Tolstoï.** In-18. 2 fr.
MANDOUL (J.) **Un homme d'État italien: Joseph de Maistre.** In-8. 8 fr.
MARIÉTAN (J.). **Problème de la classification des sciences, d'Aristote à saint Thomas.** 1 vol. in-8. 1901. 3 fr.
MATAGRIN **L'esthétique de Lotze.** 1 vol. in-12. 1900. 2 fr.
MATTEUZZI. **Les facteurs de l'évolution des peuples.** In-8. 1900. 6 fr.
MERCIER (Mgr). **Les origines de la psych. contemp.** In-12. 1898. 5 fr.
— **La Définition philosophique de la vie.** Broch. in-8. 1899. 1 fr. 50
MILHAUD (G.).*****Le positiv. et le progrès de l'esprit.** In-12. 1902. 2 fr. 50
MISMER (Ch.). **Principes sociologiques.** 1 vol. in-8. 2ᵉ éd. 1897. 5 fr.
MONNIER (Marcel). *****Le drame chinois.** 1 vol. in-16. 1900. 2 fr. 50
MORIAUD (P.). **La liberté et la conduite humaine** In-12. 1897. 3 fr. 50
NEPLUYEFF (N. de). **La confrérie ouvrière et ses écoles,** in-12. 2 fr.
NODET (V.). **Les agnosies, la cécité psychique.** In-8. 1899. 4 fr.
NOVICOW (J.). **La Question d'Alsace-Lorraine.** In-8. 1 fr. (V. p. 4, 9 et 17.)
— **La Fédération de l'Europe.** 1 vol. in-18. 2ᵉ édit. 1901. 3 fr. 50
— **L'affranchissement de la femme.** 1 vol. in-16. 1903. 3 fr.
PARIS (Comte de). **Les Associations ouvrières en Angleterre** (Trades-unions). 1 vol. in-18. 7ᵉ édit. 1 fr. — Édition sur papier fort. 2 fr. 50
PAUL-BONCOUR (J.). **Le fédéralisme économique,** préf. de M. WALDECK-ROUSSEAU. 1 vol. in-8. 2ᵉ édition. 1901. 6 fr.
PAULHAN (Fr.). **Le Nouveau mysticisme.** 1 vol. in-18. 1891. 2 fr. 50
PELLETAN (Eugène). *****La Naissance d'une ville** (Royan). In-18. 2 fr.
— *****Jarousseau, le pasteur du désert.** 1 vol. in-18. 2 fr.
— *****Un Roi philosophe,** *Frédéric le Grand.* In-18. 3 fr. 50
— **Droits de l'homme.** 1 vol. in-12. 3 fr. 50
— **Profession de foi du XIXᵉ siècle.** In-12. 3 fr. 50 (V. p. 30.)
PEREZ (Bernard). **Mes deux chats.** In-12, 2ᵉ édition. 1 fr. 50
— **Jacotot et sa Méthode d'émancipation intellect.** In-18. 3 fr.
— **Dictionnaire abrégé de philosophie.** 1893. in-12. 1 fr. 50 (V. p. 9.)
PHILBERT (Louis). **Le Rire.** In-8. (Cour. par l'Académie française.) 7 fr. 50
PHILIPPE (J.) **Lucrèce dans la théologie chrétienne.** In-8. 2 fr. 50
PIAT (C.). **L'Intellect actif.** 1 vol. in-8. 4 fr. (V. p. 9, 13.)
— **L'Idée ou critique du Kantisme.** 2ᵉ édition 1901. 1 vol. in-8. 6 fr.
PICARD (Ch.). **Sémites et Aryens** (1893). In-18. 1 fr. 50
PICARD (E.). **Le Droit pur.** 1 v. in-8. 1899. 7 fr. 50
PICAVET (F.). **La Mettrie et la crit. allem.** 1889. In-8. 1 fr. (V. p. 9, 11.)
PICTET (Raoul). **Étude critique du matérialisme et du spiritualism.** par la physique expérimentale. 1 vol. gr. in-8. 1896. 10 fr.
PINLOCHE (A.), professeur honʳᵉ de l'Univ. de Lille. *****Pestalozzi et l'éducation populaire moderne.** In-12. 1902. (*Cour. par l'Institut.*) 2 fr. 50
POEY. **Littré et Auguste Comte.** 1 vol. in-18. 3 fr. 50
PORT. **La Légende de Cathelineau.** In-8. 5 fr.
***** Pour et contre l'enseignement philosophique,** par MM. VANDEREM (Fernand), RIBOT (Th.), BOUTROUX (E.), MARION (H.), JANET (P.), FOUILLÉE (A.); MONOD (G.), LYON (Georges), MARILLIER (L.), CLAMADIEU (abbé), BOURDEAU (J.), LACAZE (G.), TAINE (H.). 1894. In-18. 2 fr.
PRAT (Louis). **Le mystère de Platon** (Aglaophamos). 1 v. in-8. 1900. 4 fr.
— **L'Art et la beauté** (Kalliklès). 1 vol. in-8. 1903. 5 fr.
PRÉAUBERT. **La vie, mode de mouvement.** In-8. 1897. 5 fr.
PRINS (Ad.). **L'organisation de la liberté.** 1 vol. in-8. 1895. 4 fr.
**Protection légale des travailleurs** (La). 1 vol. in-12. 1904. 3 fr. 50

RATAZZI (M^me). **Emilio Castelar.** In-8, avec illustr., portr. 1899. 3 fr. 50
RAYMOND (P.). **L'arrondissement d'Uzès avant l'Histoire.** In-8. 6 fr.
REGNAUD (P.). **L'origine des idées éclairée par la science du langage.** 1904. In-12. 1 fr. 50
RENOUVIER, de l'Inst. **Uchronie, Utopie dans l'Histoire.** 2ᵉ éd. 1901. In-8. 7 50
RIBOT (Paul). **Spiritualisme et Matérialisme.** 2ᵉ éd. 1 vol. in-8. 6 fr.
ROBERTY (J.-E.) **Auguste Bouvier,** pasteur et théologien protestant. 1826-1893. 1 fort vol. in-12. 1901. 3 fr. 50
ROISEL. **Chronologie des temps préhistoriques.** In-12. 1900. 1 fr.
ROTT (Ed.). **La représentation diplomatique de la France auprès des cantons suisses confédérés.** T. I (1498-1559). 1 vol. gr. in-8. 1900, 12 fr. — T. II (1559-1610). 1 vol. gr. in-8. 1902. 15 fr.
RUTE (Marie-Letizia de). **Lettres d'une voyageuse.** In-8. 1896. 3 fr.
SAGE (V.). **Le Sommeil naturel et l'hypnose.** 1904. 1 vol. in-18. 3 fr. 50
SANDERVAL (O. de). **De l'Absolu. La loi de vie.** 1 vol. in-8. 2ᵉ éd. 5 fr.
— **Kahel. Le Soudan français.** In-8, avec gravures et cartes. 8 fr.
SAUSSURE (L. de). **Psychol. de la colonisation franç.** In-12. 3 fr. 50
SAYOUS (E.). *Histoire générale des Hongrois. 2ᵉ éd. revisée. 1 vol. grand in-8, avec grav. et pl. hors texte. 1900. Br. 15 fr. Relié. 20 fr.
SCHINZ (W.). **Problème de la tragéd. en Allemagne.** In-8. 1903. 1 fr. 25
SECRÉTAN (Ch.). **Études sociales.** 1889. 1 vol. in-18. 3 fr. 50
— **Les Droits de l'humanité.** 1 vol. in-18. 1891. 3 fr. 50
— **La Croyance et la civilisation.** 1 vol. in-18. 2ᵉ édit. 1891. 3 fr. 50
— **Mon Utopie.** 1 vol. in-18. 3 fr. 50
— **Le Principe de la morale.** 1 vol. in-8. 2ᵉ éd. 7 fr. 50
— **Essais de philosophie et de littérature.** 1 vol. in-12. 1896. 3 fr. 50
SECRÉTAN (H.). **La Société et la morale.** 1 vol. in-12. 1897. 3 fr. 50
SKARZYNSKI (L.). *Le progrès social à la fin du XIXᵉ siècle. Préface de M. Léon Bourgeois. 1901. 1 vol. in-12. 4 fr. 50
SOREL (Albert), de l'Acad. franç. **Traité de Paris de 1815.** In-8. 4 fr. 50
SPIR (A.). **Esquisses de philosophie critique.** 1 vol. in-18 2 fr. 50
— **Nouvelles esquisses de philosophie critique.** In-8. 1899. 3 fr. 50
STOCQUART (Emile). **Le contrat de travail.** In-12. 1895. 3 fr.
TEMMERMAN, directeur d'École normale. **Notions de psychologie** appliquées à la pédagogie et à la didactique. In-8, avec fig. 1903. 3 fr.
TISSOT **Principes de morale.** 1 vol. in-8. 6 fr. (Voy. p. 11.)
VAN BIERVLIET (J.-J.). **Psychologie humaine.** 1 vol. in-8. 8 fr.
— **La Mémoire.** Br. in-8. 1893. 2 fr.
— **Études de psychologie** 1 vol. in-8. 1901. 4 fr.
— **Causeries psychologiques.** 1 vol. in-8. 1902. 3 fr.
— **Esquisse d'une éducation de la mémoire.** 1904. In-16. 2 fr.
VIALLATE (A.). **Chamberlain.** In-12, préface de E. Boutmy. 2 fr. 50
VIALLET (C.-Paul). **Je pense, donc je suis.** In-12. 1896. 2 fr. 50
VIGOUREUX (Ch.). **L'Avenir de l'Europe au double point de vue de la politique de sentiment et de la politique d'intérêt.** 1892. 1 vol. in-18. 3 fr. 50
VITALIS. **Correspondant politique de Dominique de Gabre.** 1904. 1 vol. in-8. 12 fr. 50
WEIL (Denis). **Droit d'association et Droit de réunion.** In-12. 3 fr. 50
— **Élections législatives,** législation et mœurs. 1 vol. in-18. 1895. 3 fr. 50
WULF (M. de). **Histoire de la philosophie scolastique dans les Pays-Bas et la principauté de Liège jusqu'à la Révol. franç.** In-8. 5 fr.
— **Introduction à la philosophie néo-scolastique.** 1904. 1 v. in-8. 5 fr.
— **Sur l'esthétique de saint Thomas d'Aquin.** In-8. 1 fr. 50
ZAPLETAL. **Le récit de la création dans la Genèse.** 1904. 1 vol. in-8. 3 fr. 50
ZIESING (Th.). **Érasme ou Salignac.** Étude sur la lettre de François Rabelais. 1 vol. gr. in-8. 4 fr.
ZOLLA (D.). **Les questions agricoles d'hier et d'aujourd'hui.** 1894, 1895. 2 vol. in-12. Chacun. 3 fr. 50

# BIBLIOTHÈQUE UTILE

**HISTOIRE. — GÉOGRAPHIE. — SCIENCES PHYSIQUES ET NATURELLES. — ENSEIGNEMENT.
ÉCONOMIE POLITIQUE ET DOMESTIQUE. — ARTS. — DROIT USUEL.**

*125 élégants volumes in-32, de 192 pages chacun*
Le volume broché, **60 centimes**; en cartonnage anglais, **1 franc**.

1. Morand. Introduction à l'étude des sciences physiques. 6ᵉ édit.
2. Cruveilhier. Hygiène générale. 9ᵉ édit.
3. Corbon. De l'enseignement professionnel. 4ᵉ édit.
4. L. Pichat. L'art et les artistes en France. 5ᵉ édit.
5. Buchez. Les Mérovingiens. 6ᵉ édit.
6. Buchez. Les Carlovingiens. 2ᵉ édit.
7. F. Morin. La France au moyen âge. 5ᵉ édit.
8. Bastide. Luttes religieuses des premiers siècles. 5ᵉ édit.
9. Bastide. Les guerres de la Réforme. 5ᵉ édit.
10. Peletan. Décadence de la monarchie française. 5ᵉ édit.
11. Brothier. Histoire de la terre. 8ᵉ éd.
12. Bouant. Les principaux faits de la chimie (avec fig.).
13. Turck. Médecine populaire. 6ᵉ édit.
14. Morin. La loi civile en France. 5ᵉ édit.
15. Paul Louis. Les lois ouvrières.
16. Ott.
17. Catalan. Notions d'astronomie. 6ᵉ édit.
18. Cristal. Les délassements du travail. 4ᵉ édit.
19. V. Meunier. Philosophie zoologique. 3ᵉ édit.
20. J. Jourdan. La justice criminelle en France. 4ᵉ édit.
21. Ch. Rolland. Histoire de la maison d'Autriche. 4ᵉ édit.
22. Eug. Despois. Révolution d'Angleterre. 4ᵉ édit.
23. B. Gastineau. Les génies de la science et de l'industrie. 2ᵉ édit.
24. Leneveux. Le budget du foyer. L'économie domestique. 3ᵉ édit.
25. L. Combes. La Grèce ancienne. 4ᵉ édit.
26. F. Lock. Histoire de la Restauration. 5ᵉ édit.
27. (Épuisé.)
28. Elie Margollé. Les phénomènes de la mer. 7ᵉ édit.
29. L. Collas. Histoire de l'empire ottoman. 3ᵉ édit.
30. F. Zurcher. Les phénomènes de l'atmosphère. 7ᵉ édit.
31. E. Raymond. L'Espagne et le Portugal. 3ᵉ édit.
32. Eugène Noël. Voltaire et Rousseau. 4ᵉ édit.
33. A. Ott. L'Asie occidentale et l'Égypte. 3ᵉ édit.
34. (Épuisé.)
35. Enfantin. La vie éternelle. 5ᵉ édit.
36. Brothier. Causeries sur la mécanique. 5ᵉ édit.
37. Alfred Doneaud. Histoire de la marine française. 4ᵉ édit.
38. F. Lock. Jeanne d'Arc. 3ᵉ édit.
39-40. Carnot. Révolution française. 2 vol. 7ᵉ édit.
41. Zurcher et Margollé. Télescope et microscope. 2ᵉ édit.
42. Blerzy. Torrents, fleuves et canaux de la France. 3ᵉ édit.
43. Secchi, Wolf, Briot et Delaunay. Le soleil et les étoiles. 5ᵉ édit.
44. Stanley Jevons. L'économie politique. 8ᵉ édit.
45. Ferrière. Le darwinisme. 7ᵉ édit.
46. Leneveux. Paris municipal. 2ᵉ édit.
47. Boillot. Les entretiens de Fontenelle sur la pluralité des mondes.
48. Zevort (Edg.). Histoire de Louis-Philippe. 3ᵉ édit.
49. Geikie. Géographie physique (avec fig.). 4ᵉ édit.
50. Zaborowski. L'origine du langage. 5ᵉ édit.
51. H. Blerzy. Les colonies anglaises.
52. Albert Lévy. Histoire de l'air (avec fig.). 4ᵉ édit.
53. Geikie. La géologie (avec fig.). 4ᵉ édit.
54. Zaborowski. Les migrations des animaux. 3ᵉ édit.
55. F. Paulhan. La physiologie de l'esprit. 5ᵉ édit.
56. Zurcher et Margollé. Les phénomènes célestes. 3ᵉ édit.
57. Girard de Rialle. Les peuples de l'Afrique et de l'Amérique. 2ᵉ éd.
58. Jacques Bertillon. La statistique humaine de la France.
59. Paul Gaffarel. La défense nationale en 1792. 2ᵉ édit.
60. Herbert Spencer. De l'éducation. 8ᵉ édit.
61. Jules Barni. Napoléon Iᵉʳ. 3ᵉ édit.
62. Huxley. Premières notions sur les sciences. 4ᵉ édit.
63. P. Bondois. L'Europe contemporaine (1789-1879). 2ᵉ édit.
64. Grove. Continents et océans. 3ᵉ éd.
65. Jouan. Les îles du Pacifique.
66. Robinet. La philosophie positive. 4ᵉ édit.
67. Renard. L'homme est-il libre? 4ᵉ édit.
68. Zaborowski. Les grands singes.
69. Hatin. Le Journal.
70. Girard de Rialle. Les peuples de l'Asie et de l'Europe.
71. Deneaud. Histoire contemporaine de la Prusse. 2ᵉ édit.
72. Dufour. Petit dictionnaire des falsifications. 4ᵉ édit.
73. Henneguy. Histoire de l'Italie depuis 1815.
74. Leneveux. Le travail manuel en France. 2ᵉ édit.
75. Jouan. La chasse et la pêche des animaux marins.
76. Renard. Histoire contemporaine de l'Angleterre.
77. Bouant. Hist. de l'eau (avec fig.).
78. Jourdy. Le patriotisme à l'école.
79. Mongredien. Le libre-échange en Angleterre.
80. Creighton. Histoire romaine (avec fig.).
81-82. P. Bondois. Mœurs et institutions de la France. 2 vol. 2ᵉ éd.
83. Zaborowski. Les mondes disparus (avec fig.). 3ᵉ édit.
84. Debidour. Histoire des rapports de l'Église et de l'État en France (1789-1871). Abrégé par DUBOIS et SARTHOU.
85. H. Beauregard. Zoologie générale (avec fig.).
86. Wilkins. L'antiquité romaine (avec fig.). 2ᵉ édit.
87. Maigne. Les mines de la France et de ses colonies.
88. Broquère. Médecine des accidents.
89. E. Amigues. A travers le ciel.
90. H. Gossin. La machine à vapeur (avec fig.).
91. Gaffarel. Les frontières françaises. 2ᵉ édit.
92. Dallet. La navigation aérienne (avec fig.).
93. Collier. Premiers principes des beaux-arts (avec fig.).
94. Larbalétrier. L'agriculture française (avec fig.).
95. Gossin. La photographie (fig.).
96. F. Genevoix. Les matières premières.
97. Monin. Les maladies épidémiques (avec fig.).
98. Faque. L'Indo-Chine française.
99. Petit. Économie rurale et agricole.
100. Mahaffy. L'antiquité grecque (avec fig.).
101. Bère. Hist. de l'armée française.
102. F. Genevoix. Les procédés industriels.
103. Quesnel. Histoire de la conquête de l'Algérie.
104. A. Coste. Richesse et bonheur.
105. Joyeux. L'Afrique française (avec fig.).
106. G. Mayer. Les chemins de fer (avec gravures).
107. Ad. Coste. Alcoolisme ou Épargne. 4ᵉ édit.
108. Ch. de Larivière. Les origines de la guerre de 1870.
109. Gérardin. Botanique générale (avec fig.).
110. D. Bellet. Les grands ports maritimes de commerce (avec fig.).
111. H. Coupin. La vie dans les mers (avec fig.).
112. A. Larbalétrier. Les plantes d'appartement (avec fig.).
113. A. Milhaud. Madagascar. 2ᵉ édit.
114. Sérieux et Mathieu. L'Alcool et l'alcoolisme. 2ᵉ édit.
115. Bʳ J. Laumonier. L'hygiène de la cuisine.
116. Adrien Berget. La viticulture nouvelle. 2ᵉ édit.
117. A. Acloque. Les insectes nuisibles (avec fig.).
118. G. Meunier. Histoire de la littérature française.
119. P. Merklen. La Tuberculose; son traitement hygiénique.
120. G. Meunier. Histoire de l'art (avec fig.).
121. Larrivé. L'assistance publique.
122. Adrien Berget. La pratique des vins.
123. Adrien Berget. Les vins de France.
124. Vedilan. Petite chimie de l'agriculteur.
125. Zaborowski. L'homme préhistorique (avec gravures). 7ᵉ édit.

… **F. ALCAN.**

# TABLE ALPHABÉTIQUE DES AUTEURS

| Auteur | Page(s) |
|---|---|
| Acloque | 30 |
| Adam | 5, 12 |
| Agassiz | 5 |
| Alaux | 2, 25 |
| Albert-Lévy | 30 |
| Alengry | 5 |
| Alglave | 21 |
| Allier | 2 |
| Altmeyer | 25 |
| Amiable | 25 |
| Amigues | 30 |
| Annales de sociologie | 25 |
| Andler | 16 |
| Angot | 23, 24 |
| Ansiaux | 25 |
| Aristote | 11 |
| Arloing | 23, 24 |
| Arnauné | 25 |
| Arnold (Matthew) | 5 |
| Arréat | 2, 5, 25 |
| Asseline | 16 |
| Aubry | 5 |
| Auerbach | 16 |
| Aulard | 15 |
| Azam | 25 |
| Bacon | 12 |
| Bagehot | 21, 24 |
| Bain (Alex.) | 5, 21, 22, 24 |
| Baissac | 25 |
| Ballet (Gilbert) | 2 |
| Baldwin | 5 |
| Balfour Stewart | 21, 24, 25 |
| Bardoux | 26 |
| Barni | 17, 30 |
| Barthélemy St-Hilaire | 6, 11, 25 |
| Barzelotti | 6 |
| Basch | 12, 13, 14 |
| Bastide | 30 |
| Bayet | 2 |
| Beaunis | 23, 24 |
| Beauregard | 30 |
| Beaussire | 2, 12, 17 |
| Bellet | 30 |
| Bénard | 11 |
| Bénéden (van) | 21, 24 |
| Bérard (V.) | 16 |
| Béro | 30 |
| Berget | 30 |
| Bergson | 2, 6 |
| Berkeley | 12, 21, 24 |
| Bernard (A.) | 15 |
| Bernath (de) | 25 |
| Bernstein | 21, 24 |
| Bersot | 2 |
| Bertauld | 2, 25 |
| Berthelot | 21, 23, 24 |
| Bertillon | 30 |
| Berton | 25 |
| Bertrand | 6 |
| Binet | 2, 22, 23, 24 |
| Blanc (Louis) | 15, 17 |
| Blaserna | 21, 24 |
| Blerzy | 30 |
| Blondeau | 25 |
| Blondel | 2 |
| Blum | 25 |
| Boilley | 25 |
| Boillot | 30 |
| Boirac | 6 |
| Bolton King | 16 |
| Bondois | 15, 30 |
| Bonet-Maury | 17 |
| Bos | 2 |
| Bouant | 30 |
| Boucher | 2 |
| Bouglé | 2, 6, 14 |
| Bourdeau (J.) | 2, 17 |
| Bourdeau (L.) | 6, 23, 24, 25, 28 |
| Bourdon | 6 |
| Bourgeois (E.) | 19 |
| Bourgeois (L.) | 14 |
| Bourlier | 16 |
| Bousrez | 25 |
| Boutroux (E.) | 2, 6, 25, 28 |
| Boutroux (P.) | 6 |
| Bovet | 11 |
| Brandon-Salvador | 25 |
| Brasseur | 25 |
| Bray | 6 |
| Brialmont | 21, 24 |
| Brochard | 6 |
| Brooks Adams | 25 |
| Broquère | 30 |
| Brothier | 30 |
| Brousseau | 25 |
| Brücke | 21, 24 |
| Brunache | 23, 24 |
| Brunschvicg | 2, 6, 11 |
| Bücher (Karl) | 25 |
| Buchez | 30 |
| Bunge (C. O.) | 25 |
| Bunge (N.) | 25 |
| Burdin | 19 |
| Bureau | 14 |
| Cahen (L.) | 15 |
| Caix de St-Aymour | 19 |
| Candolle | 22, 24 |
| Canton | 25 |
| Cardon | 25 |
| Carnot | 15, 30 |
| Carra de Vaux | 13 |
| Carrau | 6 |
| Cartailhac | 23, 24 |
| Cartault | 15 |
| Carus | 2 |
| Catalan | 30 |
| Cels | 25 |
| Chabot | 6 |
| Charlton Bastian | 22, 24 |
| Clamadieu | 28 |
| Clamageran | 25 |
| Clay | 6 |
| Coignet | 25 |
| Collas | 30 |
| Collier | 20 |
| Collignon | 25 |
| Collins | 16 |
| Combarieu | 26 |
| Combes | 30 |
| Comte (A.) | 6 |
| Conte | 14 |
| Cooke | 21, 24 |
| Coquerel | 2 |
| Corbon | 30 |
| Cordier | 17 |
| Costantin | 23, 24 |
| Coste | 2, 6, 26, 30 |
| Couchoud | 13 |
| Coupin | 30 |
| Courant | 13, 17 |
| Courcelle | 13 |
| Couturat | 11, 26 |
| Créhange | 16 |
| Creighton | 30 |
| Crépieux-Jamin | 6 |
| Cresson | 2, 6 |
| Cristal | 30 |
| Croiset (A.) | 14 |
| Cruveilhier | 30 |
| Daendliker | 16 |
| Dallet | 30 |
| Damé | 16 |
| Damiron | 12 |
| Danville | 2 |
| Dany | 26 |
| Darel (Th.) | 26 |
| Darel (Dr) | 26 |
| Dariex | 2 |
| Daubrée | 22, 24 |
| Dauriac | 2, 6, 26 |
| Daxat (A.) | 18, 26 |
| Deberle | 17 |
| Debidour | 15, 30 |
| Defourny | 26 |
| Delacroix | 13 |
| Delord | 15, 17 |
| De la Grasserie | 6 |
| Demeny | 23, 24 |
| Demoor | 23, 24 |
| Depasse | 17 |
| Deraismes | 26 |
| Deschamps | 26 |
| Deschanel | 17 |
| Despaux | 26 |
| Despois | 15, 30 |
| Dewaule | 6 |
| Dick May | 14 |
| Doellinger | 15 |
| Domet de Vorges | 13 |
| Doneaud | 30 |
| Douhéret | 26 |
| Draghicesco | 6 |
| Draper | 21, 24 |
| Dreyfus (C.) | 22, 24 |
| Dreyfus-Brisac | 12 |
| Driault | 15, 17 |
| Droz | 12 |
| Droz (Numa) | 26 |
| Dubuc | 26 |
| Du Casse | 17 |
| Duclaux (M.) | 14 |
| Dufour (Médéric) | 11, 18 |
| Dufour | 30 |
| Dugald-Stewart | 12 |
| Dugas | 2, 26 |
| Du Maroussem | 14 |
| Dumas (G.) | 6, 20 |
| Dumont | 21, 24 |
| Dunan | 2, 26 |
| Dunant (E.) | 26 |
| Du Potet | 26 |
| Duprat | 2, 6 |
| Duproix | 6, 12 |
| Dupuy | 26 |
| Durand (de Gros) | 2, 6 |
| Durkheim | 2, 6 |
| Egger | 7 |
| Eichthal (d') | 2, 17 |
| Encausse | 3 |
| Endrodi | 27 |
| Enfantin | 30 |
| Epicure | 11 |
| Erasme | 11 |
| Espinas | 3, 7, 26 |
| Fabre (J.) | 11 |
| Fabre (P.) | 18 |
| Faivre | 3 |
| Falsan | 23, 24 |
| Faque | 30 |
| Farges | 19 |
| Favre (Mme J.) | 11 |
| Fédérici | 26 |
| Féré | 3, 22, 24 |
| Ferrère | 26 |
| Ferrero | 7, 8 |
| Ferri (Enrico) | 3, 7 |
| Ferri (L.) | 7 |
| Ferrière | 11, 26, 30 |
| Fierens-Gevaert | 3 |
| Figard | 11 |
| Fleury (de) | 3, 26 |
| Flint | 7 |
| Fonsegrive | 3, 7 |
| Foucault | 7 |
| Fouillée | 3, 7, 11, 28 |
| Fournière | 3, 7, 14 |
| Franck | 3, 12 |
| Fuchs | 21, 24 |
| Fulliquet | 7 |
| Gaffarel | 15, 16, 30 |
| Garnier | 23, 24 |
| Garofalo | 7 |
| Gastineau | 30 |
| Gauckler | 3 |
| Geffroy | 19 |
| Geikie | 30 |
| Geley | 27 |
| Gellé | 23, 24 |
| Genevoix | 30 |
| Gérard-Varet | 7 |
| Gérardin | 30 |
| Gide | 14, 26 |
| Girard de Rialle | 30 |
| Gley | 7 |
| Goblet d'Alviella | 27 |
| Goblot | 3, 7 |
| Godfernaux | 7 |
| Gompers | 11 |
| Gory | 7 |
| Gossin | 30 |
| Gourd | 27 |
| Grasset | 3, 23, 24 |
| Greef (de) | 3, 7, 27 |
| Grimaux | 27 |
| Griveau | 27 |
| Groos | 27 |
| Grosse | 23, 24 |
| Grove | 21, 24 |
| Guéroult | 17 |
| Guilland | 16 |
| Guignet | 23, 24 |
| Guiraud | 18 |
| Gurney | 7 |
| Guyau | 3, 7, 11, 27 |
| Gyel | 27 |
| Halévy (Elie) | 7 |
| Halleux | 27 |
| Hannequin | 7 |
| Hanotaux | 19 |
| Harraca | 27 |
| Hartenberg | 7 |
| Hartmann (E. de) | 3 |
| Hartmann (R.) | 22, 24 |
| Hatin | 30 |
| Hatzfeld | 16 |
| Hauser | 14 |
| Hauvette | 16 |
| Heyel | 12 |
| Helmholtz | 21, 24 |
| Henneguy | 27, 30 |
| Henrard | 17 |
| Henry (Victor) | 18 |
| Herbert Spencer. Voy. Spencer. | |
| Herckenrath | 3 |
| Hirth | 8, 27 |
| Hocquart | 27 |
| Höffding | 7 |
| Horric de Beaucaire | 10 |
| Horvath | 27 |
| Huxley | 22, 24, 5 |
| Icard | 27 |
| Isambert | 15 |
| Izoulet | 8 |
| Jaccard | 23, 24 |
| Jacoby | 3 |
| Jaell | 3 |
| Janssens | 27 |
| James | 3 |
| Janet (Paul) | 3, 8, 11, 16 |
| Janet (Pierre) | 8, 30 |
| Jaurès | 8 |
| Joly (H.) | 13 |
| Joly | 22, 3 |
| Jouan | 30 |
| Jourdan | 30 |
| Jourdy | 27, 30 |
| Joyau | 27 |
| Joyeux | 30 |
| Kant | 12 |
| Kardos | 27 |
| Karppe | 8, 27 |
| Kauffmann | 27 |
| Kaulek | 19 |
| Kingsford | 27 |
| Kostyleff | 27 |
| Krantz | 14 |
| Kufferath | 27 |
| Lacaze | 25 |
| Lachelier | 3 |
| Lafaye | 15 |
| Lafontaine | 27 |
| Lafontaine (A.) | 21 |
| Lagrange | 22, 24 |
| Laisant | 3 |
| Lalande | 8 |
| Lampérière | 3 |
| Landry | 3 |
| Lanessan (de) | 3, 14, 15, 22, 23, 24, 27 |
| Lang | 5 |
| Lange | 12 |
| Langlois | 15 |
| Lapie | 3, 8, 25 |
| Larbalétrier | 30 |
| Larrivé | 30 |
| Larivière | 30 |
| Laschi | 8 |
| Laugel | 3, 15, 16 |
| Laumonier | 30 |
| Lauvrière | 3 |
| Laveleye (de) | 8, 17, 27 |
| Lebond (M.-A.) | 15 |
| Lebon (A.) | 19 |
| Le Bon (G.) | 3, 8 |
| Léchalas | 3, 8 |
| Lechartier | 8 |
| Leclère (A.) | 8 |
| Le Dantec | 3, 8, 22, 24 |
| Lefèvre (A.) | 3, 8 |
| Lefèvre (G.) | 3, 18, 24 |
| Lefèvre-Pontalis | 19 |
| Lemaire | 27 |
| Lemaitre | 27 |
| Leneveux | 30 |
| Léon (Xavier) | 8 |
| Léonardon | 13, 19 |
| Levallois | 3 |
| Lévi (Eléphas) | 3 |
| Lévy (A.) | 8, 22 |
| Lévy (Albert) | 24 |
| Lévy-Bruhl | 8 |
| Lévy-Schneider | 15 |
| Lewis (Cornewal) | 16 |

# F. ALCAN. — 32 —

| | | | |
|---|---|---|---|
| Liard............ 3, 8, 11 | Murisier............ 4 | Regnaud............ 4, 29 | Stallo............ 22, 24 |
| Lichtenberger (A.) 17, 28 | Myers............ 7, 9 | Reinach (J.)...... 17, 19 | Stanley Jevons 21, 24, 30 |
| Lichtenberger (H.) 3, 8 | Naville (A.)........ 4 | Remusat............ 4 | Starcke............ 23, 24 |
| Lombard............ 18 | Naville (Ernest)...... 8 | Renard............ 4, 9, 30 | Stein............ 18 |
| Lombroso........ 4, 8 | Nepluneff............ 28 | Renouvier............ 9, 29 | Stocquart............ 29 |
| Lock............ 30 | Niewenglowski.. 21, 24 | Réville............ 4 | Strauss............ 14 |
| Lubac............ 8 | Nodet............ 28 | Reynald............ 16 | Stuart Mill........ 5, 10 |
| Lubbock.. 4, 22, 23, 24 | Noël............ 12, 30 | Ribert............ 29 | Sully (James) 10, 22, 24 |
| Luchaire............ 18 | Nordau (Max).... 4, 9 | Ribéry............ 10 | Sully-Prudhomme.... 4 |
| Luys............ 21, 24 | Norman Lockyer. 23, 24 | Ribot (P.)............ 29 | Swarto (de)............ 11 |
| Lyon (Georges). 4, 8, 28 | Novicow.... 4, 9, 17, 28 | Ribot (Th.).. 4, 10, 20, 28 | Swift............ 5 |
| Mabilleau............ 23 | Oldenberg............ 9 | Ricardou............ 9 | Sybel (H. de)............ 15 |
| Mahaffy............ 30 | Ogereau............ 11 | Richard............ 5, 10 | Taine (H.)............ 28 |
| Maigne............ 30 | Ollé-Laprune........ 12 | Richet............ 5, 23, 24 | Tait............ 27 |
| Mailland............ 27 | Ott............ 30 | Richter............ 11 | Tannery............ 4 |
| Maindron............ 28 | Ouvré............ 9 | Roberty (de).. 5, 10, 22, 24 | Tanon............ 4 |
| Malapert............ 8 | Palante............ 4, 9 | Roberty............ 29 | Tarde............ 5, 10, |
| Malcolm Mac Coll.... 28 | Pupus............ 2 | Robin............ 14 | Tardieu............ 10 |
| Malméjac........ 23, 24 | Paris (Cte de)........ 28 | Robinet............ 30 | Tausserat-Radel........ 19 |
| Manacéine............ 28 | Paul-Boncour........ 28 | Rochau............ 15 | Temmermann..(..... 29 |
| Mandoul............ 28 | Paul Louis...... 17, 30 | Roché............ 23, 24 | Terquem............ 29 |
| Mantegazza...... 22, 24 | Paulet............ 11, 28 | Rodier............ 11 | Thamin............ 5, 19 |
| Marey............ 21, 24 | Paulhan.... 4, 9, 28, 30 | Rodocanachi........ 16 | Thomas (A.)............ 18 |
| Margollé............ 30 | Payot............ 9 | Roisel............ 5, 29 | Thomas (P.-F.) 5, 10, 12 |
| Marguery............ 4 | Pellet............ 15 | Roland............ 30 | Thouverez............ 10 |
| Mariano............ 4 | Pelletan............ 28 | Romanes.... 10, 22, 24 | Thurston............ 22, 24 |
| Mariétan............ 28 | Penjon............ 18 | Rood............ 22, 24 | Tissie............ 5 |
| Marillier............ 28 | Perès............ 24 | Rosenthal........ 22, 24 | Tissot............ 4 |
| Marion (H.). 4, 8, 12, 28 | Perez (Bernard). 9, 28 | Rott............ 29 | Topinard............ 23, 24 |
| Marion............ 22, 24 | Perrier............ 22, 24 | Rousseau (J.-J.)...... 12 | Trouessart............ 22, 24 |
| Marsauche............ 28 | Petit............ 30 | Roussel-Despierres.. 5 | Turck............ 30 |
| Martin (F.)............ 8 | Pettigrew........ 21, 24 | Rute (de)............ 29 | Turmann............ 15 |
| Martin (J.)............ 13 | Philbert............ 28 | Ruyssen.......... 10, 13 | Tyndall............ 21, 24 |
| Massard........ 23, 24 | Philippe (J.).... 4, 28 | Sabatier............ 10 | Varherot............ 10 |
| Matagrin............ 28 | Philippson............ 17 | Sage............ 29 | Vaillant............ 30 |
| Mathieu............ 30 | Piat............ 9, 13, 28 | Saigey............ 10, 12 | Vallaux............ 15 |
| Mathiez............ 15 | Picard (Ch.)............ 28 | Saint-Paul............ 10 | Van Biervliet........ 29 |
| Matter............ 16, 17 | Picard (E.)............ 28 | Suisset............ 5 | Vanderem (F.)........ 28 |
| Matteuzzi............ 28 | Picavet.... 9, 11, 12, 23 | Saleilles............ 14 | Vandervelde. 14, 23, 24 |
| Maudsley........ 21, 24 | Pichat............ 30 | Sanderval'............ 29 | Véra............ 12 |
| Mauxion............ 4, 13 | Pictet............ 28 | Sanz y Escartin...... 10 | Véron............ 11 |
| Matthew Arnold. V. | Piderit............ 9 | Saporta............ 22, 24 | Vialiate............ 13, 20, 29 |
| Arnold. | Pillon............ 4, 9 | Saussure............ 29 | Viallet............ 29 |
| Maxwell............ 9 | Pilo............ 4 | Sayous............ 16, 29 | Vianna de Lima...... 4 |
| Mayer............ 30 | Pintoche...... 12, 18, 28 | Scheffer............ 16 | Vidal de la Blache.... 18 |
| Mercier (Mgr)........ 23 | Pioger............ 4, 9 | Schelling............ 12 | Vigouroux............ 29 |
| Merklen............ 30 | Piolet............ 16 | Schinz............ 29 | Vitalis............ 29 |
| Métin............ 14, 16 | Plantet............ 19 | Schmidt...... 21, 22, 24 | Waddington............ 19 |
| Meunier (G.)............ 30 | Platon............ 11 | Schopenhauer.... 5, 10 | Wahl............ 15 |
| Meunier (Stan.). 23, 24 | Podmore............ 7 | Schutzenberger.. 21, 24 | Weber............ 10 |
| Meunier (V.)............ 30 | Poey............ 28 | Secrétan (Ch.)........ 29 | Wechniakoff............ 5 |
| Meyer (de)........ 22, 24 | Port............ 28 | Secrétan (H.)........ 29 | Weil (D.)............ 29 |
| Milhaud (A.)............ 30 | Poullet............ 15 | Seignobos............ 14 | Weill (G.)........ 15, 16 |
| Milhaud (E.)............ 16 | Prat............ 28 | Séailles............ 16 | Wetschinger............ 13 |
| Milhaud (G.) 4, 11, 16, 28 | Préaubert............ 28 | Secchi............ 22, 24, 30 | Whitney............ 21, 24 |
| Mill. Voy. Stuart Mill. | Preyer............ 9 | Selden............ 5 | Wilkins............ 30 |
| Mismer............ 28 | Prins............ 28 | Sérieux............ 30 | Wuarin............ 29 |
| Moncalm............ 28 | Proal............ 9 | Siegfried............ 14 | Wulff (de)............ 29 |
| Mongrédien............ 30 | Puech............ 18 | Sighele............ 10 | Wundt............ 5 |
| Monin............ 30 | Pujo............ 29 | Silvestre............ 15 | Wurtz............ 21, 24 |
| Monnier............ 28 | Quatrefages (de) 21, 23, 24 | Skarzynski............ 29 | Yung............ 22, 24 |
| Monod (G.)...... 20, 28 | Queyrat............ 4 | Socrate............ 11 | Zaborowski............ 30 |
| Monteil............ 17 | Quesnel............ 30 | Sollier............ 5, 10 | Zapletal............ 29 |
| Montier............ 28 | Rambaud (A.)........ 19 | Soloweitschek........ 29 | Zeiler............ 5 |
| Morand............ 30 | Ratazzi (Mme)........ 29 | Sorel (A.)...... 19, 29 | Zevort............ 15, 30 |
| Moriaud............ 28 | Rauh............ 9 | Sorin............ 16 | Ziegler............ 5 |
| Morel-Fatio............ 19 | Raymond (P.)........ 29 | Souriau............ 10 | Ziesing............ 29 |
| Morin............ 30 | Raymond............ 30 | Spencer.5, 7, 8, 21, 22, 24, 30 | Zivy............ 18 |
| Mortillet (de).... 23, 24 | Recéjac............ 9 | Spinoza............ 11 | Zolla............ 30 |
| Mosso.... 4, 23, 24 | Recouly............ 16 | Spir............ 18, 29 | Zurcher............ 29 |
| Muller (Max)........ 9 | Regnard............ 30 | Spuller............ 15, 17 | |

## TABLE DES AUTEURS ÉTUDIÉS

| | | | |
|---|---|---|---|
| Albéroni............ 19 | Feuerbach........ 8, 12 | Leroux (Pierre)...... 10 | Schelling............ 12 |
| Aristote........ 11, 13, 28 | Fichte........ 6, 8, 12 | Lindet (Robert).... 28 | Schiller............ 12 |
| Anselme (Saint)...... 16 | Gassendi............ 11 | Littré............ 28 | Schopenhauer.... 4, 27 |
| Augustin (Saint).... 13 | Gazali............ 13 | Locke............ 4, 6, 12 | Secrétan............ 4 |
| Avicenne............ 13 | Geulinck............ 11 | Lucrèce............ 18 | Straton de Lampsaque 11 |
| Bacon............ 12 | Guyau............ 7 | Maistre (J. de).... 4, 28 | Simonide............ 16 |
| Barthélemy............ 19 | Hegel............ 2, 12 | Malebranche.... 12, 13 | Socrate............ 11, 13 |
| Baur (Christian)...... 5 | Henri IV............ 9 | Mommsen............ 16 | Spencer (Herbert) 5, 6, 27 |
| Bentham............ 7 | Herbart........ 3, 12, 18 | Niebuhr............ 16 | Spinoza........ 6, 11, 12 |
| Bouvier (Aug.)........ 29 | Hobbes............ 4, 6 | Nietzsche.... 3, 7, 27 | Stuart Mill............ 8 |
| Comte (Aug.) 5, 8, 11, 28 | Horace............ 28 | Pascal............ 12, 13 | Sybel (H. de)........ 16 |
| Condillac............ 6 | Hume............ 8 | Platon............ 29 | Taine............ 6 |
| Considérant (V.).... 25 | Ibsen............ 4 | Rabelais............ 29 | Tatien............ 11 |
| Cousin (V.).... 2, 8, 25 | Jacobi............ 8 | Ranke............ 16 | Thomas (Saint).. 28, 29 |
| Darwin. 3, 21, 22, 23, 24 | Jacotot............ 28 | Reid............ 26 | Tolstoï.... 4, 27, 28 |
| Descartes.... 8, 11, 18 | Kant........ 2, 6, 12, 13 | Renan............ 2 | Treitschke............ 18 |
| Diderot............ 25 | Lamarck............ 9 | Renouvier............ 27 | Voltaire........ 10, 12 |
| Epicure............ 11 | Lamennais............ 3 | Salignac............ 29 | Wagner (Richard) 8, 27 |
| Erasme............ 12, 29 | Lavoisier........ 23, 27 | Saint-Simon........ 15 | Zénon d'Élée........ 26 |
| Fernel (Jean)........ 11 | Leibniz............ 8, 11 | | |

www.ingramcontent.com/pod-product-compliance
Lightning Source LLC
Chambersburg PA
CBHW050247230426
43664CB00012B/1857